大国经济研究

LARGE COUNTRY ECONOMY RESEARCH

2017

（第九辑）

欧阳峣　主编

大国经济的规模和结构问题／欧阳峣

基础设施建设的大国效应及其作用机制／张勋　王旭

大国创新道路的经济学解析／欧阳峣　汤凌霄

出口与内需的结构背离：成因及影响／易先忠　包群　高凌云　张亚斌

后发大国跨越『中等收入陷阱』的战略选择／德怀特·帕金斯

唐宋时期经济增长的大国效应／欧阳峣

中国财经出版传媒集团

经济科学出版社
Economic Science Press

图书在版编目（CIP）数据

大国经济研究. 2017：第九辑/欧阳峣主编. —
北京：经济科学出版社，2017.12
ISBN 978 -7 -5141 -8701 -4

Ⅰ.①大… Ⅱ.①欧… Ⅲ.①世界经济—经济发展—
研究 Ⅳ.①F113.4

中国版本图书馆 CIP 数据核字（2017）第 285018 号

责任编辑：张 频
责任校对：杨晓莹
责任印制：李 鹏

大国经济研究 2017（第九辑）
欧阳峣 主编
经济科学出版社出版、发行 新华书店经销
社址：北京市海淀区阜成路甲 28 号 邮编：100142
总编部电话：010 -88191217 发行部电话：010 -88191522
网址：www. esp. com. cn
电子邮箱：esp@ esp. com. cn
天猫网店：经济科学出版社旗舰店
网址：http://jjkxcbs. tmall. com
北京季蜂印刷有限公司印装
787×1092 16 开 19.25 印张 360000 字
2017 年 12 月第 1 版 2017 年 12 月第 1 次印刷
ISBN 978 -7 -5141 -8701 -4 定价：62.00 元
（图书出现印装问题，本社负责调换。电话：010 -88191502）

学术指导委员会

前　　言

经济学发展历史表明，经济理论的重要程度往往取决于被解释现象的重要程度。中国的崛起被称为“东亚奇迹”，“金砖国家”的崛起已成为“世界奇迹”，这说明大国经济现象的重要程度是毋庸置疑的。如果将典型大国经济发展现实和经验的研究提升为普遍性的理论体系和知识体系，那么，中国经济学就有可能掌握国际话语权。

一般来说，掌握国际话语权应该具备三个条件：一是研究的对象具有典型意义，被解释的现象不仅对某个国家的发展具有重要意义，而且对世界的发展具有重要意义；二是取得的成果具有创新价值，在学术上有重要发现，乃至创造出新的科学理论和知识体系；三是交流的手段具有国际性，研究方法符合国际规范，可以在世界范围交流和传播。

在大国经济研究领域，第一个条件是已经给定的，因为大国经济发展具有世界意义。关键是要在第二个条件和第三个条件上下功夫。要通过创造性的思维和研究，深刻把握大国经济的特征和发展规律，构建大国经济的理论体系和知识体系，追求深层次的学术创新和理论突破；要使用国际化的交流手段，运用规范的研究方法和逻辑思维开展研究，从中国与世界关系的角度来看待大国经济问题，并向世界传播大国经济理论和知识体系，从而使大国经济理论具有世界意义和国际影响力。我们将致力于探索超大规模国家经济发展的特征和规律，进而构建大国经济理论体系和知识体系。

我们拥有这样的梦想，并且在集聚追求梦想的力量。我们期望这个梦想成为现实，并用行动构建中国风格的经济学话语体系，为中国经济学走向世界做出积极的贡献。

欧阳峣

前言

目　录

Contents

大国经济理论

大国经济的规模和结构问题*

欧阳峣**

摘　要　范畴作为在人类思维成果高级形态中具有高度概括性的概念，为人们搭建起认识真理和构建科学理论的桥梁。规模范畴是理解大国经济优势的钥匙，结构范畴是理解大国经济转型的钥匙。“规模”和“结构”范畴是认识大国经济的高度概括的概念，是理解大国经济发展理论的核心概念，从而成为构建大国经济发展理论体系的逻辑起点。

关键词　大国经济；核心概念；逻辑起点

20世纪80年代末期，张培刚（1989）提出了“发展中大国应该成为发展经济学的重要研究对象”的命题，并分析了发展中大国经济发展的经验性特点；进入21世纪以后，湖南师范大学大国经济团队（2011）提出了建设大国发展经济学的构想，逐步分析了大国的概念、大国经济的特征、大国工业化和城市化以及大国经济发展理论的研究范式等问题。为了构建大国发展经济学的逻辑体系，应该深入研究大国经济的基本问题，即规模和结构问题，从而明确理论演绎的逻辑起点。

1　规模范畴：理解大国经济优势

国家的大小即国家的规模，所谓大国就是规模庞大的国家，大国经济就是超大规模国家的经济。所谓“规模”，主要指范围和场面。亚当·斯密所说的“市场范围”，实际上就是市场规模。经济规模是反映国家和地区经济总量的指标，表述时既有时间、空间、行业和产品之分，还有市场规模、产业规模和企业规模之分。规模对经济增长有重要影响，它可以引致“规模经济”，主要表现为规模收益递增，即在生产规模和销

---

* 本文原载于《光明日报》2017年第11月，国家社科基金专刊。

** 作者简介：欧阳峣，经济学教授，博士生导师，湖南师范大学副校长，大国经济研究中心主任。

售规模扩大以后，收益增加的幅度大于规模扩大的幅度。规模经济有“内部规模经济”和“外部规模经济”，前者是指企业生产规模扩大时，引起平均成本下降和收益增加的经济现象；后者是指行业规模扩大时，引起企业平均成本下降和收益增加的经济现象。实际上，如果以国家为单位，也可能出现“外部规模经济”现象，整个国家可能存在边际收益递增的现象。

经济思想史上关于经济规模的研究始于《国富论》，亚当·斯密认为“劳动生产力增进似乎是分工的结果”，而“分工起因于交换能力，分工的程度，因此总要受交换能力大小的限制，换言之，要受市场广狭的限制”。市场广阔的城市可以为分工和产业集聚提供条件，他在这里提出的“市场范围假说”，实际上就是市场规模及其经济影响的问题。此后，阿尔弗雷德·马歇尔在《经济学原理》中分析了生产规模及其影响，认为“大规模生产的主要利益，是技术的经济、机械的经济和原料的经济”，实际上是讲生产规模的扩大导致资源的节约。艾尔弗雷德·钱德勒在《规模与范围：工业资本主义的动力》中分别从生产和经销两方面分析了规模经济，认为生产的规模经济主要表现为“降低单位成本”，经销的规模经济主要表现为“中间商的成本优势”。迈克尔·波特在《国家竞争优势》中从产业集聚的角度分析了规模优势，认为集群不仅降低交易成本和提高效率，“改进激励方式和创造出信息、专业化制度、名声等集体财富”，而且改善创新的条件和加速生产率的成长。可见，自亚当·斯密提出“市场范围假说”以后，经济学家一直在沿着他开辟的道路诠释和证明这个假说，从而使规模经济理论逐步完善和发展。

规模范畴是理解大国经济优势的钥匙。所谓“大国经济”，实际上是一种具有国家规模优势的经济，规模优势是大国经济的核心优势。首先，从大国经济的初始条件看，人口众多和幅员辽阔，实际上就是拥有庞大的人口规模和国土规模，由此可以推演出庞大的消费需求、人力资源和自然资源，进而引致庞大的市场规模、产业规模和企业规模。其次，从国家的经济规模看，可能在生产、贸易、增长和创新方面形成某些优势。具体地说，超大规模国家往往具有规模庞大的产业，获得产业内规模效应；具有规模庞大的贸易，获得国际贸易中的垄断利益；超大规模国家的要素投入巨大，获得促进经济快速增长的优势；拥有巨大的技术需求市场，获得研究和开发的成本优势。显然，只有理解了国家规模的意义和作用，才能真正理解大国经济的优势。

2 结构范畴：理解大国经济转型

所谓“结构”，就是指构成整体的各部分的搭配，或者说是各种要素之间的相互关联和相互作用的方式；经济结构就是国民经济的组成和构造，包括产业结构、区域结构和要素结构等。每个经济系统都拥有由不同要素组成的结构，但是相对于小系统而言，巨系统的组织结构更加复杂，结构性特征更为明显。同样的，不同规模的国家也具有不同的结构。超大规模国家比小国更为复杂，也更加具有结构性特征；与小国相比，大国的产业结构、区域结构和要素结构等都更为复杂。可见，规模问题与结构问题是紧密相连的，一般来说，规模越大的国家经济结构越复杂，规模越小的国家经济结构越简单；结构问题同经济发展程度也是密切相关的，一般来说，发达程度越低的国家经济结构越复杂，发达程度越高的国家经济结构越简单。

回顾经济学理论的发展历程，阿瑟·刘易斯最早从经济发展的角度研究经济结构，他在《二元经济论》中提出的“二元结构”模型，把发展中国家经济看成是由传统生产部门和现代生产部门组成的结构，分析了“劳动力无限供给条件下的”经济发展，进而研究二元经济向一元经济转型过程中的经济增长问题，这个模型已经成为分析发展中国家经济结构及其变迁的基本理论框架。西蒙·库兹涅茨在《各国的经济增长》中比较系统地研究了现代经济增长的生产结构，认为一国经济的生产结构可以区分为不同部门，它们通过技术和组织上不同的生产过程生产不同的产品，“如果不去理解和衡量生产结构中的变化，经济增长是难以理解的”。霍利斯·钱纳里在《发展的型式》中研究了经济发展过程中的结构转换，认为它涉及由国民生产总值连续增长所必然引致的经济和机制结构的系列变化，并且专门分析了大国和小国的结构变化型式，指出“大规模和低出口对资源配置的主要效应，是要求这些国家在发展的较早时期改变经济结构”。林毅夫提出的“新结构经济学”，强调发展中国家的产业结构和要素禀赋结构的联系，认为“产业升级的过程应该同要素禀赋结构的变化相适应”，并主张通过政府引导逐步缩小发展中国家和发达国家的差距。可见，自阿瑟·刘易斯提出“二元结构”模型以后，发展经济学家沿着这条路线研究了生产结构、贸易结构、产业结构和要素禀赋结构，推动了经济结构理论的完善和发展。

大国经济即超大规模国家的经济，伴随着国家经济规模的增大，必然形成复杂的经济结构；特别是对于发展中大国而言，具有差异性和多元性特征的经济结构。从动态上看，发展中大国的经济发展过程，就是结构变化和转型升级的过程，结构转型不是数量的增长而是质量的提升。从城乡结构看，缩小发展中大国的城乡差距，可以促进经济和社会进步；从区域结构看，缩小区域经济发展差距，可以实现区域经济一体化；从产业结构看，推动产业结构转型升级，可以实现产业结构的高级化和合理化。显然，经济结构转型实际上就是经济从低级向高级发展的过程，理解了结构的作用和意义，才能真正理解大国经济的转型发展。

3 逻辑起点：理解大国经济理论

人们认识事物遵循着“从具体到抽象”的路径，构建理论体系则遵循着“从抽象到具体”的路径。在这两条路经中间，“范畴”具有特殊的重要地位，它既是归纳认识成果的结点，又是演绎理论体系的起点。所谓“范畴”是最一般的概念，它们反映客观现实的基本性质及其规律性，作为在人类思维成果高级形态中具有高度概括性的概念，它们是人类认识史上的网上纽结，为人们搭建起认识真理和构建科学理论的桥梁。如前所述，“规模”和“结构”范畴既是认识大国经济的高度概括的概念，也是理解大国经济发展理论的核心概念，从而成为构建大国经济发展理论体系的逻辑起点。

从“规模”范畴出发演绎大国经济发展理论体系的逻辑链条。经济规模是反映大国经济特征的高度概括的概念，由此出发可以展现大国经济发展理论的丰富内涵。大国的经济规模庞大，具体表现为市场规模和产业规模庞大，这是大国经济的特征；大国庞大的市场规模可以支撑庞大的产业发展，深化分工和专业化，提高劳动生产率，从而形成大国经济发展优势，这是大国经济的运行机制；依托大国优势，建立独立完备的产业体系，并且培育大产业和大企业，增强经济竞争力，这是大国经济发展战略。可见，从“规模”范畴出发，逐步演进到大国经济的规模性特征、大国经济运行机制和大国经济发展战略，形成了大国经济理论体系的第一根逻辑链条。

从“结构”范畴出发演绎大国经济发展理论体系的逻辑链条。经济结构是反映大国经济发展的高度概括的概念，由此出发也可以展现大国经济发展理论的多样性和丰富性。大国拥有的多元经济结构，具体表现为技术结构多元、产业结构多元和城乡结构多元，这是大国经济的结构性特征；这种多元的技术结构、产业结构和城乡结构，可以同多元的要素禀赋结构相适应，促进大国经济的快速增长，这是大国经济发展的机制；遵循大国经济的特征和机制，推动技术结构、产业结构升级和城乡结构转型，从总体上逐步朝着高端化和合理化的目标迈进，这是大国经济发展战略。显然，从“结构”范畴出发，逐步演进到大国经济的多元性特征、协调发展机制和转型升级战略，形成了大国经济发展理论体系的第二根逻辑链条。

从“规模”和“结构”范畴出发演绎大国经济发展理论的逻辑体系。前述第一条路线，是从亚当·斯密开始的古典经济学的路线，阿尔弗雷德·马歇尔提出了“规模报酬递增”的经典原理，主要是从分工深化和规模效益研究经济增长；第二条路线，是从阿瑟·刘易斯开始的发展经济学的路线，西蒙·库兹涅茨把结构转换作为一个整体进行分析，主要是从多元经济和结构转型研究经济发展。我们提出的大国经济发展理论，应该是把大国经济学和发展经济学融为一体的理论体系，所以要把两条路线结合起来，形成综合性的分析范式；以规模和结构范畴为逻辑起点，系统地分析大国经济问题和大国发展问题，从而形成大国经济发展理论的逻辑体系。

The Scale and Structure of Large Countries' Economies

Ouyang Yao

Abstract Category, as a highly generalized concept in the advanced form of human thinking achievements, sets up a bridge for people to understand truth and construct scientific theory. Scale category is the key to understand the economic advantages of large countries. Structural category is the key to understand the economic transition of large countries. The category of "scale" and "structure" is the highly generalized concept of understanding the economy of large countries. It is the core concept to understand the theory of economic development of large countries, thus becoming the logical starting point for constructing the theoretical system of economic development in large countries.

Key words Large Countries' Economies, Core Concept, Logical Starting Point

大国：规模的影响*

德怀特·帕金斯　莫什赫·赛尔昆**
欧阳峣　盛小芳　编译

摘　要　国家的大小与其经济表现和地位有很大的不同，因而国际社会对大国比小国更有兴趣。衡量国家大小的主要标志是人口，它包括人口数量和密度，但地理面积的大小也很重要，它与自然资源的数量和种类相联系。根据不同样本国家的实证分析，表明一个国家的人口越多，对外贸易在国家的 GDP 中所占的份额越低。规模经济普遍被认为是大国外贸比例低的主要原因，大国具有庞大的市场，使许多行业可以享有规模经济的好处。在充满国际贸易制约的社会里，大国取得规模经济的成功比小国容易，相对而言，大国的资本和人力资源投入效率更高。在收入分配方面，大国比小国的地区差异更大。虽然经济与国家规模的直接联系很小，但国家规模确实对经济有影响，包括对经济结构和经济表现的影响。

关键词　国家规模；经济影响；经济结构；经济表现

1　引　言

如果按人口数量计算，国家的大小与其经济表现和地位有极大的不同。世界强国都是大国，虽然大国不一定是强国。大国比起小国对国际社会有更大的兴趣，因为世界上大多数人都居住在 15 个最大国家，它们是中国、印度、苏联、美国、印度尼西亚、巴西、日本、孟加拉国、尼日利亚、巴基斯坦、墨西哥、联邦德国、意大利、英国、法国。1980 年，这 15 个国家居住的人口超过全世界人口的 3/4，每个国家超过 5000 千万人，而其他 120 个左右的国家的人口仅占剩下的 20%。

* 本文由保罗·舒尔茨（T. PAUL SCHULTS）和约翰·斯特劳斯（GOHN HTRAUSS）主编的《发展经济学手册》〔第四卷，爱思维尔出版公司，1989〕第 32 章的内容编译而成，原文约 4.5 万字。

** 作者德怀特·帕金斯〔DWIGHT H. PERKINS〕系哈佛大学教授；莫什赫·赛尔昆〔MOSHE SYRQUIN〕系巴黎大学教授。湖南师范大学大国经济研究中心欧阳峣、盛小芳编译。

那么，国家大小对它的经济结构和表现的影响有多大呢？认为国家规模和经济发展之间有关系的观点，至少可以追溯到亚当·斯密。几十年以前，西蒙·库兹涅茨认为，以人口数量衡量的国家规模和这个国家的国民生产总值中对外贸易的份额是反比关系。随后的研究表明，一个国家的大小也与其他变量是相关的。

除这些统计关系之外，还出现了种种猜测：为什么大国的规模可能会导致更好或更坏的经济表现？一方面，有观点认为美国经济得益于其大规模的国内市场；另一方面，中国和印度的经济又受到其规模的负面影响，因为它们的规模很大，管理这样庞大和民族多样化的国家是困难的，管理上存在的问题对经济政策和制度造成影响。然而，很少有分析师试图运用国际比较数据来论证关于国家规模如何影响经济表现的理论推测。我们希望努力来证明国家规模是否对大国的经济结构和表现有贡献，以及做出哪些方面的具体贡献。

2 国家的大小及其衡量

2.1 怎样衡量国家的大小

衡量国家大小有几个维度。澳大利亚和加拿大通常被认为是大国，因为其领土范围很大；另一些人则认为真正与国家的经济结构相关的主要是国内市场的大小或者国内生产总值，库兹涅茨、钱纳里、赛尔昆等都认为是人口规模影响经济结构。而且，人小是一个相对的概念，将随着时间的推移而变化，大和小之间的分界线也将随着时间的推移而变化。以人口为例，库兹涅茨（1960）认为大和小之间的分界线在1 000万人左右，而钱纳里和赛尔昆（1975）则认为1960年的分界线应该是1 500万人。我们主要关注的国家是在1980年有5 000万人以上人口的国家。

国家的大小是随着时间而变化的，尤其是如果与市场规模联系起来看的话。以殖民地为例，与殖民国市场整合成不同程度大小的市场，但随着各自的独立，市场规模又缩小。运输成本也影响市场规模，随着时间的推移，发明了轮船、铁路和飞机，运输成本大幅下降。

我们在这个问题上所关注的是作为衡量国家大小的主要标志的人口。但深入探讨为什么结构会随着人口规模的变化而变化，很显然，对人口的关注远不只是人口的数量。例如，地理也会造成差别。事实上，一些结构上的差异归因于人口规模不同，同样或更可能是因为一个国家的地理面积不同，将人口和地理的影响分离开来是特别困难的，因为这两个变量本身相互关联。美国、中国、印度和苏联，在这两个方面都算是大国。但是，日本有超过1亿人口，居世界第七位，面积却只有美国的4%，这种差异对其外贸的结构有着深远的影响。

地理面积的大小很重要，面积大的国家比起面积小的国家，矿产和其他自然资源数量更多，品种也更多。领土面积大而石油资源很少的情况虽然存在，但可能性不太大。同样，大国各地区的气候差异更大，更有利于农业多元化。地理面积大小的重要性，还因为它对运输成本有重要的影响。例如，在一些大国，某些商品从国外或从本国的沿海地区进口，光运输成本就高得吓人。但是，出于某些原因，国家的总面积还不如气候性质和土壤质量更重要。各种研究表明，有限的土地面积不一定是人口增长的障碍，但比较优势理论认为人均占有耕地的数量和外贸结构至少是有一定关系的。

土地总面积和人口之间的关系也相当有趣，例如，人口密度通过对国内需求的影响，可能对国内的矿产资源是在国内使用或者出口有很大的关系。似乎与“大小”关系不大的变量是国民生产总值，特别是人口和GNP的相关性小于0.3的情况。如果人口规模和经济结构之间的变化是系统性的，那么一个可能的结果是，国民生产总值规模和经济结构之间不是一个有系统的变化。但应该如何调和这个结论与关于市场规模和经济规模之间关系的常规观点呢？部分的答案大概在于这个事实，即因为国际贸易的存在，单独一个国家的特定行业的市场规模并不是完全甚至不是主要由这个国家的市场大小决定的。另一部分的答案是，从计量经济学的角度讲，人口规模和国民生产总值大小对经济结构的影响并不容易区分。因此，国民生产总值的大小，实际上可能对经济结构造成显著影响。

2.2 为什么以国家为分析单位

国外和国内市场之间的区别，首先是在法律层面。但是，法律上的区别并不是选择以国家为分析单位的重要原因。经济发展通常被理解为在一个主权政府管辖框架下，数以百万计的家庭和企业的互动过程，但如果只分析家庭和企业，则会错过对关系和相似点的关注，相似点是指各个特定的子群体因为作为这个国家一部分而具有的相似之处。同样，对发展的分析不能超越国家的层面，因为很多关于增长的决定都是在国家的层面。在大多数情况下，是国家政府将海关大楼放在它们的边界，操纵关税、配额和汇率。这些操纵的结果是每一个特定的国家，其价格及市场结构与疆域之外的其他国家是如此不同。因此，由于语言和文化的差异造成国家之间的不连续性，通过贸易政策得以强化，贸易壁垒只是各国政府在规划其国内经济的众多工具的小部分。苏联的中央计划体制和19世纪英国的自由放任制度之间的对比说明，国家干预是现代经济增长的一个不可或缺的重要组成部分。当然，还有把国家作为分析单位的实际原因，在大多数情况下，数据的收集是以一个国家为基础的，如果试图把其他一些更大或更小单位的数据收集到一起分析，将是既困难又昂贵。收集数据以国家为单位，可以帮助这些国家的政府努力管理和发展它们的社会。库兹涅茨指出，“统计”这个词是“国家”的衍生物。

然而，出于某些目的，其他的分析单位如欧共体的使用是有启发意义的。关税同盟可能让一个小国享受一些规模较大的国家的主要经济优势，跨国公司和国际资本市场的存在，可能会减少国家之间的不连续性，但不要夸大其作用。例如，国家在其国内的投资，尽管存在国际的资金池，仍与其国内储蓄是高度相关的。

如果国家的建立和它们大小的确立在很大程度上是经济力量作用的结果，使用国家作为分析的主要单位会更有意义。例如，魏特夫认为，前现代亚洲的水利系统，需要能够治理大面积领土的集中的官僚机构，将所有河流系统考虑在内。可以想见，在19世纪和20世纪，现代工业技术与大国的创造是相关的。如果现代经济增长的力量和国家能成为或保持大国地位有很大相关性，那么，这些力量似乎很有可能对大国的经济结构产生深远的影响。

有什么证据认为，普遍的经济和技术尤其是现代经济增长与国家成为大国没有多大关系？简要地回顾历史就足够证明这个观点。中国和印度是迄今为止在世界上人口最多的国家。例如，中国能统一这样疆域广阔和人口众多的国家，主要是两种影响力互相作用的结果，首先是中国的书面语言和文化，使人们有共享的价值观和互相沟通的渠道，这点对人们很重要，尤其是对统治精英们。中国的近邻们，文化欠发达，所以他们或者在接触中国文化后被其同化吸收，或撤退到南部。为了统治这个地方共同的文化和语言文字，中国发展出儒家官僚，不是由将军治理国家，而是通过考试选择受过高等教育的、有儒家价值观的精英治理国家。因此，中国在1 000年之前，就像我们现在一样来统治疆土，远在现代经济发源地欧洲开始发展之前，地理因素对这个统一的官僚国家的边界形成发挥了重要作用。

印度的历史和中国不同，但也有一些共同的线索。印度的印度教文化给这个人口众多的国家提供了一套重要的共同价值观，早期印度有共同的书面精英语言（梵文），是当地的一些生活区域语言发展的基础。

那些横贯大陆的国家如苏联和美国，也不能认为其形成主要是经济方面的考虑。当然，经济力量很重要，尤其是从个人的角度来看，但经济力量发挥更多的是辅助作用，而不是决定边界的作用。目前这两个国家的边界，很大程度上是通过军事征服取得的，美国尤其如此，源于英国和北欧血统的人口大规模迁移并占据主导地位。美国的持续扩张野心被太平洋阻止，同时由于一些实际的政治上的考虑，吞并加拿大或墨西哥已经没有吸引力了。俄罗斯的征服步伐也同样受阻于太平洋，同时俄罗斯又无法征服东部和南部的敌对帝国，更不用说有先进的和强大军事的西部的国家，所以它的征程也停止了。

语言、文化、政治组织和军事优势，是形成今天大国的因素。经济实力确实与军事实力相关，但征服的极限则受制于地理环境、反对力量的强弱和其他政治方面的考虑。如果反对的力量增加，则进一步扩张的成本包括经济方面的和政治方面的也都会增加。但是，政治领袖并不会坐下来计算，从经济角度看一个国家的最佳大小是多少，然后再去征服。征服领土的动机之一是希望获得自然资源的控制权（如日本在第二次世界大战中），但很少有国家的边界形成是通过这种方式。并不能推导出，国家的大小主要或者很大程度上受潜在的经济力量决定，反过来这些力量又塑造国家的经济结构。

如果大国并非因为经济上的强势而形成，那么，我们在分析为什么地球上某个地方的经济结构不同于另外一个地方时，参考一下别的分析单位也不无益处。将那些并非仅仅由于国界划分方式而形成的经济结构的元素区分出来尤其有用。比如，欧共体内部以及欧共体和世界上其他国家之间的贸易数据可以用来说明，国家经济结构中的某些成分也许并非源自于潜在的经济上的强势，如要素禀赋（factor endowment）或者规模效益，更可能源自于能将一个地区与其他地区之间划出界线的政治或文化上的影响。在我们分析贸易在大国经济中所占的份额比在小国经济中的所占的份额相对较低的原因时，明显可以看出这些影响的关联性。

用来阐述这一观点的欧共体数据只适应于欧共体的原始成员国，如果将这 5 个国家在欧共体内外的贸易数据结合起来看，国家大小和外贸份额之间的关系就会很清楚地凸显出来。例如，在 1971 年，比利时和荷兰的贸易份额分别是 107.3% 和 94.8%，而大得多的国家如德国、意大利和法国，可比量分别为 54.5%、46.5% 和 42.9%。但是，如果把欧共体看做一个整体，并把它当作一个单一的国家，就会出现一个有意思的变化。这 5 个被当作一个整体的欧共体国家在 20 世纪 70 年代时人口总量为 1.9 亿，与美国人口基本相当。为了获得欧共体这一整体的外贸比率，我们必须去掉所有的内部贸易数据。有关欧共体经验的另外一个有意思的特点是合并以来欧共体 5 国各自内部贸易份额的迅速提高，与这些国家同外部国家的稳定贸易份额形成鲜明对比。很显然，产生或消除国际商务障碍的政策上的选择是重要的，贸易份额不是由国家性质或大小所决定的。

同样的推理也适合于为什么国家比省或下级地区作为分析单元更被垂青。选择国家作为分析单元而不是更小的单元是基于一种假设：那就是在国家范围内，政治上、文化上和经济上具有高度的连续性。我们还可以在此基础之上加上一个通常的假设：在贸易的要素流动理论中，在国家内部，而不是国与国之间，与增长有关的各种决定都是在国家层面上做出来的。

3 国家规模与经济结构

3.1 对外贸易在国家的 GDP 中所占的份额

国家的规模究竟是如何影响一个国家的经济结构呢？这种对国家大小与经济结构之间关系的分析始于一个无须争论的假设：一个国家的人口越多，对外贸易在国家的 GDP 中所占的份额越低。

该如何解释对外贸易在 GDP 中所占份额随着人口的增加而降低呢？首先，重要的是明确这些比率随着规模变大而降低。相关数据已经在表 1 中显示。这些资料是基于一些根据分析变量的变化各有不同的样本国家，表 1 中的大多数估值都只是将所考虑的变量进行简单平均。

表 1　　国家大小与外贸份额（外贸额占 GDP 的百分比）

国家规模	商品出口								
	1962 ~ 1964 年			1970 ~ 1972 年			1979 ~ 1981 年		
	总量	产成品	初级产品	总量	产成品	初级产品	总量	产成品	初级产品
超大国	9. 1	5. 0	4. 1	10. 3	6. 0	4. 3	14. 8	8. 6	6. 2
其他大国	14. 4	1. 9	12. 5	13. 2	3. 6	9. 6	15. 9	7. 6	8. 3
小国	19. 0	3. 7	15. 3	19. 7	9. 6	14. 8	23. 5	7. 8	15. 7
	商品进口								
超大国	9. 4	4. 9	4. 5	9. 8	6. 0	3. 8	16. 1	8. 7	7. 4
其他大国	13. 9	9. 4	4. 5	14. 5	10. 4	4. 1	19. 6	12. 0	7. 6
小国	20. 6	14. 0	6. 6	21. 8	15. 3	6. 5	29. 8	18. 8	11. 0

资料来源：世界银行资料。

尽管大国的贸易比率一直比较低，但在一段时间内或在一个很大的国家子样本里也不是特别稳定，也并不总是比所有人口规模小的国家贸易比率更低。那么，是什么原因让大国的外贸比率低下呢？有四种可能的解释造成这种结果：

（1）地理位置问题，与运输成本关系密切，比起小国来，在一系列产品上在面对海外竞争对手时对大国的国内生产商更为有利。

（2）较低的外贸比率也是政府为了鼓励进口替代和更为封闭的经济发展策略而刻意制定的政策。

（3）这些比率反映了大国所享有的规模经济优势。在自由贸易社会中，由于不存在不确定性，经济完全开放，大国并不比小国能更好地利用规模经济的优势，至少在货物贸易方面是这样的。但是在现实中，如果是一段持续的时期，比如20世纪30年代和40年代，经济还没有开放自由贸易，国内市场规模对于达成规模经济还十分重要。

（4）矿产资源在全球的分布方式导致小国的某些矿藏在国内无法消化，而大国一般对国内某些主要矿产资源的供需情况解决得比较好。

以上这四条实际上解释了为什么一个国家的生产结构与该国的需求结构不尽相同。贸易就是这两种结构之间的差距所造成的剩余物。在需求这一方，大量的研究表明，需求的结构随着人均收入的变化而变化，但是，不同文化背景和不同大小的国家情况大体相似（Houthakker，1957）；Luch，Powell and Williams，（1977）。因此，生产或需求方面的变化可以说明产生国际贸易的需求结构和生产结构之间的大部分差异。在此所探讨的对贸易比率高或低的四种解释，基本上阐述了大国生产结构与小国生产结构不相同的原因。

第一种解释与之前利用欧共体数据的观点相关。如果全球贸易分布均衡，贸易比率就可以随着全球政治体系的分裂而上升。在一个极端，如果所有国家合并成一个，那么定义中的外贸就会消失；而在另一个极端，如果全球的政治结构被打破，只剩下几个大国，然后是几百个、几万个甚至更多国家，每个家庭都宣布独立和宣示主权，那么贸易比例会上升到更高的高度。如果全球的政治边界保持现状，当运输成本以及物流的不确定性被考虑进来时，那么外贸比率就会在很大程度上取决于国内生产某件物品是否会比从外面运进来更便宜。

很显然，地理状况和运输成本与某种情况下贸易被划分为内贸还是外贸关系密切，尤其是当某个特定地区的人均收入和要素禀赋相类似的时候，如欧共体。欧洲的外贸比率从整体的30%上升到法德的40%～50%，如果欧共体分裂成比利时大小的国家的话，这一比率甚至会上升到100%。从人口规模和地理规模不完全相关这一事实中可以找到对外贸比例不仅仅与地理和运输成本相关这一观点的支持。尤其是日本和孟加拉这两个大国，领土面积都很小。而且，两个国家的大部分地区都有相对便宜的水路运输途径，至少是潜在的。在日本，几乎所有的人口稠密地区都可以便捷地通向海洋。

孟加拉的恒河三角洲则河流众多。因此，如果其他方面都相当的情况下，地理因素最重要，日本和孟加拉国应该比其他人口数量基本可比的国家的贸易比例高出很多。实际上，日本20世纪70年代的贸易比例只有法国的一半，孟加拉国在1970～1972年的贸易比例只有23.6%，这一数字比西班牙要低很多，虽然西班牙的领土将近4倍于孟加拉国的面积。

除这些例外情况以外，如果我们估计一下外贸比率与国土面积而不是国家人口的关系，我们仍然可以看到一种明显的负相关的关系，正如我们将人口与领土面积联系起来时所预计的一样。因此，地理条件似乎确实在决定不同大小国家的贸易份额中起着很重要的作用。

坦率地说，决定贸易份额的第二个观点就是外贸份额主要源于政府政策的制定。如果一个国家的贸易比率很低，那么就是因为该国政府通过出口替代，忽视甚至阻碍出口来刻意降低贸易的作用。

很显然，政策的选择对于外贸程度的高低有影响。在拉丁美洲的大国，因为出口替代政策的结果，贸易份额在战后不久大幅下降。在1950～1965年，阿根廷GDP中所占的出口份额从9.4%降到7.6%，巴西从8.2%降到7.4%，墨西哥则从14.1%降到9.3%（世界银行，1980）。仅仅15年前，1970～1972年中国的贸易比例从10.4%降到5.2%。阅读这一阶段的中国历史，我们可以确定，这种下降就是"大跃进"失败和"文革"早期排外主义的直接后果（1966～1969年是"文化大革命"的顶峰时期）。苏联在30年代和50年代贸易比例极低具有类似的政治原因。任何国家都无法没有贸易，但苏联在30年代后期闭关锁国，进出口额在国民生产总值中所占的比例从1933～1937年的3.1%降到1940年的0.6%。

国家可以特意制定扩大国际贸易规模的政策。一个最有名的例子就是韩国的出口鼓励政策将该国在1955年的11.8%提高到1981年的83.9%。欧佩克国家有着更大的影响世界的能力，他们可以形成联合企业大幅度提高油价，第一次提高是在1973年，第二次是在1979年。油价的提高导致石油出口国贸易份额的提高，但贸易的提高不仅仅是价格现象。欧佩克国家迅速实质性地开始提高他们的出口量。欧佩克的进口量增加的镜像就是这些大的石油出口国出口额的真实提高。整体来说，发展中国家的贸易比例从1970年的33.5%提高到了1981年的54.1%，市场经济工业国的贸易比例则从26.3%提高到了39.9%。

政府的决策确实很有作用，但是最起作用的决策也许并不总是本国政府制定的，欧佩克的决策就是一个典型的例子，美国政府在20世纪50年代和60年代做出的自由贸易决策促进了东亚等地区出口的增长，就是一个重要的例证。但是自行制定的政策也是很重要的。例如，在大国组内部，墨西哥、巴西、中国、印度和苏联的低贸易比率都是那些国家政府决策的结果。

如果政策决策确实有效，显而易见的是政策选择的范围也有限制。日本通常被认为是由政府推动出口的国家，日本的贸易地位在国际上日益扩大。这一观点有一定的道理，即使人们普遍认为日本是一台出口机器这一点是被夸张了，日本的对外贸易确实增长很快，但是，由于日本的 GDP 也同样增长很快，从 20 世纪 50 年代到 70 年代，日本的贸易比例依然平稳保持在 20% 或更低一点的一般水平。在 70 年代末期和 80 年代早期，这一比例确实有所上升，但是比例不会超过所有工业市场经济的一般水平。

政策的制定者可以呼吁对外贸地位的重大改革，也可以采取一些步骤实行他们的政策。但是在大多数情况下，还有一些力量在起作用，制约了这种改革的实际效果。他们为降低贸易的地位所做的努力碰巧遇上了无法在国内高效生产的必需品的进口。在接受方市场，出口鼓励因保护主义政策或其自身市场对国内企业家的吸引力更大而放缓。

影响某个国家外贸地位的经济情况很多，哪一种情况才是理解大国贸易比率低下的核心呢？本文中最常用来参考的经济影响是经济规模。事实上，规模经济普遍被认为是大国外贸比例低下的主要原因，得出这种观点的逻辑是比较直接的。大国具有庞大的市场，使某一具有规模经济的行业中的生产商得以修建规模够大的工厂，享有这些规模经济的好处。小国家的国内市场规模较小，规模经济企业要么就在别处安家，要么就只能为出口而大量生产。因此小国就只能回避大规模经济或者将其局限在具有特别优势的几个行业中。无论是哪种情况，小国都必须大量进口它所没有开发的行业的产品。大国可以开发所有的行业，至少对于规模经济体而言，很少有必要进口任何东西。

有关规模经济与外贸比例之间关系的观点具有一定道理，但是这种关系并不是像上述观点那么直接。首先，相对于在该国居住的人口数量，一个国家的国内市场大小与其国民生产总值规模的关系更为密切。而且人口规模通常与外贸比率相关。正如库兹涅茨几十年前就已经指出的，一个国家的人均国民产值与其外贸比率没什么关系，但是这一观点对规模经济的打击并没有它刚出现时那么大。如果将人均收入与国民生产总值两者都用来作为外贸比率的解释变量，那么这种拟合与将人均收入与人口规模作为外贸比率解释变量时所取得的拟合完全一样。影响市场规模的是国民生产总值的绝对规模，而不是人均国民生产总值，贸易份额与国民生产总值的绝对规模之间有着某种负相关的关系，虽然这种拟合不如把人口规模作为一个独立变量时那么好。

如果人均收入保持不变，人口的增加意味着 GDP 的按比例提高，因此，这一贸易比例与规模之间关系的公式不能作为选择人口或 GDP 作为规模测定的根据。将人均收入这一变量包括进去有着多方面的直觉上的吸引力，其中一方面与规模经济相关。由于交通和相关的基础设施不发达，人均收入低的国家国内市场往往比较分割。因此，这些穷国的GDP规模往往夸大市场规模，因为市场规模与规模经济相关，将人均收入变量包括进去实际上限制了市场规模。但是，人均收入这一变量也获得了许多除市场规模和规模经济以外的影响力。如果市场规模的影响是主要的，在把外贸份额作为因变量时，人均收入变量系数就会是负数。

因此，可以在统计上证明，贸易份额和市场规模（国民生产总值和人均国民生产总值）之间存在着关系，市场规模与规模经济之间的关系比起市场规模与人口规模的关系似乎更加可信。但是我们究竟应该参考哪种规模经济呢？有关规模经济的几个定义与国家大小和外贸份额相关：

（1）某些行业效率非常高，产量很大，产量通常要大于国内市场的总需求，尤其是在穷国和小国。汽车就是一个很好的例子。因为高效率的生产管理（将长期的平均成本最小化）就意味着每年几十万台车的产量。即使是一个比较繁荣的国家如朝鲜，汽车的年需求量在20世纪70年代末期也只有20 000~30 000台，其他具有规模经济的行业包括飞机、钢铁、炼油、化工、造船以及某些耐用消费品行业、电器和铁路设备等。

（2）随着人均收入的增加，需求往往越来越分化，在收入水平比较低的时候，人们总是满足于价格便宜的标准化服装和基本的生活用品。收入水平提高以后，人们不仅需要汽车，有些还需要小轿车，其他一些人可能会需要不同款式和不同发动机性能的大型车，因此一个国家就可能拥有支持300 000辆标准车年生产能力的国内市场。但是公众对任意品种的需求也许不会超过50 000辆。因此，在这种情况下，国内需求只有在达到年均有效规模1 000 000~2 000 000辆时，国内市场本身才能支持汽车行业的高效生产。

（3）出口是解决国内市场不足的经典方式，但是，通过对外贸易来开发规模经济，今天听起来比30年前更加令人信服。在20世纪50年代，在经过持续30年的国际贸易网络的乱象之后，观念和现在大不相同，那些观念影响到了当时的政策制定。因为存在着各种不确定性和需要国内大市场作为出口的跳板，贸易在当时看来是一种危险的对小规模经济的逃避（Robinson，1960）。即使是今天，对小国而言，在制造业中，出口也不会是什么认识规模经济的有效途径。在发展中国家，大多数行业首先都是为了满足国内市场而生产，然后再发展到出口。如果国内市场规模小到不足以生产厂家维持高效，那么也许会建一个小一点的工厂。更糟糕的情况是，在市场不足以按照国际价格维持一家工厂生产时，在出口替代政策刺激下，几家工厂都可能建立起来。因此，小国依然依赖主要产品的出口来满足其外汇需求。

（4）外部经济往往与规模相关，不是某一家公司或行业的规模，而是与行业总体相关。要么是国内行业整体，要么是国内某一地区的行业。由于具有共享基础设施如运输、可靠的电力、金融机构等优势，各行各业都在城市里安家，高技术行业往往靠近其必需的技术工人扎堆的主要源地。

这几种规模经济与国民产值中的外贸份额有何关联呢？对于低人均收入，人口总额为 200 万～300 万的国家而言，答案是关系很大。这些国家在某些行业不可能有足够大的国内市场，大多数国家的市中心也不会大到为许多公司所需要的外部经济和基础设施，像新加坡这样的城市国家有能力提供必要的基础设施，但是大多数人口为 200 万～300 万的国家都是部分意义上的乡村，其城市人口分布在几个城市中心地段和集镇，这些国家中有些还处在发展的初级阶段，必须为生产进口大多数必需品。但即使是那些拥有建设和管理生产企业的国家，企业也必须重点生产没有规模经济的产品，或者在少数几个具有规模经济但可以出口的产品上，无论哪种情况都需要进口大部分的制成品。

但是何种人口规模或 GNP 能够在国内市场实现规模经济呢？是不是某些规模经济只在 GNP 为万亿美元或者 2 亿人口以上的国家才能实现呢？或者说大部分 GNP 超过 300 亿美元，人口只有 2 000 万的国家都能实现规模经济。对这些问题的明确答复将取决于对各个行业有效生产规模的分析，每个时期都会有所变化，因为技术也是随时间的推移而变化的。然而我们有理由相信，相对来说很少有行业需要美国、苏联和日本行业所需的那么大的市场。例如，在 1970 年，全世界 25 个国家年产钢达到 300 万吨以上，这一规模，如果由一家钢厂来生产的话，足以在当时实现技术上的规模经济。通过比较，我们发现 1970 年时只有 10 个国家能年产 30 万台汽车，但是考虑到所需的汽车品种，即使是 30 万台也可能不是有效规模。

因此，很少有什么产品需要美国或者欧共体的市场规模已达到有效生产规模。汽车和大型的商用飞机也许属于几个例外。但在某些国家，市场规模也许可以只能支持某一产业一家恰当规模的工厂，在这种情况下，也许会因为缺乏竞争而牺牲效率。从根本上来说，国家的市场规模以及规模经济方面具有连续性。随着人口和 GNP 的增长，越来越多的产业面对着巨大的国内市场，并达到尽可能高的利用规模经济的生产水平，并考虑到了竞争问题。

如果规模经济是 GNP 中贸易份额的主要决定因素，那么我们可以想到，贸易的份额会随着工业化的出现而降低，市场会逐渐壮大到大多数规模经济所需要的规模，在现实中全世界的外贸份额在 20 世纪 30 年代和 40 年代一直在缩小，由于第二次世界大战和大萧条，在战后逐步稳定上升并一直上升到 80 年代早期。这一上升不仅出现在小国家，本文涉及的 15 个大国中每个国家都出现了这种上升。随着外贸份额在大国和小国的上升，对导致国际贸易发生的原因出现了新的说法。在工业国家和发展中国家之间发生的贸易，赫克歇尔－俄林和其他关于贸易在资本、人力资源和自然资源差异的国家之间流动的理论，依然能解释清楚正在发生的大部分现象。但是着重产品分化和不同跨国公司各个成员之间的关系的新的理论需要对世界上大多数发达工业国之间贸易的上升进行解释。规模经济也许会对出口商品结构造成影响，虽然相对于 GDP 来说，这种影响不是全局性的。简而言之，规模经济与大国的低贸易比例的原因以及出口结构之间有一定的关系，但是这些还不是全部。

小国的贸易比例高于大国的贸易比例，其最终的原因与初级产品的外贸决定性因素有关。大国和小国的主要区别是在出口方面，比如初级产品占到所有小国出口额的75%，但是对 15 个最大国而言只占到出口额的 42%。进口方面的差异讲得比较少，1970～1972 年，初级进口商品占到了小国总进口额的 30%，15 个最大国进口额的39%，在 1979～1981 年，分别占到了 37% 和 46%。

如果将农业排除在外，只看矿产和燃料贸易，那么似乎就可以看到有三种力量在决定着国际贸易中矿产和燃料的份额。首先，地理面积上的大国在领土范围内往往比小国有着品种更丰富的矿藏，因此他们不太可能会因国内完全缺乏而进口某些矿产或燃料，但是，如果这些国家也是国民产值高的国家，他们在国内对这些矿产也会有很高的需求，因此不太可能会有很多剩余矿产出口，反过来，如果一个国家的总收入和人均收入都很低的话，国内对于矿产的需求也不会大。

因此，规模对于国际矿产贸易的性质有着重大影响。小国家有多余的矿产资源而没有或很少其他资源，他们必须找到该种资源剩余产品的出路并且进口其他东西。大国很少有这类剩余产品出口，例外只出现在那些国家发展的早期，在那一阶段他们对自己资源的需求有限，出口替代品也很少。大国也不太需要出国去采购主要原材料，例外情况是指类似于日本和英国这些人口规模大而不是领土面积大的国家。

综合考虑，以上四种解释中究竟哪一种解释与大国贸易比例低于小国最为相关呢？最好是对这种差异的最主要来源进行定量分析，但实际上是不可能的。最重要的原因似乎是通过从边境到内陆各地的高昂运输成本对大国国内产业的一种自发的保护。比如运输成本似乎是解释这种差异的核心：比利时和荷兰的贸易比例为 100% 而法德两国的贸易比例仅为 40%～50%。

在小国，为剩余矿产寻找出路也扮演着重要的角色。如果初级产品在小国和 15 个大国的贸易总额中占的份额一样多，如果制成品的贸易保持不变，小国 GDP 中的出口份额将会从 19.7% 降到 9.2%，基本上与大国的 10.3% 一致。这些数字是 1970～1972 年间的数据，在其他年份也基本一样。当然，如果初级产品出口下降，制造业也许不会保持同样的状况。但是，制成品出口会升到足以维持小国的原始贸易份额吗？似乎不太可能。

政府政策的选择显然也很重要。所有发展中国家的 GDP 中，出口加上进口所占的百分比从 1970 年的 33.5% 上升到 1981 年的 54.1%。欧佩克的价格提高显然也和这种上升有很大的关系。在同一时期，工业市场经济贸易份额从 26.3% 上升到 39.9% 也许有着类似的解释。但是无论是大国还是小国都受到了欧佩克的影响，不清楚国家所做的刻意的政治选择是不是比起小国来对大国有着细微的影响。对规模经济影响大国外贸的比例进行量化更为困难，如果人均收入保持不变，大国也许会比小国进口更少的飞机、汽车。

3.2 对外贸易的结构

对这一点的分析集中在规模如何影响一个国家 GDP 中的外贸份额上，但是如同初级产品出口与国家规模之间关系的讨论所指出的，国家规模对外贸结构的影响和规模对外贸水平的影响一样显著。成品出口在大国对外贸易中所起的作用比在小国对外贸易中所起的作用更大，尤其是当人均收入水平处于低层次的时候。矿产出口在小国的对外贸易中所占的份额比大国要高，尤其是人均收入水平处于低水平时。

许多研究已经注意到贸易结构这个问题。规模的整体效应（出口上升，进口下降）对成品贸易的影响，被认为是庞大国内市场需求的一种迹象，由于规模经济的原因，需要将（部分）成品出口。对外贸易结构在其他方面也与规模相关，但是规模的相关概念也与地理面积或可耕地及人口之间的关系有关。这种关系的最好测量办法是“人口密度”，一个国家的人口密度是通过人口与土地总面积或可耕地的及的比例来衡量的。在初级产品和成品出口方面，总密度具有重要的解释力，尤其是后者（即成品出口）。

通过测量人口密度影响及国家人口规模对外贸水平和结构影响的回归分析，结果显示，较大的人口密度对贸易在 GDP 中的总份额有着积极地影响，甚至对成品出口在 GDP 中的份额有着更为显著的积极影响。对初级产品出口而言，人口密度越大，这些出口的份额就越低。在进口方面，密度越大将导致初级产品和成品在 GDP 中所占的份额越高。将人口密度作为自然资源纳入考虑范围的一种方式最初是由基辛和史莱克（Keesing and Sherk，1971）所提出的。

人口密度大的国家人力资源多，但是相对人力资源而言自然资源就少，在人均收入较高的国家，需要劳力和资本的成品出口所占的 GDP 份额比人口密度小的国家要大。无论一个国家的拥有何种自然资源，如果在国内市场需求越来越大，就会无法出口；相反，一个国家的人口密度越大，那么它的初级产品进口就越多。比如日本就是属于世界上人口密度最高的国家，其出口在 20 世纪 70 年代和 80 年代几乎全都是制成品（1980 年为 96%），日本的进口主要由初级产品进口构成。相反，尽管美国的人均收入高，只在初级产品的出口上赚了出口收入 1/3 的钱，巴西人均收入较低，比美国的人口密度更低，却在 1980 年从销售初级产品上赚到 60% 的出口收入，早年比例更高。

因此，人口密度可以帮助解释在可比人均收入上为什么大国比小国成品出口较多而初级产品出口较少。既然人口密度与外贸总额以及外贸结构呈现正相关关系，人口密度更高的特大国家往往有限度地可以抵销国家大小对贸易总额的影响。其他规模所造成的影响往往可以降低大国的外贸份额，而人口密度往往能提高外贸的作用。最后，贸易份额随规模而降低，进口方面比出口方面表现更为显著，因此，GDP 中资本流入的比例也会随规模而降低。

3.3 GDP 的行业结构

外贸份额较低应该也会对那些国家的国民生产总值或国内生产总值结构有重要影响。对规模和经济结构的主要影响在于推动大国朝平衡增长战略方向发展，但是所能获得的数据能够支撑这种假设吗?

本质上，平衡增长假设对于这类大国来说意味着这类国家的经济结构差异更小。比如，经过对各种消费需求的研究发现，在某一特定人均收入水平阶段对某种产品的需求各个国家基本相似，无论文化和地理差异如何。在某个国家内，如果用来满足这种需求的生产或供应主要来源于国内，就如同大国的情况一样，那么生产结构就应该与另外一个能够满足大部分国内需求的大国的生产结构大体相同，因此两个国家的 GDP 结构将具有相似性，将这些大国家作为一个整体来看，他们之间的结构差异会比较小。

按照贸易赤字来算，资本流入比例也占 GDP 的一定比例，资本流入与经济结构的各种现象紧密相连。GDP 结构将相似，即就是说，对于人均收入水平类似的国家来说是如此。正如库兹涅茨和钱纳里（Kuznets and Chenery）所示，经济结构随着人均收入的不同而出现系统的变化。因此，这种由于收入差距所导致的不同必须在将大国与小国进行比较前就消除。

大国劳动力在产业中的所占比重一直高于小国 2% ~3%。但是，14 个特大国家所占的份额实际上低于小国的份额，如果人均收入上升到 1 000 美元以上的话。同样的，农业在特大国家 GDP 中所占份额实际上和人均超过 600 美元的小国一样。考虑到各个国家在这些回归线附近的变化，通过国家大小来进行分组的这一相似途径还是很值得注意的。

如果平均值随国家规模变化很小，那么这些平均值附近的变化肯定就是错的。小国之间的结构差别比大国之间的结构差异要大。对这一现象的大多数似乎有道理的解释就是在 GDP 中对外贸易的份额较大，使得小国能够追寻自己的各不相同的发展战略。

相反，大国，尤其是特大国，贸易比例很低，其经济结构，尤其在人均收入上，必须与需求结构保持密切关系。

如果大国的经济结构之间的差别小于小国之间这一假设成立的话，那么他们的经济发展战略的意义是什么呢？这样的话，看起来大国比小国的选择还少。比如，曾经有很多文章说印度和中国将大量资源用在了钢铁和机械制造行业，因为20 世纪30 年代和40 年代，这两个国家的经济规划师尤其迷信苏联的经济发展战略，毫无疑问，50 年代时，中国和印度的规划师确实崇拜苏联模式，但是即使是他们不了解苏联模式，他们最后完全可能把大量资金都投放到钢铁和机械行业。比如，毛泽东 1976 年去世之后不久，中国就提出了一个长期计划，号召到 1985 年年产 5 000 万吨钢材，而 1975 年时的产量为 2 400 万吨，一年之后，那一计划很快就被斥为盲目追求重工业，而当时更需要的是消费品生产。消费品宣传在当时赢得了政治上的胜利，对政策进行了重大的修改。可是，到 1985 年时，钢铁生产达到了 4 670 万吨，钢铁需求超过 5 000 万吨，其中的差额从日本进口。考虑到中国经济在各个方面的重大变化，钢铁产业持续发展的一个说得过去的理由就是在中国这么一个庞大而发展迅速的经济体中，规划者们所面临的选择并不是很大。

那么，是不是就能证明大国的平衡增长论也能支持工业领域吗？较低的外贸比率意味着这些国家必须根据特定人均收入水平生产出比小国更广泛的产品，在较低的人均收入水平上，小国可以专注于生产较为简单的劳动密集型产品，后期可以转向一些更为复杂的资本密集型行业，这期间他们可以通过进口来满足他们对这些行业产品的要求。大国在发展的早期阶段就生产比较复杂的资本密集型产品，因为他们的外汇资源不足以满足国内对这些进口产品的需求。原则上，大国可以通过增加外贸收入以便进口更多产品，但是，在现实中他们不这样做。

3.4 相对价格与经济结构

制造、农业和其他行业在 GDP 中的份额，对于 GDP 计量中所使用的价格非常敏感，价格和人均收入一样，国与国大不相同。遗憾的是，价格上的变化不容易修正，控制人均收入差异更加容易一些。

克拉维斯（Kravis）和他的合作者的主要工作是消除相关价格对经济结构测量的影响，其中的数据只是消费方面的，对于分析需求结构非常有用。而这一研究主要是关于生产结构的，虽然克拉维斯的数据不能方便地用于重新计算大国和小国的生产结构，它们还是可以用来说明多个国家价格变化的程度的。比如印度的耐用品相对价格相当于美国同类商品价格的2倍或1.5倍，而运输费用只相当于美国的70%。价格结构与人均收入水平之间存在着一定关系，这在服务业更是如此，相对价格随着人均收入显著上升，当然，其理由是这一行业的成本主要是由人员工资组成，工资随着人均收入的提高而提高。同样道理，耐用品的相对价格随着人均收入上升而下降，虽然这种下降比服务业中的情况更为复杂。

但是，也有一些对相对价格结构所造成的影响与人均收入之间并没有什么系统上的关系。例如，税收政策就对国内的贸易品价格有着巨大影响，各国的税收政策差异非常之大。同样，有些国家通过高昂的扶持价格来补贴农业（如日本和韩国），而其他一些国家压制农业价格去补贴城市人口。

4 规模与生产率的提高

大国的成长主要是靠增加资本和人力投入，或者在利用这些资本与人力投入时生产率的提高吗？我们要得出一个貌似正确的观点不太困难，这一观点就是国家大小应该与资本和人力资源的输入效率相关。比如，在一个充满国际贸易制约的社会中，在大国取得规模经济的成功比在小国要容易；另外，外贸比率高的小国更能专注于他们特别了解或者具有合适的自然资源的几个行业。如果外贸比例低的大国走平衡发展的道路，他们不得不投资需要各种技术的各行各业，有些技术将会缺乏。

有一个带有较多政治倾向的观点是大国也许更难管理，将一个大的国家捆在一起也许需要更多的让步，将资源转移给那些无法有效利用这些资源的地区。在大国进行规划也许更为困难，原因仅仅是大量的企业必须纳入规划之中。在大国的眼里，进口替代也许看起来更有吸引力仅仅是因为这一政策比在小国更为灵活，即使它没有另外一种政策效果好，如表2所示。

表2　特大国家发展的源泉（所有数据都是百分比）

国家	人口增长速度		国内投资总额		投入增加		剩余		GDP增长率	
	1950～1960年	1960～1972年	1960～1970年	1970～1982年	1960～1970年	1970～1982年	1960～1970年	1970～1982年	1960～1970年	1970～1982年
中国	1.80	2.30	23.70	32.50	3.92	5.08	0.08	0.42	4.00	5.50
印度	1.70	2.10	18.10	20.50	3.19	3.68	0.37	−0.08	3.60	3.60
苏联	1.60	1.20	26.20	31.00	4.10	4.44	1.03	−1.23	5.10	3.20

续表

国家	人口增长速度		国内投资总额		投入增加		剩余		GDP 增长率	
	1950～1960年	1960～1972年	1960～1970年	1970～1982年	1960～1970年	1970～1982年	1960～1970年	1970～1982年	1960～1970年	1970～1982年
美国	1.80	1.70	18.80	17.60	3.33	3.09	0.88	-0.39	4.20	2.70
印度尼西亚	1.70	2.50	10.70	21.50	2.30	4.07	1.52	2.93	3.80	7.00
巴西	2.70	2.30	24.50	27.20	4.56	4.65	0.71	2.05	5.30	6.70
日本	1.90	1.30	31.30	35.60	4.90	5.08	4.98	-0.58	9.90	4.50
孟加拉	2.10	2.90	10.00	8.00	2.46	2.74	1.26	1.46	3.70	4.20
尼日利亚	1.80	1.80	12.50	25.60	2.58	4.17	2.29	-0.17	4.90	4.00
巴基斯坦	1.90	2.70	18.50	13.80	3.36	3.30	3.55	2.10	6.90	5.40
墨西哥	2.80	3.20	20.20	23.80	4.10	4.74	3.15	1.16	7.30	5.90
联邦德国	0.20	0.80	27.00	24.50	3.36	3.41	0.99	-1.01	4.40	2.40
意大利	-0.10	0.60	23.20	19.80	2.73	2.79	2.62	-0.09	5.40	2.70
英国	0.60	0.40	18.20	17.80	2.55	2.37	0.30	-0.87	2.90	1.50
法国	0.70	1.00	23.80	23.90	3.27	3.46	2.03	-0.36	5.30	3.10
平均	1.54	1.83	20.00	22.30	3.33	3.77	1.77	0.47	5.10	4.24
标准偏差	0.84	0.86	5.91	6.84	0.77	0.89	1.37	1.20	1.78	1.63
变异系数	0.55	0.47	0.30	0.31	0.23	0.24	0.77	2.55	0.35	0.38

资料来源：世行数据+作者估值，苏联的数据来自联合经济委员会。

以上讨论暗示小国之间的表现差异应该高于大国之间的差异。其次，也是比较令人惊讶的是，根据国家规模排名的发展速度之间的差异在很大程度上可以通过生产率（剩余额）提高的差异来解释，而不是投入速度之间的差异。因此，要解释清楚某些国家比其他国家的发展速度快的原因，必须能够说明为什么一个国家的生产率的提高会高于另外一个。遗憾的是，我们对储蓄率和人力资源增长速度的了解要比国与国之间生产率的差异少得多，我们所能做的只是指出对于国家的相对应表现的意义所在，GDP和生产率增长速度越来越快是一个历史事实。但是不是因为规模的原因才成就了这种高水平的表现呢？或者说大国之间是否具有某些共同的特性来促使其达到一个更高的层次呢？

虽然对这一问题找到一个确切的答案是不可能的，表3中的数据提供了某些证据，证明除了规模效应以外，还有一些别的原因与这种表现上的差异有关。表3中的数据是按照地理区域而不是按照国家规模排序的。正如我们在通过规模解释增长速度差异的情况一样，资本和人力资源投入的增加速度之间的差异解答了一小部分有关“区域性 GDP 增长速度为什么存在差异?”这一问题，资本和人力资源增长的速度，经过各个地区之间平均之后，在全世界范围内差异很有限。相反，生产率提高的速度却差异很大，20 世纪 70 年代撒哈拉以南非洲地区和南亚地区的生产率提高呈负增长，而同期东亚速度却达到 4%。这些数字道出了一个现在为人所熟悉的非洲的大部分地区经济停滞而东亚则表现出高增长这一情形。

这种统计上的相关性从不能回答因果关系问题。可能的情况是国家规模确实导致了 GDP 的增加和生产效率的提高，至少在表中数据涉及的年份中会是这样。快速发展的一个潜在的决定性因素依赖于地区差异的重要性这种情况更有吸引力。但是无论地区之间的不同是否依次取决于历史背景，文化差异或者经济政策的变化方面的差异将是独立研究的主题。

表 3　　按国家规模排序的生产率增长情况（剩余比重为年百分比）

国家规模	1960 ~ 1970 年		1970 ~ 1982 年	
	A	B	A	B
所有国家	2.7	2.3	1.2	0.7
特大国家	3.2	3.0	1.8	1.5
其他大国	3.5	3.1	1.5	1.0
小国	2.4	2.0	1.0	0.5
某些国家(按大小顺序)				
中国	1.2	0.2	1.4	0.1
印度	1.5	0.7	1.1	0.2
美国	2.3	2.3	1.0	1.0
印度尼西亚	2.8	2.5	4.3	3.6
巴西	1.9	1.6	3.3	2.9
日本	6.4	6.4	0.8	0.8
孟加拉国	2.4	2.0	2.7	2.3
尼日利亚	3.6	3.2	1.1	0.4
巴基斯坦	4.7	3.9	3.3	2.7
墨西哥	4.4	4.1	2.4	2.1
联邦德国	2.4	2.4	0.4	0.4
意大利	4.1	4.1	1.3	1.3

续表

国家规模	1960～1970 年		1970～1982 年	
	A	B	A	B
英国	1.7	1.7	0.6	0.6
法国	3.4	3.4	1.0	1.0

注：剩余计算方式。

最后，我们对生产率增长所做的这些估值的质量进行一下评价。对这些增长的来源进行估计的经济学家运用各种方法得出截然不同的数据。有些人添加了一些变量而不是资本或者人力，其他人使用总额而不是国内资本形成。即使有了这种简单的方法，大型数据空白通过假设而被填补。尤其是国民收入中的人力和资本的比重，就不是根据每个国家的数据来进行估计的，而是对其可能的价值使用了一种貌似合理的假设。幸运的是，我们最重要的结果对这些假设并不敏感。为了说明这一点，我们就对资本份额和人力份额采用了不同的假设，这些假设对收入份额进行调节，目的是顾及这些份额变化随人均收入上升的情况，这些大国和小国的相对偏差依然如故。

5 收入分配与规模

有一种结论与此类似，它源于对国家大小和收入分配之间关系的分析。收入分配数据不如国民核算统计数据那样容易获得，这些数据的质量也非常差。而且，确实存在的数据都是税前和转换/转移前的数据，而理想的数据则是税后收入或转换/转移之后的数据。两个边际差异最大的国家在拉丁美洲，两个人均收入最高的国家是差异最少的，两个南亚国家介于两者之间。如果有中国和苏联的可比较数据，这些数据也许会让我们看到各种类似于或者略低于日本和美国的不同层次的差异，如表 4 所示。

表 4　　大国的收入分布

国家(年份)	占总收入的比例		
	上层 20% 的人口	中层 40% 的人口	底层 40% 的人口
巴西(1972)	66.6	26.4	7.0
墨西哥(1977)	57.7	32.4	9.9
印度(1975～1976)	49.4	34.4	16.2

续表

国家(年份)	占总收入的比例		
	上层 20% 的人口	中层 40% 的人口	底层 40% 的人口
印度尼西亚(1976)	49.4	36.2	14.4
孟加拉国(1976～1977)	46.9	36.0	17.1
法国(1975)	45.8	37.8	16.4
巴基斯坦(1964)	45.0	37.5	17.5
意大利(1977)	43.9	38.6	17.5
美国(1980)	39.9	42.9	17.2
英国(1979)	39.7	41.8	18.5
联邦德国(1978)	39.5	40.1	20.4
日本(1979)	37.5	40.6	21.9

资料来源：《环球发展报告（1986）》。

显然，在差异和国家规模之间，没有什么单一的或主要的关系，影响平均的主要原因是人均收入。如果国家规模不是影响差异的主要原因，还是有理由说规模确实影响到了这种差异的程度。这一观点主要依靠的是这么一种信念：收入方面，大国比小国的地区差更大，因此，其他方面平均的话，大国比小国拥有更多的差异。

可以通过中国的经验说明这一基本观点。20 世纪 50 年代早期，中国完成了一项涉及几乎所有城市工商业的社会化革命，没收了所有不属于农民的农田。除了极少数例外情况，城市里的财产性收入都被消灭了。在乡村，如果劳动更努力或有更多的健壮的成人家庭成员，如果农民有比其他地方的农民更多更富饶的土地，或者如果那块地靠近城市或者主要交通路线，也能赚更多的钱。

因此，农民收入的地区性差异持续到小块地区的差异被消灭很久以后，或者通过集体化大幅度降低之后。令人惊讶的是，在 20 世纪 70 年代晚期和 80 年代早期，在整个中国乡村，对收入差异的初步估算说明差异已经上升超过了土地改革之后那段时期，但在 1952 年集体化之前。不管差异是否上升，巨大差异的持续存在就是因为中国西南方和北方的地区性贫困这个巨大的口袋。

大国的地区性差异的存在没有什么数学上的必然性，而且，如果贫穷和富裕的袋子在地图上随意分布，那么更大地区将包含比小地区更多的变化。比如说，规模大，也许是解释为什么在中国农村收入分配与韩国农村地区没有什么大不同的部分重要原因。在这两个国家，70 年代位于顶端的 20% 人口得到了 40% 的总收入，而 40% 的底层人口得到了大约20%的收入。但是，中国农村的地区性差异似乎要比韩国农村的地区差异大很多。

规模也可以解释为什么巴基斯坦比印度的差异程度要小。当然，从旁遮普到比哈尔，印度国内存在着巨大的众所周知的地区差异，对照一下巴西的圣保罗和东北部之间的人均收入，可以看到另外一个特大国国内地区两极差异的实例。但是要满怀信心地得出此类结论，还需要进行进一步的研究。收入分配估算不可靠的坏名声在外，而我们对于决定差异的因素的了解依然处在初级水平。

当然，地区差异并不仅仅是一个国家规模的问题。正如威廉姆森（Williamson）所示，地区性的收入分配，就如同收入规模分配一样，似乎是人均收入的一个功能（function）。我们所熟悉的U－型曲线，即差异程度随着人均收入的增长而提高，然后随着人均收入的进一步增加而降低，也适应于地区性收入分配数据。印度和巴西国内的文化和民族多样性，虽然远远不及中国，也许能增加地区间的差异程度，因为文化和民族多样性具有地区性成分。还没有足够数量的对地区差异的估值来测试这种与国家规模之间关系的假设，然而我们确实有了48个不同大小的国家收入分配的数据（世界银行，1985）。如果地区收入分配与规模之间有着系统性地相关，那么一个合理的假设就是收入规模分配也会与规模相关，毕竟地区性差异是根据规模进行分配时差异出现的来源。

6 结　　论

大国因为多种原因而成为大国，这些原因与经济的关系只是第二位的。虽然经济对国家规模的直接影响很小，但规模确实对经济有着重要影响，人口规模而非地理规模对经济结构而言是主要影响。

将特大国和大国与小国区分开来的一个主要特点，就是国家规模与外贸在国民生产总值中的比重呈负相关。大国能更好地利用规模经济的能力与这种关系相关，但是其他起作用的元素也许更为重要，这些其他元素包括运输成本的影响，小国而非大国需要为剩余矿产品寻找出路的需求，以及大国采用进口替代政策的更大便利。大国和小国在其他结构上的差异来自于这些差异在对外贸易比例中的影响，一个影响是对外贸本身的影响，大国尤其是特大国主要注重于成品的出口，矿产出口在比例上占小国的出口份额更高。

有了大国和小国之间外贸结构和比重的差异，可以得出一个惊人的结论，那就是工业、农业和服务业在国民产值中的比重没有任何区别，这一结论对于人力资源尤其正确，因为它比附加值比重受到相关价格扭曲的影响较少。但是，随着进一步分析，通过附加值比重所体现出来的差异确实出现了。在制造领域，工业往往与更高的人均收入相关，切纳里和泰勒（Chenery and Taylor）所命名的“后工业”在大国中出现的时间不比在小国中早。特大国和大国因为其规模和能力有限而依靠进口各种产品满足国内生产所需，实际上大国受到影响而学习平衡发展战略，因此他们的经济结构从此变得更为相似。附加值比重和人力资源的有关数据，为这种规模与平衡增长之间关系的假设提供了进一步的证据，小国之间的比重差异大于大国之间的比重差异。

规模也影响着经济表现。本研究中所用数据为大国表现与小国迥异这一观点提供了有限的证据。在推理上，有理由相信，在大国内部收入分配应该更加平等，但是本文所用数据根本不支持这一假设。大国确实显得比小国发展快，差别不在于资本和人力的投入，这两方面随规模变化很小，而在于生产率的提高，在这方面世界上大国和小国的区别为 100%，大国规模是否是较高生产率的原因还依然需要证明。

因此，规模对经济结构和表现非常重要，大国似乎拥有更多不为小国所共享的优势，没有什么强迫性的逻辑上的理由期望这些优势存在，事实上，他们或许会被与规模伪相关的影响创造出来。这些优势也许是短暂的，只适应于数据采纳的 1960 ~ 1982 年。无论是否短暂，是否伪造，大国确实比小国发展快。

得出大国因为其低贸易比率而生产率发展越快这一观点具有它的诱惑力，这意味着外向发展战略与高贸易比率和快速增长之间关系很小。中国自 1978 年开始实行开放政策与快速提高生产率，还有其他一些国家的经验，暗示我们无法利用国际交叉区域数据来预测某个国家的生产率。这一问题不是外贸相对于国民生产总值的绝对规模问题，而是一个国家是否能够从对它开放的有效贸易机会中获得最大利益。

规模对于结构和表现都至关重要，大国在决定发展战略时比小国所面临的选择要少，但是在现代经济增长的过程中，拥有广泛的选择并不一定是好事。

Large Countries: the Impact of Scale

Dwight H. Perkins, Moshe Syrquin
Ouyang Yao, Sheng Xiaofang, editing and translation

Abstract The size of the country is quite different from its economic performance and status, so the international community is more interested in Large countries than small ones. The main symbol of the size of the country is the population, which includes amount and density of population, but the size of the geographical area is also very important, which is related to the number and type of natural resources. Empirical analysis of different sample countries shows that the more the population of a country, the lower the share of foreign trade in the country's GDP. Economies of scale are generally considered to be the main reason for the low proportion of foreign trade in big countries. Large countries have huge market, so that many industries can enjoy the benefits of economies of scale. In the society full of international trade constraints, it is easier for large countries to obtain economies of scale than small countries. Comparatively speaking, the investment efficiency of large countries' capital and human resources is more efficient. In terms of income distribution, large countries have more regional differences than small ones. Although the direct link between the economy and the country's size is small, the size of the country does have an impact on the economy, including the impact on the economic structure and economic performance.

Key words National Scale Economic Influence Economic Structure Economic Performance

基础设施建设的大国效应及其作用机制*

张 勋 王 旭**

摘 要 基础设施水平的提高可以促进市场融合，使企业拓宽市场边界，实现企业和国家的市场规模扩张，有利于大国经济效应的发挥。基础设施之所以能够扩大企业的市场边界，原因在于基础设施降低了运输成本，使得整体市场规模比原先没有基础设施时的市场规模更大，这为大国经济的进一步发展创造了重要条件。

关键词 基础设施；大国效应；市场规模；运输成本

1 引 言

大国因其“大”而成为一种优势。大国经济的发展相对于中小国家而言具有明显不同的特点和发展规律。20 世纪八九十年代以来，中国、印度、俄罗斯、巴西 4 个新兴大国经济几乎同时崛起，这应当不是偶然的事情。如何理解大国经济发展成为经济增长中的一个新兴的热点问题。相关研究指出，市场规模是大国经济优势的重要来源，这其中，市场交易成本、经济结构差异和国家开放程度是大国效应得以发挥的重要因素（李君华和欧阳峣，2016）。

根据世界银行的报告（World Bank，1994），基础设施作为经济活动的“齿轮”，提供了经济活动最基本的服务，为物质和人力资本积累提供便利，通过联结市场来促进贸易，降低交易成本以及保护环境。同时，基础设施投资直接增加了就业，并且可以为落后地区带来先进的技术、资本，联结性基础设施还便利了劳动力转移，产生有

* 本文原载于《湖南师范大学社会科学学报》2017 年第 3 期。系国家自然科学基金资助项目“基础设施与包容性增长：理论与政策评估研究”（71603026）、国家社会科学基金重大项目“发展中大国经济发展道路研究”（15ZDB132）、“北京师范大学青年教师基金项目”的阶段性成果。

** 作者简介：张勋，博士，北京师范大学统计学院教师，湖南师范大学大国经济研究中心特邀研究员。

利的收入分配效应。事实上，新兴经济体政府将大量的支出用于基础设施投资，而发达国家也正经历基础设施升级的过程。在2016年10月份，国际货币基金组织号召发展中国家和发达国家都进行基础设施投资的大推进（big push），以避免出现萨默斯等人提出的长期经济增长停滞（IMF，2014）。此外，多边开发银行（如世界银行和亚洲开发银行）也将其70%的贷款投入区域基础设施当中，而刚刚成立的亚洲基础设施投资银行（AIIB），单从其名字便可窥知基础设施投资的重要性。中国政府所倡导实施的“一带一路”战略，则更是与基础设施密切相关。

具体地，我们关注基础设施在中国这一发展中大国中的经济效应。之所以关注中国，是因为在由投资驱动的中国经济增长模式中，基础设施投资扮演着非常重要的角色。在改革开放初期（1978年），基础设施投资仅占GDP的5.44%。2010年，这一比例增长了两倍多，达到18.19%。这两倍多的增长放在中国年均将近10%的经济增速的背景下则更令人瞩目。

那么，基础设施在大国经济发展的过程中究竟起到什么作用呢？本文通过实证分析来回答这一问题。我们发现，基础设施可以促进市场融合，使企业拓宽市场边界，实现企业和国家的市场规模扩张，有利于大国经济效应的发挥。本文进一步探究基础设施扩大企业和发展中大国市场规模的内在机制。本文发现，基础设施之所以能够扩大企业的市场边界，原因在于基础设施降低了运输成本和交易成本，使企业可以将产品销售到原来销售不到的地方去，使得整体市场规模比原先没有基础设施时的总市场规模更大。由此，本文揭示了基础设施在发展中大国中的重要作用，并与以往大国经济效应的研究遥相呼应。事实上，根据以往研究，市场交易成本是大国效应得以发挥的重要因素（李君华和欧阳峣，2016），而运输成本显然是市场交易成本的一个重要方面。根据本文的研究，基础设施水平的提高可以显著地降低运输成本，进而扩大企业和国家的市场规模，这为大国经济的进一步发展创造了条件。

相对比以往研究，本文也在实证策略上进行了突破。首先，采用的数据主要为微观工业企业数据以及城市层面的基础设施数据。往常研究基础设施与经济发展的关系通常采用加总数据的方法，例如，一大批文献顺着（阿肖尔，1989）的思路，直接估计基础设施的产出弹性。然而，分析基础设施的经济发展效应时常会面临诸如反向因果等内生性的问题，因为经济发展的同时也会对更高水平的基础设施提出需求（张军等，2004），因而基础设施水平的提高既可能是因，也可能是，很难在加总层面上对基础设施和经济发展的关系做比较清晰的检验。因此，从微观企业层面来探讨基础设施与企业运营的关系，有助于缓解反向因果问题。其次，企业层面的固定效应也使得企业异质性在很大程度上被吸收，减小了估计的遗漏变量偏误。事实上，宏观政策到微观企业的传导问题越来越受到学术界的重视，如聂辉华等（2009）。同时，本文还采用了拟自然实验的方法进一步消除了基础设施内生性的干扰，即根据行业或企业的不同特性，讨论基础设施在这些不同企业属性中可能发挥的不同作用。一般而言，企业属性可视为外生，如果基础设施对企业的影响因企业属性而不同，则可以在很大程度上排除内生性问题。

2 文献综述及本文的研究假说

大国经济效应最早由克雷默（Kremer，1993）提出，他的实证证据表明了大国效应是显著存在的。张培刚（1992）也指出，发展经济学应以大国特征、大国发展的难题和大国的特殊道路为研究问题。关于大国经济优势来源，亚当·斯密（1972）、杨（Young，1928）、杨和黄有光（Yang and Ng，1993）认为分工本身即受到市场容量的限制，因而市场规模是大国经济优势的重要来源。后续的研究指出，市场规模影响大国经济效应的发挥还可以通过规模经济（马歇尔，1997；克鲁格曼，1991）、产品多样化（彭向和蒋传海，2011）等渠道产生，使得大国通常拥有相对完整和互补的产业体系（欧阳峣，2011）。这些研究背后暗含的关键逻辑链条在于，国家内部的交易成本较小，运输成本可以得到大大降低，从而有利于实现市场一体化，使得规模效应、知识溢出等功效可以发挥作用。李君华和欧阳峣（2016）的最新研究从一般均衡和实证分析的角度正式检验了大国效应的存在性，他们的研究也发现，市场交易成本的下降是大国效应得以发挥的重要因素。

根据以上相关研究，可以预期，基础设施能在大国经济效应中发挥重要作用。首先，基础设施被多数文献证实具有显著的经济增长效应。基础设施与经济增长最早的理论研究可追溯到巴罗（Barro，1990），其认为政府的公共支出具有外部性，可以实现内生增长。规范性实证研究基础设施与增长的文献最早见诸于阿肖尔（1989，1990），他采用了美国 1949~1985 年的时间序列数据，发现基础设施存量提高 10%，可带来生产率提升 4%。他同时发现，1970~1985 年美国基础设施投资规模的下滑是导致经济衰退（滞涨）的最主要原因。与阿肖尔（1989，1990）的研究结论类似，莫里森和施瓦兹（Morrison and Schwartz，1996）针对发达国家的研究也发现基础设施与生产率和经济增速正相关。针对发展中国家的研究也大多数发现了基础设施能够促进经济增长，见宾斯万格等（Binswanger et al.，1993）以及赫尔滕等（Hulten et al.，2006）。反过来，落后的基础设施已经成为发展中国家经济增长的主要障碍（Moccero，2008；Calderon 和 Serven，2004）。Lee 和 Anas（1992）采用尼日利亚的数据，发现基础设施的落后，尤其是电力供应紧张，阻碍了企业进一步投资扩张，这正说明了基础设施对经济增长的重要性。对于中国的情形，刘生龙和胡鞍钢（2010）认为基础设施在中国经济增长中具有技术溢出效应。张光南等（2010）验证了基础设施投资对于中国就业、产出和投资的促进效应。

本文重点关注基础设施在大国经济发展中的作用，因此需要更细致地落脚到基础设施促进大国经济发展中的具体机制。根据相关研究，国家的市场规模是大国效应的关键性因素。那么，基础设施能否起到扩大市场规模的作用呢？以往的文献对此有一定的讨论，主要结论是基础设施有利于促进贸易和市场融合。雅各比（Jacoby，2000）发现尼泊尔的道路基础设施便利了农村居民前往农贸市场，通过提高交易深度改善农村居民收入。利马奥和维纳布尔斯（Limao and Venables，2001）以及耶普尔和戈卢布（Yeaple and Bolub，2007）发现基础设施是贸易成本和双边贸易量的重要决定因素。迈克尔斯（Michaels，2008）考察了基础设施对农村地区的影响，发现基础设施对贸易相关活动（如交通运输和零售业）具有显著作用。班纳吉等（Banerjee et al.，2012）发现交通网络的可得性会显著影响中国各地的人均 GDP 水平，认为发达的道路网络主要通过促进要素的流动性而对经济增长产生贡献。迪朗东等（Duranton et al.，2014）的研究验证了美国州际高速公路对贸易的促进作用。费伯（Faber，2014）发现高速公路网能促进贸易的融合，提高路网节点地区的工业化程度。刘冲和周黎安（2014）发现交通基础设施的改善带来了更多的企业进入和资本流入。科萨尔和杰米尔（Cosar and Demir，2015）利用土耳其省级层面的数据估计了国内道路基础设施质量的改善对于出口的正向作用。唐纳森（Donaldson，2015）利用印度殖民时期的数据，发现铁路的修建减少了两地之间的价格差异，增加了双边贸易流，提高了人均收入。

根据以上研究，基础设施可以促进市场融合，更进一步推论，基础设施水平的提高，可能能使企业拓宽市场边界，实现企业和国家的市场规模扩张，有利于大国经济效应的发挥。这是本文的第一个研究假说。

研究假说 1：基础设施有利于扩张企业的市场规模，从而也扩大了发展中大国的市场规模，使得大国经济效应能够充分发挥。

紧接着的一个问题是，基础设施扩大企业和发展中大国市场规模，发挥大国经济效应的内在机制是什么？事实上，基础设施之所以能够扩大企业的市场边界，最本质的原因在于基础设施降低了运输成本和交易成本，使得企业可以将产品销售到原来销售不到的地方去，使得整体市场规模比原先没有基础设施时的总市场规模更大。

有关基础设施与运输成本和交易成本的关系，基勒和英（Keeler & Ying，1988）

提供了直接的证据，表明交通基础设施可以显著降低交通运输企业的运营成本。弗纳尔德（Fernald，1999）通过考察行业数据发现，那些较为依赖交通运输的行业的生产率受交通基础设施投资变动的影响更大。反过来，戈洛布和里根（Gollb & Regan，2001）调查了1200位拖拉机公司的经理，发现当中80%认为道路拥堵对企业是一个严重的问题。鲍伊尔斯等（Bougheas et al.，1999）以及雅各比和马迪（Jacoby & Minten，2009）发现基础设施可以显著降低企业的交通以及贸易的成本，进而促进贸易和经济增长。李和李（2013）以及李等（2012）发现中国的交通基础设施也显著地降低了运输成本，由此降低了企业库存需求量。张光南和宋冉（2013）的分析表明中国交通基础设施有利于降低中国制造业生产成本和要素投入。唐纳森（2015）发现印度铁路的修建能够显著降低交通运输成本。因此，基础设施实现发展中大国市场规模的扩张，背后机制应植根于运输成本或交易成本的降低。而根据李君华和欧阳峣（2016）的研究，运输成本或交易成本的降低，正是大国效应得以发挥的重要条件。据此，本文提出第二个研究假说。

研究假说2：基础设施有利于实现发展中大国的市场规模扩张和大国经济效应的发挥，其内在机制是基础设施有利于降低企业的运输成本或交易成本。

3 实证分析

3.1 变量和数据

为了研究基础设施对大国经济发展的作用，本文选取了企业层面的数据与宏观层面的基础设施数据相结合的方法。企业层面的数据全部来自工业企业数据库，宏观层面的数据来自《中国城市统计年鉴》与《中国统计年鉴》。由于地级市层面交通基础设施数据从2001年开始，而工业企业库的数据是从1998年到2007年，所以我们截取2001～2007年的数据作为分析的样本。这也是大部分中国工业企业的研究所选取的样本区间。

根据研究假说1和2，本文的被解释变量为企业市场规模，以及企业的运输成本。市场规模表现为企业的销售收入，因此我们采用销售收入的对数值对企业的市场规模进行衡量。我们采用企业商品的运输时间作为运输成本的衡量，运输时间采用企业的运输时间前置期（lead time）进行估计。本文的核心解释变量是交通基础设施水平，我们采用了本市和邻近城市的总公路面积与地域面积之比的对数值。李和李（Li & Li，

2013）的实证证据显示，基础设施存在显著的溢出效应（spillover effect），即一个地区周围的基础设施会与本地的基础设施存在联结效果，从而也可能对本地企业的存货调整产生影响。因此我们同时考虑本市和邻近城市的基础设施变量。实证分析中还包含了影响企业规模和运输成本的控制变量，包括企业的毛利润率，行业的竞争程度（用赫芬达尔指数衡量），经济活动活跃度（用单位公路里程的车辆数目和地区的通货膨胀率衡量）。此外，我们还控制了企业年龄的虚拟变量。我们选用的变量的定义见表 1。

表 1　变量定义

变量	定义
Infra	公路面积与城市面积比值的对数值
Market	企业销售收入的对数值
Cost	运输时间的对数值，计算为 365/（销售成本/应付账款）
Margin	毛利润率
Busy	经济活动活跃度，计算为单位公路里程的车辆数目
Inflation	通货膨胀率
Competition	竞争程度，每年每个城市每个行业计算的赫芬达尔指数

本文的实证模型设定如下：

$$y_{it} = \alpha_0 + \alpha_1 Infra_{it} + Controls + \theta_i + \gamma_t + u_{it}$$

其中，y_{it} 代表被解释变量，即企业市场规模及运输成本。$Infra_{it}$ 为企业 i 所属的地区 I 的基础设施水平，该地区包括企业所属的城市及邻近城市。θ_i 为企业层面的个体效应，γ_t 为时间效应，u_{it} 为随机扰动项。在具体的回归分析中，由于基础设施是城市层面的变量，因此需要将标准误聚类（cluster）到城市层面。在进行实证分析之前，还需要对表 1 所定义的变量数据进行处理。我们剔除了前置期的值小于或等于 0 的样本，并将剩余的样本与地市级数据进行匹配。表 2 是变量的基本统计描述。

表 2　统计描述

变量	样本数	平均值	标准差	最小值	最大值
Infra	856 870	-6.355	1.093	-10.969	-4.186
Market	863 463	10.089	1.270	0.000	19.047

续表

变量	样本数	平均值	标准差	最小值	最大值
Cost	853 500	4. 893	1. 256	-8. 275	17. 408
Margin	863 463	0. 139	0. 117	-1. 000	1. 000
Busy	823 194	3. 650	1. 065	-0. 701	6. 344
Inflation	863 463	0. 022	0. 018	-0. 018	0. 066
Competition	863 463	4. 800	1. 019	0. 314	6. 580

3.2 基础设施与市场规模

作为分析的起点，我们考虑基础设施与企业市场规模的基准关系，即检验研究假说 1。我们采用时间和企业层面的双重固定效应进行回归分析。表 3 报告了回归结果。

表 3　　基础设施与市场规模：基准分析

变量	(1)	(2)	(3)
	Market	Market	Market
Infra	0. 184**	0. 172**	0. 173**
	(0. 076)	(0. 075)	(0. 076)
Margin		0. 014	0. 004
		(0. 106)	(0. 108)
Busy		-0. 031*	-0. 033*
		(0. 018)	(0. 018)
Inflation		-0. 134	-0. 108
		(0. 848)	(0. 866)
Competition		0. 056***	0. 055***
		(0. 009)	(0. 009)
Age FE	Yes	Yes	Yes
Firm FE	Yes	Yes	Yes

续表

变量	(1)	(2)	(3)
	Market	Market	Market
Year FE	Yes	Yes	Yes
N	856 870	816 941	805 077
R - squared	0.905	0.907	0.907

注：①括号内为稳健标准误，并聚类（Cluster）到城市层面。* $p<0.1$，** $p<0.05$，*** $p<0.01$。

②第（1）和（2）栏为全样本回归，第（3）栏剔除了5个面积最大的城市，进行子样本回归。

在表3的第（1）栏，我们考虑了企业市场规模与基础设施的单变量回归，在此基础上控制了企业年龄、企业个体和时间的固定效应，并将标准误聚类到城市层面。我们发现，基础设施的系数是显著为正的，表明基础设施的确有利于扩大企业的市场规模。在表3的第（2）栏中，我们进一步加入了控制变量，基础设施的系数仍然显著为正，证实了基础设施与市场规模的正向关系是稳健的，即基础设施可以促进市场融合，使得企业进一步拓宽市场边界，实现企业和国家的市场规模扩张。

为了进一步验证结论的稳健性，我们在表3的第（3）栏中剔除了城市面积最大的5个城市，即鄂尔多斯、赤峰、酒泉、呼伦贝尔和重庆。剔除这5个城市主要是考虑到城市面积过大，基础设施可能无法完全为企业所享有。剔除这5个城市之后，我们发现，相应的回归结果并没有发生显著改变。综合来看，基础设施规模提高1%，可以使市场规模提高0.17~0.18%左右，这在经济上是十分显著的，有利于大国效应的顺利发挥。

3.3 基础设施与运输成本

我们分析基础设施扩大企业市场规模的背后机制。根据研究假说2的相关讨论，基础设施之所以能够扩大企业的市场边界，发挥大国经济效应，最本质的原因在于基础设施降低了运输成本和交易成本，使得企业可以将产品销售到原来销售不到的地方去，使得整体市场规模比原先没有基础设施时的总市场规模更大。因此，基础设施实现发展中大国市场规模的扩张，背后机制应植根于运输成本的降低。因此，我们进一步验证基础设施扩大市场规模的机制，即运输成本的降低效应。

在表4中，我们检验了基础设施与运输成本的实证关系。与表3一致，在所有的回归中，我们控制了企业的年龄，个体和时间效应，并把标准误聚类到地级市层面。在第（1）栏中，我们同样仅考虑单变量回归，我们发现基础设施的系数是显著为负的，表明基础设施有利于降低运输成本，从而有助于企业扩大市场规模，从而实现基础设施在大国经济发展中的重要作用。在第（2）栏中，我们加入了控制变量；第（3）栏中，我们进一步剔除了5个地域面积最大的城市的企业样本，相应的结果仍是稳健的。

表4　基础设施与运输成本

变量	(1)	(2)	(3)
	Cost	Cost	Cost
Infra	-0.199***	-0.209***	-0.210***
	(0.072)	(0.071)	(0.072)
Margin		1.326***	1.335***
		(0.117)	(0.119)
Busy		0.062**	0.064**
		(0.026)	(0.027)
Inflation		0.416	0.413
		(0.702)	(0.725)
Competition		-0.043***	-0.044***
		(0.010)	(0.010)
Age FE	Yes	Yes	Yes
Firm FE	Yes	Yes	Yes
Year FE	Yes	Yes	Yes
N	847 014	807 626	795 805
R-squared	0.810	0.817	0.817

注：①括号内为稳健标准误，并聚类（Cluster）到城市层面。$^{*}p<0.1$，$^{**}p<0.05$，$^{***}p<0.01$。

②第（1）和（2）栏为全样本回归，第（3）栏剔除了5个面积最大的城市，进行子样本回归。

4 内生性讨论：拟自然实验

在以上的实证分析中，我们证实了基础设施可以降低企业的运输成本，实现发展中大国的市场扩张，使大国经济效应得以显现。不过，以上的实证分析可能存在潜在的内生性问题。一种可能性是政府选择在特定的城市或企业集聚地投资公路，由此引致了内生性。因此，我们借鉴李和李（2013）所采用的拟自然实验的方法，根据行业或企业的不同特性，讨论基础设施在这些行业中可能发挥的不同作用。这种拟自然实验分析方法的潜在假设是企业很难改变自身的企业属性，因而企业属性可视为外生，如果基础设施对企业的影响因企业属性而不同，则可以在很大程度上排除因政府的投资具有选择性而产生的内生性问题。

我们选用的第一种企业属性是企业的所有制结构，具体地，我们比较基础设施对运输成本和市场规模的作用在不同所有制结构的企业中的作用是否不同。事实上，中国的国有企业通常存在预算软约束问题（林和谭，1999；Kornai et al.，2003），使得其自身的目标不一定是利润最大化。此外，国有企业可能也承担着国家战略方面的任务（向东等，2015），这也使得其行为往往与私有企业有偏离。因此，一种可能性是，基础设施的市场规模扩大效应仅仅在私有企业中存在，国有企业的市场行为受基础设施的影响弹性几乎为0。

表5中，我们分别对市场规模和运输成本两类因变量实施所有制结构的拟自然实验。在每一类因变量中，我们将样本分为国有企业和非国有企业。其中，国有企业定义为国有资本占比大于50%的企业。在表5的第（1）和（3）栏中，我们报告了基于国有企业样本的回归结果，我们发现基础设施的系数都是不显著的，表明基础设施对国有企业的作用不明显。在第（2）和（4）栏的非国有企业样本中，我们发现基础设施可以显著地降低运输成本，扩大企业的市场规模。表5的实证结果符合我们的预期，在克服内生性之下，证实了基础设施在发展中大国经济中的重要作用。

表5　　基础设施、运输成本与市场规模：所有制的拟自然实验

变量	Market		Cost	
	(1)	(2)	(3)	(4)
	国企	非国企	国企	非国企
Infra	0.228	0.163**	-0.204	-0.206***
	(0.148)	(0.072)	(0.158)	(0.074)
Margin	0.124	-0.013	1.007***	1.372***
	(0.146)	(0.114)	(0.176)	(0.126)
Busy	0.029	-0.041**	0.004	0.067**
	(0.021)	(0.020)	(0.026)	(0.029)
Inflation	1.146	-0.251	-2.028	0.714
	(2.057)	(0.921)	(2.240)	(0.756)

续表

变量	Market		Cost	
	(1)	(2)	(3)	(4)
	国企	非国企	国企	非国企
Competition	-0.006	0.058***	-0.004	-0.045***
	(0.022)	(0.009)	(0.022)	(0.010)
Age FE	Yes	Yes	Yes	Yes
Firm FE	Yes	Yes	Yes	Yes
Year FE	Yes	Yes	Yes	Yes
N	43 161	773 780	42 771	764 855
R - squared	0.960	0.903	0.887	0.810

注：①括号内为稳健标准误，并聚类（Cluster）到城市层面。* $p<0.1$，*** $p<0.05$，*** $p<0.01$。

②第（1）和（3）栏为国有企业样本的分析；第（2）和（4）栏中为非国有企业样本的分析。

我们进一步从行业属性上来检验基础设施的大国经济效应。根据上文的分析，基础设施可以显著降低企业的运输成本。因此，从行业的属性来看，如果某个行业更依赖于交通运输，意味着基础设施对运输成本的效应更强。因此，可以对行业进行基础设施依赖度的划分。

我们参考弗纳尔德（1999）的研究，采用中国的42个行业的投入产出表计算交通运输投入在总投入中的比重，对行业的基础设施依赖度进行衡量。紧接着，我们计算出依赖度的企业中位数，根据该中位数，我们将样本分为两部分，即运输投入较多的行业和运输投入较少的行业。表6的第（1）和（2）栏中，我们基于这两个样本实施拟自然实验。结果显示，基础设施对这两类行业都具有显著的运输成本下降效应。系数的数值和显著性上，越依赖于基础设施的行业的效果越大，初步验证了我们的猜想。

表6　　基础设施与运输成本：运输投入的拟自然实验

变量	Cost		Cost	
	(1)	(2)	(3)	(4)
	运输投入较多的行业	运输投入较少的行业	交互项效应	
Infra	-0.238***	-0.173**	-0.201***	-0.158**
	(0.082)	(0.071)	(0.072)	(0.076)

续表

变量	Cost		Cost	
	(1)	(2)	(3)	(4)
	运输投入较多的行业	运输投入较少的行业	交互项效应	
Infra × D(运输投入较多的行业)			-0.017 *	
			(0.009)	
D(运输投入较多的行业)			-0.117 *	
			(0.063)	
Infra × 运输投入占总投入比例				-0.089 **
				(0.034)
运输投入占总投入比例				-0.536 **
				(0.228)
Margin	1.254 ***	1.413 ***	1.325 ***	1.324 ***
	(0.116)	(0.130)	(0.116)	(0.116)
Busy	0.058 **	0.045	0.061 **	0.062 **
	(0.027)	(0.030)	(0.026)	(0.026)
Inflation	0.134	0.182	0.414	0.412
	(0.830)	(0.815)	(0.707)	(0.711)
Competition	-0.034 ***	-0.056 ***	-0.043 ***	-0.043 ***
	(0.012)	(0.013)	(0.010)	(0.010)
Age FE	Yes	Yes	Yes	Yes
Firm FE	Yes	Yes	Yes	Yes
Year FE	Yes	Yes	Yes	Yes
N	406 788	400 838	807 626	807 626
R-squared	0.839	0.841	0.817	0.817

注：①括号内为稳健标准误，并聚类（Cluster）到城市层面。* $p<0.1$，** $p<0.05$，*** $p<0.01$。

②第（1）和（3）栏为国有企业样本的分析；第（2）和（4）栏中为非国有企业样本的分析。

为了进一步判别系数的差别是否显著，在第（3）栏中，我们对全样本回归，但进一步加入运输投入较多的行业的虚拟变量以及其与基础设施的交互项，结果显示，基础设施与该虚拟变量的交互项系数显著为负，意味着基础设施对运输投入较多的行业，运输成本的下降效应统计上更明显。进一步地，我们在第（4）栏中换用运输投入占总投入的比例，以及其与基础设施的交互项。我们同样发现交互项系数显著为负，与我们的预期是一致的。综上所述，通过运输投入的拟自然实验，我们确认了基础设施可以显著地降低运输成本，扩大企业的市场规模，有利于大国经济效应的发挥。

5 结　论

本文试图从基础设施建设的角度理解大国经济优势的来源。基础设施作为经济活动的“齿轮”，受到了多数发展中国家和发达国家的重视。本文的实证分析首先发现，基础设施可以促进市场融合，使企业拓宽市场边界，实现企业和国家的市场规模扩张，有利于大国经济效应的发挥。根据以往研究，市场交易成本是大国效应得以发挥的重要因素，而运输成本显然是市场交易成本的一个重要方面。本文发现，基础设施之所以能够扩大企业的市场边界，发挥大国经济效应，原因在于基础设施降低了运输成本，使得整体市场规模比原先没有基础设施时的总市场规模更大，这为大国经济的进一步发展创造了重要条件。在实证上，本文通过宏观政策的微观传导策略和拟自然实验方法，克服了基础设施的内生性问题。

就政策含义而言，我们建议进一步提升基础设施的数量和质量。根据本文的实证分析结果，基础设施能够促进大国经济效应的发挥。因此，衡量基础设施的投资效果时，不能只看其对经济总量的直接影响，还要考虑基础设施通过大国经济效应，进一步带来的规模经济和分工效益。特别是在当前世界经济恢复疲弱，国内经济“三期叠加”困难重重的情况下，适度扩大基础设施投资，还能起到拉动国内需求，防止经济进一步下滑的作用。

当然，对于我国的东中西三个地区，由于经济发展阶段的不同，基础设施投资的侧重点应有所不同。东部地区的基础设施相对比较普及，应将政策重点放在降低其使用成本，提高这些设施的硬件质量尤其是相关的软件质量上，以进一步促进大国经济效应的发挥。内陆地区的基础设施投入需要数量和质量并重，尤其是西部的基础设施的经济效应尚没有得到充分发挥，应加大投放，并特别照顾贫困地区。

参考文献

［1］李君华，欧阳峣．大国效应、交易成本和经济结构——国家贫富的一般均衡分析［J］．经济研究 2016（10）．

［2］刘冲、周黎安．高速公路建设与区域经济发展：来自中国县级水平的证据［J］．经济科学 2014（2）．

［3］刘伦武．农业基础设施发展与农村经济增长的动态关系［J］．财经科学 2006（10）．

［4］刘生龙、胡鞍钢．基础设施的外部性在中国的检验：1988－2007［J］．经济研究 2010（3）．

［5］刘生龙、周绍杰．基础设施的可获得性与中国农村居民收入增长——基于静态和动态非平衡面板的回归结果［J］．中国农村经济 2011（1）．

［6］马歇尔．经济学原理［M］．北京：中译本，商务印书馆，1997．

［7］聂辉华、方明月、李涛．增值税转型对企业行为和绩效的影响［J］．管理世界 2009（5）．

［8］欧阳峣．大国综合优势［M］．上海：格致出版社、上海三联书店、上海人民出版社，2011．

［9］彭向、蒋传海．产业集聚、知识溢出与地区创新——基于中国工业行业的实证研究［J］．经济学（季刊）2011（4）．

［10］向东、张睿、张勋．国有控股、战略产业与跨国企业资本结构——来自中国 A 股上市公司的证据［J］．金融研究 2015（1）．

［11］亚当·斯密．《国民财富的性质和原因的研究［M］．北京：中译本，商务印书馆。

［12］张光南、李小瑛、陈广汉．中国基础设施的就业、产出和投资效应——基于 1998－2006 年省际工业企业面板数据研究［J］．管理世界 2010（4）．

［13］张光南、宋冉．中国交通对“中国制造”的要素投入影响研究［J］．经济研究 2013（7）．

［14］张军、高远、傅勇、张弘．中国为什么拥有了良好的基础设施［J］．经济研究 2007（3）．

［15］Aschauer，D.，1989. Is Public Expenditure Productive? Journal of Monetary Economics，23（2），177－200.

［16］Aschauer，D.，1990. Why is infrastructure important? In：Alicia H. Munnell（Ed.），Is there a shortfall in public capital investment?（21－50）．Boston，MA：Federal Reserve Bank of Boston.

［17］Banerjee，A.，E. Duflo and N. Qian，2012. On the Road：Access to Transportation Infrastructure and Economic Growth in China. NBER Working Paper，No. 17897.

［18］Barro，R. J.，1990. Government Spending in a Simple Model of Endogeneous Growth. Journal of Political Economy，S103－S125.

［19］Binswanger，H. P.，S. R. Khandker and M. R. Rosenzweig，1993. How Infrastructure and Financial Institutions Affect Agricultural Output and Investment in India. Journal of Development Economics，41

(2), 337 - 366.

[20] Bougheas, S. , P. O. Demetriades and E. L. Morgenroth, 1999. Infrastructure, Transport Costs and Trade. Journal of International Economics, 47 (1), 169 - 189.

[21] Calderón, C. and L. Servén, 2004. The Effects of Infrastructure Development on Growth and Income Distribution. World Bank Publications, No. 270.

[22] Cosar, A. K. and B. Demir, 2016. Domestic Road Infrastructure and International Trade: Evidence from Turkey. Journal of Development Economics, 118, 232 - 244.

[23] Demurger, S, 2001. Infrastructure Development and Economic Growth: an Explanation for Regional Disparities in China? Journal of Comparative economics, 29 (1), 95 - 117.

[24] Donaldson, D. and R. Hornbeck, 2015. Railroads and American Economic Growth: A "Market Access" Approach. American Economic Review, forthcoming.

[25] Duranton, G. , P. M. Morrow and M. A. Turner, 2014. Roads and Trade: Evidence from the US. Review of Economic Studies, 81 (2), 681 - 724.

[26] Fan, S. and X. Zhang, 2004. Infrastructure and Regional Economic Development in Rural China. China Economic Review, 15 (2), 203 - 214.

[27] Faber, B. , 2014. Trade Integration, Market Size, and Industrialization: Evidence from China's National Trunk Highway System. Review of Economic Studies, 81 (3), 1046 - 1070.

[28] Fernald, J. G. , 1999. Roads to Prosperity? Assessing the Link between Public Capital and Productivity. American Economic Review, 619 - 638.

[29] Golob, T. F. and A. C. Regan, 2001. Impacts of Highway Congestion on Freight Operations: Perceptions of Trucking Industry Managers. Transportation Research Part A: Policy and Practice, 35 (7), 577 - 599.

[30] Hulten, C. R. , E. Bennathan, and S. Srinivasan, 2006. Infrastructure, Externalities, and Economic Development: a Study of the Indian Manufacturing Industry. World Bank Economic Review, 20 (2), 291 - 308.

[31] IMF, 2014. Legacies, Clouds, Uncertainties. World Economic Outlook, October 2014.

[32] Jacoby, H. G. , 2000. Access to Markets and the Benefits of Rural Roads. Economic Journal, 110 (465), 713 - 737.

[33] Jacoby, H. G. and B. Minten, 2009. On Measuring the Benefits of Lower Transport Costs. Journal of Development Economics, 89 (1), 28 - 38.

[34] Keeler, T. E. and J. S. Ying, 1988. Measuring the Benefits of a Large Public Investment: The Case of the US Federal - aid Highway System. Journal of Public Economics, 36 (1), 69 - 85.

[35] Kornai, J. , E. Maskin, and G. Roland, 2003. Understanding the Soft Budget Constraint. Journal of Economic Literature, 41 (4), 1095 - 1136.

[36] Kremer, M. , 1993. Population Growth and Technological Change: One Million B. C. to

1990. Quarterly Journal of Economics, 108, 681 – 716.

[37] Krugman, P., 1991. Increasing Return and Economic Geography. Journal of Political Economy, 99, 483 – 499.

[38] Lee, K. S. and A. Anas, 1992. Costs of Deficient Infrastructure: The Case of Nigerian Manufacturing. Urban Studies, 29 (7), 1071 – 1092.

[39] Li, H., and Z. Li, 2013. Road Investments and Inventory Reduction: Firm Level Evidence from China. Journal of Urban Economics, 76, 43 – 52.

[40] Li, Z., X. Yu, Y. Zeng, R. Holst, 2012. Estimating TransportCosts and Trade Barriers in China: Direct Evidence from Chinese Agricultural Traders. China Economic Review, 23, 1003 – 1010.

[41] Limao, N. and A. J. Venables, 2001. Infrastructure, Geographical Disadvantage, Transport Costs, and Trade. World Bank Economic Review, 15 (3), 451 – 479.

[42] Lin, J. Y. and G. Tan, 1999. Policy Burdens, Accountability, and the Soft Budget Constraint. American Economic Review, 89 (2), 426 – 431.

[43] Michaels, G., 2008. The Effect of Trade on the Demand for Skill: Evidence from the Interstate Highway System. Review of Economics and Statistics, 90 (4), 683 – 701.

[44] Moccero, D., 2008. Improving the Business and Investment Climate in Indonesia. OECD Publishing, No. 638.

[45] Morrison, C. J. and A. E. Schwartz, 1996. State Infrastructure and Productive Performance. American Economic Review, 86 (5), 1095 – 1111.

[46] World Bank, 1994. World Development Report, World Bank, Washington, DC.

[47] Yang, X. and Y – K. Ng, 1993. Specialization and Economic Organization, a New Classical Microeconomic Framework. Amsterdam, North – Holland.

[48] Yeaple, S. R. and S. S. Golub, 2007. International Productivity Differences, Infrastructure, and Comparative Advantage. Review of International Economics, 15 (2), 223 – 242.

[49] Young, A., 1928. Increasing Return and Economic Progress. Economic Journal, 38, 527 – 542.

Large Country Effect of Infrastructure Investment and Its Mechanism

Zhangxun, Wangxu

Abstract The improvement of infrastructure facilitates market integration, enables firms to enlarge their market sizes, contributes to the market expansion of firms and countries, and thus is beneficial to the realization of large country effect. The reason why infrastructure can enlarge the market size is that infrastructure helps reduce transportation cost, resulting in larger market scale in economies compared with the case with no infrastructure and contributing to further development of large economies.

Key words Infrastructure, Large Country Effect, Market Size, Transportation Cost

大国公共产品供给优势及其影响*

李玉双**

摘　要　依据“大国”的定义与公共产品的特征，本文提出“大国公共产品供给优势”概念。所谓“大国公共产品供给优势”指的是，在人口规模超大的国家，政府可以获得更多的税收收入，从而能够向社会提供更多的公共产品，又由于公共产品的非竞争性，每个人从公共产品获得的效用不会因为人口规模大而被平均掉，因此在大国每个人能够享受更多的公共产品服务。这是一个新的概念，是对已有大国优势理论的补充。此外，本文还分析了“大国公共产品供给优势”对其经济增长的影响，其结果显示：“大国公共产品供给优势”能够成为经济持续增长的动力，其中，人口规模越大其经济增长速度就越快，而当征税成本越高或财政支出效率越低时，人口规模对经济增长的正向影响就越小。

关键词　大国公共产品；供给优势；经济增长

1　引　　言

20 世纪 80 年代，著名经济学家张培刚教授提出“发展中大国应该成为发展经济学的重要研究对象”的命题后，学术界逐渐开始关注大国经济问题的研究。尤其是，近年来随着巴西、俄罗斯、印度、中国等大国在世界经济发展过程中迅速崛起，越来越多的学者开始研究“大国经济现象”。例如，欧阳峣、张杰飞（2010）研究发展中大国农村剩余劳动力转移的动因。蔡昉（2010）研究大国经济的刘易斯拐点。汤凌霄、皮飞兵（2012）探讨大国金融稳定机理。汤长安、欧阳峣（2013）研究发展中大国制度变迁、技术进步与经济增长之间的关系。陈琦（2015）探讨新兴大国经济转型的创新

* 本文原载于《湖南师范大学社会科学学报》2017 年第 6 期。系国家社会科学基金重大项目“发展中大国经济发展道路研究”（15ZDB132）、国家自然科学基金项目“基于规模优势的大国经济增长模型与实证研究”（71373075）的阶段性成果。

** 作者简介：李玉双，经济学博士，嘉兴学院商学院讲师，湖南师范大学大国经济研究中心特邀研究员。

驱动机制。简纳里和泰尔瓦拉（Ganelli and Tervala，2015）研究大国关税改革对福利水平的影响。李玉双（2015）研究大国财政政策的宏观经济效应。徐琤、权衡（2015）探讨大国经济赶超型增长的经验与理论。隆国强（2016）探讨新兴大国的竞争力升级战略。比特和赛伯特（Buiter and Sibert，2016）分析大国的财政赤字问题。李君华、欧阳峣（2016）探讨“大国效应”是否存在及其存在的条件。目前，中国人口数量世界排名第一，经济总量世界排名第二，是一个典型的大国经济。因此，探讨中国经济需要运用大国经济思维，研究大国经济也是中国经济学家责无旁贷的任务（欧阳峣等，2014）。在此背景下，本文提出“大国公共产品供给优势”概念，用以深刻理解大国经济的优势，丰富大国经济理论的研究。

与小国相比，大国经济运行有着自身的特点与优势。例如，欧阳峣（2009）提出了“大国综合优势”概念，认为：“大国综合优势的形成主要源于由‘大’而导致的规模经济、差异性、多元结构和独立系统，以及由此而产生的分工优势、互补性优势、适应性优势和稳定性优势。”此外，2013 年欧阳峣还提出了“大国内生能力”概念用于阐述大国经济的优势，他认为，在超大规模的国家里，由于具有资源丰富和市场范围广阔的优势，依靠国内资源和国内市场可以较好地推动经济自主协调发展。目前，虽然有一些学者研究大国的公共产品供给问题，例如，比尔布劳尔和黑尔维希（Bierbrauer and Hellwig，2010）采用贝叶斯分析方法，探讨大国经济的公共产品供给机制。卡基纳达和儿谷（Kakinakaand Kotani，2011）研究大国经济中公共产品的自愿捐款问题。小西和竹原（Konishiand Shinohara，2014）探讨大国经济中具有自愿参与行为的公共产品供给问题。但是，鲜有学者从公共产品供给的角度来探讨大国经济的优势。大国的显著特征之一就是人口规模大，因此，与人口规模较小的小国相比而言，在公共产品供给方面大国具有自身的优势。该优势的经济学逻辑如下：人口规模超大的国家将会获得更多的财政收入，更多的财政收入意味着政府可以向社会提供更多的公共产品，又由于公共产品具有非竞争性，对于每个人而言，他从公共产品获得效用不会因为人口规模大而被平均掉，因此大国在公共产品供给上更具有优势，每个人将能享受到更多公共产品服务。

本文结构如下：首先介绍“大国公共产品供给优势”的概念，其次描述“大国公共产品供给优势”的形成过程，接着分析“大国公共产品供给优势”对其经济增长的影响，最后是结论与启示。

2 “大国公共产品供给优势”的概念

分析“大国公共产品供给优势”概念之前，首先要理解什么是“大国”，以及什么是公共产品。目前，关于“大国”的定义，学术界还没有统一的标准。例如，西蒙·库兹涅茨在《各国的经济增长》一书中，把人口数量大于1000万的国家称为大国。钱纳里与塞尔昆在《发展的型式（1950～1970）》一书中，把人口数量大于2000万的国家称为大国。国内著名经济学家张培刚教授认为，大国应该是幅员广阔、人口众多与资源丰富。欧阳峣、罗会华（2010）综合已有相关研究，筛选出国家幅员、人口规模、经济总量三个易于量化的初始条件来定义大国，其中人口规模标准为大于4000万。李君华、欧阳峣（2016）认为，人口规模和国土面积是大国最主要的自然特征。阿尔贝托和瓦克奇亚格（Alberto and Wacziarg，1998）与阿尔贝托等（2005）研究国家规模相关问题时，均用国家人口数量来衡量国家规模的大小。考虑到“大国公共产品供给优势”主要来源于大国的人口规模，因此，这里将人口规模超大的国家定义为“大国”。关于公共产品，萨缪尔森给出了权威定义：“将该商品的效用扩展于他人的成本为零；无法排除他人参与共享。”例如，国防、国家公路、环境保护、教育和社会保障，等等。根据这一定义，公共产品具有两个特征：非竞争性和非排他性。非竞争性指的是某人对这一产品的消费不会影响到其他人对该产品的消费；非排他性指的是消费过程中的受益不能为某个人所专有，无法排除他人共同消费该产品。正是由于非竞争性与非排他性特征，公共产品的供给通常由政府来提供。例如，萨缪尔森认为：“由于私人提供公共品普遍不足，政府必须介入以鼓励公共品生产。”（保罗·萨缪尔森和威廉·诺德豪斯，2008）。即由于非竞争性和非排他性的存在使得公共产品不能由市场来提供，而由政府直接提供，即政府通过向居民征税获得收入，然后向社会提供公共产品。

依据上述“大国”的定义与公共产品的特征，我们给出“大国公共产品供给优势”的概念。所谓“大国公共产品供给优势”指的是，在人口规模超大的国家，政府可以获得更多的税收收入，从而能够向社会提供更多的公共产品，又由于公共产品的非竞争性，每个人从公共产品获得的效用不会因为人口规模大而被平均掉，因此在大国每个人能够享受更多的公共产品服务。“大国公共产品供给优势”的形成基础是：大国的超大人口规模与公共产品的非竞争性。众人拾柴火焰高，大国人口规模超大，使得政府能够获得更多的财政收入。更多的财政收入意味着政府能够提供更多的公共产品。由于公共产品具有非竞争性，某个居民对公共产品的消费不会影响到其他人对该公共产品的消费，从而使得每个居民从公共产品获得的效用不会因为人口规模大而被平均掉。

“大国公共产品供给优势”的思想，最早可以追溯到17世纪英国古典政治经济学创始人威廉·配第关于赋税问题的研究。在《赋税论》一书中，威廉·配第认为：“人口少是真正的贫穷。有八百万人口的国家，要比面积相同而只有四百万人口的国家不仅富裕一倍。因为行政官吏是需要很多经费来维持的，可是同一个人数的行政官吏，管辖人口多与管辖人口少一样，差不多都能同样地执行任务。”虽然威廉·配第没有明确提出“大国公共产品供给优势”概念，但是他已经认识到，公共产品的非竞争性使得大国的居民在分摊公共产品供给成本上更具有优势。此外，阿瑟·刘易斯在《经济增长理论》一书中也提到：人口越多，公共事业的设备和设施利用得越好。可以发现，阿瑟·刘易斯也认识到：由于公共产品的非竞争性，使得大国能够更加充分利用其政府所提供的公共产品。

需要说明的是，“大国公共产品供给优势”概念不能仅仅理解为，国家人口众多，政府可以获得更多的税收。因为税收收入并不代表着公共产品，将税收收入转化为公共产品还需要一个过程。所以，准确理解“大国公共产品供给优势”，它应该包含两部分内容：第一部分，依据人口规模优势，政府可以获得更多的税收收入；第二部分，政府利用获得的税收收入，向社会提供公共产品。这两部分合在一起，才是“大国公共产品供给优势”。

3 “大国公共产品供给优势”的形成过程

“大国公共产品供给优势”的经济学逻辑在于：依据人口规模优势，政府可以获得更多的税收收入，利用获得的税收收入，政府可以向社会提供更多的公共产品。在这中间，又由于公共产品具有非竞争性，对于每个人而言，他从公共产品获得效用不会因为人口规模大而被平均掉。因此，它的形成过程包括两部分：首先利用人口规模优势，政府获取更多的税收收入；其次增加政府支出，向社会提供更多的公共产品。我们将对这个形成过程进行详细分析，并探讨会影响“大国公共产品供给优势”形成的一些因素。

为了清晰地展示利用人口规模优势获取更多税收收入这一过程，下面利用政府预算方程式来进行说明：

$$G_t = \omega\tau y n_t \tag{1}$$

式（1）为政府的预算方程，G_t 为政府支出，$\omega\tau y n_t$ 为剔除征税成本后的税收收入，政府要保持收支平衡，即政府支出等于其收入。在现实经济中，有时候，短期内政府支出不等于其收入，但是从长期来看，一个国家政府的支出是等于其收入的，所以这里假设政府支出等于其税收收入。式（1）中，τ 表示比例税税率，数值越大表示税负越重，取值范围是（0，1），y 表示个人收入水平，n 表示人口数量，ω 是用于衡量征税成本的参数，也是体现征税效率的参数，数值越大表示征税成本越小（征税效率越高），ω 的取值范围是（0，1）。$(1-\omega)\ \tau y n_t$ 为一国政府征税过程中的成本消耗。可以发现，在收入水平 y、税负水平 τ 与征税成本 ω 相同的条件下，n_t 越大，G_t 就越大，即国家人口规模越大，其税收收入就会越多。因此，依据人口规模优势，大国的政府部门可以获得更多的税收收入。

实际经济，式（1）的假设条件可能过强，因为个人收入水平通常会受到人口数量 n_t 影响，即 $y_t\ (n_t)$。此时，式（1）就变成：

$$G_t = \omega\tau y_t\ (n_t)\ n_t \tag{2}$$

然后对 n_t 求导可得：

$$\frac{\mathrm{d}G_t}{\mathrm{d}n_t} = \omega\tau y_t\ \left(1 + \frac{n_t}{y_t}\frac{\mathrm{d}y_t}{\mathrm{d}n_t}\right) \tag{3}$$

式（3）中，要满足人口规模越大，其税收收入越多的条件是：$\left(1 + \frac{n_t}{y_t}\frac{\mathrm{d}y_t}{\mathrm{d}n_t}\right) > 0$，即 $\frac{n_t}{y_t}\frac{\mathrm{d}y_t}{\mathrm{d}n_t} > -1$。这里，$\frac{n_t}{y_t}\frac{\mathrm{d}y_t}{\mathrm{d}n_t}$ 是一个弹性的概念，衡量个人收入水平对人口规模变动的反应程度。根据新古典经济增长理论，人口增加可能会带来经济总量的增加，而由于存在报酬递减规律，个人收入水平通常是下降的，即 $\frac{n_t}{y_t}\frac{\mathrm{d}y_t}{\mathrm{d}n_t} < 0$。但是，从式（3）可以发现，只要满足 $\frac{n_t}{y_t}\frac{\mathrm{d}y_t}{\mathrm{d}n_t} > -1$，那么就能实现 $\frac{\mathrm{d}G_t}{\mathrm{d}n_t} > 0$。因此，$\frac{n_t}{y_t}\frac{\mathrm{d}y_t}{\mathrm{d}n_t} > -1$ 的含义是：虽然人口增加会带来个人收入水平下降，但是个人收入水平下降的幅度小于人口增加的幅度。言外之意，$\frac{n_t}{y_t}\frac{\mathrm{d}y_t}{\mathrm{d}n_t} > -1$ 也可以理解为，人口规模增加不带来经济总量的下降。通常条件下，一国经济均满足这一条件。另外，根据克鲁格曼的新经济地理理论，假如市场存在着规模收益递增效应，那么人口规模扩大不仅不会降低个人收入水平，反而会提高个人收入水平，即 $\frac{n_t}{y_t}\frac{\mathrm{d}y_t}{\mathrm{d}n_t} > 0$，此时，随着人口规模的扩大，个人收入水平也会增加，国家将获得更多的财政收入。

在式（2）中，除了个人收入水平受人口数量影响外，有时候征税成本也会受人口数量影响，即 $\omega_t = \omega_t (n_t)$，此时式（2）就变为：

$$G_t = \omega (n_t) \tau y (n_t) n_t \tag{4}$$

然后对 n_t 求导可得：

$$\frac{dG_t}{dn_t} = \omega_t \tau y_t \left(1 + \frac{n_t d\omega_t}{\omega_t dn_t} + \frac{n_t dy_t}{y_t dn_t}\right) \tag{5}$$

这里，$\frac{n_t d\omega_t}{\omega_t dn_t}$也是一个弹性的概念，衡量征税成本对人口规模变动的反应程度。其中，$\frac{n_t d\omega_t}{\omega_t dn_t}$的值可能是大于零，也可能是小于零。如果$\frac{n_t d\omega_t}{\omega_t dn_t} < 0$ 则表示，随着人口规模的扩大，征税成本将会提高，反之则亦然。从式（5）中可以发现，如果$\frac{n_t d\omega_t}{\omega_t dn_t} < 0$ 成立，即随着人口规模扩大，征税成本上升，则有可能导致$\frac{dG_t}{dn_t}$小于零。但是，对式（5）而言，只要保证（$\frac{n_t d\omega_t}{\omega_t dn_t} + \frac{n_t dy_t}{y_t dn_t}$）$> -1$，那么$\frac{dG_t}{dn_t} > 0$ 就能成立。

换言之，随着人口规模的扩大，只要征税成本不出现大幅度上升，以及个人收入水平不出现大幅度下降，政府的税收收入就会获得增加。可以发现，利用人口规模优势，政府能够获取更多的税收收入，这一过程是有条件的：个人收入水平不出现大幅度下降，征税成本不出现大幅度上升。从静态角度来看就是，征税成本不能太高，居民收入水平不能太低。另外，现实中税率变动也是影响税收的主要因素之一，但是，根据拉弗曲线，税率与税收之间的关系存在着非线性，该问题比较复杂，因此这里假设税率是一个常数，不受其他因素影响。

政府利用获得的税收收入，向社会提供公共产品，这一过程可以利用公共产品累积方程进行描述：

$$K_{t+1}^g = (1 - \delta) K_t^g + \eta G_t \tag{6}$$

式（6）中，K_t^g 为社会的公共资本存量，也是公共产品的代理变量，δ 是折旧率，G_t 为政府支出。η 是衡量政府支出效率的参数，取值范围是（0，1），η 越大表明政府支出效率越高。η 越大，相同的财政支出，其形成的公共产品就越多；η 越小，相同的财政支出，但其形成的公共产品就越少。可以发现，政府利用获得的税收收入，向社会提供公共产品，这一过程也是有条件的：政府支出效率不能太低。

综上所述，“大国公共产品供给优势”的形成与征税成本、居民收入水平、政府支出效率等因素有关。如果征税成本低、居民收入水平高、政府支出效率高，那么，大国公共产品供给优势就越明显；如果征税成本高、居民收入水平低、政府支出效率低，那么，大国公共产品供给优势就不明显。

4 “大国公共产品供给优势”的影响

对于大国经济而已，“大国公共产品供给优势”的存在能够对其经济增长产生显著的影响，即社会公共产品供给增加，可以改善市场环境，提高生产效率，提升生产要素收益率，促进经济增长。因此，“大国公共产品供给优势”可以视为推动大国经济增长的源泉之一，即“大国公共产品供给优势”能够形成一种经济发展的动力，促进经济增长。这不同于欧阳峣提出的“大国综合优势”与“大国内生能力”，这是一个新的概念，是对已有大国优势理论的补充。

为了清晰地展现“大国公共产品供给优势”对其经济增长的影响，下面利用一个简要的经济增长模型来进行说明。

假设代表性厂商的生产函数为一个包含公共产品的柯布—道格拉斯生产函数：

$$y_t = Ak_t^{\alpha}\ (K_t^g)^{1-\alpha} \tag{7}$$

式（7）是代表性厂商的生产函数，A 是衡量技术水平的常数，k_t 是私人资本存量，K_t^g 是社会公共资本存量，也是公共产品的代理变量，α 为私人资本存量产出弹性系数，α 的取值范围是（0，1），（$1-\alpha$）为公共产品产出弹性系数。其中，私人资产存量和公共产品的变化如下：

$$\dot{k}_t = i_t - \delta k_t \tag{8}$$

$$\dot{K}_t^g = \eta G_t - \delta K_t^g \tag{9}$$

这里，i_t 是私人投资，δ 是折旧率。G_t 是财政支出，η 是衡量政府支出效率的参数。假设居民就是产品生产者，社会人口规模为 n，忽视人口增长。代表性居民是无限期存在拉姆齐（Ramsey）居民，其效应函数为：

$$U(c)\ =\int_0^{\infty} u(c_t)\ \times e^{-\rho t}\mathrm{d}t\ =\int_0^{\infty}\frac{c_t^{1-\sigma}-1}{1-\sigma}\times e^{-\rho t}\mathrm{d}t \tag{10}$$

式（10）中，c_t 代表代表性居民的消费量。$1/\sigma$ 为跨期替代弹性，$\sigma>0$。ρ 是时间偏好率，且 $\rho>0$，即面对相同的消费量，消费的越晚其获得的效用就越少。经济体的资源约束条件为：

$$y_t = Ak_t^{\alpha}(K_t^g)^{1-\alpha} = c_t + i_t + \frac{1}{n\omega}G_t \tag{11}$$

式（11）中，ω 与式（2）中 ω 的含义一样，衡量征税成本的参数。$G_t/n\omega$ 是代表性居民交纳的税款，如果 ω 越小（征税成本越高），同样的政府支出 G_t，每个居民要为之交纳更多的税收。为了简化处理，这里假设政府支出 G_t 是通过非扭曲性税融资的，而式（2）是一种扭曲性税融资方程，这种简化处理并不影响本模型的主要结论。

代表性居民在式（8）、式（9）两个约束与式（11）资源约束下最大化其效用函数式（10）。为了获得最优选择，获得效用最大化，构建汉密尔顿方程进行求解：

$$H_t = \frac{c_t^{1-\sigma}-1}{1-\sigma} \times e^{-\rho t} + \nu_t(i_t - \delta k_t) + \mu_t(\eta G_t - \delta K_t^g) +$$

$$\lambda_t(Ak_t^{\alpha}(K_t^g)^{1-\alpha} - c_t - i_t - \frac{1}{n\omega}G_t) \tag{12}$$

横截条件为：

$$\lim_{t\to\infty}[\nu_t \times k_t] = 0 \tag{13}$$

$$\lim_{t\to\infty}[\mu_t \times K_t^g] = 0 \tag{14}$$

其中，ν_t 和 μ_t 分别是$\dot{k}_t$和$\dot{K}_t^g$的影子价格，而 λ_t 是与式（11）相关的拉格朗日乘子。令 H_t 关于 c_t、i_t 与 G_t 的偏导数为零，以及$\frac{\mathrm{d}H_t}{\mathrm{d}k_t} + \dot{\nu}_t = 0$、$\frac{\mathrm{d}H_t}{\mathrm{d}K_t^g} + \dot{\mu}_t = 0$。经过一系列推导可得：

$$\gamma_c = \frac{1}{\sigma}[A\ (1-\alpha)^{(1-\alpha)}\alpha^{\alpha}\ (\eta\omega n)^{(1-\alpha)} - \delta - \rho] \tag{15}$$

$$y_t = A\ (\frac{(1-\alpha)\ n\eta\omega}{\alpha})^{(1-\alpha)}k_t \tag{16}$$

式（15）为代表性居民的消费增长率 γ_c。式（16）为生产函数，可以发现，该生产函数实质上为 AK 型生产函数，因此，在横截条件满足的条件下，居民消费增长率与厂商产出增长率相等：

$$\gamma_y = \gamma_c = \frac{1}{\sigma}[A\ (1-\alpha)^{(1-\alpha)}\alpha^{\alpha}\ (\eta\omega n)^{(1-\alpha)} - \delta - \rho] \tag{17}$$

可以观察到，式（17）中产出增长率 γ_y 与变量 k_t 与 K_t^g 均无关，是一个常数，即这是一种内生经济增长模型，该结论与巴罗（Barro，1990）的观点基本保持一致。假设参数满足 $\gamma_y > 0$，即经济会以 γ_y 的速度持续增长，这说明“大国公共产品供给优势”能够成为经济增长的动力，促进经济持续增长。

由式（17）知 $d\gamma_y/dn>0$，经济意义是：人口规模扩大，能够提高经济增长的速度。这是因为当人口规模大时，政府可以获取更多的税收收入，从而能够向社会提供更多的公共产品，促进经济增长，即与小国相比较，大国将具有“大国公共产品供给优势”。

由式（17）知 $d^2\gamma_y/dnd\omega>0$，经济意义是：征税成本的上涨（征税效率的下降），能够降低人口规模对经济增长的正向影响。这意味着，即使大国拥有超大的人口规模，但是，如果征税成本很高，这也会抑制人口规模对其经济增长的推动作用。由式（17）还知 $d^2\gamma_y/dnd\eta>0$，经济意义是：财政支出效率的下降，能够降低人口规模对经济增长的正向影响。这意味着，即使大国拥有超大的人口规模，但是，如果财政支出效率很低，这也会抑制人口规模对其经济增长的推动作用。

可以发现，“大国公共产品供给优势”能够成为经济持续增长的动力，其中，人口规模越大其经济增长速度就越快，而当征税成本越高或财政支出效率越低时，人口规模对经济增长的正向影响就越小，即“大国公共产品供给优势”对其经济增长的正向影响就越小。

5 结论与启示

随着巴西、俄罗斯、印度、中国等大国在世界经济发展过程中迅速崛起，越来越多的学者开始研究“大国经济现象”。依据“大国”的定义与公共产品的特征，本文提出“大国公共产品供给优势”概念，并对其形成过程进行分析。在人口规模超大的国家，政府可以获得更多的税收收入，从而能够向社会提供更多的公共产品，又由于公共产品的非竞争性，每个人从公共产品获得的效用不会因为人口规模大而被平均掉，因此在大国每个人能够享受更多的公共产品服务，这就是“大国公共产品供给优势”。“大国公共产品供给优势”的形成与征税成本、居民收入水平、政府支出效率等因素有关。如果征税成本低、居民收入水平高、政府支出效率高，那么，大国公共产品供给优势就越明显；如果征税成本高、居民收入水平低、政府支出效率低，那么，大国公共产品供给优势就不明显。最后，本文还分析了“大国公共产品供给优势”对其经济增长的影响，其结果显示：“大国公共产品供给优势”能够成为经济持续增长的动力，其中，人口规模越大其经济增长速度就越快，而当征税成本越高或财政支出效率越低时，人口规模对经济增长的正向影响就越小。

“大国公共产品供给优势”是一个新的概念，是对已有大国优势理论的补充。我国有 13 多亿人口，世界排名第一，是一个典型的大国，因此，就我国的经济增长问题，“大国公共产品供给优势”理论能够提供一些启示。第一，“大国公共产品供给优势”可以视为我国经济增长的源泉和动力之一，利用该优势能够推动我国经济的持续增长。从实际经济来看，改革开放以来我国在基础设施、教育、社会保障等公共产品供给方面有了明显改善，这也是我国经济能够实现长期增长的重要原因之一。但是，与西方发达国家相比，我国的公共产品在数量与质量上均存着很大的差距，因此，未来很长的一段时间内“大国公共产品供给优势”在促进经济增长过程中依然能够发挥着重要作用。第二，降低征税成本，提高财政支出效率，进一步凸显我国“大国公共产品供给优势”。目前，我国征税成本远远高于一些发达国家，例如，美国的征税成本大约为 2%，而我国则高达 8% 左右（廖雄军，2008）。与此同时，我国财政支出效率则也低于一些发达国家（辛璐璐、刘雪华，2015）。因此，虽然我国人口规模大，具有“大国公共产品供给优势”，但是，其高的征税成本与低的财政支出效率均会抑制该优势的发挥，当前我国政府应该想方设法降低征税成本，并提高财政支出效率。

参考文献

[1] 欧阳峣，张杰飞．发展中大国农村剩余劳动力转移动因——一个理论模型及来自中国的经验证据［J］．中国农村经济，2010（9）．

[2] 蔡昉．大国经济的刘易斯转折［J］．新华文摘，2010（8）．

[3] 汤凌霄，皮飞兵．大国金融稳定机理：大国与小国的比较分析［J］．财政研究，2012（2）．

[4] 汤长安，欧阳峣．发展中大国制度变迁、技术进步与经济增长［J］．湖南社会科学，2013（1）．

[5] 陈琦．新兴大国经济转型的创新驱动机制——基于全要素生产率的分析［J］．湖南师范大学社会科学学报，2015（6）．

[6] Ganelli G，J Tervala：Tariff - tax Reforms in Large Economies［J］．The World Economy，2015，38（12）：1990 - 2012.

[7] 李玉双．大国财政政策的宏观经济效应：基于中国视角的分析［M］．北京：格致出版社，2015：60 - 163.

[8] 徐琤，权衡．经济新常态：大国经济赶超型增长的新经验与新理论［J］．学术月刊，2015（9）．

[9] 隆国强．新兴大国的竞争力升级战略［J］．管理世界，2016（1）．

[10] Buiter W H，Sibert A．“Government deficits in large open economies：The problem of too little

public debt", Economics: The Open - Access, Open - Assessment E - Journal, No. 2, 2016.

[11] 李君华，欧阳峣. 大国效应、交易成本和经济结构——国家贫富的一般均衡分析 [J]. 经济研究，2016（10）.

[12] 欧阳峣等. 大国经济发展理论 [M]. 北京：中国人民大学出版社，2014：43.

[13] 欧阳峣. "大国综合优势" 的提出及研究思路 [J]. 经济学动态，2009（6）.

[14] 欧阳峣. "大国内生能力" 与经济发展 [J]. 光明日报，2013 年 3 月 27 日.

[15] Bierbrauer F, MHellwig: "Public - Good Provision in a Large Economy", Max Planck Institute for Research on Collective Goods, Bonn 2010/02.

[16] Kakinaka M, KKotani: "An interplay between intrinsic and extrinsic motivations on voluntary contributions to a public good in a large economy", Public choice, Vol. 147, No. 1 - 2, 2011.

[17] Konishi H, R Shinohara: "Voluntary Participation and Provision of Public Goods in Large Finite Economies", Journal of Public Economic Theory, Vol. 16, No. 2, 2014.

[18] 西蒙·库兹涅茨. 各国的经济增长 [M]. 北京：商务印书馆，1985：144 - 146.

[19] 霍利斯·钱纳里，莫伊思·赛尔昆. 发展的型式（1950 - 1970）[M]. 北京：经济科学出版社，1988：45.

[20] 张培刚. 新发展经济学（增订版）[M]. 郑州：河南人民出版社，1999：39 - 44.

[21] 欧阳峣，罗会华. 大国的概念：涵义、层次及类型 [J]. 经济学动态，2010（8）.

[22] Alberto A, R Wacziarg. "Openness, country size and government", Journal of Public Economics, Vol. 69, No. 3, 1998.

[23] Alberto A, E Spolaore, R Wacziarg: "Trade, Growth and the Size of Countries", Handbook of Economic Growth, Volume 1, Part B, Edited by Philippe Aghion and Steven N. Durlauf, 2005.

[24] 保罗·萨缪尔森，威廉·诺德豪斯. 经济学（第 18 版）[M]. 北京：人民邮电出版社，2008：32.

[25] 威廉·配第. 赋税论 [M]. 北京：商务印书馆，1963：32.

[26] 阿瑟·刘易斯. 经济增长理论 [M]. 北京：商务印书馆，1972（381）.

[27] BarroRJ. "Government Spending in a Simple Model of Endogeneous Growth", Journal of Political Economy, Vol. 85, No. 5, 1990

[28] 廖雄军. 政府征税成本与征税效率的比较研究 [J]. 学术论坛，2008（1）.

[29] 辛璐璐，刘雪华. 公共财政支出效率与国民幸福感关系研究——基于 G20 国际比较视角的实证分析 [J]. 新疆社会科学，2015（1）.

The Advantage of Public Goods Supply and Its Influence in the Large Country

Li Yushuang

Abstract According to the definition of large country and public good's characteristics. This paper proposes the concept, "The advantage of public goods supply in the large country", which means, in a country with a large population, the government can get more tax revenue and provide more public goods to the community, and because of the noncompetitive the utility from public goods won't be averaged out, even there are many people, so everyone can enjoy more services. This is a new concept, being a supplement to the large country's advantage theory. In addition, this paper also analyses the impact on economic growth, the results show that, the large country's public goodssupply advantage can drive the economic growth, the larger the population, the faster the economic growth, while the effect will be less obvious with higher tax costs or lower expenditure efficiency.

Key words Large Country's Public Product, Supply Advantage, Economic Growth

金砖国家经济

金砖国家应急储备安排：承诺制和嵌入制比较*

汤凌霄**

摘　要　金砖五国签署条约建立的金砖国家应急储备安排（CRA）不设国际机构组织，认缴份额采取承诺制，即资金分散存于各国央行"自我管理"，而危机时期以兑现承诺方式集中筹资履行救助功能。这种设置和管理模式的象征意义大于实质意义，既有其合理性，也有明显的缺陷，应该逐步从承诺制转向嵌入制。

关键词　金砖国家；应急储备；承诺制；嵌入制

为防范风险，2014 年 7 月金砖五国签署条约建立金砖国家应急储备安排（CRA），以承担起完善自身金融体系从而完善世界金融体系的稳定功能。根据条约规定，CRA 不设国际机构组织，认缴份额采取承诺制，即资金分散存于各国央行"自我管理"，而危机时期以兑现承诺方式集中筹资履行救助功能。这种设置和管理模式既有其合理性，也有明显的缺陷。为此，笔者将嵌入制与承诺制进行比较，并提出从承诺制转向嵌入制的政策建议。

1　采用"承诺制"的合理性与缺陷

"承诺制"模式的优点在于，发起时不涉及资金转移而使协议更易达成，而且能够节约大量日常运营成本，同时能够清晰地向市场传递一个发展金砖国家相互贸易和投资往来、稳定金融市场的积极"信号"，因而具有合理性。特别是在当前形势下，全球金融动荡，中国国力尚不宜深度介入各国危机处理，金砖国家应急储备安排的象征意

* 本文原载于《中国社会科学报》2017 年 6 月 7 日。系国家社科基金重点项目"国际最后贷款人视角的金砖国家应急储备安排研究"（16AJL011）的阶段性成果。

** 作者简介：汤凌霄，经济学博士，湖南师范大学"潇湘学者"特聘教授，国际金融研究所所长。

义大于实质意义，所以采用“承诺制”有其合理性。

但是，从长远来看，该模式将产生两个问题：第一，承诺制引起的临时筹资将导致救助时滞性和不确定性。不同于 IMF 面向全球 188 个国家，各国地理环境、历史文化、政治经济体制、发展战略、国家规模、国民收入水平等因素迥异使得其风险呈现非系统性，因而没有面临稳定性问题的国家能够救助出现稳定性问题的国家。金砖国家成员国少，随着它们相互贸易、投资和金融联系增强，其经济协动性将进一步增强，投资者更愿意将其视为一体，风险传染或风险系统性特征将更加显著，一个金砖国家发生稳定性问题会使投资者产生另一个金砖国家也会发生类似稳定性问题的预期，因此，存在稳定性问题的金砖国家虽然可以依据事先的共同承诺来获取一种强制性的道德风险溢价，但这种溢价会因为协动性预期在金砖国家之间形成一种竞争性机制，最终结果是溢价消失，即所有金砖国家都理性地不愿意购买或足额购买事先承诺的稳定基金份额，这使救助资金来源面临较大的承诺不确定性，进一步诱致危机救助的时间不确定性和规模不确定性，最终影响 CRA 的有效性。第二，随着金砖国家救助资金需求进一步增大，与因缺乏实体机构支撑而受限的资金供给的矛盾将日益加深。由于未设机构，无法像 IMF 等国际组织那样通过向成员国借款或在国际市场上发行债券等方式融资，尤其在面对全球性重大冲击时也不能与其他国际机构签订协议进行合作，这都将严重限制 CRA 资金来源的多样性和灵活性；未设专门的机构，无法保障对金砖国家宏观经济信息进行系统搜集和持续整理以发挥“内部人优势”，救助与否以及救助条件的设置等决策不可避免地产生随意性，将增大救助失败概率；一旦违约，由于不具备独立法人地位，CRA 无法以自身名义对违约成员国提起诉讼，违约的解决需要各成员国通过复杂且耗时的多边谈判进行，将严重影响 CRA 的救助资金的顺利偿还，总之，缺乏实体机构的支撑将使救助资金供给、扩张和偿还的良性循环受阻，无疑将加剧资金供求矛盾。

2 “嵌入制”的优势及其矛盾协调

随着金砖国家贸易、投资和金融联系增强，进而导致经济协动性增强，救助资金的供求矛盾将变得非常突出。那么，在需要 CRA 履行实质性的金融安全网功能时，未来可考虑将“承诺制”转为“嵌入制”，即将 CRA 承诺资金变为实缴资金，将 CRA “金融稳定功能”嵌入当前仅有发展功能的新开发银行（NDB）中。目前，欧亚稳定和发展基金（EFSD）采取该种模式。欧亚稳定和发展基金前身是欧亚反危机基金，资本金实缴制，俄罗斯出资最多，但它本身不是法人组织，而是将稳定职能嵌入欧亚发展银行。按基金资源管理协定，设有金融信贷稳定基金、投资贷款发展基金、暂时未用基金，同时制定基金使用规则和投资规则，通过金融贷款、投资贷款以及为社会部门政府计划项目提供融资等工具，帮助成员国克服全球金融危机的不良后果，以保障长期经济稳定和促进经济融合。

从经济学的角度分析，由新开发银行同时履行发展与稳定功能将产生范围经济，而范围经济来自于节约信息成本、组织成本、危机转融资成本以及实现资本保值增值等方面。

第一，节约信息成本。无论履行发展或是稳定职能，金融机构都必须系统、动态地跟踪金砖国家区域经济乃至世界经济的周期性状态，花费庞大而持续的信息搜寻和处理成本；由于发展和稳定是一个经济过程中具有继发性或交互性甚至渗透性的两种紧密相关的经济状态，故发展和稳定的预测模型不会存在学习成本较高的显著不一致性，因此，将发展和稳定职能分设于两个金融机构容易导致重复的信息成本。

第二，节约组织成本。两个独立的稳定和发展金融机构分设，需要增加更多的经济资源用于决策、执行、沟通、控制和反馈等行使职能的过程中。虽然两大职能在性质上是冲突的，但大部分冲突通常表现为继发性，不具有同时性，这种特征为化解职能冲突提供了缓冲带。当然，将两大职能融合到一个金融机构中也会增加职能协调成本和管理成本及相关操作成本，但增加的成本一般小于减少的成本。

第三，资本增值保值。新开发银行的发展职能在资金的运用方面具有相对的专业化、集约化优势，因此，在金砖国家经济平稳运行期间，稳定基金在保持足够大流动性的同时，也能通过新开发银行本身资产池的专业化优势，建立适当的资产组合或资产置换方式进行增殖保值。

第四，节约危机转融资的成本。当新开发银行定位于发展与稳定两大职能时，在理论上可以无限制地从国际融资平台上融入规模庞大的资金，既可服务于金砖国家的经济发展职能，也可服务于金砖国家的经济稳定职能，类似于金砖国家的中央银行，能够行使最后贷款人职能。由于危机时的融资成本要大大高于正常的融资成本，在机构融合情况下，稳定基金缺口可以通过对短期的流动性发展基金进行动态调整，实现结构性融资，此时稳定基金缺口的债务成本将会大大降低。相反，如果机构分立，用于维持稳定职能的资金来源和运用方式则相对僵化，维持金融经济稳定的功能将大打折扣。

然而，将发展职能和稳定职能融合到一个金融机构中尽管将产生范围经济，也会导致以下问题：

第一，资金来源的竞争性。根据资金来源的属性不同，稳定基金的主要目的是应付金砖国家一些较大的非预期稳定性事件，这些事件可能会导致系统的稳定性问题，也可能不会朝系统的稳定性事件演化，但无论如何都必须有稳定基金迅速而有效地介入，这种属性需要稳定基金必须保持充分的流动性。所以，只要能够大规模及时地筹集到资金而且保持资金的充分流动性，理论上就可以作为稳定基金的来源，为了提升新开发银行的危机救助能力和信誉，稳定基金在特殊情况下应该采用类债权方式予以补充。而如果稳定基金以类债权方式公开筹集，那么，稳定基金与发展基金的资金来源都有可能通过金融中介途径获得，因此，这种方式可能会导致稳定职能部门和发展职能部门为筹集资金而展开竞争。

第二，资金运用的争夺性。新开发银行的资本可动态分为三个部分，即有效稳定基金、动态调整基金和长期发展基金。根据金砖国家的经济增长和经济结构的动态特征，动态调整稳定基金和发展基金的相对规模。由于本位利益、偶然性短视或偏见等原因，稳定职能部门和发展职能部门有可能在动态调整基金这个区间上形成资金争夺而产生角色冲突，如稳定职能部门可能会错误地坚持自己的判断，认为金砖国家更面临稳定性问题，所以，基金动态调整应倾向于经济稳定功能，可以预料到有时这种冲突会很尖锐。

第三，管理职能冲突。在新开发银行中，为了充分发挥和协调发展职能与稳定职能也会产生相应的冲突，如人员编制、薪酬水平、人才引进、分支机构的建立等，这些冲突的化解往往与新开发银行的管理水平密切相关，较少依赖外部经济环境的变化。因此，只有妥善地协调好这些矛盾，才能保障“嵌入制”的顺利实施。

3 建立完善“嵌入制”的政策建议

金砖国家应急储备安排采取“嵌入制”，既有优势也可能有矛盾、冲突。为协调好这些矛盾和冲突，特提出以下政策措施。

第一，建立有效而严格的资金筹集和资金运用事件触发机制与锚定机制。借鉴欧亚稳定和发展基金内部设有“金融信贷”稳定基金、“投资贷款”发展基金、“暂时未用”基金相关经验，在新开发银行设立稳定基金、发展基金以及动态调整基金。应该正确处理资金筹集和运用的竞争性问题，关键是建立以功能为导向的事件触发机制和锚定机制。事件触发机制意味着发展部门和稳定部门的任何资金筹集或运用行为都必须严格在事先规定的规范框架内进行，只有达到临界条件，资金筹集或运用行为才会被激活；事件锚定机制意味着任何资金筹集和运用行为都必须按照经过最大化处理的最佳模式服务于新开发银行宗旨。事件触发机制和锚定机制，从制度层面为资金筹集和运用行为提供了最基本的行为规范，严格明确职能部门行为的原则性优先于灵活性。

第二，优化预测模型以提升其为职能部门行为提供可靠信息的组织能力。在严格明确职能部门的基本行为规范后，另一个重要制度设计就是为职能部门的行为提供可靠依据，这种依据来源于对目标经济形势的准确判断。当经济结构趋于相对稳定时，动态调整基金应该向发展基金倾斜；反之，则应向稳定基金倾斜。因此，化解资金竞争性问题，另一条件就是提升预测模型的能力，这涉及经济学、统计学、数学、计算机应用等相关学科人才的引进和培养。

第三，坚持财务独立核算以准确评估发挥职能的成本和职能发挥的效力。从新开发银行的性质而言，不管是服务于稳定还是服务于发展职能，都将产生一定的成本和收益，如救助性贷款和开发性贷款均会带来一定的净收益，但救助性贷款与开发性贷款的资金运用规模、运用频率、资金分散化程度、时机选择、救助对象、借款用途和融资期限及要求往往具有非常明显的区别，因此，相应的职能性成本和收益在时间和空间上的分布不相一致，这从客观上为财务独立核算提供了依据。同时，在行使稳定和发展职能时，职能成本和职能发挥的效力均需在财务独立的基础上予以准确评估。

第四，设立有效的管理职能机构使稳定和发展职能在空间和时间上合作。新开发银行应当设立经济稳定局和经济发展局两大职能部门，前者着眼于金砖国家区域金融系统性风险的识别与预警、危机管理等，后者致力于金砖国家中长期经济发展所需要的资金运营业务，包括为金砖国家开发基础设施的中长期贷款业务、定向重点技术开发贷款、绿色贷款、成员国资产委托业务、国际融资业务等。同时，还必须在经济稳定局和经济发展局之上设立最高决策机构，一般为成员国理事会，以公平解决资金筹集或运用方面的主观歧视问题，使经济稳定职能和经济发展职能在空间和时间上实现结构性合作，并做强做大合作剩余。

BRICs Emergency Reserve Arrangements: Comparison of Commitment System and Embedded System

Tang Lingxiao

Abstract The BRICs countries signed a treaty to establish the BRICs contingency reserve arrangements (CRA) without the international organization, and the subscription share adopts the commitment system, that is, the funds are scattered in the "self management" of the central banks, and in the crisis period, the funds are collected and fulfilled by means of commitment. The symbolic meaning of this setting and management mode is greater than the substantial meaning. It has both its rationality and obvious defects. It should gradually change from promise system to embedded system.

Key words BRICs, Emergency Reserve, Commitment System, Embedded System

合作机制理论与完善金砖国家机制研究*

林跃勤**

摘　要　在全球化时代，合作日益成为参与主体共享发展、提升影响力的重要抓手。而合作机制建设也成为合作组织存在与发展的关键因素。过去十余年务实合作推动了金砖国家的共享发展。但同时，合作机制不够健全及创新滞后成为金砖合作提升效能、迈向新高度的短板和瓶颈。正如金砖国家第八次会晤印度果阿宣言强调，金砖国家相关机制建设对加强金砖国家经贸伙伴关系、实现共同愿望，推动国际金融治理公平公正化等至关重要。此外，有关金砖国家合作机制研究也非常薄弱，对金砖合作的理论支撑不足。为此，本文在分析合作机制及其对合作效能的影响机理相关文献基础上，对金砖国家合作机制内涵、特点、难题及出路等加以考察，以期丰富相关合作理论并促进金砖国家合作实践发展。

关键词　金砖国家；合作机制；创新；成效

1　合作机制理论框架

合作是人类社会的普遍现象，但同时也是极为复杂的事情。学术界对于合作概念、内涵及其动因、条件、机制与成效等进行了长期研究，研究成果较为丰富。

1.1　合作机制的内涵

一般认为，合作（cooperation）指两个或两个以上的主体为达到共同目的而相互协调配合各自目标及行动的方式与过程。合作行为在动物界也存在，但人类是自然界中唯一可以在大规模群体中与陌生人合作的物种，能真正长期大规模自觉有组织的合作

* 本文原载于《亚太经济》2017 年第 3 期。系中国社会科学杂志社重点课题（2012）“新兴国家合作机制研究”阶段性成果。

** 作者简介：林跃勤，经济学博士，中国社会科学院研究员，湖南师范大学大国经济研究中心特邀研究员。

行为只存在于人类。依据美国管理学教授斯蒂芬·罗宾斯（1994）的观点，合作是按某种方式和规则组织起来的团队—集体，发挥各自所有资源和才智、优化资源配置和节省成本、致力于实现利益最大化的活动，而团队是为了实现某一目标而由相互协作的个体所组成的正式群体，合作是一种为达到既定目标所显现出来的自愿合作和协同努力的团队精神与行为。协商、合作是解决公共难题、实现和谐持续发展的永恒主题。

有观点认为，合作成为可能，需要具备以下几个原因：第一，各方面临共同的威胁或挑战。合作者参与合作的动力在于合作集体或者团队为解决共同的问题。在依靠单个个体自身能力无法解决面临的难题时往往会产生借助合作增强力量的需求，尤其是弱势群体往往通过结伴形成合力。第二，有取得更好价值目标的共同良好预期。面对诸多重大挑战和风险，个体通过集体合作更能成功应对并取得良好成效或合作红利。合作的本质是合作者经过一定方式协商和达成约定、规范等促进集体良性公共决策以优化资源配置、增加社会资本，减少交易成本，解决自私自利行为，抑制、控制和消除机会主义行为、侥幸获利动机以及不合作“囚徒困境”——零和博弈，避免“公地悲剧”及不和谐、不公正现象，获得机会收益，实现合作个体与集体利益最大化。第三，存在合作的时空环境和迫切性。合作者通过在适当的时空条件下以较小的代价开展合作合作能带来更多人际资本，增强互信互助，在交易中减少各种成本开支，能够获得以情感和诚信为基础的机会利益。① 抛弃个体理性，走向集体理性，选择合作才可能实现可持续发展这一人类共同和长远的利益追求。②

学术界对合作组织及运行管理等方面的研究业已成为学术界的热点和焦点问题，仅从中国知网收录的刊文看，从 1990 年的 52 篇增加到 2005 年 2915 篇、2015 年 11134 篇。对合作机制相关成果的梳理显示，关注的焦点主要集中在以下几个方面：

（1）合作机制：概念、内涵。

机制（mechanism 或 regimes），源于希腊文，原意指机器、机械，机器的构造和动作原理，兼有“机械装置”“机构”“结构”“历程”“作用过程”“途径”“技巧”等含义，也指有机体的结构、功能及其相互关系。机制一词被广泛延伸到很多其他领域。从系统论角度看，机制指要素间相互作用、相互联系、相互制约所构成的系统及其运行原理。机制被延伸到人类群体合作行为领域时称为合作机制，即合作主体为提出、决策、达成、执行、实现合作目标、行为等的规则、制度。从经济社会与制度领域看，机制指调节行为的规章制度框架等，旨在利于合作各方根据成员作出准确明晰的判断，

① 田磊．合作的本质和意义［J］．群文天地，2012（3）．

② 林鑫．理性人假设与合作的本质［J］．科技创新与应用，2014（12）：245．

便于承诺的遵守与具体执行。从国际层面看，由约翰·鲁杰引入国际关系学界后，机制概念被理解为“对‘特定领域’相互依赖关系产生影响的一系列控制性安排”，“规定行为体的角色、约束有关活动并塑造预期的一整套持久、相互联系的（正式或者非正式）规则”，“相互依赖关系发生在调节行为体行为并控制其行为结果的规则、规范和程序的网络中并受到该网络的影响”[①]。作为国际机制代表性理论学派的新现实主义的国际机制理论的一个假设就是，国际社会是无政府状态的，国家是自私理性的行为体，信息不对称、不确定性、机会主义倾向、市场行为自身的盲目性、滞后性和自发性等往往导致恶性竞争、交易成本高、零和博弈以及秩序失灵的广泛存在会妨碍集体实现一些相互有利的理性合作。国际机制可以在某种程度上弥补国际政治市场的制度缺陷，可使国家间的沟通变得更加便捷，处理一个追加议题的边际成本将比没有机制要更低。[②] 国际机制是在国际关系特定问题领域里行为体预期（expectations）汇聚而成的一整套明示或默示的原则（principles）、规范（norms）、规则（rules）和决策程序（procedure）。[③]

国际合作、全球治理都需要国际机制来实现。国家是建立在它们自身利益观念基础上而行动的理性行为体，为达到国家目标需要建立制度。这里所说的制度就是规范国家行为的规章、机制。[④] 国家之间的协议或条约，如布雷顿森林会议对国际货币所做的安排，均属于国际机制安排。

（2）合作机制的功能、作用。

第一，建立合作组织设立定位、合作行为调节规制设计，保障合作组织稳定有序运行，如合作决定成员进入——退出的规则、合作目标、共同成立金砖新开发银行的航程、出资比例、运行规则的制定等。

第二，界定合作成员权力责任、调节合作成员行动的职能，如共同商定成员对合作机制应该承担的权力、义务，调节成员履行合作义务的行动。

第三，协调合作组织与外部合作机制的联系，如金砖国家合作组织与IMF、世界银行、G20等的关系。

第四，以合作集体所拥有的资源、制度、规划和能力等保障合作组织取得预期合作效能与成员及集体利益最大化。

（3）金砖国家合作机制基本意义。

第一，保障和促进金砖国家全面务实合作稳定有序发展。通过共建合作机制深化

① ［美］基欧汉和奈．权力与相互依赖（第三版）［M］．北京：门洪华译，北京大学出版社，2002：20－21.

② 门洪华．国际机制的有效性和局限性［J］．美国研究，2001（4）.

③ 同上，第335页；Stephen Krasner，ed.，International Regimes，Ithaca：Cornell University［M］，1983，p.2。

④ 门洪华．关于美国霸权的机制分析［J］．太平洋学报，2000（2）.

合作，金砖国家能够为加强各项合作增强凝聚共识、强化意志、引导行动、保障落实，及时协调各方利益，加强发展战略与发展模式、发展经验的交流比较和借鉴，促进战略优化、资源共享，合理解决内部竞争，包括推动各成员国的贸易便利化、解决贸易矛盾，大大减少经济合作成本，分享合作红利，提高各自发展潜能和共赢发展，提升金砖国家的整体竞争力。合作机制的建立和维持更能帮助金砖国家寻求更多的利益交叉点、增强政治互信和协调合作行为。

第二，完善金砖合作机制能促进全球治理变革步伐。国际合作已经成为世界各国特别是发展中国家加速自身发展以及加强在全球治理体系中地位的不二选择。金砖国家建立合作机制有利于在国际规范和机制能力基础之上争取国际话语权，包括对七国集团以及由发达国家倡导的服务贸易协定（TISA）等国际经贸和投资规则机制产生制衡，打破美欧等对世界银行和国际货币基金组织等的垄断和霸权，提升新兴与发展中国家群体在全球治理重要机制中的地位和作用（廖书庭，2014）。①

第三，金砖国家合作机制创新夯实、丰富新型国际合作理论。尽管金砖合作机制还远不够完善和成熟，实践检验还不充足，有关这类新兴大国间的合作机制研究也还不够系统深入，但是金砖合作机制是一种当代新兴大国间的较为新兴和特殊的一种国际合作机制，其构建和完善可倒逼传统的全球经济治理机制的改革及相关理论的创新。深化对这一类注重平等、多元、稳定、务实、创新的新型合作机制机理的研究有助于丰富国际合作机制理论，尤其可为南南合作和其他国际合作机制建设提供示范作用。

1.2 合作机制类型

国际合作机制多种多样，可以从不同视角加以区分。

（1）以合作机制涉及领域为视角划分。可以划分为安全机制、金融机制、贸易机制、经济机制、环境机制、能源机制、文化机制等。

（2）从机制正式化程度视角划分。可以分为正式化国际机制（formal regimes）和非正式化国际机制（informal regimes）。前者如由国际组织通过立法而产生，有理事会、代表会议等实体予以维持、由国际性、科层性的机构予以监督的国际机制，如欧盟、东盟等，后者可能包括国际通行的一些国际惯例和国际习俗等，依靠参与者由共同的个人利益或君子协定来强化相互监督。

（3）从机制作用范围为视角划分。可以分为双边机制与多边机制，区域性机制与

① 廖书庭．金砖国家的经济合作机制研究［D］，湖南师范大学硕士论文，2014.

全球性机制等。区域机制指在特定的区域范围内采用多边协调合作方式所形成的合作机制，包括跨地区性、国际性组织，如东盟、欧盟等，全球机制指旨在以解决全球性问题而设立的国际协作规则与程序，如八国集团、联合国、国际货币基金组织、世界贸易组织等。

（4）按照机制约束程度划分。可以划分为硬机制与软机制。硬机制指以现行国际组织为架构，通过事先制定的明确规则（包括原则、协定、条款及其他指导性条文等）达成一致协议，在区域或全球层面具体执行事务性协调的机制，各成员国在此框架内具有某些“硬性”义务，如联合国、世界银行、世界卫生组织等及其所运用的投票权分配制度和表决权集中制度等。软机制是指以主权国家领导人会晤为主渠道、以后续部长级会议、智库论坛以及民间沟通协调为基础，通过国际会议特别是首脑峰会提出的议程设置，决策建议、行动规则，并引导相关国家或国际组织实施具体决策的机制，如东亚峰会机制、八国峰会机制、亚欧峰会机制等①。

1.3 合作机制与合作效能关系

合作效率的取得意味着合作集体能够通过一致达成的制度、规划，统一愿景、明晰职责、协调行动、有效纠错、发挥优势，稳定、快速、有效地实现预期目标。合作组织建立和完善合作机制的宗旨在于以商定的规制调节、保障和促进合作组织的正常、有效运行。合作机制与合作成效两者相互关联、密不可分，合作机制是合作成效的前提和保障，合作成效是检验合作机制合理与否以及促进合作机制不断创新完善的基石(见图1)。

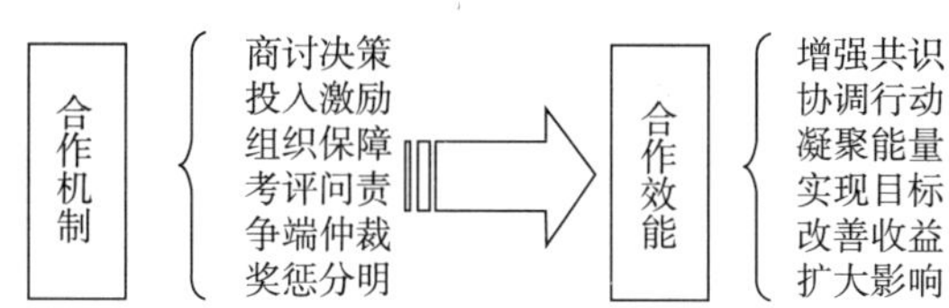

图1 合作机制与合作效能关系

（1）合作机制为集体合作有效运行提供制度保障。

协调愿景和统一行动是决定合作组织效率的关键。具有“权威性、制约性和关联

① 王杰．国际机制论［M］．北京：新华出版社，2002：44.

性”的国际制度能推动国际合作[①]。多成员合作集体需要通过共同达成的规约、制度等加入集体、承担相应的权力和责任，约束私欲及投机行为，维护团体目标和根本利益，使合作集体及成员依据共同达成的公约、规则为共同的目标参与议事、决策、履责并分享合作成果等。合作机制是为协调成员意志和行为提供引导、激励、保障、监测，实现集体目标的同时也实现自身愿景。

（2）合作效能为合作机制的稳固、持续和完善提供动力。

机体合作的生命力在于该合作集体能在一定框架下集体行动取得比成员个体更大的成果并合理分享，因而，期待合作行动以达到个体单个无法获得或者需要以更大代价获得的预期目标，是个体参与集体的基本出发点和动力。高效的集体合作可以为合作主体强化合作愿景提供激励，并对合作机制健全完善提出新要求和新动能。

（3）合作机制与合作效率相互促进也相互制约。

好的合作机制凝聚并发挥合作各方的能动性，促进合作效能的提升，给予良好的稳定预期以及合作利益最大化，形成良性螺旋，增强合作组织的合力、生存力和影响力；健全有效的合作机制对各成员的意志与行动统一性与执行力要求较高。而合作效率越高也对合作机制提出更严峻的挑战；软弱低效的合作机制无法约束和激励合作各方的行为从而限制合作效能的发挥，导致合作者信心与凝聚力不足。

1.4 金砖国家合作机制基本特征

（1）具有南南合作属性。

从基本属性看，金砖国家合作是跨洲新兴国家间合作，宗旨主要聚焦于经济金融发展领域的对话与合作，是在全球化变革潮流中试图用多边合作机制化的实践形式创建不同社会制度间跨地域的互利共赢新模式[②]，金砖国家合作机制通过建立经济贸易投资文化参与全球治理等领域的合作机制的方式来推动各成员国的经济共享发展以及提高全球治理话语权，本质上属于南南合作机制范畴，同时也扮演者南北对话联结者、维护广大发展中国家共同利益的一种合作机制。

（2）合作主体平等性突出。

从机制宗旨、成员地位与权益看，是一种新型平等公正合作机制。金砖国家合作宗旨与出发点在于：秉持开放、团结、平等、相互理解、包容、合作、共赢精神。金

① 秦亚青．国际制度与国际合作：反思新自由制度主义［J］．外交学院学报，1998（1）．

② 王耀东．创建新模式：“金砖四国”多边合作的机制化进程［J］．上海商学院学报，2010（6）．

砖国家根据国际政治经济格局的发展，基于共同利益需求和良性竞争意愿，强调成员自主平等公平共享，不论成员大小，享有同等权利与责任。金砖峰会《三亚宣言》指出，金砖国家合作机制始终尊重其他国家的意愿，从不将自己的意见强加于人并尽可能地照顾其利益。

（3）强调务实性。

金砖国家的合作机制旨在通过促进各项务实合作实现利益共享，因而，合作机制的建立健全均是围绕着为合作服务、适应合作事项的拓展而逐渐健全、深化。随着金砖国家合作领域从经贸、金融向农业、教育、科技、文化、智库等多个领域拓展，形成了由60多项合作（机制）构成的多领域、多层次、全方位的合作机制体系，其中，金融合作机制最为广泛、全面和深入。

（4）注重包容开放性。

金砖国家合作机制包容性主要表现在金砖国家对各自政治制度和政治分歧的理解和宽容，淡化意识形态差异，地区民族差异，求同存异，强调互信及尊重各自的发展模式选择，淡化政治制度和经济制度冲突，弱化各成员国之间的零和博弈，在平等互利的基础上通过定期举行首脑或者高官会晤方式商讨制定成员国合作计划、建立合作机构。提倡全球各地区和各经济发展程度不同的国家开展互利共赢的经济合作。包容性还体现在合作组织的对外开放性上，以及金砖国家主张以对话而非对抗方式对国际体系中不合时宜之处逐步进行公正合理的改革。

（5）非正式性与软约束性明显。

从成员间合作紧密程度以及责任强度看，相比于战后建立的大部分正式国际协调机制，目前金砖国家合作机制还只是建立在各成员国的主观共识基础上，通过首脑峰会、部长级会议以及其他渠道进行沟通交流，发表宣言和备忘录等非正式的松散型软性合作机制。还没有具体的章程或协议、缺乏正式的组织机构和常设机构的一种非正式合作机制，其正式化程度比较低、合作意愿与共识缺乏法律强制约束力，这与当今世界其他各种多边合作有较大差别。

（6）变迁渐进性。

从机制发育成熟水平看，金砖国家合作机制从2006年9月的巴西、俄罗、印度和中国金砖四国外长在联合国大会期间首次外长会晤开始，到2008年5月在俄罗斯叶卡捷琳堡举行首次以“金砖四国外长会议”，拓展到以自2009年以来的峰会为引领，以安全事务高级代表会议、外长会晤等部长会议为支撑，多层次、多领域、全方位、灵活务实和逐渐完善的合作机制。但与欧盟等国际合作机制相比，金砖合作机制远未成熟。但金砖国家致力逐渐完善规制设计与制度建设，使其适应性、功能性不断增强。

2 金砖国家合作机制的运行机理及状况

一种合作机制的正常稳定运行一般是由一定的合作责任主体（责任人、机构、组织等）在一定的平台构架、并依据预先设立的程序（环节）展开的。合作主体、运行平台及组织程序等共同构成一种合作机制的运行机理。参与责任主体解决由什么人、什么机构参与的问题；平台架构是一种合作机制得以有效运行的支撑体系，解决由什么人、在什么层次、以什么名义、什么频率、解决什么问题等；而合作程序包含合作程序和环节、阶段等，回答何时讨论、如何解决、何人解决、何地解决、解决得如何等问题。

2.1 参与责任主体

金砖国家合作机制的责任主体，一般是国家元首、政府部门领导、金融机构负责人、专业委员会负责人、其他相关社会组织、机构、高校、智库等的参与者，等等。

2.2 金砖国家合作机制组织运行支持平台

金砖合作机制大致由“元首峰会、部长级会议与专业论坛、专业委员会及项目机构”等三级平台构成。第一级是金砖峰会，负责对合作中的“议题设置 + 战略决策”两个环节的职责，在金砖国家合作机制中居于核心环节和顶层位置；第二级是政府部长级会议以及各种专业论坛，包括近年陆续形成的财长 + 行长会议、外长会议、安全会议高级代表会议、卫生部长会议、文化部长会议、农业部长会议、教育部长会议等，以及工商理事会论坛、城市论坛、智库论坛、金融论坛、大学论坛、地方政府合作论坛等，这些会议一般是在首脑峰会以外独立举行，主要作用是为首脑峰会提供决策支持以及落实首脑峰会期间达成的具体决议以及日常的合作事宜等；第三级是合作的具体执行实施机构，主要由各政府部门及其他机构下设专门委员会、项目机构及其他平台，如金砖国家智库理事会、大学合作委员会等，对峰会达成的合作协议及部长级会议的实施决定等提高建议及具体组织落实工作。

2.3 金砖合作机制运行环节

金砖国家合作机制涉及所有合作集体及合作行为各环节或阶段，大致包括“议题设置（峰会+智库）—战略决策（峰会）—政策制定（部长级会议）—执行落实（专业论坛+专门委员会等）”四个环节（见图2）。包括准备阶段、实施阶段和后实施阶段（总结评估）三大阶段，具体可以分为合作组织议题商讨决策、投入保障、执行落实、监督、评估考核、问责及仲裁等环节，以及包含合作主体通过一定程序共同达成的各环节中的相关规制措施等（见图2、表1）。在合作机制四个环节中，前两个环节由首脑峰会主导（智库论坛辅助），第三个环节（政策制定）由部长级会议和专业论坛提供决策支持，第四个环节由各级部长会议和专业论坛执行（见图2）。

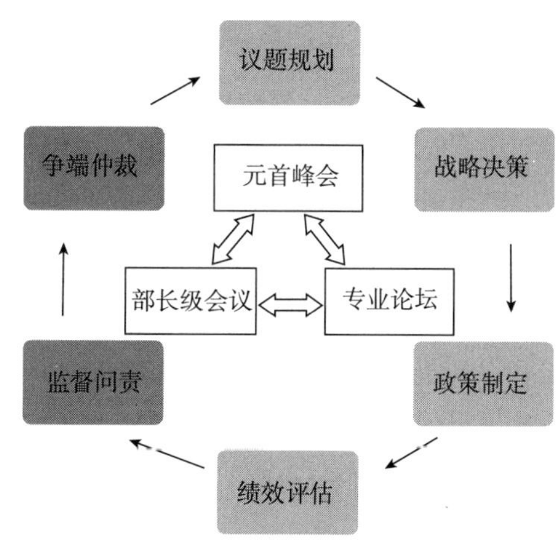

图2 金砖国家合作机制结构及运行机理（平台、环节）

2.4 金砖国家合作机制运行状况

近几年来，金砖国家合作机制中的各种平台机制，如金砖元首会晤、部长级论坛、专业委员会会议、其他各类论坛和磋商等，均稳定正常有序运行，而且，不断有新的平台机制建立并运行起来，起着补充、完善的作用；同时，随着合作机制运行领域的拓宽和链条的延展，新的相关责任主体及力量也陆续参与进来，参与者群体更加壮大、专业化；在运行程序和节律方面，各种合作机制的运行、环节、程序也比较正常，甚至频率有所提高、程序更加精细化、精准化。

3 金砖国家合作机制建设中的问题

金砖合作机制建设伴随着务实合作不断完善。从 10 年前的外长会晤扩展到外长、财长和行长定期会晤，再升级到元首峰会并定期化，再到其他多部门和领域的磋商机制的成型，金砖国家在约 10 年的时段内实现了从一个经济概念到具有政治经济影响的软性机制的转变，形成了多层次商讨决策主体机制，如外长、财长、行长会晤机制、元首峰会、其他部门磋商决策机制；建立了包括经济、金融、工商、安全、环境、能源、卫生、人文、城市等在内的多领域合作机制；建立了包括银行合作机制、工商理事会、外汇应急储备基金和金砖国家新开发银行、亚投行、智库合作机制等在内的多层次合作保障、支持机制。金砖合作机制的逐渐完善对合作实践产生的支持保障和激励作用日益显现，促进了包括金砖国家新开发银行、应急储备基金、亚投行等的建立和运行；金砖国家工商理事会促进了金砖国家贸易便利化以及经贸投资活动的繁荣；通过立场协调和共同努力促进了国际货币基金组织份额权和世界银行投票权朝着有利于新兴与发展中国家转移的历史性成果；金砖国家特别是基础四国（除俄罗斯之外的四个金砖国家）多次协调立场，就加强《联合国气候变化框架公约》及其《京都议定书》实施达成全面、平衡和有约束力的成果做出了积极贡献。

尽管金砖国家合作机制建设也已取得一定成就，促进机制建设有自身优势并面临新机遇，但现有合作机制依然面临难题和挑战（见图 3）。

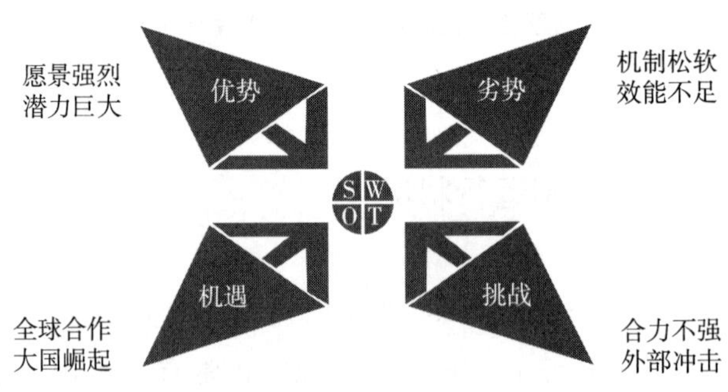

图 3　金砖国家合作机制建设 SWOT 分析

3.1 金砖合作机制尚不够完整和健全

目前的金砖合作过于松散，合作机制涉及的领域也主要聚焦于经贸、金融、全球治理协调等领域协调。同时，合作倡议、决策模式、程序及规范与其他成熟国际合作机制相比均有不足之处，体现在峰会主导下的多论坛式的态度交流，各成员国就双边或多边的合作内容达成协议后签订合作文件，合作事项由金砖国家事务协调人和副协调人负责督办，没有设立各类专门委员会和秘书处等专门的常设机构用以统一协调各成员国合作事务，也没有签订统一的对违约方所设定的约束性规范文件。此外，成员国对合作机制的投入分担与激励规制缺乏。治理结构也还不够合理，基本政府主导，企业、团体、民间及智库等主体参与不足，不利于高水平合作机制建设。

3.2 合作机制对全面务实合作的支持维护功能较弱

金砖国家间的合作还缺乏稳定的激励机制与保障机制，各成员方对合作决议的执行积极性和力度缺乏一致的要求以及考评奖惩措施，职能随各成员自觉。金砖合作机制迄今还只是一种对话、磋商层面的松散软机制，尚未形成协商一致的指导性规范，缺乏具有法律约束力的合作协议，缺乏日常事务处理沟通协调机构以及信息交换机制，对在合作过程中不可避免地产生的摩擦和争端缺乏权威争端仲裁机构，难以得到及时有效的解决。

3.3 合作机制的代表性、广泛性及稳定性不够

目前，金砖国家成员经过2011年扩员之后的成员也只有5个，其成员数量与欧盟、东盟、南美国家共同体以及环印度洋联盟等相比偏少；在新兴国家和发展中国家中的代表性不强，印度尼西亚、墨西哥、土耳其、尼日利亚等重要新兴大国没有被纳入其中；与其他一些多边组织相比，综合实力也不够，在全球治理中的地位和影响力自然受到限制。迄今，金砖国家还没有明确表示是否接纳其他新兴经济体成员的计划及制度。在没有明确成员国的加入和退出程序的条件以及形成纲领性文件之前，金砖合作机制的组织及运行的可预期性和稳定性仍然存疑。

3.4 金砖国家各自与其他合作机制的复杂关系制约着金砖合作机制完善

金砖国家各成员国分属不同大洲，出于经济与其他利益考量均参与了不同区域合作机制和国际合作机制，这些机制有些是排他性合作机制，对于其参与金砖合作机制形成复杂关系。巴西是南方国家共同体、美洲开发银行的成员国，俄罗斯是八国集团成员、上合组织成员以及欧亚经济联盟成员等，俄罗斯正大力推进欧亚经济联盟一体化进程，印度和南非同属环印度洋联盟成员国，不排除印南两国在对外政策上更加注重发展环印度洋联盟内的合作关系。南非还是南部非洲发展共同体的成员国。中国是亚太经合组织、中日韩合作、上海合作组织的成员国。各自参与的其他合作机制可能会分散其对金砖国家合作机制的关注度与投入深度，如巴西作为南方国家共同体成员可能限制其参与金砖国家自贸区建设。可见，如果各成员国不理清和适当处理与其他区域性多边合作组织错综复杂的关系，难免不会弱化金砖国家合作机制的作用，通过其他经济合作组织获得从金砖国家机制内可以获得的资源、利益，会对金砖机制产生替代、竞争作用，抑制金砖国家合作机制本身的深化与效能提升。

3.5 健全合作机制的自觉性和能动性不足

到目前为止，金砖国家的合作水平还比较低级，而且存在合作与竞争、协调与防范并存的状况，与之相适应，各方对于强化具有约束力的稳定规范机制建设态度、共识尚不足，如印度媒体关于金砖国家开发银行的建立意味着印度协助中国创建一个中国主宰的世界等论调会影响到各方对合作机制建设的认同。印度、俄罗斯、巴西对于与中国缔结自由贸易机制缺乏信心，如印度早在 2004 年就已经有过与中国签订《双边自由贸易协定》的意向，但十多年一直纠结于心。俄罗斯提出以欧亚经济联盟集体与中国谈判。价值观和政治体制等差异较大影响着金砖国家深化合作机制建设，从政治层面看，中国、印度和俄罗斯是亚洲领导权的竞争对手（约瑟夫·奈）①。金砖国家尚未形成一个权威的龙头和核心，印度和俄罗斯大国抱负炽烈，特别是印度和中国存在领土争端，互信度较低。有些成员害怕合作机制的固化、完善和强制化可能给成员带来较多的约束，降低自主性和灵活性。此外，金砖国家在机制建设方面的经验、契约精神、创新精神和团队文化不足、制度建设能力不强，高层次复合人才缺乏、物质投入不够齐心。

---

① Joseph S. Nye，the BRICS without Mortar，11 Project Syndicate，Apri 13. 2013.

3.6 合作机制的严肃性和执行力亟待加强

现有的金砖国家合作机制大致局限于会晤、商谈及其合作意向和宣言表述，以及具体事项的合作备忘录等，具有原则性、意向性、协商性等特点，而缺乏规范合同、法律条约等制度化、专业化、规范化水准，必然导致权威性、严肃性、约束性不高。如金砖国家峰会及其他论坛等多次提倡的关于推进本币结算、加强国际重大问题协调以及启动自贸区建设等重要倡议并未得到五国一致的认同和达成有约束力的协议。

4 完善金砖合作机制若干思路

效能是鉴别一个合作机制存在价值、生命力和影响力的关键维度。金砖国家合作机制正迈向第二个10年，也是一个从初生到成熟、壮大的新起点。世界需要金砖国家的不是新的开发银行，而是针对当今重大问题发挥更大领导作用。自身发展经验让中国、印度和巴西拒绝市场原教旨主义，使它们成为制度多样性和实用主义的天然支持者，它们可以在这一经验的基础上提出新的全球价值。① 创新完善合作机制是金砖国家未来的共同使命。

4.1 增强合作共识夯实合作机制基础

推进金砖国家合作机制建设需要筑牢合作基础，减少或消除分歧，增进共识是核心。只有依赖于共同利益、共同志趣以及其他集体行动问题得以克服的具体条件，合作伙伴才会致力于制定和维护关键原则承担责任，推动合作机制的建构并发挥最大的作用。因此，金砖国家要推进合作机制建设需要打牢坚实的合作基础，如协调国家发展战略和宏观政策；在对待诸如气候治理、区域合作、全球经济治理变革等重大国际问题方面，求同存异、加强立场协调；在国际市场分工方面避免恶性竞争、增强互补性，保持贸易结构均衡，减少贸易摩擦；促进相互投资以及本币结算等；致力于通过谈判解决中印间的边界纠纷等历史问题。

---

① ［美］Dani Rodrik，What the World Needs From the BRICS［N］，Project Syndicatey April 11，2013.

4.2 做好以效率为核心目标的机制正规化建设

某种制度不能仅仅以在一段时间内如何有利于实现合作国家的利益来评价，相反，需要对未来那些难以确定的问题的解决究竟能够做出多大的贡献对制度价值做出充分评价。① 金砖国家需要高度重视合作机制建设的战略意义，注重从提升合作组织机制整体效能的战略高度，借鉴欧盟、东盟等国际多边合作机制模式，使金砖国家多元化合作机制逐渐正规化、固定化和常态化。关于金砖国家合作机制的重要选项——秘书处的设立尤其是选址将是一个棘手的难题。鉴于中国经济实力最强以及上海区位交通国际化优势突出，且有上海合作组织的经验和金砖国家新开发银行总部的便利，中国应努力争取金砖国家秘书处设在中国秘书长则可以由各成员国轮流担任。为此，中国需要表现出谈判智慧、能力以及承担更大的责任担当。

4.3 改善合作讨论决策机制

迄今，金砖国家合作倡议主要由轮值主席国提出，在峰会讨论，这种单独由主席国提出倡议、峰会期间所有成员参与讨论决策的机制难以体现集思广益、群策群力的功能。需要合作发展专业化的组织和团队，培育合作制度文化，提高金砖合作机制构建的可靠性和实用性、合作机制的专业化、组织化、制度化和服务水平。同时，加强合作各成员国政府及智库机构的先期参与、提议、酝酿，由以轮值主席国独家处理改为各国政府、智库、社会、企业等多主体形成的参与酝酿、讨论、决策的综合机制，使议案的提出、讨论、形成的智慧更加广泛、准备更加充足。对于一些具体合作领域的决策，需要在全球竞聘基础上形成专业委托代理决策模式，取代由各方等额划分权限、多头决策模式。

4.4 健全合作机制建设投入保障激励机制

合作机制建设需要高水平的物质投入以及智力投入能力。但是由于成员国的各项能力以及愿意付出的贡献和承担的责任的愿景并不相同，因而，在合作机制内部，既

① ［美］罗伯特·基欧汉．霸权之后：世界政治经济中的合作与纷争［M］．苏长和译，上海：上海人民出版社，2006：60.

要坚持平等原则，也要有鼓励多做贡献的激励制度。金砖国家峰会主席轮值国担负着提出新的合作倡议、完善机制的特别责任。2017 年中国担任金砖国家峰会主席轮值国，可以提出如确立金砖国家章程、扩员规则、成立金砖国家评级机构、成立秘书处规则、评估问责、仲裁委员会机制、危机应急管理机制等倡议，推动共识形成并最终转化为新机制。

4.5 扎实提高合作机制建设能力

合作机制建设取决于合作国家的合作愿景和能力，参与合作机制国家的能力作为国际合作的主要变量决定了国际合作产生与维持、内容与途径以及合作机制的建构、变化和稳定状况，在国际合作中，参与者的能力主要指国家之所以被称为国家的政治性能力，在国际合作中包括自主能力、谈判能力和执行协议的能力，[①] 还包括倡议能力、规制涉及与制度建设能力、投入能力、协调能力等。金砖国家继续提升这些方面的能力，以加强合作及机制建设能力，进而提高整体合作质量和效率。

4.6 建立合作监督、问责与仲裁机制

成员权责界定清晰以及贡献有奖、违规受罚是维持集体合作机制正常秩序、提高合作执行力从而保证合作行为取得预期效果的基本条件，也是合作机制的本来之义。建立评级机构、评估机制能帮助对合作的各主体、全过程、各环节实施评估考核，理清责任和贡献，有利于明晰权责，赏罚分明，形成合作机制的权威性、约束力，进而提高其执行力和取得较好运行效果。随着合作领域和合作事宜的增多，合作复杂程度的提高，分歧、矛盾和冲突可能会增加，金砖国家需要尽快建立争端仲裁机制妥善应对内部的争议。中国作为 2017 年峰会主办国可以提出该倡议。

综上所述，合作机制是一种合作组织的调节制度，其完善程度在很大程度上影响并决定着合作组织本身的运行质量效率、稳定性、可持续性及发展前景和影响力，也决定了合作组织成员及整体所能够达到的目标及效益。同时，合作机制的完善及有效运行也取决于合作成员的集体智慧、愿景及共同努力。金砖国家必须体现出最大的合作互信、凝聚共识、克服分歧、对症下药、因时制宜、推进合作机制日臻完善，实现合作最大公约数。

---

① 宋秀据，国际合作理论：批判与建构［M］．北京：世界知识出版社，2006：274、276.

参 考 文 献

［1］王友明．金砖机制建设的角色定位与利益融合［J］．国际问题研究，2015（5）．

［2］李稻葵．徐翔．全球治理视野的金砖国家合作机制［J］．中国与全球化，2015（10）．

［3］李绍飞．新兴经济体的全球治理新角色［J］．瞭望，2011（6）．

［4］马莉莉．金砖国家合作机制发展基础与选择［J］．国际问题研究，2012（6）．

［5］王厚双，关昊，黄金宇．金砖国家合作机制对全球经济治理体系与机制创新的影响［J］．亚太经济，2015（3）．

［6］蔡岚．解决区域合作困境的制度集体行动框架研究［J］．求索，2015（8）．

［7］卢锋，李远芳，杨业伟．"金砖五国"的合作背景和前景［J］，国际政治研究，2011（2）．

［8］林鑫．理性人假设与合作的本质［J］．科技创新与应用，2016（12）．

［9］王永中．"金砖国家"经济利益的交汇与分歧［J］．亚非纵横，2011（3）．

［10］林跃勤．金砖国家新开发银行重塑国际金融秩序［N］．光明日报（理论版），2014－5－15．

［11］林跃勤．金融合作深化与新兴国家共同发展［J］，河海大学学报（社科版），2016（2）．

A Theory of Cooperation Mechanism and Completing BRICS' Cooperation Examination

Lin Yueqin

Abstract In the context of globalization, international cooperation has been increasingly important in boosting the participant countries to enhance their influence within the global system. The construction of the cooperation mechanism thus becomes a key factor that decides the thriving of the international cooperation organizations. In the past decade, the shared commitment to practical cooperation has given an impetus to the common development of BRICS countries. However, the cooperation mechanism still faces such bottlenecks as the lack of increasing efficiency and sufficient innovation, as the Goa Declaration at 8th BRICS Summit stresses, cooperation mechanism is crucial in strengthening the BRICS economic and trade partnership for common development toward a fair and just international financial governance. Since the current researches on BRICS cooperation mechanism is far from being sufficient, this essay makes an attempt to examine the connotation, characteristics of the BRICS cooperation mechanism and the problems it faces as well as the ways to counter challenges.

Key words BRICS countries, cooperation mechanism, innovation, effectiveness

国别经济研究

大国创新道路的经济学解析*

欧阳峣　汤凌霄**

摘　要　中国在创造经济繁荣的同时，怎样创造经济学的繁荣？我们应该通过总结中国经济发展的规律，将实践经验上升为系统的经济学说。本文讲述了中国创新道路的故事，并试图提出一个逻辑自洽的理论分析框架，运用经济学原理进行合理的解释，包括用市场规模解释大国创新优势的形成，用后发追赶解释模仿创新优势的选择，用经济转型解释自主创新优势的培育。为了构建大国创新道路的经济学话语体系，需要总结中国经济史的经验，对接世界经济史的经验，并利用经济思想史的智慧。

关键词　技术创新；市场规模；后发追赶；经济转型

1　引　　言

中国古代曾经有过“四大发明”的荣耀，但是却在现代化进程中成为落伍者。为实现大国复兴的梦想，许多仁人志士致力于制度和技术的变革创新，努力推进现代化的进程。实现中国现代化的目标，关键是科学技术现代化。从毛泽东提出“自然科学是人们争取自由的一种武装”，邓小平重申“科学技术是第一生产力”到习近平强调“创新是引领发展的第一动力”；从新中国成立初期学习苏联技术和后来在封锁的夹缝中创新，改革开放以后选择模仿创新的方式，到进入新世纪以后走向自主创新道路。经过长期的科学探索和知识积累，中国逐步从世界科技的跟随者变为并行者，在某些方面已有领跑能力，成为具有重要影响的科技大国。2015 年，中国研发人员数量居世界第一，R&D 经费居世界第二，国际顶级科学杂志论文数量居世界第二，PCT 国际专

* 本文原载于《经济研究》2017 年第 9 期。受到国家社会科学基金重大项目“发展中大国经济发展道路研究”（15ZDB132）、国家自然科学基金项目“基于规模优势的大国经济模型与实证研究”（71373075）、“实现要素供需均衡的大国经济模型与实证研究”（71573083）的资助，感谢生延超教授、戴家武博士参与讨论。

利数量居世界第三。显然，中国在世界格局中的科技实力已经发生根本性变化。

技术创新是现代经济学研究的重要内容，国内外经济学家对中国技术创新的研究主要沿着三条路线开展：一是中国技术创新的路径和方式。林毅夫和张鹏飞（2005）认为落后国家可以发挥后发优势实现技术赶超，也可以利用适宜技术实现经济收敛。唐（Tang，2009）认为中国建立了两个创新体系，即以外国直接投资为基础的创新体系和本土创新体系。朱和坦恩（Zhu & Tann，2009）认为中国的技术创新经历了从高度集中控制到以市场为导向的合作创新过程。洪银兴（2011）认为市场通过资源配置推动创新，但不排斥政府积极介入企业的自主研发过程。二是中国技术创新的影响因素。鲍德温和凯夫斯（Baldwin & Caves，1997）认为来自国际市场的竞争促进出口企业削减成本和提高效率，进而推动企业技术进步。米奥伊特等（Miaoet et al.，2007）发现市场结构、竞争策略和资本等因素对企业技术升级有显著影响，而地理、关联、制度等因素对工业园区企业相互学习与合作有重要作用。范红忠（2007）认为基本要素经济总收入和人均收入的提高，将会促进一国研发投入和自主创新能力的提升。张杰等（2015）发现中国情景下政府创新补贴对中小企业私人研发没有显著效应，贷款贴息类型的政府创新补贴则造成显著的挤入效应。三是中国技术创新对经济增长的贡献。徐和杰弗里（Xu & Jeffrey，1998）的研究表明中国杂交水稻与常规水稻在技术效率方面存在显著差异，杂交水稻存在明显的区域效率差异。宫涛等（Zhenget et al.，2003）的研究发现国有企业生产率提升显著，而且主要是通过技术进步实现的。徐瑛等（2006）利用新的技术进步贡献率计量方法测算 1987 ~ 2003 间中国技术进步状况，发现中国技术进步贡献率开始出现稳步增长的趋势。龚轶等（2013）发现技术创新导致的劳动生产率提高和企业物质资本节约推动中国产业结构进化，其中物质资本节约型创新对产业化起着关键作用。

本文将系统地总结中国技术进步的经验，从总体上对中国创新道路进行经济学阐释，以期为开拓当代马克思主义政治经济学的新境界做出积极贡献。本文将回答以下问题：发展中大国的技术创新有什么特点，中国形成了什么样的技术创新框架？怎样从经济学角度解释大国的技术创新优势，以及中国经济发展不同阶段对技术创新方式的合理选择？本文将从发展中大国的特征和中国的现实情况出发，运用经济学理论进行科学解析。本文的第二部分将解析中国的技术创新与经济发展的联系，并阐述中国创新道路的特征和内容。第三部分解析中国创新优势的形成，主要从国家规模和需求引致创新的角度进行分析。第四部分解析中国模仿创新方式的选择，主要从后发优势和技术追赶的角度进行分析。第五部分解析中国自主创新道路的选择，主要从经济转型和国家战略的角度进行分析。最后，从发展战略的角度提出政策建议。

2 经济增长和技术创新：理论与经验

在经济思想史上，随着经济增长从初级阶段向高级阶段演进，技术创新理论在逐步走向成熟和完善，其核心问题就是技术进步作为经济增长的重要驱动力怎样发挥作用，或者说是技术进步促进经济增长的内在机理。关于经济增长动因的研究主要有两条脉络。第一条脉络是斯密式增长。斯密将经济增长的主要动力归结于社会分工，认为“劳动生产力上最大的增进，以及运用劳动时所表现的更大的熟练、技巧和判断力，似乎都是分工的结果”。[①] 分工可以提高生产的专业化程度，进而提高劳动生产率。马歇尔主要从规模经济和效益递增的角度考察经济增长，但收益递增取决于劳动分工的演进，产业分工和专业化是报酬递增机制实现过程的基本组成部分（扬，1928）。杨小凯（2003）深化了对分工的分析，通过刻画迂回生产中的分工演进，特别是分工的内生演进产业的经济发展，用斯密的动态市场均衡来说明内生的分工演进的动态市场均衡机制，在他看来，马歇尔、杨格、布劳德尔、钱德勒、瑞斯金、诺斯、墨克等经济学家都讨论过分工演进问题。第二条脉络是熊彼特式增长。熊彼特（2000）提出了一套解释经济变迁和社会演进的经济学框架，认为企业家创新是推动社会经济系统演进的直接动力，生产技术的革新和生产方法的变革在经济增长中起着决定性作用。库兹涅茨提出了经济增长的理论分析框架，从技术、知识和制度等方面说明经济增长的连续性和长期性。索洛模型认为经济增长率是由技术进步率、资本增长率和劳动增长率三个主要因素决定的，通过实证分析说明了技术进步在经济增长中的决定性作用。以罗默和卢卡斯为代表的新增长理论，将强调技术和知识的创新理论纳入增长理论，通过内生化的技术进步或人力资本积累来解释经济长期增长。后来形成的技术创新经济学则集中研究了技术创新与市场结构、企业规模的关系，技术创新的动力和阻力，以及技术进步促进经济增长的机制。弗里曼（1987）则提出了“国家创新体系”的概念，认为它是政府、企业、大学、研究院所、中介机构之间为寻求共同的社会经济目标而建设性地相互作用，并将创新作为变革和发展的关键动力系统。

马克思主义经济学不是离开人类文明的大道而独立产生的，它汲取了世界经济发展的经验，又利用了经济思想史的智慧。马克思继承了斯密和李嘉图的传统，深入地研究了社会分工的意义；同时，深入地探讨了科学技术的作用，从而成为创新理论的

① 亚当·斯密：《国民财富的性质和原因的研究》（上册）[M]. 北京：商务印书馆 1974：5.

先驱者。马克思为构建一种创新驱动的内生经济演化理论做出了积极贡献，正如弗里曼所说："19 世纪的马克思和 20 世纪的熊彼特力图在经济理论中赋予技术创新更为中心的位置"。马克思对创新发动机的运行及其所推动的内生经济演化进行了刻画，并揭示了这种创造性的毁灭过程及其周期性。速水佑次郎（2003）把马克思和库兹涅茨的经济增长类型进行比较：马克思研究了工业化初期的经济增长，认为技术进步中具有用资本替代劳动的取向；库兹涅茨研究了高级阶段的经济增长，认为科学的系统应用是自工业革命以来现代经济增长的发动机。"在依靠借用技术赶超发达经济的道路上，新兴工业经济可能相当普遍地显现出马克思——库兹涅茨混合类型"。马克思是将科学技术纳入生产力范畴的开创者，他在谈到资本的发展时指出："生产力中也包括科学"，"科学力量是不费资本家分文的另一种生产力"。[①] 在他看来，科学技术在知识形态上是一般社会生产力，是一种潜在的生产力；科学一旦进入生产过程，这种知识形态的生产力就会转化为现实的、直接的生产力。后来，列宁和毛泽东在社会主义建设实践过程中，具体地阐述了科学技术促进经济发展的作用。列宁曾经致力于实现社会主义工业化，他提出了"共产主义就是苏维埃政权加全国电气化"的命题，认为"只有当全国实现了电气化，为工业、农业和运输业打下了现代大工业的技术基础的时候，我们才能彻底取得胜利"。[②] 毛泽东曾经致力于建设社会主义现代化国家，认为"我们现在不但正在进行关于社会制度方面的由私有制到公有制的革命，而且还在进行技术方面由手工业生产到大规模现代化机器生产的革命，而这两种革命是结合在一起的"。[③] 显然，他把技术革命和社会革命提到同等重要的地位，充分认识到了制度创新和技术创新的客观必然性。

在探索中国特色社会主义道路的过程中，中国共产党人越来越认识到科学技术推动经济发展的决定性作用。毛泽东的积极贡献在于把制度创新和技术创新概括为建设社会主义的两大革命，邓小平的积极贡献在于适应科学技术迅猛发展的趋势做出了"科学技术是第一生产力"的科学论断，他反复强调："马克思说过，科技是生产力，事实证明，这话讲得很对。依我看，科技是第一生产力"。[④] 他总结当代科学技术发展

---

① 中央党校哲学教研部．马克思主义经典作家论科学技术和生产力［M］．北京：中共中央党校出版社，1991：50.

② 中央党校哲学教研部．马克思主义经典作家论科学技术和生产力［M］．北京：中共中央党校出版社 1991 年版，第 139 页。

③ 胡德平．关于马克思论科学技术的一段重要的话［N］．北京日报，2011 年 5 月 13 日．

④ 中央党校哲学教研部．马克思主义经典作家论科学技术和生产力［M］．北京：中共中央党校出版社，1991：78.

的新特点，认为科学技术具有主导性特点，是起主导性作用的要素，可以决定劳动力和生产工具的先进程度；现代科学技术具有综合性特点，通过高科技产业成为现代经济发展的主要驱动力。习近平的积极贡献在于，他从世界经济史、中国经济史和大国经济复兴的维度，具体地分析和阐述了科技进步和自主创新在中国现代化格局中的战略地位。第一，通过总结世界经济发展经验，认为“高端技术就是现代的国之利器。近代以来，西方国家之所以能称雄世界，一个重要原因就是掌握了高端技术”。[①] 第二，通过总结中国经济发展经验，认为“过去三十多年，我国发展主要靠引进上次工业革命的成果，基本上是利用国外技术，早期是二手技术，后期是同步技术。如果现在仍利用这种思路，不仅差距会越拉越大，还将被长期锁定在产业分工格局的低端。”[②] 第三，通过分析大国经济复兴的现实要求，认为“一个国家只是经济体量大，还不能代表强。我们是一个大国，在科技创新上要有自己的东西。一定要坚定不移走中国特色自主创新道路”。[③] 可见，他基于这种对历史和现实的客观分析，厘清了中国创新道路的逻辑，提出了中国创新驱动发展战略。

中国经济增长从工业化初期到工业化中后期，技术进步从学习、模仿阶段到自主创新阶段，中国从世界科技的跟随者到并行者和领跑者，这是中国经济发展和技术创新的基本逻辑。经过长期的探索，基于中国创新道路的基本经验，形成了比较完善的创新驱动框架。中国创新道路是一种典型的发展中大国创新道路，主要表现为三个特征。第一，规模特征。大国拥有规模巨大的技术需求，可以成为引致创新的强大驱动力；庞大的技术市场可以降低技术研发成本，也有利于减少技术创新的风险。而且，大国往往需要建立完善的产业体系，从而更加需要强大的国家创新体系，从而以技术创新带动产业创新。第二，后发特征。相对发达国家而言，发展中大国具有技术后发优势，可以通过引进发达国家的技术、设备和投资，获得技术外溢效应；通过消化、吸收和再创新，在成功追赶发达国家技术之后，逐步超越发达国家技术。因此，模仿创新既是发展中国家技术创新的重要形式，也是发展中国家技术进步的必经阶段。第三，转型特征。后发国家在追赶发达国家先进技术，逐渐从跟随者成为并行者的时候，应该适时地实现技术转型，通过集成创新和自主创新，迅速走到国际先进技术的前沿。技术转型与经济转型是同步的，通过模仿创新获得的技术及其支撑的产业，导致后发国家处在国际产业价值链的低端和中端；通过自主创新所获得的产业关键技术，可以引领后发国家走向国际产

---

① 中共中央文献研究室．习近平关于科技创新论述摘编［M］．北京：中共中央文献出版社，2016：39－40.

② 中共中央文献研究室．习近平关于科技创新论述摘编［M］．北京：中共中央文献出版社，2016：35.

③ 中共中央文献研究室．习近平关于科技创新论述摘编［M］．北京：中共中央文献出版社，2016：40.

业价值链的高端，最终走到发达国家的行列。规模特征、后发特征和转型特征，以及基于这些特征的技术进步和经济发展战略，构成了大国创新道路的基本特征和主要内容，凝聚了几十年中国创新实践的经验和智慧，也体现了发展中大国的国情和特征。

3 市场规模：大国创新优势

学术界关于国家规模和经济增长的研究始于 1957 年国际经济协会在海牙举办的以“国家规模的经济影响”为主题的学术会议，库兹涅茨提出了一些假设，其中很重要的一条就是“研究和开发工作在大国可能获得更大的成就吗?”他基于规模经济效应，提出大经济体通常具有开发创新的比较优势，即熊彼特式增长；而小经济体应更依赖于自由贸易的专门化收益，即斯密式增长。这种大国增长战略符合内生增长模型，克雷默（1993）指出，“内生技术变化模型，如阿吉翁和豪伊特（Aghion & Howitt，1993）以及格罗斯曼和赫尔普曼（Grossman & Helpman，1991）通常隐含人口多促进技术变化的前提”。如果用于研究开发的资源额度保持不变，如罗默（Romer，1990）假定“发明一项新技术的成本独立于使用这种技术的人数”，那么“人口的增长将导致技术变化的增长”。库兹涅茨的假设经受了历史和时间的检验，劳伦特（Laurent，2008）在《国家规模的经济影响：50 年来的回顾》中进行了阐述。综合起来，国家规模影响技术进步应该有两条路径：第一条是人口众多导致技术人才多，从而促进技术进步；第二条是人口众多导致技术市场大，进而推动技术进步。在古代社会，大国技术优势的形成主要通过第一条路径，由此可以比较合理地解释“李约瑟之谜”，即在 17 和 18 世纪之前，中国的技术水平居于世界领先地位，火药、纸张和印刷术被誉为“让欧洲人走出黑暗的三大技术发明”，但从 18 世纪中叶西方出现工业革命以后，中国技术和经济迅速落后于西方。林毅夫等（1994）根据科学发现与技术发明的基本方式，将中国科学技术史划分为两个阶段，认为在前现代时期，主要依赖工匠、农夫的实践经验和思维敏捷的天才对自然的观察。“中国因人口众多而拥有更多的能工巧匠、耕织能手和智慧过人的天才，因而在推动科学技术方面具有比较优势，一度在科学发现、技术创新、生产率提高、工业化程度和财富创造等方面占据领先地位，成为世界上最强盛的经济”。随着世界历史向现代化时期演进，科学发现和技术发明进入借助于科学实验的阶段，“中国依靠人口众多体现出来的推动科技进步的比较优势就丧失掉了”（林毅夫等，1994）。昔日的兴盛国家走向衰落，大大落后于西方国家。在现代社会，大国技术进步优势的形成主要通过第二条路径，由此可以比较合理地解释当今世界的大国崛起（欧阳峣，2014）。罗默（1990）认为，新技术产生主要受市场利益的驱动，这是“内生技术变迁”的重要理论前提。范红忠（2007）通过分析市场需求规模制约技术创新的机制，提出有效需求规模假说：市场需求规模可以通过分摊研发成本，提高研发赢利的预期水平；市场需求规模影响市场结构，从而影响厂商采用新技术的动力；市场需求规模制约国家创新基础设施建设及微观创新环境，进而影响长期的技术创新效率。大国具有较大的市场需求规模，既有利于降低技术创新成本，减少技术创新风险；又有利于提高创新基础设施的效率，增加企业集群和产业集群的外溢效应。为此，大国市场需求规模有可能形成技术创新比较优势，在技术创新方面往往居于国际前沿水平。

中国实行改革开放政策以后，突破了束缚技术进步的制度藩篱，进而发挥市场需求规模影响技术创新的作用，形成技术创新比较优势，促进技术创新局面发生变化。第一，从创新资源的规模看，中国的世界排名逐步提升。2013 年中国创新资源位居第 29 位[①]，其中科技人员数量达到 380 万，居世界第 1 位；研发经费投入达到 13312 亿元，居世界第 2 位。第二，从创新需求的规模看，中国企业数量拥有庞大的规模。2013 年中国中小企业数量达到 2258 万家，居世界第 2 位；中国跻身世界 500 强的企业达到 95 家，仅次于美国。第三，从创新产出的规模看，2014 年中国的国际科技论文数量居世界第 2 位，被引次数仅次于美国；发明专利授权达到 66 万件，位居世界第三；高新技术产业总产值突破 10 万亿元。第四，从技术市场的规模看，2015 年中国技术市场成交合同金额达到 9836 亿元，中国高新技术产品进出口总额为 12046 亿美元，其中出口额为 6553 亿美元，进口额为 5493 亿美元，居世界第一位（见表 1）。可见，随着经济的持续高速增长，中国的经济总量已居世界第二位，国内市场规模巨大，明显高于韩国、新加坡等中小规模国家（见表 2）。而且，中国利用庞大的市场需求规模形成大国创新优势，技术市场规模庞大，特别是人口密集和发达程度较高的东部地区，技术市场成交合同金额占到全国 2/3 的比重。目前，中国国家创新指数居全球第 19 位，已经成为有重要影响力的科技大国，国家创新能力大幅度增强。

表 1　　中国的技术市场规模（2011～2015 年）

指标	2011 年	2012 年	2013 年	2014 年	2015 年
全国技术市场成交合同额(万元)	47 635 589	64 370 683	74 691 254	85 771 790	98 357 869

① 创新资源是指用于科技创新的人力资源和资金。数据来源于《中国科技统计年鉴》。

续表

指标	2011 年	2012 年	2013 年	2014 年	2015 年
高新技术产品进口额（万美元）	463 225	506 864	558 193	551 384	549 291
高新技术产品出口额（万美元）	548 830	601 173	660 330	660 543	655 297

注：本表选取 2011 ~2015 年中国技术市场成交合同额、高新技术产品出口额、高新技术产品进口额等指标，用来反映中国近年来的技术市场规模状况。

资料来源：对应年份的《中国科技统计年鉴》。

表 2　　中国、美国与韩国、新加坡的市场规模比较

国别	中小企业总数（万个）	世界 500 强企业数（个）	GDP（亿美元）	GNP（亿美元）	高新技术产品进出口额（亿美元）
中国	2 258	95	92 400	89 053	12 185
美国	3 222	132	167 680	169 030	7 574
韩国	300	14	13 050	13 016	4 949
新加坡	15	2	2 980	2 918	3 795

注：本表以中国、美国代表大国，以韩国、新加坡代表小国，选取 2013 年企业数量、GDP、GNP、高新技术产品进出口额等指标，用来比较大国和小国的市场规模。

资料来源：引自财富中文网、Wind 数据库和《世界发展数据手册》。

4 后发追赶：模仿创新优势

西方经济学家在探讨落后国家工业化道路的时候，先后提出“后发优势假说”和“追赶假说”。马克思（1867）认为，社会经济发展将遵循着自然规律，“工业较发达的国家向工业较不发达的国家所显示的，只是后者未来的景象。”格申克龙（1962）提出，落后国家的工业化进程与先进国家相比显示其差异性，主要是“相对落后”的东西对工业发展的影响。“落后国家从较先进国家能够吸收的技术创新存量越大，其工业化前景似乎就越乐观”。[①] 这是得益于相对落后的“后发优势”（advantages of backwardness）。纳尔逊和弗莱普斯（Nelson & Phleps，1966）的研究证明，后进国家技术水平

① 亚历山大·格申克农．经济落后的历史透视［M］．北京：商务印书馆，2009：11.

的提高与它相对于技术前沿地区的技术差异呈线性正比，而且后发国技术进步的速度往往高于先发国，随后再减慢并保持“均衡技术差距”。阿布拉莫维茨（Abramovitz, 1986）则提出“追赶假说”，即一个国家的经济越是落后，经济增长的速度越快，所以，后进国家赶上先进国家具有必然性。根据上述两种假说，落后国家的工业化和技术创新往往具有“模仿创新”优势，可以利用先进国家的技术外溢效应，获取技术进步的后发利益。

从“后发追赶”到“模仿创新”，的确具有内在的逻辑联系。技术性后发优势表现为后发国家的技术学习，即从先发国家引进各种先进技术，经过模仿和消化吸收，获得后发利益。从技术角度看，如果模仿者的工资成本相当低，仿制品可以为模仿者带来价格竞争优势；如果国家规模很大，将会获取巨额的技术后发利益。对于欠发达国家来说，为追赶发达国家，就需要有比发达国家更快的速度，因此模仿创新无疑是明智的选择。在世界经济发展史上，英国是工业化先发国家，法国和德国的重要产业领域关键技术和设备，甚至技术工人和专家，大部分是模仿英国的；相对于美国和德国而言，日本是后发国家，同样走了一条学习和模仿的创新道路。亚洲的其他新兴工业化国家也是后发利益驱动的，韩国通过技术学习和模仿创新，实现了经济追赶式发展。金麟洙（1998）回顾了韩国工业技术从模仿到创新的过程，认为“韩国取得如此快速的工业化发展，很大程度上起源于模仿”。20 世纪 60 年代韩国开始出口劳动密集型产品，70 年代以后轮船、钢铁和电子产品发展起来，80 年代中期以后计算机、半导体存储片、汽车产业发展起来，而且致力于开发多媒体电子、高清晰电视和个人通信系统。日本和韩国不仅从学习和模仿获得了技术后发利益，而且通过消化、吸收、再创新追赶上欧美发达国家，走到了世界科学技术前沿。

外国直接投资是发展中国家技术学习和模仿的重要形式，可以通过外国投资企业的“外溢效应”获得后发利益。虽然，发展中国家可以通过购买方式直接引进发达国家的先进技术，但是有两种因素制约着这种引进方式的发生和效果。一方面，发展中国家在经济发展初期资金匮乏，不可能积累大量资金用于购买国外的先进技术，购买技术的能力是有限的；另一方面，发达国家的前沿技术并不一定适宜于发展中国家，购买和应用这种前沿技术的效果是不确定的，可能不会有效地促进发展中国家的技术进步。相对而言，引进外商直接投资（FDI）对发展中国家技术创新的影响具有更加显著的效果，既可以利用国外的资金来发展经济，又可以使国外技术与国内生产要素和生产条件相适应，进而形成适宜技术。徐涛（2003）的研究表明，引进 FDI 不仅可以解决国家的资金缺口，而且能够提升引入国家的技术水平。他在资金非同质性假设的基础上建立了一个内生增长模型，并对 FDI 与中国技术进步的关系进行检验，结果表明 FDI 对中国的技术进步有明显的促进作用。罗伯特·巴罗等（2010）提出追随国家模仿者行为模型，用于刻画后发国家技术模仿行为，他认为模仿型企业受模仿成本、产品被仿制后的最后定价以及自由进入条件等因素制约。追随国家人力成本越丰富，模仿成本越低；追随国产品定价与领先国相似，但要受到规模变量影响；自由进入模仿领域的条件，也对模仿者的收益率产生影响。从理论上说，如果领先国家的所有发现都被追随者仿制，追随国家将转入创新；但是，如果追随国家的政策比领先国家优越，就可能出现技术的交互跟进，实现技术领先地位的转换。然而，由于 FDI 对发展中国家的自主研发投入具有补充和替代作用，可能导致发展中国家自主研发能力下降，从长期看不仅会失去自主研发能力，也将失去对现代科技的吸收能力。范承泽等（2008）运用世界银行对中国公司的调查数据，实证分析 FDI 对国内企业技术创新的影响，发现一个公司在研发方面的投入随着引进外商直接投资数量的增多而减少，估测结果显示 FDI 对中国国内研发投入的作用是负面的。

新中国成立初期，中国开始学习和引进苏联技术。但是，随着苏联停止技术援助，中国转向在封闭条件下强化技术自主创新，组织科技力量集体攻关，在国防科技和国防工业领域取得了重要成就。实行对外开放政策以后，通过多种形式大规模引进发达国家的先进技术，在 20 世纪末和 21 世纪初达到高峰期（见表 3）。邓小平指出，“我们要向资本主义发达国家学习先进的科学、技术、经营管理方法以及其他一切对我们有益的知识和文化，闭关自守、故步自封是愚蠢的”。① 认识落后，才能去改变落后；学习先进，才有可能赶超先进。中国利用发达国家的技术扩散效应来实现技术追赶，在模仿创新阶段主要采用三种形式：一是直接购买和引进发达国家先进技术和设备，通过改进形成适宜性技术。20 世纪 70 年代，新中国开展第二次成套技术设备引进，从法国和日本、美国、荷兰进口成套的化纤和化肥、技术设备，从德国和日本引进电力工业设备。20 世纪 80 年代初期，出现新一轮技术引进和设备进口高潮，据不完全统计，1980～1984 年间引进技术和设备 1.6 万项，共计 120 亿美元。借助这些技术设备填补技术空白，中国与世界先进技术水平的差距大大地缩小。二是通过引进外商直接投资学习先进技术，实行“以市场换技术”的战略。20 世纪 90 年代开始，外商直接投资大幅度增加，1979～1999 年中国吸收外商直接投资总额达到 3060 亿美元，占全球外商直接投资总额的 10% 左右，占新兴国家和地区吸引外资总额的 30% 左右。我们利用市场规模庞大、劳动力成本低廉以及政策优惠条件，吸引发达国家和地区的制造企业在中

① 中央党校哲学教研部．马克思主义经典作家论科学技术和生产力［M］．北京：中共中央党校出版社，1991：197.

国设立基地，通过“干中学”方式学习和模仿先进技术，并且创办自己的企业，主要集中在电子、通信、家电、日化、轻纺等行业。依靠技术学习和模仿的后发利益，加上劳动力成本优势，中国创造了制造业发展的奇迹。三是引进、消化、吸收先进技术和集成创新，形成技术竞争优势。进入21世纪以后，中国按照“引进先进技术、联合设计、打造中国品牌”的发展思路，通过从日本、德国、法国等发达国家引进先进高铁技术，并尽快消化、吸收和国产化，成功地掌握了高速动车组总成、车体、牵引、网络和制动等项关键技术及配套技术，制造出具有自主知识产权的动车组产品系列。我们用5年时间走完了国际上用40年完成的高铁发展历程，创造了高铁技术快速发展的奇迹，也创造了引进、消化、吸收再创新的“高铁模式”，为实现从模仿创新向自主创新转变树立了典范。

表3　　中国引进国外技术和投资情况

指标	1985年	1990年	1995年	2000年	2005年
外国技术引进(亿元)	93.93	60.94	1 088.36	1 504.68	1 559.95
外国技术引进占GDP比重(%)	1.04	0.33	1.79	1.52	0.85
外国直接投资(亿元)	57.44	166.79	3 133.38	3 370.55	4 941.64
外国直接投资占GDP比重(%)	0.64	0.89	5.15	3.4	2.69

注：本表以国外技术引进金额和外国直接投资金额代表引进国外技术，选取中国模仿创新兴盛期（1985～2005年）的代表性年份数据。

资料来源：根据历年《中国科技统计年鉴》整理得到。

5 经济转型：自主创新优势

在《不列颠简明百科全书》中没有发现“自主创新”的解释，西方学者曾经提出过“内生创新”，它是指相对于模仿创新、外部引进和裂化的技术创新模式（Krugman，1999），属于系统内部自发行为（Rainer & France，2005）；相近的概念还有“自主知识产权”，它是指生产者对产品中的核心技术所拥有的知识产权。“自主创新”的概念是中国学者提出的，它带有后发国家的特征。陈劲（1994）最早研究从技术引进到自主创新的学习模式，认为只有通过自主研发才能掌握技术的本质。后来的学者提出三种有代表性的界定，第一种强调企业自主创新是指依靠自身力量独立地进行研究开发（杨德林，1997；傅家骥，1998；施培公，1999）；第二种强调具有自主知识产权（柳卸林，1997；万君康，2000；王瑞杰和徐汉明，2005；周寄中等，2005）；第三种强调自主创新的多种形式（尚勇，2005；王志新，2006）。综合起来，我们认为“自主创新”是依靠自身力量独立研发而获得自主知识产权的技术创新，主要方式有原始创新、集成创新、引进消化吸收再创新。有的学者分析了中国技术创新的发展过程，范承泽等（2008）认为 FDI 对国内研发投入的作用为负数，外资带来的研发替代效应可能导致自主研发能力下降。生延超（2013）认为技术能力与模仿创新、合作创新、自主创新形式之间有对应关系，当国家技术能力提升到较高程度时就应采取自主创新模式。欧阳峣等（2012）认为经济增长方式随技术水平的提升从“生产性投资驱动”到“研发驱动”、从“模仿主导”向“创新主导”逐步转换，后发大国应该“分层”推进经济增长方式转变。张于喆（2014）认为创新资源配置要遵循“有能力”“有潜力”的原则，创新模式的确定应根据技术梯度和技术地位的特征进行分解。

随着国家要素禀赋和技术能力的演进，技术创新方式将实现转换。当技术能力远远地落后于发达国家水平的时候，适宜选择模仿创新方式；当技术能力接近发达国家水平的时候，适宜选择合作创新方式或自主创新方式。为此，发展中大国应该科学地研判要素禀赋和技术能力的发展阶段，及时推动技术创新方式转换和经济转型发展，从技术的追随者变为领跑者，从经济大国迈向经济强国。从当前情况来看，实现中国经济转型迫切要求走自主创新道路，习近平对中国国情的现实要求进行了深入研究。第一，从经济大国走向经济强国。随着中国经济高速持续增长，经济总量位居世界第二，我们已经成为经济大国。而作为一个经济大国，“不能总是指望依赖他人的科技成果来提高自己的科技水平，更不能做其他国家的技术附庸，永远跟在别人的后面亦步亦趋”。[①] 中国经济是一个庞然大物，将对国际经济产生重要影响，形成经济和贸易的大国优势；发达大国出于维护国家利益和国际地位的需要，实行战略性贸易政策，严格限制高科技产品对中国的出口。“现在，比较正常的技术引进也受到种种限制，过去你弱的时候，谁都想卖技术给你，今天你发展了，谁都不愿意卖技术给你，因为怕你做大做强”。[②] 因此，我们在引进高新技术上不能抱任何幻想，核心技术是花钱买不来的；我们没有别的选择，非走自主创新道路不可。第二，从粗放型走向集约型增长。在发达国家工业化过程中，经历了从粗放型增长向集约型增长的转变，这种经济增长方式转变主要发生在高级工业化阶段。经济学家的研究证明，先行工业化国家的现代经济增长主要不是由物资资本积累驱动，而是由技术进步和效率提高驱动。但是中国

① 中共中央文献研究室．习近平关于科技创新论述摘编［M］．北京：中共中央文献出版社，2016：46.

② 中共中央文献研究室．习近平关于科技创新论述摘编［M］．北京：中共中央文献出版社，2016：36.

经济增长受到早期工业化模式的影响，把投资驱动增长推到极端，造成严重的资源浪费和环境污染（吴敬琏，2005）。我国经济规模很大，主要依靠资源等要素投入推动经济增长和规模扩张的粗放型发展方式是不可持续的。现在，世界发达水平人口全部加起来是 10 亿人左右，而我国有 13 亿多人，“不能想象我们能够以现有发达水平人口消耗资源的方式来生产生活，那全球现有资源都给我们也不够用！老路走不通，新路在哪里？就在科技创新上，就在加快从要素驱动、投资规模驱动发展为主向以创新驱动发展为主的转变上”。[①] 第三，从中等收入走向高收入水平。经过长期的艰苦奋斗，中国居民人均收入已经从低收入水平发展到中等收入水平。根据《世界发展指标》，2013 年中国人均国民收入达到 6560 美元，仍属于中等收入经济体，即高于 1 045 美元但低于 12 746 美元的范围，同高收入经济体相比有较大差距。世界银行在 2007 年提出关于“中等收入陷阱”的警示：比起较富的国家或较穷的国家来，中等收入国家的增长会相对较慢；如果中等收入国家经过长时期增长未进入高收入国家行列，就是落入中等收入陷阱。20 世纪 60 年代达到中等收入水平的国家和地区，仅有日本、韩国、新加坡以及中国台湾、香港地区进入高等收入经济体行列。“我们在国际上腰杆能不能更硬起来，能不能跨越‘中等收入陷阱’，很大程度上取决于科技创新能力的提升”。[②] 为了跨越这个陷阱，根本任务是改变被长期锁定在产业分工低端的局面，通过自主创新掌握核心技术和关键技术，形成具有国际竞争力的产业结构，在国际经济分工中进入价值链高端。

回顾我国技术进步和经济发展的历程，有很多经验教训需要总结。新中国成立以后，在短期内就取得“两弹一星”的成就，汽车、石油、钢铁、造船等产业技术迅速发展；改革开放以来，电子技术、通信技术、生物技术和航天技术取得“跨越式”发展，成为世界科技前沿的并行者或领跑者。然而，正如习近平所说：“这些年来，重引进、轻消化的问题大量存在，形成了‘引进—落后—再引进’的恶性循环”。[③] 实践告诉我们，如果自主创新上不去，一味地靠技术引进，难以摆脱跟在别人后面跑、受制于人的局面。从国际经验看，日本和韩国都在经历较短时期技术模仿之后，以较快速度追赶上发达国家的技术水平。日本采取“吸收 + 再创新”的模式，较快地进入世界先进水平行列；韩国重视对进口技术的改进和研发，迅速地成为新兴工业化国家。中国从 20 世纪 80 年代开始实行“以市场换技术”的战略，特别重视引进外商直接投资，但是由于地方政府偏重短期经济效益，满足于获得外资企业税收，企业依赖于国家的

---

① 中共中央文献研究室．习近平关于科技创新论述摘编［M］．北京：中共中央文献出版社，2016：27.

② 中共中央文献研究室．习近平关于科技创新论述摘编［M］．北京：中共中央文献出版社，2016：26.

③ 中共中央文献研究室．习近平关于科技创新论述摘编［M］．北京：中共中央文献出版社，2016：42.

研发投入往往把目标设定为获得政府资金，没有下功夫进行消化、吸收和研发，进入自主创新的速度缓慢。从中国实践中可以得到有益的启示：第一，企业不能把技术引进过程看成单纯学习和简单模仿，更要重视对先进技术的消化和吸收；第二，地方政府应该明确“以市场换技术”的目标，真正致力于“换技术”的效果；第三，中央政府实施鼓励自主创新的政策，应该把研发投入用于掌握自主知识产权技术的企业。

改革开放以来，中国科学技术迅速发展，专利申请授权、研发经费、科技论文、高技术产品出口比例等指标不断提升，实力大幅度增强（见表4）。但是，与日本、韩国、新加坡相比较，中国在经济发达程度上存在较大差距，这同创新指数偏低有紧密联系（见表5）。习近平清醒地认识到中国创新能力和科技水平的现实状况，他明确指出：“我国创新能力不强，科技发展水平总体不高，科技对经济社会发展的支撑能力不足，科技对经济增长的贡献率远低于发达国家水平，这是我国这个经济大个头的‘阿喀琉斯之踵’”。[①] 怎样改变这种不利局面？我们既要发挥国家规模和市场规模引致创新的优势，又要发挥社会主义市场经济机制激励创新的优势。“政府和市场分工，能由市场做的，要充分发挥市场在资源配置中的决定性作用，政府从分钱分物的具体事项中解脱出来，提高战略规划水平，做好创造环境、引导方向、提供服务等工作”。[②] 实现市场作用和政府作用的有机结合，关键是明确政府作用的边界：中央政府政策应该集中体现国家利益导向，地方政府政策应该支持区域创新集聚，致力于营造有利创新的整体环境，而不应该为具体企业提供研发资金；要集中力量组织重大基础研发和产业技术的协同创新，致力于掌握关键核心技术，推动技术升级和产业升级，进入国际价值链高端。唯有通过制度创新促进技术创新，使创新活力充分涌流，大国复兴的梦想才能变为现实。

表4　　中国技术创新进展（1995～2015）

指标	1995年	2000年	2005年	2010年	2015年
专利申请授权数（件）	43 741.00	105 345.00	214 003.00	814 825.00	1 718 192.00
研发经费支出（亿元）	302.36	895.70	2450.00	7062.60	14 169.88
发表科技论文（万篇）	13.40	23.00	94.00	142.00	164.00
高技术产品出口比例（%）	6.78	14.86	28.63	31.21	28.82

注：本表选取专利申请授权、研发经费、科技论文、高技术产品出口比例等指标，表示中国技术创新的进展情况。

资料来源：对应年份的《中国科技统计年鉴》。

① 中共中央文献研究室．习近平关于科技创新论述摘编［M］．北京：中共中央文献出版社，2016：8.

② 中共中央文献研究室．习近平关于科技创新论述摘编［M］．北京：中共中央文献出版社，2016：66－67.

表 5　中国与日本、韩国、新加坡的经济发展水平比较

国别	人均 GDP(美元)	人均 GNP(美元)	城市化率(%)	综合现代化指数	创新指数
中国	7 589	7 380	54. 8	44	46. 57
日本	36 332	42 000	92. 4	96	52. 41
韩国	28 101	27 090	91. 7	85	55. 27
新加坡	56 319	55 150	100. 0	94	59. 36

注：本表选取已成为高收入经济体的日本、韩国、新加坡与尚未跨越中等收入的中国进行比较，其中 2014 年人均 GDP、人均 GNP、城市化率、创新指数来源于世界银行网站，综合现代化指数来源于《中国现代化报告》（2014 ~ 2015）。

6　结论

中国是典型的发展中大国，我们怀抱着大国复兴的梦想，从“科教兴国”到“创新驱动”，探索中国特色大国创新道路。本文试图总结中国创新道路的规律，将实践经验上升为系统的理论，并提出一个经济学分析框架，运用经济学原理进行合理的解析，包括用市场规模解析大国创新优势的形成，用后发追赶解析模仿创新优势的选择，用经济转型解析自主创新优势的培育。通过总结中国经济发展的经验，对接世界经济发展的经验，充分利用经济思想史的智慧，揭示技术进步促进经济发展的规律和趋势，构建大国创新道路的话语体系。

经过长期的实践，中国特色大国创新道路已具雏形，构建了比较完善的总体框架。其主要内容包括如下三方面。

第一，市场需求和国家需求相结合，形成需求引致创新的大国效应。根据内生技术变迁理论，新技术主要是在市场利益的驱动下产生的，其生产量是由新技术的市场需求所决定的，市场需求规模制约着技术创新的发生及其规模，这是需求引致技术创新的普遍机制。中国是超大规模国家，数量众多和规模庞大的企业可以形成巨大的技术市场和技术需求，这是大国创新的推动力量。同时，大国对技术创新还有一种特殊的国家需求，大国的强盛要求建立独立完备的产业体系，这就需要有独立完备的技术体系做技术支撑，而不可能像小国那样发展单一的重点产业和相应技术；而且，在世界经济体系中的大国经济和技术竞争特别突出，大国也不可能像某些小国那样单纯依靠引进国外技术来发展经济，它必须有自主创新的技术体系来保障国家安全和经济发展。可见，市场需求和国家需求的结合，共同驱动大国的技术创新，这就是引致大国

技术创新的特殊机理。正因如此，中国的现代化是全面的现代化，与独立完备的产业体系相适应，我们构建了包括农业、工业和各个领域技术的科学技术体系。

第二，模仿创新和自主创新相结合，形成促进经济转型的创新方式。在世界工业化进程中，有先发国家和后发国家，后者往往通过模仿先发国家的技术而实现技术追赶，这种创新方式就是模仿创新。中国自改革开放以来，大规模地引进发达国家的先进技术和设备，并通过引进外商投资办企业获得技术外溢效应，在引进、消化、吸收的基础上进行再创新，形成适宜本国经济发展的技术体系。依靠模仿创新，我们极大地缩短了与发达国家的技术差距，也推动了产业进步和经济发展。然而，与模仿创新相应的产业结构往往处在国际产业价值链低端，为实现产业转型升级，走自主创新道路是必然选择。进入 21 世纪以后，中国政府提出了自主创新战略，采取措施推动技术创新和研发，努力掌握重点产业的关键核心技术，在某些领域成为国际先进技术的领跑者。显然，后发大国的技术创新要坚持模仿创新和自主创新相结合，适时转换技术创新方式，首先要通过模仿创新逐渐接近国外先进技术，然后加大力度推进自主创新，从而在技术追赶中实现技术超越。

第三，市场调控和政府调控相结合，形成职责边界清晰的运行机制。市场和政府是调控经济运行的两个主体，它们形成引导技术创新的两种力量。根据中国的大国国情，我们愈益深刻地认识到市场和政府在推动技术进步方面的作用，市场作为配置资源的基础，可以在技术创新过程中发挥引导和激励作用，因此，对于一般性技术创新和研发，应该主要发挥市场的调节作用，利用市场需求的力量推动技术进步和经济发展。同时，中国是社会主义国家，也是超大规模国家，在技术创新方面不仅有市场利益需求，而且有国家利益需求，应该发挥好市场调控和政府调控的作用。在国民经济发展中有一些重要产业，它们的成长可以带动整个国家的经济发展，对于这些关系到国家利益的重大产业技术，应该由政府主导组织联合攻关，集中全国的优质科技资源，在较短的时间里取得突破，掌握关键核心技术和生产配套技术。通过明确市场和政府在技术创新中的作用，明晰两者发生作用的边界，可以使市场和政府达到不越位和不缺位的目标，成为推动大国技术进步的两翼，形成分工合理和和功能完善的调节机制。

为实现中华民族复兴的强国梦想，应该遵循经济增长的理论逻辑和世界经济发展的客观规律，把科技创新摆在国家发展全局的核心位置，树立创新发展的理念，实施创新驱动的战略。根据国际经验和中国实践，发展中大国技术创新要充分利用大国优势和后发优势，实施基于内需的全球化战略，吸引全球优质资源集聚，推动技术创新和产业创新；尊重市场经济规律，让市场真正成为配置创新资源的决定性力量，让企业真正成为技术创新的主体，同时发挥政府在组织重大产业技术攻关方面的作用；在学习和模仿发达国家先进技术的过程中，重视消化、吸收和再创新，尽快向自主创新阶段转变；完善科技创新促进产业创新的机制，努力进入国际产业分工价值链高端，避免落入“中等收入陷阱”，真正从经济大国迈向经济强国。

参考文献

[1] 约瑟夫·熊彼特. 经济发展理论 [M]. 北京：商务印书馆，2000.

[2] 罗伯特·巴罗，夏威尔·萨拉-伊-马丁. 经济增长 [M]. 北京：格致出版社、上海三联书店、上海人民出版社，2010.

[3] 速水佑次郎. 发展经济学——从贫困到富裕 [M]. 北京：社会科学文献出版社，2003.

[4] 亚历山大·格申克农. 经济落后的历史透视 [M]. 北京：商务印书馆，2009.

[5] 不列颠百科全书公司. 不列颠简明百科全书 [M]. 北京：中国大百科全书出版社，2011.

[6] 杨小凯. 发展经济学——超边际分析 [M]. 北京：社会科学文献出版社，2003.

[7] 吴敬琏. 中国增长模式抉择 [M]. 北京：上海远东出版社，2005.

[8] 欧阳峣. 大国经济发展理论 [M]. 北京：中国人民大学出版社，2014.

[9] 金麟洙. 从模仿到创新：韩国技术学习的动力 [M]. 北京：新华出版社，1998.

[10] 林毅夫、蔡昉、李周. 中国的奇迹：发展战略与经济改革 [M]. 北京：上海三联书店，1994.

[11] 陈劲. 从技术引进到自主创新的学习模式 [J]. 科研管理 1994 (2).

[12] 林毅夫，张鹏飞. 后发优势、技术引进和落后国家的经济增长 [J]. 经济学（季刊）2015 (1).

[13] 徐瑛，陈秀山，刘凤良. 中国技术进步贡献率的度量与分解 [J]. 经济研究 2006 (8).

[14] 范红忠. 有效需求规模假说、研发投入与国家自主创新能力 [J]. 经济研究 2007 (3).

[15] 范承泽，胡一帆，郑红亮. FDI 对国内企业技术创新影响的理论与实证研究 [J]. 经济研究 2008 (1).

[16] 张杰，陈志远，杨连星，新夫. 中国创新补贴政策的绩效评估：理论与证据 [J]. 经济研究 2015 (10).

[17] 欧阳峣，易先忠，生延超. 技术差距、资源分配与后发大国经济增长方式转换 [J]. 中国工业经济 2016 (6).

[18] 洪银兴. 科技创新与创新型经济 [J]. 管理世界 2011 (7).

[19] 徐涛. 引进 FDI 与中国技术进步 [J]. 世界经济 2003 (10).

[20] 龚轶，顾高翔，刘昌新，王铮. 技术创新推动下的中国产业结构进化 [J]. 科学学研究 2013 (8).

［21］杨德林．高技术企业成长过程中的企业家角色［J］．中国工业经济 1997（9）．

［22］傅家骥．技术创新学［M］．北京：清华大学出版社，1998.

［23］施培公．后发优势：模仿创新的理论与实证研究［M］．北京：清华大学出版社，1999.

［24］柳卸林．管理范式的转变——从生产型到技术创新型［J］．中国软科学 1997（2）．

［25］万君康．论技术引进与自主创新的关联与差异［J］．武汉理工大学学报（信息与管理工程版）2000（4）．

［26］王瑞杰，徐汉明．开放经济中的中国自主技术创新能力培育［J］．辽宁师范大学学报2005（5）．

［27］周寄中、张黎、汤超颖．关于自主创新与知识产权之间的联动［M］．北京：管理评论 2005.

［28］尚勇．增强自主创新能力建设创新型国家［J］．中国软科学 2005（7）．

［29］王志新．体制改革是提高我国科技自主创新能力的关键［J］．科技导报 2006（2）．

［30］生延超．要素禀赋、技术能力与后发大国技术赶超［M］．上海：格致出版社、上海人民出版社，2013.

［31］张于喆．中国特色自主创新道路的思考：创新资源的配置、创新模式和创新定位的选择［J］．经济理论与经济管理 2014（8）．

［32］Roninson，E.，1960，Economic Consequences of the Size of Nations，ST Martin's Press Inc. New York.

［33］Abramovitz，M.，1986，"Catching Up，Forging Ahead，and Falling Behind"，Journal of Economic History，46（02）：385－406.

［34］Aghion P.，and P. Howitt，1993，Endogenous Technical Change：the Schumpeterian Perspective，Fondazione ENI Enrico Mattei，London.

［35］Baldwin，J. R.，and R. E. Caves，1997，"International Competition and Industrial Performance：AllocativeEfficiency，Productive Efficiency，and Turbulence"，Harvard Economics Discussion Paper，1809.

［36］Freeman，C.，1987，Technology Policy and Economic Performance：Lessons from Japan，Pinter Pub Ltd，New York.

［37］Grossman，G. M.，and E. Helpman，1991，"Quality Ladders in the Theory of Growth"，Review of Economic Studies，58（1）：43－61.

［38］Kremer，M.，1993，"Population Growth and Technological Change：One Million B. C. to 1990"，Quarterly Journal of Economics，108（3）：681－716.

［39］Krugman，P.，1999，"What Happened to Asia"，Springer US，New York.

［40］Kuznets，S.，1957，"Quantitative Aspects of the Economic Growth of Nations：II. Industrial Distribution of National Product and Labor Force"，Economic Development and Cultural Change，V（4）：1－111.

［41］Laurent，é.，2008，"Economic Consequences of the Size of Nations，50 Years on"，OFCE

Working Paper.

[42] Miao, C, H. , Y. D. Wei, and H. Ma, 2007, "Technological Learning and Innovation in China in the Context of Globalization", Eurasian Geography and Economics, 48 (6): 713 – 732.

[43] Nelson, R. R. , and Phelps E S. , 1966, "Investment in Humans, Technological Diffusion, and Economic Growth", American Economic Review, 56 (1/2): 69 – 75.

[44] Romer, P. M. , 1990, "Capital, Labor, and Productivity", Brookings Papers on Economic Activity. Microeconomics, Vol. 1990 (1990): 337 – 367.

[45] Tang, M. F. , 2009, Technology Transfer from University to Industry: Insight Into University Technology Transfer in the Chinese National Innovation System, Adonis & Abbey Publisher Ltd, London.

[46] Xu, X. , and S. R. Jeffrey, 1998, "Efficiency and Technical Progress in Traditional and Modern Agriculture: Evidence FromRice Production in China", Agricultural Economics, 18 (2): 157 – 165.

[47] Young, A. A. , 1928, "Increasing Returns and Economic Progress", Economic Journal, 38 (152): 527 – 542.

[48] Zheng, J. , X. Liu, and A. Bigsten, 2003, "Efficiency, Technical Progress, and Best Practice in Chinese State Enterprises (1980 - 1994)", Journal of Comparative Economics, 31 (1): 134 – 152.

[49] Zhu. D. , and J. Tann, 2009, "The Development of an ational Innovation System in China: Main Practitioners and Stages", International Journal of Business Innovation and Research, 3 (4): 325 – 362.

The Economics Explanation for Innovation Path of Large Countries

Ouyang Yao　Tang Lingxiao

Abstract Innovation is the soul of the country and the nation, and technological innovation is an important driving force for promoting the modernization process, and also a strategic way to achieve the dream of rejuvenation of the great country. Ever since 1980s, China began to introduce advanced technology and equipment abroad on a large scale, which helped China to develop from imitation to innovation, and prompted its economy grow rapidly and persistently. This paper analyzed China's innovation path in a economic way and from the perspective of innovation experience conclusion drawn from a late-developing large country, with the aim of providing deep understanding about the theoretic logic and historical necessity of China's innovation path, Constructing discourse system with Chinese characteristics, and offering experience and decision-making reference for other late-developing large countries by putting forward the policy frame of innovation path of large country.

The subject of this paper is to analyze China's innovation path as a large country from the perspective of Economics. It started from telling a story of China's innovation path, and then raised a self-consistent logic analysis frame and interpreted this story in Economic theory, which included the explanation of the formation of large country's innovation strength due to market size, the selection of imitation and innovation strength due to late-development, and the cultivation of independent innovation strength due to economic transition. In addition to summarizing the experience of China's innovation path, this paper puts forward some policies and suggestions to promote the transformation and upgrading of China's economy by changing from imitation innovation to independent innovation. The author reviews the classical discourse on technology innovation from Mao Zedong, Deng Xiaoping and Xi Jinping, especially focuses on the important contribution of Xi Jinping in the Chinese technology innovation theory, and summarizes the research results of Chinese technology innovation theory studied by domestic and foreign economists.

Statistic analysis is employed in this paper to describe the classic fact of large countries' innovation path, comparative analysis is used to clarify the characteristics of technological innovation in large countries which are different from those of small ones, and theoretic analysis is introduced to decompose China's innovation path with the development economic theory. Main data resources are from International Statistical Yearbook, China Statistical Yearbook, China Statistical Yearbook on Science and Technology, China Modernization Report, World Development Data Handbook, Fortune Chinese Network, Wind database and World Bank website. Main conclusion from this paper is that China's market size strength resulted in innovation strength, technology gap produced imitation strength, and economic transition bred independent innovation strength. China reasonably made use of its scale advantage and catch-up advantage as a large and late-developing country, and currently is promote the economic transition and update through cultivation independent innovation strength. As for policies, large countries' scale advantage and huge technological demand scale is suggested to speed up the pace of technology innovation; innovation style transition in suitable time is promoted to realize the update from imitation to innovation while a country's technical level is close to that of developed countries; and mastering core technology in key industries is necessity to enter into the high-end of international industrial value chain and enhance international competitiveness. The innovation of this paper is providing a theory frame to analyze the technology innovation for a large and late-developed country, which are two logical chains that are internally coordinated formed by "from market size to catch-up to economic transition" and "from large countries' advantage to backwardness advantage to independent innovation" . Meanwhile, this paper gave a brief summarization about this frame, namely, innovation demand which is combined market demand and country's demand; innovation style which is combined imitation and innovation together, and the operating mechanism combined market regulation and government control. Future research is suggested to carry out under this theory frame and policy frame with the analysis and summary for each key industry's technology innovation experience.

Key words Technological Innovation, Market Scale, Late-developing Catching-up, Economic Ttransition

中国式创新：追赶与超越*

欧阳峣

摘　要　中国是典型的后发大国，在现代化进程中走过了一条通过引进发达国家的先进技术进行模仿创新，从追赶到超越的道路。以彩电模式、汽车模式、高铁模式来比较分析，技术引进和创新的路径不同，其结果也有所差异。经验表明：技术引进和模仿应该选择较高的目标，技术创新需要前期的技术积累，大国不仅要依靠庞大的市场规模拉动产业发展，而且要通过培育关键核心技术形成竞争优势。

关键词　创新模式；技术追赶；技术超越

经济学家亚当·斯密将经济增长的动力归结于社会分工，约瑟夫·熊彼特却认为创新是社会经济系统演进的直接动力，从而揭示了现代经济增长的源泉。然而，不同类型的国家有着不同的创新方式：英国是世界工业化的先行国家，由内部经济结构的变化引致技术革命，通过拓展世界技术的前沿领域，开启了经济持续增长的新时代；相对而言，西方的德国和美国，东方的日本和韩国，都属于工业化的后发国家，它们是通过模仿先行国家的技术而实现技术追赶的。中国是典型的后发大国，它在现代化进程中同样走过了一条通过对外开放进行模仿创新，从追赶到超越的道路。

1　创新从模仿开始

中国古代曾经有“四大发明”，科学技术曾领先于西方国家，居世界先进水平。然而，在近代以后，我们同发达国家的差距越来越大。新中国成立后，我们经历了学习苏联技术、在封锁的夹缝中创新以及引进发达国家技术的过程；自改革开放以来，我

* 本文原载于《光明日报》2017 年 7 月 30 日《光明讲坛》，系作者 2017 年 2 月 10 日在牛津大学中国中心的演讲。

国大规模地引进发达国家的先进技术和设备，引进外商投资办企业，利用国外先进技术的扩散效应，进行工业技术的模仿与创新。

在模仿创新的过程中，我们主要采用三种形式：第一种是直接购买发达国家的技术和设备，通过改进形成适应性技术；第二种是引进外商到中国直接投资经营企业，通过干中学获得技术溢出效应；第三种是在引进、消化、吸收的基础上进行集成创新，形成自己的技术优势。

纵观改革开放以来中国科技发展的历程，我们可以清晰地看到三个典型事实：

第一，中国大量地引进国外先进技术和外商直接投资，并在20世纪90年代中期达到高潮。从1985～2005年，中国引进国外技术的金额从93.93亿元增加到1559.95亿元，其中1995年达到1 088.36亿元；引进外国直接投资的金额从57.44亿元增加到4 941.64亿元，其中1995年达到3 133.38亿元。2015年中国引进外商直接投资金额为1 263亿美元，居世界第3位。

第二，通过学习、模仿、消化、吸收和创新，中国科学技术水平得到了大幅度的提升。从1985～2015年，中国的专利授权数量从138件增加到1 718 192件，研发经费支出从102.59亿元增加到14 169.88亿元；从1995～2015年，发表科技论文数量从13.4万篇增加到164万篇，高新技术产品在出口产品中的比例从6.78%增加到28.82%。《2015年全球创新指数报告》显示，中国创新指数名列全球第29位，在中等收入国家中居首位。

第三，科学技术进步促进了产业发展，有一批重要产品的总产量跃居世界第一位。2013年，中国的彩电、手机、汽车、造船和集成电路的总产量，分别占全球总产量的48.8%、70.6%、25.0%、41.0%和90.6%，均居世界首位，在国际市场的份额和竞争力逐步增强。2015年中国主要工业产品产量稳居世界前列，对外货物贸易总额跃居世界第1位，对外服务贸易总额跃居世界第2位。

从三种典型事实中，我们可以描绘中国式创新的路径。中国引进国外先进技术和外商直接投资的规模庞大，这是进行模仿创新的基础和前提。此后，中国的模仿创新取得了辉煌成就，科技水平和创新指数大幅度跃升。现在，中国重要产业和产品的总产量已居世界前列，这在很大程度上是技术进步所推动的。显然，中国式创新是从模仿到创新的过程。

2 三种典型创新模式

为了更好地展现中国式创新的特征，我以彩电模式、汽车模式、高铁模式来比较分析，揭示各自的特点和优劣。

中国的彩电技术，经历了从引进、模仿、改进到核心技术创新的过程。

彩色电视机是一种大众需求的产品，拥有千家万户的需求，加上价格不高，容易进入寻常百姓家，所以需求量特别大。然而，在 20 世纪 70 年代，电视机在中国还是奢侈品。70 年代末期，中国开始以优惠政策鼓励国内企业引进发达国家的彩电技术和生产设备，主要是日本的松下、东芝和三洋的技术设备。1978 年上海电视机厂引进了国内第一条彩电生产线，在随后短短的几年内我国共引进 100 多条彩电生产线。20 世纪 90 年代中期，中国彩电已经形成庞大的市场规模，总产量居世界首位，成为世界彩电大国。经过一个时期的“价格战”，市场集中度增加，创维、海尔、海信、TCL、康佳、长虹等本土产品异军突起，基本上占领国内市场。中国彩电在消化和吸收国外先进技术的基础上，致力于自主创新和技术研发，成功地追赶上发达国家。

从中国彩电技术模仿和技术追赶的历程看，主要有三个特点：第一，从技术源头看，主要是在引进发达国家先进技术的过程中进行模仿，不断改进功能和配套设备，并自主研发芯片和显示器，掌握了一些核心技术；第二，从竞争优势看，主要是依靠庞大的市场规模获得成本优势，通过“薄利多销”的营销方式取得优势地位，进而提高市场集中度；第三，从技术档次看，主要是瞄准国际上中高档技术目标，通过模仿创新接近国际先进水平。然而，由于技术目标没有瞄准国际前沿技术，当进入 21 世纪的时候，随着彩电产业进入由传统的 GRI 彩电转向平板彩电时代，中国彩电产业又进入“重新追赶”的时期，海尔、创维等企业先后同德国、日本、韩国的企业建立研究所或实验室，联合开发新技术和新产品。但是从总体上看，我们仍然处在自主研发的初级阶段，平板电视的显示器和机芯集成电路核心技术主要由国外企业掌控。

中国汽车技术的发展，经历了从引进、模仿、生产到配套技术创新的过程。

汽车技术在中国的发展还早于彩电技术，从 20 世纪 50 年代初期建设第一汽车制造厂，就揭开了汽车工业发展的序幕。在那段时间里，主要依靠苏联的技术和援助，并对制造工艺和设备进行适宜性的改进，推出了国产的红旗牌轿车和解放牌卡车。从 80 年代初期开始，中国汽车工业进入合资生产的阶段，鼓励国内企业与国外企业联合投资建厂，主要有德国的大众、法国的标致、日本的铃木、美国的吉普。合作的方式是引进国外的零部件进行组装生产。80 年代末期到 90 年代初期，中国汽车产业加快了国产化进程，在学习和模仿国外技术的同时，对汽车零部件产品和技术进行改进，主要是在内饰、外观和低端零部件等方面推进国产化，从而降低成本和增加适宜程度。

进入 21 世纪以后，随着经济发展和国民收入的增加，汽车市场需求越来越旺盛，产量和销量迅速增加，我国进入汽车生产大国的行列。同时，有的企业开始自主研发核心技术，从 2001 年起，华晨、哈飞、吉利、奇瑞相继获得生产和销售轿车的正式许可，特别是奇瑞、吉利在自主研发领域迈出新的步伐，已经研发出具有自主知识产权的发动机和变速箱。然而，从总体上看，中国汽车制造技术与国际先进技术有较大差距，核心技术仍然被日本、美国、德国等发达国家的企业控制。汽车的关键技术有两项，一项是发动机技术，它解决动力问题；另一项是变速器技术，它解决灵敏度问题。目前，我国的汽车企业还没有很好地解决这两项关键技术，国产汽车技术处于中端和低端水平。

中国汽车的技术追赶显得比较迟缓，从它的技术目标、研发重点、比较优势和市场集中度看，主要有四个特点：第一，汽车技术引进主要瞄准中端和低端技术，引进和研发的技术档次比较低，从而导致中国汽车技术长期停留在中低端水平，形成了一种“发达国家生产高端汽车、中国生产中低端汽车”的格局；第二，中国汽车技术创新主要是配套技术的创新，致力于研发核心技术的企业很少，而且自主创新的速度很慢，已有的发动机和变速器自主品牌远未达到国际先进水平；第三，比较优势局限在低成本劳动力，组装和生产的汽车附加值低，企业赢利较少，随着人口红利的丧失，将缺乏可持续的竞争力；第四，地方政府竞争造成重复建设，全国大部分省市区都把汽车产业列为重点产业，汽车市场集中度不高，长期处于市场分割和分散经营状态，难以形成高层次竞争力。

进入 21 世纪以后，中国高铁技术经历了引进、消化、吸收和再创新的过程，赢得了集成创新和自主创新的成功。

从世界范围看，高速铁路始于 1964 年的日本新干线，经过四十多年的发展，形成了以日本、法国和德国为代表的列车技术系统。中国引进高铁的时间比较晚，但是铁路建设的历史比较悠久，至今已有 100 多年的历史。1876 年通车的上海吴淞铁路，被称为“中国铁路建筑史的正式开端”；1881 年建成的唐胥铁路，则是中国自己建造的第一条铁路。从新中国成立后，开始大规模的铁路建设，经过长期积累形成了完整的铁路技术体系和生产体系，同时中国还拥有高水平的铁路建筑技术。在“十一五”期间，中国研制的 6 轴 7200 千瓦和 9600 千瓦大功率电子机车，形成了具有自主知识产权的大功率机车产品系列，重载运输技术、轨道技术、通信和信号技术都达到或者接近国际先进水平。从 2004 年开始，中国进入大规模引进发达国家高铁技术的阶段，在头型、转向架、断面和牵引制动上进行创新，成功地研制生产出新一代 CRH380A 型高速动车组。中国用 5 年时间走完了国际上用几十年时间走过的路程，我们不仅掌握了完整的高铁技术，而且创造和刷新了时速 350 公里的世界纪录，目前还在继续向时速 500 公里的目标冲击。

高铁技术的成功，标志着集成创新取得重大进展，同时也标志着我们迈开了从“中国制造”到“中国创造”的步伐。凭借先进的技术水平，中国高铁技术开始走向世界，2016 年正式开工承建印度尼西亚的“雅万高铁”项目，并且在逐步推进俄罗斯、美国西部、中巴铁路、泛亚铁路等海外高铁建设项目。

中国高铁技术的引进模仿和集成创新，主要有以下特点：第一，着眼于引进国际前沿技术，高铁技术学习和模仿的起点很高，集成创新和自主创新的目标也很高，从而以很快的速度赶超了世界先进水平；第二，充分利用中国铁路技术的前期积累，包括制造技术、建筑技术以及对高铁技术联合攻关的已有成果，这种长期积累的铁路技术能力，为消化、吸收和集成创新奠定了良好的基础；第三，依托中国的大国优势掌握技术引进的主动权，以市场换技术，并且切实发挥政府的主导作用，成功地组织了高铁关键技术的引进，从而推动了国外技术的消化吸收，通过集成创新实现自主创新。

我们将彩电模式、汽车模式和高铁模式进行比较分析，可以发现一些差异性和规律性的东西，将给我们带来有益的启示。总体来说，技术引进和创新的路径不同，其结果也有所差异。第一，技术引进和模仿应该选择较高的目标，最好是瞄准国际前沿技术。如前所述，汽车产业选择中低端的技术，导致长期的技术落后，到现在还是离发达国家技术差距很大；彩电产业选择高中端的技术，学习和模仿的起点较高，已经接近或达到国际先进技术；高铁产业选择国际前沿技术，模仿和创新的起点特别高，推动高铁技术迅速地赶超国际先进水平。第二，技术创新需要前期的技术积累，这是模仿和创新取得成功的重要条件。相对而言，中国铁路技术有雄厚的前期积累，模仿和创新容易取得成功；电子技术的前期积累也比较好，在技术创新方面比较容易取得成功；汽车技术的前期积累要差一些，技术创新的突破也困难一些。第三，中国彩电、汽车、高铁产业的发展，都是凭借了中国的大国优势。庞大的市场规模可以拉动这些产业发展，但是高铁产业除具有市场规模庞大的比较优势外，还培育了关键核心技术的竞争优势。因而具有更强的国际竞争力和可持续发展能力。第四，对于那些对国民经济增长有重要带动作用的产业，需要建立以政府为主导的技术创新机制，瞄准高水平的技术目标，组织专家队伍联合攻关，取得关键核心技术的突破和创新。在这方面高铁产业比彩电产业、汽车产业做得更好、更成功。

3 技术创新是经济增长源泉

发展经济学是研究发展中国家怎样从贫困走向富裕的学问，其中包括经济发展的各种要素，因此必然要考察技术创新在经济增长中的作用以及后发国家的技术创新战略。中国是典型的发展中大国，中国的技术创新是中国经济增长的源泉，因此，我们可以从发展经济学的视角对中国式创新做出合理的解释。

我国属于工业化后发国家，可以通过学习和模仿发达国家的先进技术获得后发利益，进行技术追赶。纵观世界经济发展历史，在工业化进程中，先进的科学技术具有扩散效应，它由点到面地扩展和传播，最终使大多数国家受益。为此，西方经济学家在探讨后发国家怎样实现工业化的时候，提出了两种假说：第一种是后发优势假说，认为发展中国家落后于发达国家，这也是发展的优势，后发国家通过学习和模仿先进国家的技术，可以加快创新的速度，节约创新的成本，从而后发国家技术进步的速度往往高于先发国家；第二种是技术追赶假说，认为后发国家技术越是落后，它的发展速度就会越快，从而有可能赶上发达国家。中国式创新的一个重要特点，就是利用技术后发优势，积极地引进国外的技术和设备，通过学习，模仿和消化、吸收，逐渐赶上发达国家的技术。中国的彩电技术，就是在学习和模仿的过程中进行再创新，比较快速地接近了国际先进技术。中国的汽车技术，也是通过学习、模仿和生产、组装，有了很大的进步，中国的高铁技术，更是在学习模仿国外先进技术的基础上进行集成创新，快速地赶上和超过了国际先进水平。

后发国家引进和模仿发达国家的技术，往往会根据自身的要素禀赋条件选择适宜的技术。不同的国家具有不同的要素禀赋，如劳动力、资本和技术等，不仅发展中国家不同于发达国家，即使是发展中国家的不同发展阶段也有所不同。发展中国家在引进发达国家技术的时候，将考虑本国的资源禀赋情况，发展中国家在发展初期，往往是劳动力充裕而资金匮乏，因而会偏向于引进那些适合于劳动密集型产业的技术。改变劳动密集型的生产方式往往需要经历漫长的过程。中国制造业的快速发展，就是较好地利用国外的资金和市场，使劳动力比较优势由潜在变为现实，中国的彩电技术，就是根据本国的生产要素状况，不断提高引进和模仿的档次；中国的汽车技术之所以瞄准中低端目标，不仅同本国人民的收入状况和消费水平相关，而且同消化、吸收的能力和条件不可分割，特别是在市场分割的情况下，小规模的汽车企业不可能形成吸收和研发高技术的经济实力和技术能力。

中国是典型的后发大国，庞大的市场规模有利于形成产业规模，从而获得规模效益。大国的基本特征是人口众多和幅员辽阔，可以形成巨大的国内市场，进而支撑规模庞大的产业；巨大的市场需求可以形成巨大的生产规模，有利于降低生产成本，获得规模效益或规模利益。从总体上看，中国的彩电产业和汽车产业都是依靠庞大的市场规模而获得成本优势，虽然在技术上缺乏国际竞争力，但却通过引进国外的技术，以本土市场为依托，培育出规模庞大的产业；虽然产品的附加值较低，但却以低成本和低利润的方式生存，依靠“薄利多销”支撑企业的发展。从 1978 年引进第一条彩电生产线，到 1989 年总产量达到 1934 万台，仅用 10 年时间中国就成为世界最大的电视机生产国，2015 年更是达到 16 206.7 万台。中国汽车产业从 20 世纪 90 年代末期开始加速发展，到 2009 年总产量达到 1 350 万辆，成为世界最大的汽车生产国，2015 年达到 2 450 万辆。这些产业的蓬勃发展，最重要的拉动因素还是庞大的市场需求。

中国的社会主义市场经济体制具有集中力量办大事的优势，可以促进大国技术的发展。诺贝尔经济学奖得主诺斯指出：“有效率的经济组织是经济增长的关键”。通俗地说，制度是社会的“游戏规则”，经济制度就是组织经济活动的规则。一种有效的制度，可以通过降低交易成本，提高管理活动的效率，进而促进技术进步和经济增长；同时，它还可以通过形成激励机制，推动企业改进生产技术，提高劳动生产率，从而促进产业发展。社会主义市场经济体制是一种具有中国特色的制度，它可以有效地发挥市场和政府的作用，在组织“大推进式”技术创新方面拥有明显的优势。具体地说，一般性产业的技术研发，可以主要发挥好市场的作用，依靠消费需求的引导和经济利益的激励；而那些对国民经济发展有重要带动作用的战略性产业，应该由政府组织核心技术的联合攻关，瞄准国际前沿技术开展研发和创新。在 20 世纪中期，我国成功地组织了“两弹一星”的技术创新；在 21 世纪初期，又成功地组织了高铁技术的集成创新。高铁技术被称为“大国技术”，从需求方面看，大国拥有对运载速度和运载能力的更大需求；从供给方面看，高铁技术的研发和高速铁路的建造需要复杂的配套技术和巨额的资金投入；从组织方面看，这种复杂技术和巨额资金需要强有力的政府组织支持。我国政府在联合技术引进、整合铁路市场、统一对外招标、统筹资金投入等方面发挥了重要作用。特别是在高铁技术的引进中，精心组织协调一致的“中国兵团”，由铁道部门统一组织对外谈判，统一向外国企业下订单，从而逼迫外国企业转让全部技术，并且节约了采购成本，既创造了商业谈判的成功案例，也树立了集成创新的中国典范。

从模仿创新走向自主创新，这是中国从经济大国走向经济强国的必由之路。以学习引进和消化吸收为重点的模仿创新，为中国的经济繁荣和起飞提供了良好的技术条件。然而，正如经济学家纳尔逊所证明的：在模仿创新的过程中，后发国家技术进步的速度将由快到慢，保持“均衡的技术差距”。可见，后发国家要赶超先发国家，实现产业升级和经济转型，必须从模仿创新为主转向自主创新为主。从总体上说，目前中国的技术创新主要还处在模仿创新的阶段，与此相适应，目前中国的经济主要还处在数量型发展阶段，我国虽然拥有庞大的产业规模，但是多数产业仍然处在国际价值链的低端。只有通过科技创新，掌握关键技术，推动产业创新，进入国际价值链高端，才能使中国真正强大起来。为实现中华民族伟大复兴的中国梦，走自主创新道路是必然选择。

Chinese Style Innovation: Catching Up and Surpassing

Ouyang Yao

Abstract China is a typical late developing country. In the process of modernization, China has gone through a road of imitation and innovation by introducing advanced technology from developed countries, from catching up to surpassing. The comparative analysis of color TV mode, automobile mode and high-speed rail mode shows that the path of technology introduction and innovation is different, and the results are different. Experience shows that introducing and imitating should choose a higher goal, technological innovation need to accumulate the power technology, not only depends on the size of the market led industrial development, and by cultivating the key technology of the formation of competitive advantage.

Key words Innovation Model, Technology Catching Up, Technology Surpassing

出口与内需的结构背离：成因及影响*

易先忠　包群　高凌云　张亚斌**

摘　要　本文基于 ISIC 四分位产业数据，测算了 51 个国家出口与内需的结构背离度，在多国研究中发现：虽然发挥比较优势和深度融入产品内分工等自然因素会使结构背离成为合理常态，但制度不完善使得“内需引致出口”功能缺位，导致背离本土需求的扭曲性出口产品结构；而制度引发的结构背离会使一个国家——特别是拥有较大本土市场的大国——出口升级失去国内需求这一重要的外贸优势来源，从而加大被套牢于低端产品结构的风险。据此，通过构建“内需引致出口”的制度环境，矫正严重脱离本土需求的扭曲性出口模式，形成依托国内大市场的内生外贸发展机制，是中国这类发展中大国在新发展阶段重塑外贸升级根本动力应当倚重的特殊途径。

关键词　“出口—内需”背离；制度环境；出口升级；本土需求

1　引　言

立足国内需求发展对外贸易不仅是本土企业国际化的一般性经验，也是“内需—出口”假说（demand-export hypothesis）的理论共识（Basevi，1970；Krugman，1980；Wedev，1996，2003；Crozet & Trionfetti，2008）。然而，中国出口严重脱离国内需求，在企业层面上表现为大量出口企业在国内没有销售的“反常”现象（张杰等，2010），在产业层面表现为贸易结构与主要服务于国内需求的产业结构高度“背离”（尹翔硕，1997；袁欣，2010；张曙霄和张磊，2013）。这种脱离本土需求的出口模式在依托要素

* 本文原载于《经济研究》2017 年第 7 期。受到国家社科基金项目（11BJL053）、国家社科基金重大项目（15ZDB132）、国家自然科学基金（71573271，71473136）、中国特色社会主义经济协同创新中心和江苏省“青蓝工程”资助。

** 作者简介：易先忠，经济学博士，南京审计大学政治与经济研究院副教授，湖南师范大学大国经济研究中心特邀研究员；张亚斌，博士，湖南大学经济与贸易学院院长、教授、博士生导师，湖南师范大学大国经济研究中心特邀研究员。

优势创造中国“出口奇迹”的同时，也使中国外贸长期囿于出口产品质量低下和过度依赖价格竞争等困境。更为重要的是，脱离本土需求的出口模式，从市场空间上掐断了中国本土企业利用不断扩张与升级的国内需求构建高层次外贸竞争优势的转化路径（张杰等，2010），从而固化本土企业能力缺口，造成新优势“断点”，使粗放发展方式顽固地延续甚至恶化（路风和余永定，2012）。这正如波特（Porter，1990）指出的那样，“全球竞争乍看之下似乎降低了国内市场的重要性，实则不然。糟糕的是，很多国家往往将本国需求放置一旁，一味朝着出口导向模式发展，结果限制了本国的进步”。为重塑中国外贸转型升级的根本性动力并调整由此决定的出口模式，亟待我们重新审视严重脱离本土需求的出口模式。

诚然，基于要素禀赋优势的国际分工和产品内分工深化等自然性分工因素导致的背离国内需求的出口产品结构，是发挥比较优势和参与国际分工的“正常”现象。因为立足要素禀赋优势的专业化国际分工会使一个国家的出口产品结构集中在少数有比较优势的产品上；而产品内分工的深化，也会使得一国在全球生产网络中专业化于具有比较优势的生产环节，从而导致出口与内需的高度背离。不过，立足要素禀赋优势、背离国内需求的出口结构可遵循“发挥比较优势—要素禀赋升级——结构升级”的出口升级路径（林毅夫，2002）；同样，融入产品内国际分工可通过获得新信息、进入新市场、学习新技术等途径促进参与国的出口升级（Staritz et al.，2011）。从这个角度看，脱离本土需求的出口模式似乎是“理所当然”。

但是，制度环境不完善也可能导致出口与内需的背离，并最终妨碍出口升级。“内需—出口”假说之所以预期出口产品结构与国内需求结构的一致性，究其根源，在国内制度完善的隐含假设下，国内需求较大的产品能顺利转化为有竞争力的出口产品。但制度不完善导致的市场分割（张杰等，2010）、要素扭曲（施炳展和冼国明，2012）和无序竞争（易先忠等，2016）等，可能使国内需求无法转化为本土企业的出口优势，导致出口产品与国内需求产品的背离。而出口升级须立足于贸易新优势，国内需求又是外贸优势的重要来源。因为国内需求会通过规模效应（Krugman，1980；Weder，2003）、生产者与消费者互动的学习效应（Beise - Zee & Rammer，2006）和引致技术创新（Desmet & Parente，2010；Priem et al.，2012）等途径对出口升级产生深刻影响。因此，由制度扭曲导致的出口与内需背离可能会抑制国内需求这一重要外贸优势来源的发挥，从而妨碍出口升级。尽管国内制度对贸易模式的深刻影响已得到广泛认可，大量研究也论证了国内制度通过影响投资、劳动力成本以及融资的可获得性等途径影响出口升级（Nunn & Trefler，2013），但国内制度通过影响出口与内需的背离、进而影响出口升级的机制迄今仍然没有被关注。更进一步，制度扭曲性结构背离对出口升级的影响根植于国内需求的作用，而国家规模内生决定了国内需求的重要性，如不同规模国家的出口模式（Fernandes et al.，2015）和企业优势来源（Bhaumik et al.，2016）具有显著差异，由制度扭曲导致的结构背离可能对大国和小国出口升级的影响效应不同。那么，从制度视角探究出口与内需背离的成因及影响，就成为重塑大国外贸优势根本性来源和调整出口模式的重要方向。

鉴于此，文章聚焦“制度环境—结构背离—出口升级”的框架，在多国经验中审视脱离本土需求的出口模式。文章可能的贡献在于：其一，提出以“出口与内需的结构背离”刻画一国外贸主要优势的构成来源和由此决定的出口模式。其二，放松“内需—出口”假说中制度完善的隐含假设，探究出口与内需结构背离的制度原因，不仅从“制度环境影响结构背离进而影响出口升级”这一新视角丰富了国内制度影响出口的相关研究，也加深了我们对“出口脱离内需”这一普遍现象的认识。其三，深化了对大国外贸发展模式特殊性的认识。

2 特征事实与研究假说

2.1 特征事实

首先，根据一个国家的外贸发展是否遵循“内需—出口”假说，构建公式（1）度量出口与内需的结构背离程度，反映一国出口依托于国内需求的总体程度，根植于外贸优势来源的差异。出口与内需背离度的绝对值越小，说明出口依托于国内需求的程度越高，国内需求成为这个国家出口优势的重要来源。这个国家的出口模式就遵循了“内需—出口”假说，出口本国需求较多的产品，而国内需求较少的产品则出口少或者需要进口（Weder，1996，2003；Krugman，1980；Crozet & Trionfetti，2008）。相反，背离度的绝对值越大，说明一国出口依托于国内需求的程度越低，出口产品与国内需求关联性不强，非内需因素是这个国家出口的主要驱动力。由于国内需求只是外贸发展的驱动因素之一，而非内需因素、特别是要素优势驱动的出口会产生“自然性分工背离”，因此结构背离是一种常态。

$$diva = \sum_{i=1}^{n} \left| \frac{con_i}{\sum_{i=1}^{n} con_i} - \frac{ex_i}{\sum_{i=1}^{n} ex_i} \right| \times 100 \quad (1)$$ ①

其中，*diva* 为出口与内需的结构背离程度，con_i 为产业 i 的国内消费额，以国内生产和进口之和度量，ex_i 表示产业 i 的出口额，n 代表产业总数。采用联合国工业发展组织（UNIDO）四分位国际标准产业分类（ISIC）数据，测算了 51 个国家出口与内需的结构背离度，数据来源于联合国工业发展组织（2013）的产业供需平衡数据库，剔除了烟草、成品油和基本钢铁三个资源型产业。

基于出口与内需结构背离这一核心数据，我们观察到如下特征事实。

特征事实 1：制度环境差的国家其结构背离度高。采用常用的由赫里蒂奇·坊德顺（Heritage Foundation）提供的总体经济自由度指数度量国内市场制度环境，以 1997～2010 年的样本均值描述制度环境与结构背离的相关性。图 1 显示，制度环境好的国家都有较低的结构背离度，而制度环境差的国家其背离度都较高。对于图 1 描述的制度环境与结构背离的关系，一个潜在的问题是，制度环境差的国家可能大都是要素禀赋优势强、深度参与产品内分工的国家，所以图 1 呈现的可能恰恰是“自然性分工背离”与制度环境的关系，而非制度环境与结构背离的负相关关系。为此，进一步剥离要素

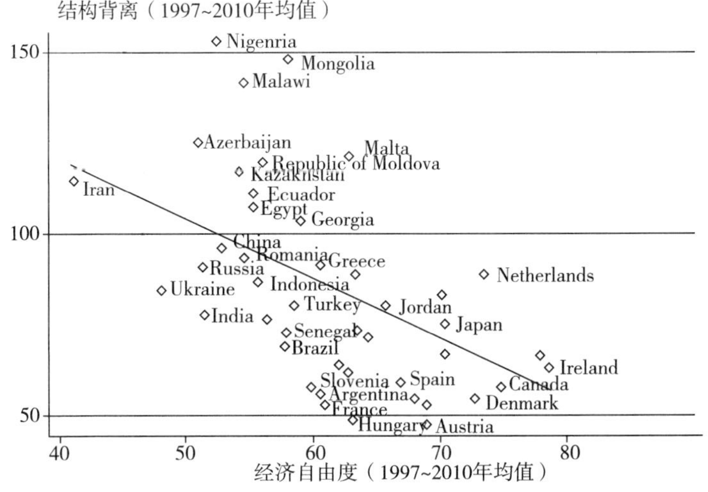

图 1　经济自由度与结构背离

---

① 从美国和印度 2010 年 124 个产业出口产品结构和国内需求结构的耦合情况看：对于大多数产品而言，国内需求较大的产品，其出口比例也较大，这与“内需—出口”假说一致。以公式（1）度量的 2010 年印度和美国总体结构背离度分别为 69.1 和 61.5，都低于世界平均水平（77.3），这也与美国和印度属于“内需驱动经济形态”的经验判断一致。限于篇幅，相关数据备索。

禀赋和产品内分工对结构背离的影响，以结构背离对要素禀赋（制造业工资率）和产品内分工回归的残差，表示要素禀赋和产品内分工不能解释的结构背离。结果显示（见图2），要素禀赋和产品内分工的残差与制度环境显著负相关。这进一步说明，即便排除要素禀赋和产品内分工的影响，制度环境差的国家其结构背离度高。

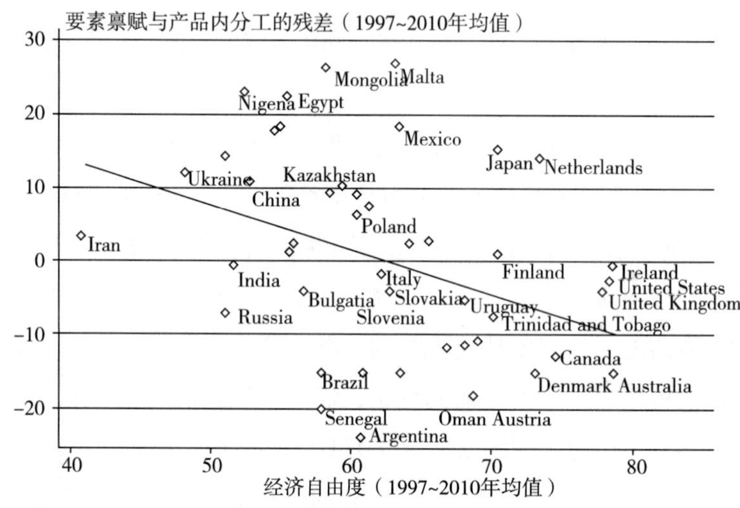

图2 要素禀赋与产品内分工的残差与结构背离

特征事实2：结构背离与出口产品结构水平的相关性在制度环境不同的国家有所不同。以常用的出口产品技术复杂度反映出口产品结构水平。为捕捉不同国家内部结构背离与出口产品结构水平的动态变化关系，以结构背离与出口产品结构水平的变化值描述两者的相关性，见图3。结构背离与出口产品结构水平的相关性在制度环境不完善的国家显著负相关（相关系数为 -0. 137 7），而在制度环境较好的国家，呈现弱正相关性。结合特征事实1，这可能意味着，当制度环境不完善时，结构背离更多由制度引致，而制度不完善导致的结构背离对出口升级有抑制效应；但在制度环境完善的国家，结构背离更多地由自然性分工因素引致，这一自然性分工背离对出口升级并没有显著的抑制效应。

特征事实3：相对制度不完善的小国而言，结构背离与出口产品结构水平的相关性在制度环境不完善的大国更强。在特征事实2的基础上，进一步考察在相同制度环境下①，结构背离与出口产品结构水平的相关性在不同规模国家的差异性，发现结构背

① 两类国家的制度水平并无明显差异，大国的制度均值为54. 9，小国为54. 3，都低于世界均值（62. 2）。

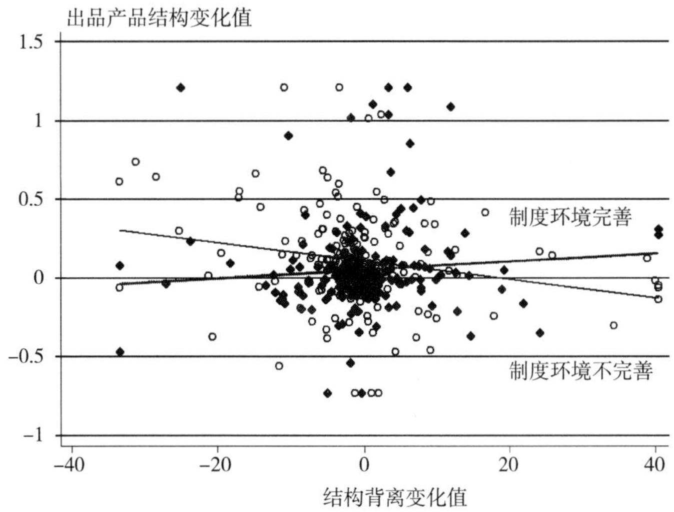

图 3　不同制度环境下两者相关性

离与出口产品结构水平在制度不完善的大国显著负相关（相关系数为 -0.196 7），而在制度不完善的小国，这种负相关性却显著降低（见图 4）。结合特征事实 2，这可能意味着，由制度不完善引发的结构背离对大国出口升级具有更强的抑制效应。

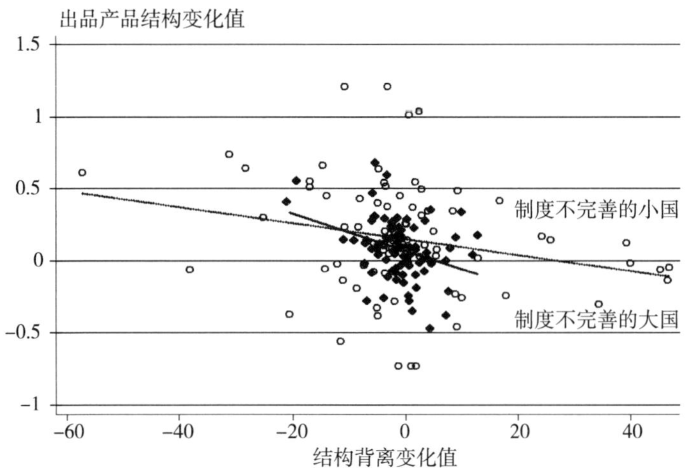

图 4　不完善制度环境下两者相关性在大国与小国的差异

2.2 研究假说

基于以上三个特征事实，提出本文的三个序列假说。

特征事实 1 初步说明制度环境不完善会导致出口与内需的结构背离。不完善的制度环境使得“内需引致出口”功能缺位，国内需求较大的产品出口少，使得出口产品相对集中在国内需求较少的产品上，从而形成背离国内需求的扭曲性出口产品结构。因此，制度扭曲性结构背离是由“内需引致出口”功能缺位的“一币两面”效应导致的，正体现了（1）式中结构背离指标设计的“跷跷板效应”。①

具体而言：（1）不完善制度环境下的较高国内贸易成本会迫使本土企业放弃贸易的“本地市场偏好”，使得较大国内需求无法转换为出口竞争力。“内需引致出口”的逻辑起点在于本土企业贸易具有“本地市场偏好”，因为本土企业在国内市场具有成本与信息优势，对本土文化和制度的熟悉又使本土企业更容易把握国内需求特征，所以产品的设计和生产起初往往是针对国内市场（Porter，1990），国际贸易也一般在国内贸易之后发展起来（杨小凯，2003）。而由国内市场分割和社会信用体系差导致的较高销售成本、对有效需求的较高搜寻成本和高流通成本等，都会使国内贸易成本不一定低于国际贸易成本（张杰等，2008）。如此，本土企业就会放弃本地市场偏好，以国际贸易的规模经济效应来替代国内市场的规模经济效应（张杰等，2010），较大的国内需求就无法转化为本土企业出口竞争力。（2）不完善制度环境下的无序竞争和竞争不充分会削弱国内需求较大产品的出口竞争力。规范有序市场环境下的“自选择”是企业竞争力动态提升的关键机制（Melite & Ottaviano，2008）。但市场秩序不健全、市场监管不到位，以及企业失信惩戒机制缺位等导致的无序竞争，会使得市场竞争无法通过“自选择”机制提升国内需求较大产品的出口竞争力（易先忠等，2016）。同样，政府对投资领域的限制和政府对企业过多管制导致的高进入成本等，都会导致竞争不充分。而在非竞争性市场上，较大国内需求规模支撑的“相对满意”的获利会弱化本土企业进行外海扩张的意愿，本土企业改进产品质量的动力也较弱（Porter，1990），对本土市场提供的产品也非最优设计（Beise - Zee & Rammer，2006）。（3）不完善制度环境下较低的创新收益率、“非创新获利空间”和不完善消费环境制约了“需求引致创新”功能的发挥。“需求引致创新”是国内需求较大的产品成为具有竞争力出口产品的重要机制。而较弱的产权保护和执法不严会降低创新的预期收益，对要素流动限制和不完

① 遵循审稿人的建议，从两个方面重点论述制度环境影响结构背离的“跷跷板效应”。

善资本市场会增加创新成本，德斯梅特和帕伦特（Desmet & Parente，2010）等所预期的“本土需求越大、创新越多”就不一定能实现。同时，广泛存在的“投机获利”和“寻租获利”空间会极大地弱化本土企业依托国内需求进行创新的动力；由要素扭曲导致的“低、同质产品获利”空间也会扭曲出口企业的生产要素投入比例，固化出口企业对低成本要素的依赖（施炳展和冼国明，2012），弱化依托内需进行创新动力。再者，质量监管体系不健全、消费者权益保护机制不健全等导致的不完善消费环境，会弱化本土企业回应消费者合理诉求的压力，国内消费者诉求也无法转换为本土企业改进产品质量的动力和方向。

另一方面，在“内需引致出口”功能缺位的不完善制度环境中，国内需求较大的产品出口较少，出口产品自然会相对集中在国内需求较少的产品上，从而形成高度背离国内需求的扭曲性出口产品结构。不完善制度环境使得本土企业失去依托国内需求获取国际竞争优势的重要途径，本土企业只能依赖以要素禀赋为主的低层次优势获得竞争力，并通过在国际市场上的低价竞争强化这种成本优势，使得出口产品集中在少数有要素成本优势的产品上。或者完全放弃本土市场偏好，立足要素禀赋优势、通过深度融入全球产品内分工，获取以国外需求为导向的出口机会。这两种出口方式都会使得出口产品相对集中在与国内需求关联较差的产品上，必然形成高度背离国内需求的出口产品结构。

综上所述，提出假说 1：不完善的制度环境会引发出口与内需的结构背离。

典型事实 2 初步说明，在制度环境不完善的国家中，结构背离会抑制出口升级；而在制度环境完善的国家中，结构背离没有显著抑制出口升级。基于假说 1 的分析，这说明制度环境不完善会引发结构背离、进而抑制出口升级。当制度环境较为完善时，结构背离更多地由要素禀赋和产品内分工等“自然性分工”因素引致，而这种自然性分工导致的结构背离作为发挥比较优势和参与国际分工的正常体现，顺应了要素在国内及国际市场上的优化配置，不会严重制约出口升级。如前文指出的，基于要素禀赋优势的出口结构虽然会背离国内需求，但会通过发挥比较优势促进要素升级进而促进出口升级（林毅夫，2002），融入产品内国际分工也会通过获技术溢出等途径促进出口升级（Staritz et al.，2011）。相反，对于制度环境不完善的国家，结构背离更多地由制度扭曲引致，国内需求较大的产品由于制度环境的制约无法成为有竞争力的、出口较多的产品，使得出口产品相对集中在国内需求较少产品上的扭曲性出口产品结构。这一扭曲性出口产品结构作为国内需求无法转换为出口优势的体现，必然使得这个国家的出口升级失去国内需求的支撑力。而国内需求本可以通过支撑规模经济（Krugman，1980）、学习效应（Beise - Zee & Rammer，2006）和引致技术创新（Desmet & Parente，

2010）等途径为出口升级提供动力。因此，制度环境不完善引发的结构背离会制约出口升级。

综上所述，提出假说 2：由制度环境不完善引发的结构背离会抑制出口升级。①

特征事实 3 初步说明，国家规模影响了制度扭曲性结构背离对出口升级的影响效应。制度扭曲性结构背离作为国内需求无法转换为出口优势的体现，对出口升级的影响必然受到国内需求规模的影响。对小国而言，一方面，较小的本土需求规模对出口升级的作用效应有限，使得制度扭曲性结构背离对小国出口升级的抑制效应较弱；另一方面，为弥补国内市场狭小的不足，小国比大国更加依赖国际市场（Alesina et al.，2005），以通过获得新市场、学习新技术和获取技能的途径谋求出口升级（Staritz et al.，2011），制度扭曲性结构背离一定程度上也顺应了小国依赖国际市场的趋势。而大国却不同，巨大的本土需求是更加依赖国内市场的大国出口升级不可或缺的“国家特定优势”。因为相对小国而言，大国的国内需求不仅可摆脱规模经济与竞争机制的两难冲突，在实现规模经济的同时，容纳更多企业，导致更拥挤的产品空间，使得市场竞争更加激烈（Melitz & Ottaviano，2008），进而激励本土企业创新（Desmet & Parente，2010）。并且，大国市场上面临多样性选择的消费者也会更加挑剔，而专业、挑剔的客户是本土企业追求高质产品和精致服务的压力来源（Porter，1990）。再者，大国国内多层次性需求结构所容纳的“前瞻性需求”和“领先用户”也比小国更加普遍，代表需求质量的“前瞻性需求”和“领先用户”也是本土企业通过向消费者学习、能够便利把握的产品质量改进方向（Von Hippel，2001；Priem et al.，2012）。因此，大国国内需求广泛被认为是本土企业重要的“国家特定优势”（裴长洪和郑文，2011；Bhaumik et al.，2016）。而根植于国内需求无法转换为外贸优势的制度扭曲性结构背离，必然会使大国出口升级失去国内需求这一重要的国家特定优势。因此，相对小国而言，制度扭曲性结构背离会对大国出口升级造成更为突出的抑制效应。

综上所述，提出假说 3：由制度环境不完善引发的结构背离对大国出口升级的抑制效应比小国更强。

---

① 为解答“出口背离内需可能是十分正常的”的疑问，遵循审稿人的良好建议，对假说 2 和假说 3 以及相应的特征事实和检验策略进行重大调整。

3 检验策略与数据

3.1 检验策略

首先，以工具变量法在结构背离方程（2）中检验假说1。为处理（2）式中制度环境的内生性问题，采用工具变量两阶段估计方法（IV-2SLS）：第一步，寻找制度环境的有效工具变量，通过制度环境对工具变量回归得到制度环境拟合值。第二步，用结构背离对制度环境拟合值回归，从而得到（2）式中制度环境系数的有效估计量。

$$devia_{it} = \alpha_0 + \alpha_1 institution_{it} + \sum X_{it} + \xi_t + \mu_i + e_{it} \tag{2}$$

在（2）式检验基础上，以两种方法检验假说2。方法一，分类检验法。在（2）式证明了制度环境影响结构背离的基础上，利用出口升级方程（3）如果能证明在制度不完善的国家，结构背离对出口升级造成了更为突出的抑制效应，则能证明假说2。因为相对制度完善的国家，制度不完善国家的结构背离更多由制度引发。方法二，工具变量拟合值检验法。基于（2）式中制度环境的工具变量，通过结构背离对制度环境的工具变量回归，可得到制度不完善引发的结构背离。在此基础上，进一步检验制度不完善引发的结构背离对出口升级的影响。因为根据工具变量的“排他性约束”原理，由制度环境严格外生工具变量拟合的结构背离，排除了工具变量通过影响其他因素进而引发的结构背离。并且根据工具变量拟合的结构背离可很大程度上弱化出口升级方程中结构背离的内生性问题。

$$upgrading_{it} = \beta_0 + \beta_1 deiva_{it} I(institution_{it} \leqslant mean) + \beta_2 deiva_{it} I(institution_{it} > mean) + \sum X_{it} + \xi_t + \mu_i + e_{it} \tag{3}$$

同理，以两种方法检验假说3。其一，在式（3）证明了由制度引发的结构背离抑制出口升级的基础上，如果能证明（4）式中$\delta_1 < \delta_2$，则能证明制度引发的结构背离对大国出口升级的抑制效应比小国更强，即假说3。其二，在通过工具变量拟合值证明了假说2的基础上，进一步以工具变量拟合值方法考察制度引发的结构背离对出口升级的影响效应是否在大国与小国有所差异。

$$upgrading_{it} = \delta_0 + \delta_1 deiva_{it} I(institution_{it} \leqslant mean) I(size_{it} \leqslant mean) + \delta_2 deiva_{it} I(institution_{it} \leqslant mean) I(size_{it} > mean) + \sum X_{it} + \xi_t + \mu_i + e_{it} \tag{4}$$

可见，方程（2）（3）（4）为序列方程，这三个序列方程依次检验本文的三个序贯假说。三个方程中，ξ 代表时间效应，μ 度量不同经济体的个体差异，e 为随机扰动项，X 为控制变量。*devia* 代表出口与内需的结构背离程度，*upgrading* 代表出口升级。I（$size_{it} \leqslant mean$）和 I（$size_{it} > mean$）为示性函数，分别表示国家规模小于均值（小国）和国家规模大于均值（大国）的国家集合。采用国内市场规模（*lmarketsize*）度量国家规模（*size*）。国内市场规模是以 GDP 加上进口减去出口度量。同理，I（$institution_{it} \leqslant mean$）和 I（$institution_{it} > mean$）分别代表制度不完善和制度完善的国家集合。

表 1　　主要变量的描述统计

变量名称	均值	最小值	最大值	样本个数	变量定义与数据来源
diva	80.18	45.59	152.70	548	出口产品结构与国内需求结构的背离度 [a]
high-tech	13.06	0.018	61.74	711	高技术产品出口占制成品比例 [b]
lcomplex	9.418	8.024	9.872	539	出口产品技术复杂度对数 [c]
diver	7.134	1.041	19.41	714	出口产品多元化指数 [d]
wmo	0.666	0.190	1.00	6 37	商业环境指数 [e]
frd	62.17	30.00	82.60	714	经济自由度 [f]
open	78.60	14.93	220.40	681	贸易开放度 [g]
lexchange	5.006	4.275	6.892	693	汇率增长率对数(1995 为 100) [e]
wage	8.244	0.10	51.10	653	制造业工资率 [e]
prim	0.424	0.0272	0.989	695	原材料出口比例 [b]
lpop	9.986	5.940	14.10	714	人口对数 [g]
lmarketsize	11.53	7.044	16.58	714	国内市场规模对数： log(GDP + 进口 − 出口) [g]
education	41.90	0.507	95.07	696	人力资本:大学生入学比例 [e]
technology	78.42	2.345	219.90	714	相对美国劳动生产率 [g]
lrgdp	9.236 9	6.06	10.68	714	真实人均收入对数 [g]
lFDI	8.003	1.649	12.66	705	FDI 流入量对数 [e]
locklanded	0.160 3	0.00	1.00	714	内陆国家为 1,否则为 0 [h]
infra	0.96	0.00	9.70	714	道路密集度:每平方公里道路公里数 [e]
inter	0.434	0.067	0.739	644	中间产品出口比例 [i]
eurfrac	0.357	0.00	1	714	欧洲语言:以英语、法语、德语、葡萄牙语和西班牙语为母语的人口比例 [j]

续表

变量名称	均值	最小值	最大值	样本个数	变量定义与数据来源
lemaug	3.751	2.010	7.603	375	早期移民死亡率[k]
leg_ british	0.234	0.000	1	714	法律起源于英国为 1,否则为 0[l]
leg _french	0.383	0.000	1	714	法律起源于法国为 1,否则为 0[l]
culture	53.520	36.670	69.50	714	文化指数[m]

注 a：根据公式（1）计算；b：根据 UNCTAD database 整理计算；c：以 SITC 四分位贸易数据进行测度，基础数据来源于 Comtrade database。d：以 UNCTAD database 中的 *HHI* 倒数计算；e：Passport；f：World Heritage Foundation；g：PWT 7.1；h：CEPII；i：根据 Comtrade 数据库中的广义经济分类法（BEC）计算；j：数据来源于 Hall & Jones（1999）；k：数据来源于 Davis&Hopkins（2011）以邻国数据对早期殖民死亡率数据进行扩充的数据；l：数据来源于 Beck et al.（2000）；M：根据 geert-hofstede 六类文化指数的均值计算（https：//geert-hofstede.com）。进出口值、贸易开放度、GDP 都以 2005 为不变价格，时间跨度为 1997～2010。

3.2 数据说明

在结构背离方程（2）中，重点关注制度环境对结构背离的影响。采用常用的经济自由指数（*frd*）作为市场制度环境的替代指标，因为经济自由是发挥市场机制的前提和基础，是市场效率和市场制度完善度的体现。（2）式中的控制变量有：一是资源禀赋。由于基于资源禀赋比较优势的出口模式会使得出口产品结构可能集中在少数有要素成本优势的产品上，从而导致较高的结构背离。采用常用的制造业工资率（*wage*）反映劳动力禀赋，以原材料出口比例（*prim*）反映初级要素禀赋（如 Zhu & Fu，2013；易先忠等，2014）。二是产品内分工。产品内分工的深化可能使得一国在全球生产网络中生产的中间品并不是国内需求的产品。使用中间产品贸易数据度量一国融入产品内国际分工程度具有直接性和合理性，中间产品进出口贸易数据来自于 Comtrade 数据库中的广义经济分类法（BEC）下的中间品贸易数据。但 BEC 下的三类资源性产品并不能反映由于产品内分工深化而导致的分工深化，故而剔除三类资源性中间产品，以 BEC 下五类中间品（BEC 产品代码：22、32、42、53 和 121）出口额占一国总出口比例度量一国融入全球产品内分工程度（*inter*）。三是出口导向发展模式。鼓励出口的贸易政策如本币贬值等，可能使得一个国家主要依赖国际市场进行产品销售，从而导致较高的结构背离。出口导向发展模式以贸易开放度（*open*）和汇率贬值率（*exchange*）度量。四是技术水平。技术能力是依托国内需求形成有效供给进而形成出口竞争力的关键，以相对美国劳动生产率度量技术水平（*technology*）。五是一个国家的需求状况也可能影响结构背离，遵循林德（Linder）的“重叠需求”理论，以人均收入水平（*lrgdp*）刻画需求条件。六是此外，也控制国家个体特征，包括一国的地理位置（*locklanded*）、文化（*culture*）和法律起源，遵循戴维斯和霍普金斯（Davis & Hopkins，2011）等选择常用的两种法律起源，即法律起源于英国（*leg_ british*）和起源于法国（*leg_ french*）。鉴于 IV 估计中共线性问题比 OLS 估计更加严重，根据变量间的共线性程度逐步纳入控制变量。

遵循朱和付（Zhu & Fu，2013）的研究框架，在出口升级方程（3）和（4）式中纳入 FDI、以人口度量的国家规模（*lpop*）、人力资本（*education*）和基础设施（*infra*）等因素。综合既有研究，出口升级包括三个维度：一是产业间高技术产品出口比例提升，高技术产品出口占制成品出口比例可作为产业间出口升级的理想替代指标；二是产品内出口质量的提升，大多研究采用出口产品技术复杂度度量出口升级（Zhu & Fu，2013）；三是出口产品多元化，阿米盖妮亚和圣菲利波（Amighinia & Sanfilippo，2014）认为出口产品多元化指数可综合反应产业间结构升级和产品内结构升级程度。为增强研究结论的稳健性，本文同时采用这三类指标度量出口升级。出口产品技术复杂度计算使用到的贸易数据来自于联合国 Comtrade SITC 四位数分类贸易统计数据。遵循阿米盖妮亚和圣菲利波（2014），以标准化的 *Herfindahl-Hirschmann* 指数（*HHI*）的倒数度量出口产品多元化指数（*diver*），指数越大则出口产品结构多元化程度越高。

4　检验结果

4.1　假说 1 检验

首先，寻找制度环境的工具变量。在制度与经济发展的研究中，已被证明是制度的代表性工具变量有：与赤道的距离、欧洲语言、法律起源、早期殖民死亡率、早期政治水平和民族语言分化指数（Hall & Jones，1999；Beck et al.，2000；Davise & Hopkins，2011）等。但具体到本文制度环境与结构背离的分析，有效工具变量需要满足两个条件：其一，工具变量只能通过制度环境（*frd*）间接影响结构背离，不能通过其他途径影响结构背离；其二，工具变量能够较大程度解释制度环境。根据这两个基本准则，对以上六个常用的工具变量进行检验。检验发现，只有欧洲语言和早期殖民死亡率同时满足本文制度环境有效工具变量的两个条件。检验结果见表 2。

表2中A栏的第1列和第2列说明这两个因素可以解释大约9%的结构背离。进一步，A栏的第3列和第4列则说明在不控制如何其他因素的情况下，这两个因素只通过制度环境影响结构背离，即这两个因素是严格外生变量，满足工具变量的“排他性约束”。表2的B栏说明欧洲语言和早期殖民死亡率对制度环境具有较强的解释力，分别能解释制度环境（*frd*）的29%和42%。在“恰度识别”的条件下，如果不存在弱工具变量的问题，则说明这两个工具变量是有效的。根据C栏制度环境影响结构背离的两阶段IV估计，欧洲语言和早期殖民死亡率的弱工具变量检验值远大于10%偏误下的临界值16.38，说明这两个变量都不是弱工具变量。据此，欧洲语言和早期殖民死亡率及其线性组合都是有效的工具变量。为减少样本损失，主要采用欧洲语言作为制度环境的工具变量，并以欧洲语言与早期殖民死亡率的线性组合进行稳健性检验。

表2　　工具变量的有效性检验

变量	A:被解释变量:结构背离				B:被解释变量:制度环境(*frd*)	
	欧洲语言	早期移民死亡率	欧洲语言	早期移民死亡率	欧洲语言	早期移民死亡率
制度环境(*frd*)			-1.252 2*** (0.108 6)	-0.964 8*** (0.231 3)		
工具变量	-17.130 9*** (2.191 6)	6.659 3*** (1.642 8)	-3.634 1 (2.374 2)	-0.553 0 (2.882 4)	11.078 3*** (0.678 3)	-4.677 3*** (0.292 1)
_cons	86.263 4*** (1.598 3)	63.670 6*** (5.783 4)	160.192 7*** (6.813 5)	149.056 8*** (23.858 1)	58.333 7*** (0.381 0)	82.175 5*** (1.258 1)
N	513	241	513	241	714	375
R^2	0.087 5	0.087 1	0.237 2	0.141 0	0.285 8	0.419 0
C:弱工具变量检验(2SLS估计)			Cragg-Donald Wald F statistic		34.626	179.870
			Stock-Yogo weak ID 临界值		16.38(10%)	16.38(10%)

注：括号内为稳健性标准误，* p<0.1，**p<0.05，***p<0.01。

表3给出了基于工具变量的两阶段估计结果。表3中（1）~（5）列的工具变量为欧洲语言，在“恰好识别”条件下，Kleibergen-Paap（K-P）LM_x2 统计量和Cragg-Donald（C-D）Wald F统计量说明不存在识别不足和弱工具变量的问题。（6）~（7）列的工具变量为欧洲语言和早期殖民死亡率，Hansen's J P值说明不存在过度识别问题。据此，工具变量选择在各个模型中是合理的。表3中第（1）列给出单因素回归结果，以经济自由度（*frd*）衡量的市场制度环境估计系数显著为负，说明不完善的制度环境是影响出口与内需结构背离的重要因素，改善制度环境能有效降低出口与内需的结构

背离程度。这一结论在控制产品内分工、要素禀赋、法律起源、文化、地理位置以及出口导向发展模式等因素后依然成立，见表 3 第（2）~第（5）列。并且这一结论也不随工具变量的改变而变化，见表 3 第（6）和第（7）列。究其根源，正如理论分析所揭示的那样，制度环境不完善使得国内需求较大的产品无法成为有竞争力的出口产品，导致出口产品相对集中在与国内需求关联较差的产品上，从而形成背离国内需求的扭曲性出口产品结构。

表 3 中反映资源禀赋的原材料出口比例（*prim*）都显著为正，以及制造业工资率（*wage*）显著为负，说明一个国家的自然资源、劳动力等要素禀赋的比较优势确实影响了出口与内需的结构背离程度。结构背离与要素禀赋比较优势的负相关同样也说明，国内需求是一国要素禀赋优势弱化条件下需要更加倚重的外贸优势来源。与我们直觉不一致的是，反映融入全球产品内分工程度的中间产品出口比例（*inter*）与结构背离呈现非线性的“U 型”关系，即随着融入产品内分工的程度的逐步提高，出口与内需的结构背离程度先降低后增加。这说明过度依赖全球产品内分工、以国外需求为导向的出口贸易必然会导致较高的结构背离度，但一定程度内融入产品内分工并不导致更高的出口与内需背离程度。可能的原因在于：其一，中间品贸易是产品内分工的本质特征，中间品出口同样遵循“内需—出口”假说；其二，本土企业通过中间品进口提高了本土需求较大的最终产品的出口竞争力，从而降低出口与内需的背离程度。度量出口导向发展模式的贸易开放度（*lopen*）会增加结构背离度，说明贸易越开放的国家其背离度越高。技术水平（*technology*）和人均收入水平（*lrgdpl*）的提升能降低结构背离，说明技术能力的提升和需求条件的改善能更好发挥本土需求对出口的作用。内陆国家（*locklanded*）更加依赖国内市场，结构背离度相对非内陆国家更低，但这一结论并不稳健。此外，文化（*culture*）和法律起源（*leg_ british*）也影响了一个国家出口与内需的结构背离程度。

表 3　　制度环境影响结构背离的 IV 估计

变量	(1)	(2)	(3)	(4)	(5)	(6)	(7)
	第二阶段估计（被解释变量为结构背离）						
frd	-1.595***	-1.278***	-1.742***	-1.951 2***	-1.843 6***	-1.458***	-1.537***
	(0.202)	(0.174)	(0.457)	(0.368 9)	(0.583 6)	(0.172)	(0.252)
prim		24.925***	26.384***	25.953***	24.550***	25.292***	26.843***
		(4.363)	(6.653)	(5.464)	(5.087)	(4.669)	(7.028)
inter		-168.685***	-161.584***	-217.452***	-237.106***	-297.693***	-210.839***
		(38.399)	(60.597)	(32.098)	(33.735)	(40.319)	(41.825)

续表

变量	(1)	(2)	(3)	(4)	(5)	(6)	(7)
	第二阶段估计(被解释变量为结构背离)						
inter-sq		183. 149*** (43. 515)	128. 512** (63. 457)	207. 529*** (36. 258)	232. 069*** (38. 276)	312. 161*** (44. 700)	207. 987*** (45. 188)
leg_british			9. 807** (4. 324)	17. 081*** (3. 256)	12. 532*** (3. 998)		13. 557** (5. 486)
leg_french			-3. 610* (2. 125)	-1. 078 (1. 972)	-1. 290 (1. 963)		-5. 615 (4. 462)
locklanded			-13. 349*** (3. 379)	-1. 843 (3. 187)	-4. 698 (3. 335)		-10. 594 (7. 191)
culture			0. 296 (0. 180)	0. 578*** (0. 143)	0. 777*** (0. 160)		0. 980*** (0. 326)
lopen			5. 166** (2. 185)	7. 080*** (2. 296)	7. 671*** (2. 087)		10. 693*** (2. 718)
lexchange			-2. 092 (2. 547)	-2. 685 (2. 290)	-1. 583 (2. 344)		-0. 760 (2. 494)
wage			-1. 572** (0. 6154)				
technology				-0. 079** (0. 030)			
lrgdp					-7. 014*** (2. 316)		
_cons	180. 452*** (12. 922)	185. 325*** (13. 891)	213. 364*** (44. 363)	180. 220*** (32. 158)	202. 267*** (26. 531)	196. 110*** (12. 877)	180. 065*** (30. 140)
时间	否	控制	控制	控制	控制	控制	控制
N	513	483	366	440	440	228	204
R^2	0. 226	0. 481	0. 471	0. 524	0. 569	0. 501	0. 556
	第一阶段工具变量估计						
欧洲语言	10. 988*** (0. 795)	10. 420*** (0. 759)	6. 613*** (0. 768)	5. 403*** (0. 865)	5. 727*** (0. 797)	7. 631*** (1. 461)	8. 418*** (1. 751)
早期移民死亡率						-2. 273*** (0. 639)	-3. 782*** (1. 235)
K-P LM $_{\chi}2$ 统计量	130. 748	129. 273	34. 817	47. 046	38. 682	108. 227	38. 658
C-D Wald F 统计量	195. 734	196. 162	40. 792	74. 428	51. 579	180. 985	28. 253
Hansen's J P 值						0. 6998	0. 143 2

注：括号内为稳健性标准误，* p<0. 1，** p<0. 05，*** p<0. 01，第一阶段的控制变量与第二阶段的控制变量相同。

4.2 假说 2 检验

在分类检验中，主要考察在制度环境完善（*institution* > *mean*）的国家和制度环境不完善（*institution* ≤ *mean*）的国家中，结构背离对出口升级的影响差异。表 4 中的（1）~（3）列表明，在制度不完善的国家中，结构背离对出口升级造成了显著的抑制效应；而制度环境完善的国家中，结构背离对出口升级影响效应不仅大幅度降低，并且不显著。这一结论在以三种方法度量的出口升级检验中稳健成立。既然假说 1 检验业已证明了制度环境会引发结构背离，则分类检验结果说明，当制度环境不完善时，结构背离更多由制度扭曲引致，而制度扭曲导致的结构背离作为国内需求无法转换为贸易优势的体现，会使出口升级失去国内需求的支撑力，从而显著抑制出口升级；相反，当制度环境较为完善时，制度不是结构背离的主要原因，结构背离更多由要素禀赋和产品内分工等“自然性分工”因素引致，而自然性分工导致结构背离对出口升级没有显著的抑制效应。

表 4　　假说 2 检验

变量	分类检验			工具变量拟合值检验		
	（1）	（2）	（3）	（4）	（5）	（6）
	lcomplex	*high-tech*	*diver*	*lcomplex*	*high-tech*	*diver*
devia *I*(*institution* > *mean*)	0.000 2 (0.000 3)	−0.002 5 (0.003 2)	−0.009 9 (0.006 8)			
devia *I*(*institution* ≤ *mean*)	−0.000 7** (0.000 3)	−0.005 0* (0.002 9)	−0.031 5*** (0.007 5)			
yhatdevia				−0.081 5*** (0.021 8)	−0.397 0*** (0.138 2)	−0.851 9*** (0.296 2)
lpop	0.465 6*** (0.081 1)	2.514 7*** (0.675 9)	5.864 4*** (1.576 5)	0.398 9*** (0.122 4)	1.443 3* (0.779 9)	4.424 8*** (1.669 7)
infra	−0.019 5 (0.014 1)	0.048 4 (0.119 9)	0.056 5 (0.283 6)	0.031 6* (0.019 0)	0.056 5 (0.121 3)	0.005 6 (0.261 0)
leducation	0.160 4*** (0.020 0)	−0.020 7 (0.181 1)	−0.292 8 (0.428 4)	0.127 8*** (0.028 0)	0.498 6** (0.205 1)	−0.321 3 (0.438 3)
lFDI	0.002 1 (0.002 9)	−0.004 2 (0.027 4)	0.059 4 (0.064 1)	0.000 5 (0.004 9)	0.109 7*** (0.040 7)	−0.045 5 (0.085 4)

续表

变量	分类检验			工具变量拟合值检验		
	(1)	(2)	(3)	(4)	(5)	(6)
	lcomplex	*high-tech*	*diver*	*lcomplex*	*high-tech*	*diver*
_cons	4.924 3*** (0.667 8)	21.291 6*** (5.460 9)	37.094 4*** (12.725 4)	13.776 8*** (1.106 7)	26.313 9*** (7.137 1)	47.761 9*** (15.321 6)
时间与个体效应	是	是	是	是	是	是
N	427	498	499	285	375	375
$ad-R^2$	0.983 0	0.883 8	0.947 8	0.976 9	0.875 5	0.903 4
F 检验 P 值	0.000 0	0.000 0	0.000 0	0.000 0	0.000 0	0.000 0

注：括号内为稳健性标准误，* $p<0.1$，** $p<0.05$，*** $p<0.01$，下同。

在工具变量拟合值检验中，首先通过结构背离对制度环境严格外生的工具变量——早期殖民死亡率进行回归，拟合制度环境不完善引发的结构背离（*yhatdevia*）。由于表 2 已经证明了早期殖民死亡率只通过制度影响结构背离，那么根据早期殖民死亡率拟合的结构背离就排除了制度通过影响其他因素进而导致的结构背离，即为制度环境引发的结构背离。表 4 中的（4）~（6）列表明，无论是以出口产品技术复杂度（*lcomplex*）、高技术产品出口比例（*high-tech*）还是以出口产品多元化指数（*diver*）度量出口升级，制度环境不完善引发的结构背离（*yhatdevia*）都对出口升级具有显著抑制效应。

4.3 假说 3 检验

在分类检验中，表 5 中（1）~（3）列表明，在制度不完善的国家中（$institution < mean$），本土市场规模（*size*）越大，结构背离对出口升级的抑制效应越突出。既然表 4 中（1）~（3）列业已证明，在制度不完善的国家中，结构背离更多由制度引发，制度引发的结构背离会抑制出口升级。则表 5 中（1）~（3）列的结果表明，在制度不完善的国家中，由制度环境导致的结构背离对大国出口升级造成比小国更为突出的抑制效应。这一结论在以三种方法度量的出口升级检验中稳健成立。

在工具变量拟合值检验中，当以出口产品技术复杂度（*lcomplex*）和高技术产品出口比例（*high-tech*）度量出口升级时，在大国情形下（$size > mean$），制度引发的结构背离（*yhatdevia*）与出口升级显著负相关；而在小国情形下（$size \leqslant mean$），制度引发的结构背离与出口升级的关系不显著，并且估计系数大幅度降低，见表 5 的第 4 列和第 5 列。当以出口产品多元化指数（*diver*）度量出口升级时，结构背离也显著抑制了小国的出口升级（估计系数为 -0.5382），但这一影响效应远低于大国的水平（估计系数为 -1.2319），见表 5 第 6 列，并不改变“制度引发的结构背离对大国出口升级的抑制效应强于小国”这一核心结论。相对小国而言，国内需求是大国出口升级不可或缺的国家特定优势，巨大国内需求对出口升级的促进效应比小国更强。而制度环境不完善导致的结构背离，会使大国出口升级失去国内需求这一重要的支撑力，必然会对大国出口升级造成更为突出的抑制效应。

表 5　　假说 3 检验

变量	分类检验			工具变量拟合值检验		
	（1）	（2）	（3）	（4）	（5）	（6）
	lcomplex	*high-tech*	*diver*	*lcomplex*	*high-tech*	*diver*
deviaI(*institution* < *mean*) *I*(*size* > *mea*)	-0.001 2** (0.000 6)	-0.024 5*** (0.005 4)	-0.028 0** (0.011 5)			
deviaI(*institution* < *mean*) *I*(*size* ≤ *mea*)	-0.000 5 (0.000 4)	-0.002 7 (0.003 3)	-0.005 6 (0.003 8)			
lpop	0.459 3*** (0.081 3)	2.843 3*** (0.666 5)	5.865 4*** (1.615 9)	0.398 9*** (0.122 4)	1.443 3* (0.779 9)	4.424 8*** (1.669 7)
infra	-0.018 3 (0.013 9)	0.039 7 (0.116 6)	-0.082 1 (0.287 2)	0.031 6* (0.019 0)	0.056 5 (0.121 3)	-0.005 6 (0.261 0)
leducation	0.160 6*** (0.019 9)	0.084 8 (0.177 3)	-0.461 9 (0.436 5)	0.127 8*** (0.028 0)	0.498 6** (0.205 1)	-0.321 3 (0.438 3)
lFDI	0.001 6 (0.003 0)	-0.025 6 (0.027 1)	0.023 6 (0.065 9)	0.000 5 (0.004 9)	0.039 7 (0.040 7)	0.045 5 (0.085 4)
yhatdevia I(*size* > *mean*)				-0.145 5*** (0.024 8)	-0.556 1** (0.233 0)	-1.231 9*** (0.302 1)
yhatdevia I(*size* ≤ *mean*)				-0.040 2 (0.028 5)	-0.058 1 (0.075 6)	-0.538 2** (0.270 4)
_cons	4.994 4*** (0.670 5)	24.086 8*** (5.387 4)	39.035 2*** (13.038 3)	13.776 8*** (1.106 7)	26.313 9*** (7.137 1)	47.761 9*** (15.321 6)
时间与个体效应	是	是	是	是	是	是
N	427	498	499	285	375	375
$ad-R^2$	0.983 0	0.888 6	0.945 7	0.976 9	0.875 5	0.903 4
F 检验 P 值	0.000 0	0.000 0	0.000 0	0.000 0	0.000 0	0.000 0

4.4 稳健性检验[①]

第一，替换制度环境指标进行稳健性检验。制度环境是影响结构背离进而影响出口升级的关键变量，使用由 Global Insight 提供的商业环境指数（*wmo*）度量市场制度环境，利用序列方程（2）（3）（4）对三个序列假说进行稳健性检验。与经济自由度指数（*frd*）的检验思路相同，首先寻找商业环境指数（*wmo*）的工具变量，发现欧洲语言和早期移民死亡率也是商业环境指数的有效工具变量，据此对式（2）进行 IV-2SLS 估计，以检验假说 1。在此基础上，利用方程（3）和（4）对假说 2 和假说 3 依次检验。检验结果表明文章的核心命题——“制度环境影响结构背离，由制度引发的结构背离会抑制出口升级，并且这一抑制效应在大国更强”稳健成立。

第二，基于工具变量的三阶段估计方法，检验“制度环境影响结构背离进而影响出口升级”的机制。第一阶段，通过制度环境对其工具变量（欧洲语言和早期移民死亡率）回归，得到制度环境拟合值。然后将拟合值代人第二阶段的“制度环境—结构背离”关系中。此时，制度环境的方差来自于外生的工具变量。第三阶段用外生变量解释过了的结构背离作为解释变量去解释出口升级。以 3SLS 系统估计方法处理三个方程残差间可能存在的相关性。3SLS 系统估计结果稳健表明，制度环境通过影响结构背离抑制了出口升级，这一抑制效应在大国更为显著。

5 结论与启示

国内需求是一国外贸优势的根本性来源之一，而严重脱离本土需求的出口模式从市场空间上掐断了本土企业利用不断成长的国内需求构建高层次外贸竞争优势的转化路径，从而固化了粗放型外贸发展路径。文章基于 ISIC 四分位产业数据，测算了 51 个国家出口与内需的结构背离度，在多国经验中审视脱离本土需求的出口模式。研究发现：虽然发挥要素禀赋比较优势和深度依赖全球产品内分工等因素会使背离内需的出口结构成为合理常态，但制度不完善使得“内需引致出口”功能缺位、进而导致的扭曲性出口产品结构也是结构背离的重要原因；制度不完善导致的结构背离作为国内需求无法转换为贸易优势的体现，会使出口升级失去国内需求的支撑力，从而抑制出口

① 限于篇幅，稳健性检验结果备索。

升级；而国内需求又是大国出口升级重要的“国家特定优势”，因此制度不完善引发的结构背离也必然会对大国出口升级造成更为突出的抑制效应。

文章在多国经验中审视脱离本土需求出口模式的一般性规律，对重塑中国这类发展中大国外贸转型升级的根本性动力和调整出口模式具有深远的启发意义。其一，长期以来，中国出口严重脱离国内需求及产业结构的实质是，国内需求没有成为外贸发展的重要优势来源，由此导致了贸易结构与产业结构及国内需求结构无法良性互动、出口转内销困难、本土出口企业外贸新优势“断点”等核心问题。虽然脱离本土需求的出口模式具有合理性，但制度不完善也会导致背离国内需求的扭曲性出口产品结构。其二，相对小国而言，矫正制度不完善导致的脱离本土需求的出口模式是大国出口升级应当更加倚重的优势途径。大国国内需求是外贸转型升级不可或缺的国家特定优势，脱离本土需求的出口模式会加大大国被套牢于低端产品结构的风险。在国内需求扩张与升级、外贸新优势“断点”和全球需求终端市场正从发达国家向发展中大国转移的新形势下，中国这类发展中大国就更加需要构建“内需引致出口”的制度环境，矫正严重脱离本土需求的出口模式。以便利用庞大国内需求培育以技术、品牌为核心的外贸竞争新优势，突破发达国家“结构封锁”，从根源上破解外贸转型困境。其三，构建“内需引致出口”制度环境的目标导向在于，使本土企业有动力、有能力依托国内大市场提升竞争力。通过建立统一开放、竞争有序、公平竞争、创新导向的市场生态，激励本土企业以“工匠精神”依托国内需求获取高层次竞争优势。

参考文献

［1］林毅夫．发展战略，自生能力与经济收敛［J］．经济学（季刊）2002，1（2）．

［2］刘志彪．战略理念与实现机制：中国的第二波经济全球化［J］．学术月刊 2013（1）．

［3］路风、余永定．“双顺差”、能力缺口与自主创新［J］．中国社会科学 2012（6）．

［4］裴长洪．中国特色开放型经济理论研究纲要［J］．经济研究 2016（4）．

［5］裴长洪，郑文．国家特定优势：国际投资理论的补充解释［J］．经济研究 2011（11）．

［6］施炳展，冼国明．要素价格扭曲与中国工业企业出口行为［J］．中国工业经济 2012（2）．

［7］杨小凯．经济学：新兴古典经济学与新古典经济学［M］．北京：社会科学文献出版社，2013．

［8］易先忠，欧阳峣，傅晓岚．国内市场规模与出口产品结构多元化：制度环境的门槛效应［J］．经济研究 2014（6）．

［9］易先忠，晏维龙，李陈华．国内大市场与本土企业出口竞争力——来自电子消费品行业的

新发现及其解释［J］. 财贸经济 2016（4）.

［10］尹翔硕. 中国出口制成品结构与制造业生产结构差异的分析［J］. 国际贸易问题 1997（4）.

［11］袁欣. 中国对外贸易结构与产业结构："镜像"与"原像"的背离［J］. 经济学家 2010（6）.

［12］张杰，刘志彪，张少军. 制度扭曲与中国本土企业的出口扩张［J］. 世界经济 2008（10）.

［13］张杰，张培丽，黄泰岩. 市场分割推动了中国企业出口吗［J］. 经济研究 2010（8）.

［14］张曙霄，张磊. 中国贸易结构与产业结构发展的悖论［J］. 经济学动态 2013（11）.

［15］Alesina, E., S. Enrico, and R. Wacziarg, 2005, "Trade, Growth and the Size of Countries", Handbook of Economic Growth, 1 (B), 1499 - 1542.

［16］Amighinia, A., and M. Sanfilippo, 2014, "Impact of South - South FDI and Trade on the Export Upgrading of African Economies", World Development, 64 (1), 1 - 17.

［17］Basevi, G., 1970, "Domestic Demand and Ability to Export", Journal of Political Economy, 78 (2), 330 - 37.

［18］Beck, T., A. Demirguc-Kunt, and R. Levine, 2000, "A New Database on the Structure and Development of the Financial Sector", World Bank Economic Review, 14 (3), 597 - 605.

［19］Beise-Zee, R., and C. Rammer, 2006, "Local User-Producer Interaction in Innovation and Export Performance of Firms", Small Business Economics, 27 (2), 207 - 222.

［20］Bhaumik, S. K., N. Driffield, and Y. Zhou, 2016, "Country Specific Advantage, Firm Specific Advantage and Multinationality - Sources of Competitive Advantage in Emerging Markets", International Business Review, 25 (1), 165 - 176.

［21］Crozet, M., and F. Trionfetti, 2008, "Trade Costs and the Home Market Effect", Journal of International Economics, 76 (2), 309 - 321.

［22］Davis, L., and M. Hopkins, 2011, "The Institutional Foundations of Inequality and Growth", Journal of Development Studies, 47 (7), 977 - 997.

［23］Desmet, K., and S. Parente, 2010, "Bigger is Better: Market Size, Demand Elasticity and Innovation", International Economic Review, 51 (2), 319 - 333.

［24］Fernandes, A M, C. Freund, and M D. Pierola, 2015, "Exporter Behavior, Country Size and Stage of Development: Evidence from the Exporter Dynamics Database", Journal of Development Economics, 119 (2), 121 - 137.

［25］Hall, R. E. and C. I. Jones, 1999, "Why Do Some Countries Produce so Much More Output per Worker than Others?" Quarterly Journal of Economics, 114 (1), 83 - 116.

［26］Krugman, P., 1980, "Scale Economies, Product Differentiation, and the Pattern of Trade", America Economic Review, 70 (5), 950 - 959.

［27］Melitz, M. J., and G. Ottaviano, 2008, "Market Size, Trade, and Productivity", Review of Economic Studies, 75 (1), 295 - 316.

［28］Nunn, N., and D. Trefler, 2013, "Domestic Institutions as a Source of Comparative Advantage", Handbook of International Economics, 4: 263 – 315.

[29] Porter, M. E., 1990, "The Competitive Advantages of Nations", New York: the Free Press.

[30] Staritz, C., G. Gereffi, and O. Cattaneo (eds.), 2011, Special issue on "Shifting End Markets and Upgrading Prospects in Global Value Chains", International Journal of Technological Learning, Innovation and Development, 4 (1 – 3).

[31] Priem, R. L., S. Li, and J. C. Carr, 2012, "Insights and New Directions from Demand-Side Approaches to Technology Innovation, Entrepreneurship, and Strategic Management Research", Journal of Management, 38 (1), 346 – 374.

[32] Von Hippel, E., 2001, "Perspective: User Toolkits for Innovation", Journal of Product Innovation Management, 18 (4), 247 – 254.

[33] Weder, R., 1996, "How Domestic Demand Shapes the Pattern of International Trade", World Economy, 19 (3), 273 – 286.

[34] Weder, R., 2003, "Comparative Home-Market Advantage: an Empirical Analysis of British and American Exports", Review of World Economics, 139 (2), 220 – 247.

[35] Zhu, Sh., . and X. Fu, 2013, "Drivers of Export Upgrading", World Development, 51 (4), 221 – 233.

Structure Deviation of Export and Domestic Demand: Causes and Consequences

Yi Xianzhong Baoqun Gao Lingyun Zhang Yabin

Abstract The demand-export hypothesis indicates that domestic demand is one source of export advantage and the standpoint of export development (e. g., Basevi, 1970; Krugman, 1980; Weder, 1996, 2003; Crozet and Trionfetti, 2008). However, China's exports have substantially deviated from domestic demand. While this export model has created China's export miracle with the support of an endowment advantage, it is now trapped in a transformation dilemma due tothe breakpoint of a new export advantage. For a long time, the export model, which demonstrates a substantial deviation from domestic demand in China, has been considered normal in leveraging endowment advantage and participating in global intra-product specialization, disregarding the imperfect domestic institution that might also have caused the deviation of export and domestic demand and hinder export upgrading. Drawing on the framework of institutional environment, structure deviation, and export upgrading, this paper reexamines China's export model through an empirical study of cross-country panel data. Using data from the United Nations Industrial Development Organization, classified by four-digit ISIC, we compute an index for structure deviation of export and demand (SDED) for 51 economies. Three stylized facts related to SDED are found. First, SDED is higher for countries with worse institutions than for countries with better institutions. Second, the correlation between SDED and the export structure differs among counties with different institutions. Third, the correlation between SDED and the export structure is more significant in large countries with imperfect institutions. Three serial hypotheses are accordingly proposed: imperfect institutions cause SDED, SDED caused by imperfect institutions will suppress export upgrading, and the suppressing effect is more significant in large countries. These hypotheses are tested using instrumental variable technique.

Following the paradigm of typical facts, theoretical hypothesis, and empirical evidence, this paper confirms the following findings: (1) while leveraging endowment advantage and participating in global intra-product specialization normalize SDED, imperfect institutions can also lead to SDED by blocking the demand-inducing-export mechanism; (2) SDED caused byimperfect institutions will suppress export upgrading, as domestic demand cannot become an export advantage; and (3) as domestic demand is an important country-specific advantage for large countries, SDED caused by imperfect institutions will exert a more significant suppressing effect on export upgrading in large countries than in small ones.

These results provide insightful policy references for how to recreate the fundamental driving force of export upgrading and to adjust the export model in large developing countries with expanding domestic markets. First, various sources of export-demand deviation should be treated differently. Although export-demand deviation can be reasonable, deviation caused by imperfect institutions should be rectified. Second, it is more important for large developing countries to develop demand-inducing-export institutions to leverage a country-specific advantage than for small countries to do so. Third, the focus of developing demand-inducing-export institutions should be to enable local enterprises to enhance their competitiveness by exploiting large, expanding domestic markets.

Our paper contributes to the export literature in multiple ways. First, it proposes a new concept and measurement of export-demand deviation, which can be used to study the source of export advantage and the corresponding export model. Second, the new mechanism of institutions affecting export upgrading by acting on export-demand deviation identified in this paper not only enriches the literature on institutions and export, but also deepens our understanding of export-demand deviation. Third, this study verifies that the sources of export advantages and the corresponding export model for large countries different from those for small countries, suggesting that the demand-driven trade model proposed by Weder (2003) is more necessary for large developing economies.

Key words Export-Demand Deviation, Export Upgrading, Institutions Environment, Domestic Demand

后发大国跨越“中等收入陷阱”的战略选择*

德怀特·帕金斯**

摘　要　一般而言，大国具有生产率较高和收入差距较大的特征，后发大国在跨越“中等收入陷阱”的过程中，应该发挥生产率高的优势和抑制收入差距大的劣势。中国要根据后发大国的国情，认真研究和吸取那些落入“中等收入陷阱”的国家的经验教训，通过完善市场经济体制，有效地维持较好的经济发展速度，并从投资驱动型模式转变到消费引领型模式。

关键词　后发国家；中等收入陷进；国际经验；中国战略

1　国家规模、生产率和收入分配

国家的规模和经济增长之间有关系的观点，至少可以追溯到亚当·斯密；而西蒙·库兹涅茨认为，以人口数量衡量的国家规模与国民生产总值中对外贸易的份额呈反比例关系；随后的研究表明，一个国家的大小与其他变量也是相关的。除这些统计关系之外，还出现了种种猜测：为什么大国的规模可能导致更好或更坏的经济表现？一方面，有人认为美国经济得益于大规模的国内市场；另一方面，也有人认为中国和印度的经济受到其规模的负面影响，管理这样庞大和民族多样的国家是困难的，管理上存在的问题对经济政策和制度造成影响。本文主要关注效率和公平问题，如大国的增长速度比小国快吗？不平等在一定程度上是规模大小造成的吗？

我们运用一些国家在 1960 ~ 1982 年的经验，通过索洛、丹尼森（Slolow，Denison）等提出的增长计算法框架，分析当大国输入更多的人力和资本导致的生产率的提

* 本文原载于《湖南师范大学社会科学学报》2017 年第 3 期；《新华文摘》2017 年第 18 期全文转载。根据作者在湖南师范大学“至善讲坛”的演讲整理而成。

** 作者简介：德怀特·帕金斯，博士，哈佛大学政治经济学资深教授、湖南师范大学大国经济研究中心学术顾问。

高，可以得出两个结论：第一，从总体上看，大国和特大国在 1960 ~ 1982 年间的发展速度比小国要快，但是那些发展速度飞快的是小国或中等大小的国家。在大型的经济体中，有一个内部平均数，可以掩盖各个地区之间的极端情况，而研究表明小国之间经济表现的差异高于大国之间的差异。第二，根据国家规模排名的发展速度之间的差异，在很大程度上可以通过生产率提高的差异来解释，而不是投入速度之间的差异。虽然对于是否因为规模的原因成就了高速度的增长问题，还不可能找到确切的答案，但上述数据提供了某些证据。在表 1 中，我们所采用的资本份额和人力份额采取了不同的假设，这些假设对收入份额进行调节，目的是顾及随着这些份额变化导致人均收入上升的情况。①

表 1　　按国家规模排序的生产率增长情况（剩余比重为年百分比）

	1960 ~ 1970 年		1970 ~ 1982 年	
	A	B	A	B
所有国家	2.7	2.3	1.2	0.7
特大国家	3.2	3.0	1.8	1.5
其他大国	3.5	3.1	1.5	1.0
小国	2.4	2.0	1.0	0.5
某些国家(按大小顺序)				
中国	1.2	0.2	1.4	0.1
印度	1.5	0.7	1.1	0.2
美国	2.3	2.3	1.0	1.0
印度尼西亚	2.8	2.5	4.3	3.6
巴西	1.9	1.6	3.3	2.9
日本	6.4	6.4	0.8	0.8
孟加拉	2.4	2.0	2.7	2.3
尼日利亚	3.6	3.2	1.1	0.4
巴基斯坦	4.7	3.9	3.3	2.7
墨西哥	4.4	4.1	2.4	2.1
德国	2.4	2.4	0.4	0.4
意大利	4.1	4.1	1.3	1.3
英国	1.7	1.7	0.6	0.6
法国	3.4	3.4	1.0	1.0

① 《发展经济学手册》第 4 卷，爱思唯尔出版公司，1989 年第 65 页、第 68 页。

在国家规模和收入差异之间，并没有单一的或主要的关系。虽然国家规模不是导致差异的主要原因，但还是有理由说规模确实影响到了这种差异的程度，主要是在收入方面大国比小国的地区差异更大。在表2中，可以看到国家规模和收入差异的关系。此外，国家规模也许可以成为解释中国农村收入差异大于韩国的部分原因，在20世纪70年代，这两个国家位于顶端的20%人口获得了40%的总收入，而40%的底层人口仅获得20%的总收入，中国通过集体化消除了家庭之间的差异，但中国农村的地区差异似乎比韩国农村的地区差异大很多。同样的，国家规模也可以解释巴基斯坦的收入差异小于印度的事实。① 从大国的生产率和收入分配特征来看，在长期的经济增长过程中，应该实行“扬长避短”的战略，充分发挥生产率较高的优势，有效抑制收入差距较大的劣势，促进国民收入的增加和均衡，推动经济的持续协调发展。

表2　　大国的收入分布

国家/年份	占总收入的比例		
	上层20%的人口	中层40%的人口	底层40%的人口
巴西(1972)	66.6	26.4	7.0
墨西哥(1977)	57.7	32.4	9.9
印度(1975~1976)	49.4	34.4	16.2
印度尼西亚(1976)	49.4	36.2	14.4
孟加拉(1976~1977)	46.9	36.0	17.1
法国(1975)	45.8	37.8	16.4
巴基斯坦(1964)	45.0	37.5	17.5
意大利(1977)	43.9	38.6	17.5
美国(1980)	39.9	42.9	17.2
英国(1979)	39.7	41.8	18.5
德国(1978)	39.5	40.1	20.4
日本(1979)	37.5	40.6	21.9

资料来源：环球发展报告（1986）和Chenery et al.（1974，PP. 8-9）。

① 《发展经济学手册》第4卷，爱思唯尔出版公司，1989年第65页、第68页。

2 跨越“中等收入陷阱”的国际经验

“中等收入陷阱”是一个世界性的发展难题。在世界经济发展进程中，发展中国家进入中等收入阶段后，增长率就会减慢，有很多国家并没有持续发展到高收入阶段，反而在经历多年的高增长后，停滞在中等收入阶段。一些亚洲、拉美地区的大国，也出现了这种情况。这些国家无法摆脱“中等收入陷阱”，可能有以下原因：

（1）有些国家经历了一段时间的高速增长，主要是源自于自然资源的高价格，如石油、棕榈油和铜等。当这些资源的市场价格高的时候，经济增长的速度快；而这些资源的市场价格下降的时候，经济增长就不可避免地减速。有的国家在经济上几乎全部依赖自然资源，如尼日利亚以及很多非洲国家和沙特阿拉伯国家。有的国家经济增长的驱动力在这个方面，如印度尼西亚。当然，中国在这方面的相关性不大，因为中国不是主要的自然资源出口国。

（2）有些国家的政治局势不稳定，阻碍了经济的可持续发展。由于这些国家发生国内战争，政治局势动荡，影响国外和国内的投资者大胆投资。如缅甸持续的战争使得这个国家的经济难以增长，中南半岛的战争就更具有破坏性。中国从 1911～1949 年的外敌入侵及国内战争也影响了经济增长，如果没有这段时间的战争将会获得更快的增长。在 20 世纪 50 年代，菲律宾是亚洲发展得很好的国家，后来，由于大规模的腐败和民粹主义政策，经济变得越来越落后。

（3）有些国家采用不适当的发展战略，影响了产业的转型升级。有的国家主要依赖低成本劳动力发展制造业，而在低成本劳动力优势消失之后出现经济增长速度放缓；有的国家在发展过程中忽视了建立一流的教育和科研系统，仅仅依赖模仿发达国家的技术难以从中等收入阶段发展到高收入阶段。在增长战略方面，第二次世界大战以后的最大失误，就是一些国家采取“进口替代”战略。中国在 1978 年以前采用苏联式的封闭发展模式，就是很极端的事例；而拉丁美洲在 20 世纪上半叶工业化的过程中则是没有选择地采用了“进口替代”模式，也不利于出口。

（4）有些国家在经济政策方面的失误，也可能导致经济的停滞或者衰退。比如，汇率估值过高就是发展中国家的常见问题；有的国家由于政治介入和寻租的原因，过分地依赖国有企业，不可避免地产生低效率；此外，如果不能及时地对金融体系进行改革，改善经济发展中的结构性问题，也将对中等收入国家产生负面的影响。

在最近的几十年里，落入“中等收入陷阱”的国家大部分在拉美。由于收入分配的高度不平等，导致社会的不稳定，甚至出现掠夺性政府、高通货膨胀，没法实现从“进口替代”产业向出口产业的转变。然而，东亚和东南亚已经达到中等收入的国家或地区，如日本、韩国、新加坡及中国的台湾和香港，却都发展成了高等收入经济体。马来西亚和中国已经达到中等收入水平，能否进入高收入阶段，还需拭目以待。从东亚经济中已经成功地进入高收入阶段的国家和地区来看，往往具有以下特征：

第一，由于缺乏自然资源的原因，他们在经济发展的初期阶段不得不依靠发展制造业和加工品出口，而不是采用“进口替代”战略。

第二，由于它们大力发展教育事业，提高教育质量和人才培养质量，所以有足够的合格的人力资源，可以满足现代生产和服务业的需要，并且可以同高收入国家竞争。

第三，这些国家具有政治稳定性和政策连续性，具有良好的投资环境，有利于吸收国外投资，其中的新加坡和中国香港则非常依赖国外直接投资。

第四，由于建立和健全市场机制，主要依赖民营经济，经济发展具有活力。

在图 1 和表 3 中，我们统计了 GDP 增长放缓的经济体的人均国民收入以及高收入国家 GDP 增长的情况。值得注意的是，这些东亚国家或地区在从中等收入阶段到高收入阶段的发展过程中，没有一个增长速度达到 6% ~7%；在这些高收入国家中，没有一个人均 GDP 增长率超过 2%。如果我们把开始时间从 1985 年推移到 1990 年，它们的人均 GDP 都下降到 3%。其中有两个属于城市经济体，由于没有较大的农业部门，所以比其他国家发展要快。

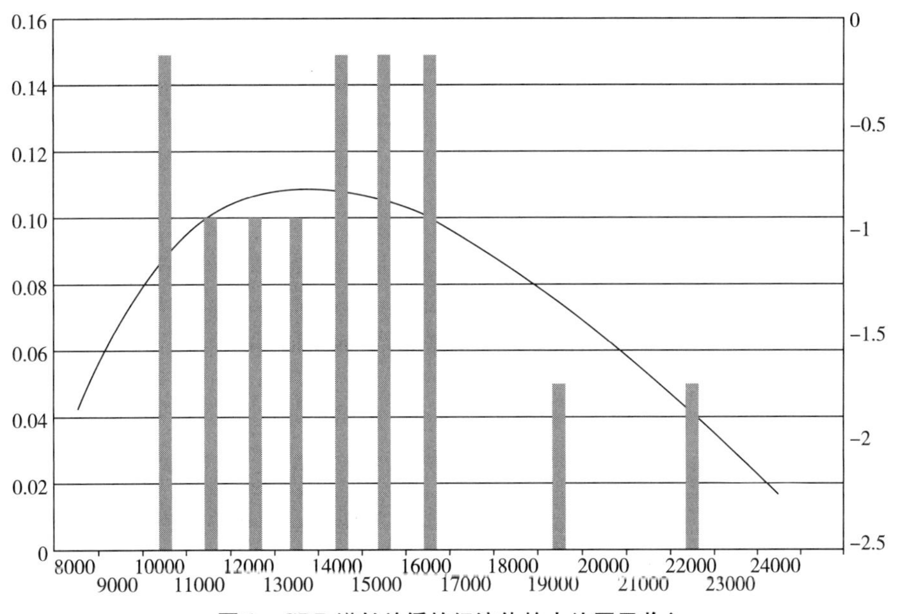

图 1　GDP 增长放缓的经济体的人均国民收入

表 3　　高收入经济体的 GDP 增长（1985～2015）

变量	GDP		GDP(人均)
	annual growth rates		Per Capita GDP（2010 US $）
OECD members	2. 3	1. 5	37 368
Euro area	1. 8	1. 5	38 341
European Union	1. 9	1. 7	34 861
France	1. 8	1. 3	41 330
Germany	1. 8	1. 6	45 270
Hong Kong SAR, China	4. 4	3. 4	36 117
Japan	1. 6	1. 4	44 657
Rep Korea	5. 9	5. 1	25 023
Italy	1. 0	0. 8	33 705
Singapore	6. 4	3. 9	51 855
Spain	2. 4	1. 7	30 588
United States	2. 0	1. 6	51 486
United Kingdom	2. 3	1. 8	40 933

为什么这些经济体在从中等收入阶段发展成为高收入阶段的时候，发展的速度会放缓？其中有一些重要的原因，有些具有可测性，有些则没有可测性：可测的因素，包括农村的人口红利，制造业在 GDP 中的份额增加和随后的回落并逐渐被服务业取代，而服务业的发展速度低于制造业；不可测的原因，主要是因为在从模仿创新到自主创新的过程中，发展的速度将会下降，而且难免会犯一些错误。所以，关键的问题就在于，这些国家能否实行正确的发展战略或模式，以及其经济体系和政治体系能否有效地驾驭这种模式，具体的政策是否适合于这个国家的实际情况及所在的发展阶段。

3　跨越“中等收入陷阱”的中国路径

国家规模可以影响经济增长，大国具有增长率较高和收入差距较大的特点。因此，后发大国在跨越“中等收入陷阱”的过程中，既要利用好大国经济增长率较高的优势，推动经济可持续发展；又要抑制大国收入差距较大的劣势，努力改善国民的收入分配状况。前面分析了一些国家难以跨越“中等收入陷阱”的诸多原因，中国应该认真思考这些因素，做出正确的战略选择。

首先，在中国的经济变得日益复杂的条件下，其体系能否有效地维持一个较好的经济发展速度。我们可以先来观察中国以前发展的原因，然后再分析中国的改革能否使全要素生产率达到支持 GDP 增长率 6% 左右的速度。

20 世纪 80 年代到 2000 年左右的高生产率增长，主要是因为计划体制的瓦解，然后，这个过程要比在商业社会中设计和建立一个有效的、公平的、完善的法律体系或者对国有企业进行改革，显得容易一些。因此，与摒弃计划经济体制相比，建立和完善市场经济体制更加重要。从表 4 可以看到，这些年的全要素生产率大幅度地下降，从 20 世纪 50 年代的 4.7%，下降到 2012 年的 1.0%，而增长率则主要来自高投资率以及由此产生的高资本存量增长率。人们普遍认为，投资驱动型的增长模式并不适合维持高增长速度，因为投资的效率下降很快，其原因是以前的投资弥补了发展的空档，满足了发展的需要，例如交通和住房建设，这些东西在计划经济时期被忽略了，需要加大投资来发展，而现在的中国已经建成了一流的交通系统和住房体系，如表 5 所示。

表 4　　中国供给源要素的增长

时间	增长率(%)					对增长的贡献率(%)		
	GDP	固定资本	初级劳动者	受过教育的劳动者	全要素生产率	资本	受过教育的劳动者	全要素生产率
1953~1957	6.5	1.9	1.2	1.7	4.7	12.7	14.9	72.4
1958~1978	3.9	6.7	2.0	2.7	-0.5	73.7	39.7	-13.4
1978~2005	9.5	9.6	1.9	2.7	3.8	43.7	16.2	40.1
2006~2011	11.0	15.2	0.4	2.1	3.3	59.4	10.9	29.7
2012~2014	7.6	12.6	0.4	2.1	1.0	71.3	15.8	12.9

表 5　　中国：增量资本产出比（1979~2014 年）

时间	资本产出比	投资/GDP
1979~1984	3.6	33.7
1985~1988	3.3	37.2
1989~1991	6.2	35.4
1992~1996	3.2	39.8
1997~1999	4.4	36.4
2000~2006	4.0	39.6

续表

时间	资本产出比	投资/GDP
2007～2010	4. 2	45. 7
2011	5. 1	47. 3
2012～2014	6. 1	46. 1

如果这种投资模式要继续沿用，那么，中国需要找到比目前的资本回报率更高的领域。在图 2 中，我们可以看到已经发生的资本回报率，这是利用增长方程式计算的。对于这种过分依赖投资带动型的增长模式，最显而易见的解决办法就是增加家庭消费在 GDP 中的份额，建立消费引领型的发展模式。通过出口推动经济增长的驱动作用在下降，因为中国在世界经济贸易中占有很大份额，而是在廉价劳动力方面已经逐渐丧失竞争力，无论用哪种方式计算，从图 3 可以看出中国家庭消费在 GDP 中的份额都是太低了。

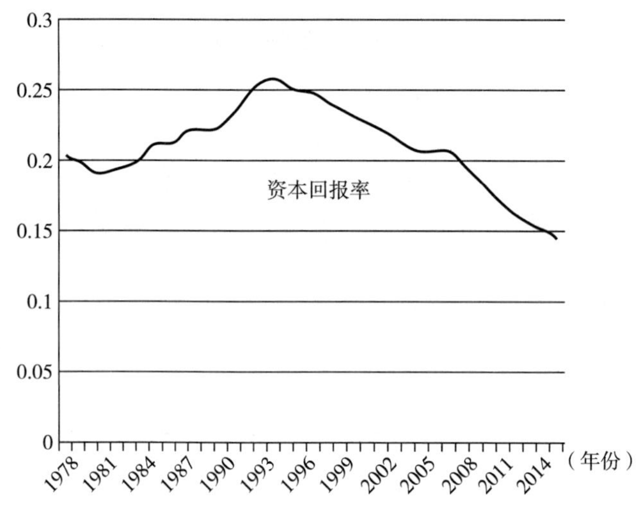

图 2 预估的资本回报率

现在的问题是，要改变消费所占的份额并不是容易的事情。有两种办法可以考虑：第一，提高家庭收入的增长率，使之高于 GDP 的增长率。近些年已经这样做了，需要具有可持续性。第二，降低过高的储蓄率。从目前看，通过家庭调查得出的储蓄率是 27. 8%，通过资金流转表得到的储蓄率是 38. 5%，如果这种数据的差异是因为家庭调查无法收集到上层 1%～2% 的人群的收入数字，那么，这部分人群的储蓄率是超过 60% 的，而他们的收入占到总收入的 30% 左右。怎样降低储蓄率，一是要减少收入的不平等；二是要完善社保障体系，中国已在做这两件事情，但是在近几年很难做到完善。

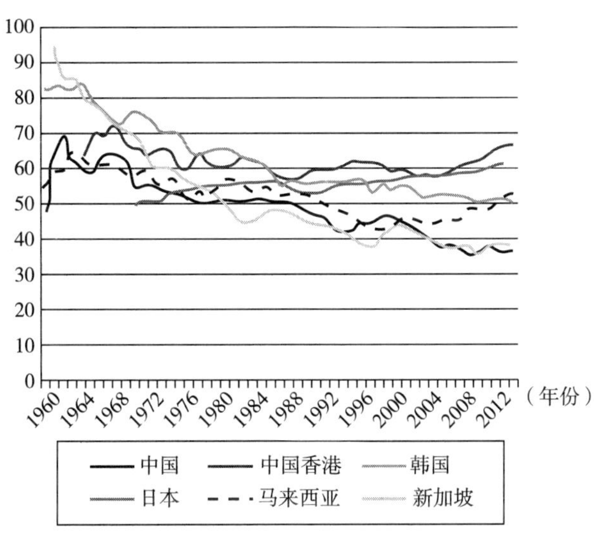

图3　东亚一些国家家庭消费中 GDP 中的份额

这是中国面临的两难问题，一方面，投资推动的模式越来越不起作用；另一方面，要切换到消费引领型模式也非常困难。中国能否解决这个两难问题，我认为是可以解决的，但是必须做得很好，应该维持5%的增长率。如果增长率出现下滑的情况，也不必惊慌，毕竟中国还处在追赶高收入国家阶段。

目前在中国已经形成一种共识，即需要放缓增长速度，过去10多年的GDP增长率在9%～10%的年代已经过去了，将来的增长速度可能会慢很多，按照中国政府的计划，未来的增长速度为6.5%，这仍然是很高的速度，那些跨越了“中等收入陷阱”，并且继续向高收入目标发展的国家，一般的年增长率在2%～4%或3%～5%之间。中国很重视教育，自20世纪80年代以来在教育方面投入大量资源，将来应该有足够的人力资本，可以向更先进的技术和产业发展，转变到现代服务业和高技术领域。①

中共的十八届三中全会，提出了推进改革的详细清单。假如中国能够继续进行充满活力的改革，落实完善市场体制的各项措施，中国的政策能够在未来10～20年中真正支撑5%～6%的增长率，那么，我相信中国将在20年内实现从中等收入国家发展成为高收入国家的目标。②

①② 欧阳峣、帕金斯等，后发大国怎样跨越“中等收入陷阱”，《光明日报》2016年7月27日理论版。

Strategy Selection for Late-developing Countries Overleaping "Middle-income Trap"

Dwight H. Perkins

Abstract generally, large countries are of characteristics of relatively high productivity and large income gap. During the process of late-developing countries overleaping "middle-income trap", they should take advantage of the strength of high productivity and avoid the weakness of large income gap. China should make serious research on those countries that are caught in the trap based on their real conditions and learn lessons from them. We should reform and improve market economic system, in order to maintain effectively the economic development speed and update the investment-led mode to consumer-led mode.

Key words Late-developing countries, Middle-income trap, International experience, Chinese strategy

基于上游延伸的中国制造业 GVCs 地域特征及变化机制*

范子杰　张亚斌　彭学之**

摘　要　本文借鉴全球价值链（GVCs）分解方法，构建了反映一国基于上游延伸的整体和行业层面 GVCs 地域特征综合分析框架，并根据世界投入产出表数据刻画了 1995－2011 年中国制造业 GVCs 上游延伸的地域特征和变化机制。研究结果表明，中国制造业 GVCs 的全球化程度日趋提升，但仍低于世界平均水平；在地域分布上呈现出全球性增强的趋势，且向全球性延伸的速度远高于区域性，地理接壤和区域性贸易组织所发挥的作用有所减弱；直接嵌入和产品嵌入是中国制造业 GVCs 的主要嵌入方式，也是全球性和区域性特征变化的主导因素。

关键词　GVCs；地域特征；上游延伸；国外增加值

1　引　言

近年来，随着贸易成本降低和信息技术不断进步，国际分工日益深化，全球价值链（Global Value Chains，GVCs）逐步兴起和繁荣。伴随着中间品贸易的井喷，GVCs 已构成众多国家参与、生产任务分割、全球范围生产的新型国际生产体系。这种生产体系主要根据要素禀赋和价格差异对 GVCs 各个环节进行全球地理配置，在地域分布上逐渐呈现集聚化和离散化特征（盛斌和陈帅，2015）。集聚化趋势则意味着 GVCs 具有区域性，区域性生产表示生产分工主要发生在具有区域贸易同盟的相邻国家（Los et al.，2015），这意味着 GVCs 生产环节更多在区域内配置完成，区域一体化组织在 GVCs 生产中将发挥更大的作用，形成“区域工厂”模式，如“亚洲工厂”，“欧洲工

* 本文原载于《世界经济》2016 年第 8 期。受到国家自然科学基金项目（71173069/G0301）、博士点基金项目（20120161110034）及 2015 湖南省博士生科研创新项目（CX2015B099）的资助。

** 作者简介：范子杰，湖南大学经济与贸易学院博士生。

厂”和“北美工厂”等（Baldwin & Lopez-Gonzalez，2015）。离散化趋势说明GVCs更趋向于全球性，全球性生产表示产品生产分工还需要区域外的其他国家参与（LOS et al.，2015）①，这意味着需要跨区域贸易集团的国家和地区共同参与生产，全球一体化生产组织在GVCs生产中的作用将日益凸显，逐步向“世界工厂”模式发展。中国作为全球第一大货物贸易国家，已然打造了成熟的亚洲贸易供应链，成为“亚洲工厂”的核心（林桂军和邓世专，2011），这表明中国GVCs具有较强的区域性。但另外一方面中国制造占据了全球近一半的商品，中国似乎早已是“世界工厂”（裴长洪，2013；宾建成，2013）。随着欧美国家“再工业化”，发达经济体制造业回流趋势逐渐加快，位于GVCs功能架构末端的中国制造业提升面临着更多的压力，而目前出口疲软态势已经逐渐显现。中国传统制造业如何转型升级、GVCs新优势如何培育和提升成为决策者亟须解决的问题。在“新常态”下，中国正全面深化改革，加快形成面向全球的高标准自由贸易区网络进程，构建开放型经济新体制。而厘清中国制造业GVCs嵌入的区域性和全球性等地域特征以及变化机制，无疑具有丰富的政策含义：如果中国制造业GVCs是区域性的，那么就意味着更多的价值链嵌入发生在亚洲区域的贸易同盟国家之间，区域性的贸易政策和贸易协定谈判设计将更有利于制造业GVCs的提升；如果是全球性的，跨区域的双边贸易政策或多边贸易政策对中国制造业未来培育国际竞争力可能更为重要。

对GVCs的研究是一个新兴的论题，吸引了国内和国外诸多学者，不论在理论研究层面还是经验研究层面都取得了较大进展（Grossman & Rossi-Hansberg，2006；Johnson & Noguera，2012；Costinot et al.，2013；Mattoo et al.，2013；Wang et al.，2013；Koopman et al.，2014；Timmer et al.，2014）。但对GVCs地域特征的相关研究却非常之少。一些行业或产品案例研究得到了少许有意义的启发，如对iphone等电子产品及汽车产业的GVCs研究。对iphone价值链布局研究发现，iphone产品最后组装环节在中国，产品设计和营销在美国，其他零部件生产则分别位于中国、韩国、日本、德国和美国的9家公司（邢予青，2011），iphone产品价值链具有较强的全球性特征。其他类似的高端电子产品GVCs也呈现类似的全球性分布特征（Kraemer et al.，2011）。斯特金等（Sturgeon et al.，2008）通过对全球汽车产业GVCs地域分布的分析，认为汽车生产商更倾向于将价值链末端的组装环节布局在离最终市场更近的区域，而零部件生产

① 原则上讲，很多产品的生产都是在少数几个国家之间完成的，无论多复杂的产品都不是全球生产的。区域贸易集团内部的最惠国待遇及原产地条款在一定程度上鼓励生产在区域内完成，因此全球性是一个相对的概念，只要固定区域贸易集团外的国家参与了其中一个或几个环节，就意味着具有全球性。

则环绕组装环节国家布局，这种模式尤其是在亚洲区域较为突出，形成了区域性的汽车生产链（Sturgeon et al.，2008）。墨西哥的汽车产业例子也具有一定的启示，其汽车产业链仅仅在北美自由贸易区（North American Free Trade Area，NAFTA）区域融合发展，而对自贸区之外的依赖程度在逐渐地减小（马涛，2015）。这些微观层面的描述性案例分析结果显示：不同国家不同产业呈现出异质性，GVCs 既有全球性的，也有区域性的。在方法上微观层面的案例分析多基于功能链条维度的分解，研究分工主体在价值链研发、设计营销等功能环节的利润分配规律，这种分析方法过于片面化，而且不够细致。事实上国际分工程度已非常细化，在新型国际生产体系下，一国可能只专注于单个产品生产制造环节的某一非常细化的工序，基于产品链条的分工或许更为重要（刘维林，2012、2015）。

宏观层面的相关研究主要是在可行的国际投入产出表出现之后，基于增加值贸易（Trade in Value-Added，TIVA）或贸易增加值（Value-Added in Trade，VAiT）分解方法追溯一国出口中增加值的来源来分析 GVCs 的地域分布特征。如埃斯蒂文刘铎等（Estevadeordal et al.，2012）利用全球贸易分析模型（Global Trade Analysis Project，GTAP）根据库普曼等（Koopman et al. 2014）的增加值贸易分解方法计算了 2004 年和 2007 年区域性团体的国外增加值来源，发现由于区域内要素丰裕，亚洲区域和北美区域的国外增加值比重相对较小。这说明这两个区域的大部分价值链环节能够在区域内部配置完成，区域内每个国家只从区域外进口少量的国外中间品投入，具有典型的区域性特征。鲍德温和洛佩兹－冈萨雷斯（Baldwin & Lopez-Gonzalez，2015）利用生产的进口中间品投入比重（I2P）、出口的进口中间品比重（I2E）以及贸易增加值（VAX）等指标分别对全球供应链网络进行刻画，认为全球生产网络具有较强的区域性痕迹，GVCs 不是全球性的，而是区域性的。与埃斯蒂文刘铎等（2012）结论一致。事实上，区域一体化经济在过去的 20 年里得到快速发展，区域产业的关联也在不断强化。若斯（Los et al.，2015）认为价值链在区域外关联程度加强的更快，GVCs 逐步由区域生产体系向"世界工厂"转化。宏观层面研究相对微观层面，数据更为详实，方法较为体系。但宏观层面的研究大都基于区域经济一体化的整体层面研究，对一国 GVCs 地域特征的刻画却力不从心；另外，不论微观还是宏观层面对 GVCs 地域特征研究仍然没有一致性的结论。

与以往文献相比，本文的主要贡献在于拓展了约翰逊和诺格拉（Johnson & Noguera，2012）的增加值出口（VAX）理论框架，并借鉴王等（2013）基于 GVCs 下游延伸的分析思路，首次构建了一个基于上游延伸的反映一国整体和行业层面 GVCs 地域特征的综合理论分析框架。该综合分析框架对以往研究具有以下几点重要推进：第一，基于产品链条和功能链条嵌入视角构建，识别了 GVCs 中产品和服务中间品进口嵌入的差异，弥补了微观产业层面只基于单一功能链条维度分析的缺陷；第二，对进口中间品流量进行追溯，将国外增加值拆分为直接增加值部分和间接增加值部分，识别了国外增加值直接和间接嵌入 GVCs 的不同机制；第三，将宏观层面研究方法扩展到了单国部门层面，实现了单国部门层面的 GVCs 地域特征分析；第四，提供了一个量化评估手段，并给出了多国多部门情形下的计算公式，使准确刻画一国 GVCs 地域特征成为可能。本文的另外一个贡献是结合世界投入产出数据库（WIOTs）数据，经验分析了中国制造业整体和分行业 GVCs 地域特征及变化机制。

2 理论分析及数据来源

2.1 理论框架

首先构建两个国家（s、r）、两个部门（i、j）的世界投入产出表（见表 1）。其中，s 国为本国，r 国为外国，两国均包含产品部门 i 和服务部门 j。

表 1　　产品和服务（功能）嵌入的世界投入产出

部门		中间投入				最终产品	总产出
		国家 s		国家 r			
		产品部门 i	服务部门 j	产品部门 i	服务部门 j		
国家 s	产品部门 i	M_{ii}^{ss}	M_{ij}^{ss}	M_{ii}^{sr}	M_{ij}^{sr}	f_i^s	Y_i^s
	服务部门 j	M_{ji}^{ss}	M_{jj}^{ss}	M_{ji}^{sr}	M_{jj}^{sr}	f_j^s	Y_j^s
国家 r	产品部门 i	M_{ii}^{rs}	M_{ij}^{rs}	M_{ii}^{rr}	M_{ij}^{rr}	f_i^r	Y_i^r
	服务部门 j	M_{ji}^{rs}	M_{jj}^{rs}	M_{ji}^{rr}	M_{jj}^{rr}	f_j^r	Y_j^r
总投入		X_i^s	X_j^s	X_i^r	X_j^s		
增加值		Va_i^s	Va_j^s	Va_i^r	Va_j^r		

据表 1，对 s 国，增加值率矩阵 $V^s = [v_i^s \quad v_j^s] = \left[\dfrac{Va_i^s}{Y_i^s} \quad \dfrac{Va_j^s}{Y_j^s}\right]$；对 r 国，$V^r = [v_i^r \quad v_j^r] = \left[\dfrac{Va_i^r}{Y_i^r} \quad \dfrac{Va_j^r}{Y_j^r}\right]$。根据里昂惕夫逆矩阵对部门层面最终产品进行分解，得到：

$$\hat{V}B\hat{F}=\begin{bmatrix} v_i^s & 0 & 0 & 0 \\ 0 & v_j^s & 0 & 0 \\ 0 & 0 & v_i^r & 0 \\ 0 & 0 & 0 & v_j^r \end{bmatrix}\begin{bmatrix} b_{ii}^{ss} & b_{ij}^{ss} & b_{ii}^{sr} & b_{ij}^{sr} \\ b_{ji}^{ss} & b_{jj}^{ss} & b_{ji}^{sr} & b_{jj}^{sr} \\ b_{ii}^{rs} & b_{ij}^{rs} & b_{ii}^{rr} & b_{ij}^{rr} \\ b_{ji}^{rs} & b_{jj}^{rs} & b_{ji}^{rr} & b_{jj}^{rr} \end{bmatrix}\begin{bmatrix} f_i^s & 0 & 0 & 0 \\ 0 & f_j^s & 0 & 0 \\ 0 & 0 & f_i^r & 0 \\ 0 & 0 & 0 & f_j^r \end{bmatrix}=\begin{bmatrix} v_i^s b_{ii}^{ss} f_i^s & v_i^s b_{ij}^{ss} f_j^s & v_i^s b_{ii}^{sr} f_i^r & v_i^s b_{ij}^{sr} f_j^r \\ v_j^s b_{ji}^{ss} f_i^s & v_j^s b_{jj}^{ss} f_j^s & v_j^s b_{ji}^{sr} f_i^r & v_j^s b_{jj}^{sr} f_j^r \\ v_i^r b_{ii}^{rs} f_i^s & v_i^r b_{ij}^{rs} f_j^s & v_i^r b_{ii}^{rr} f_i^r & v_i^r b_{ij}^{rr} f_j^r \\ v_j^r b_{ji}^{rs} f_i^s & v_j^r b_{jj}^{rs} f_j^s & v_j^r b_{ji}^{rr} f_i^r & v_j^r b_{jj}^{rr} f_j^r \end{bmatrix} \tag{1}$$

其中，$\hat{V}$为增加值率 V 对角元的对角矩阵；$\hat{F}$为最终产品 F 对角元的对角矩阵；B 为里昂惕夫逆矩阵且 $B=[I-A]^{-1}$；A 为投入产出系数矩阵，矩阵每个元素等于相应的中间投入与总产出之比。式（1）给出了两国两部门最终产品分解结果，每一元素代表一国单个部门最终产品生产所诱发的增加值。对于第 1 列第 1 行元素 $v_i^s b_{ii}^{ss} f_i^s$ 表示 s 国 i 部门最终产品生产诱发的本国 i 部门增加值；第 1 列第 2 行元素 $v_j^s b_{ji}^{ss} f_i^s$ 表示 s 国 i 部门通过中间品关联诱发的本国 j 部门增加值；第 1 列第 3 和 4 行元素 $v_i^r b_{ii}^{rs} f_i^s$ 与 $v_j^r b_{ji}^{rs} f_i^s$ 分别表示 s 国 i 部门通过中间品关联诱发的 r 国 i 和 j 部门增加值。综上，式（1）分解矩阵第一列元素表示 s 国 i 部门最终产品的所有增加值来源，分别来源于本国和 r 国的两个部门，所有增加值之和等于本部门最终产品价值。即：

$$\underbrace{v_i^s b_{ii}^{ss} f_i^s + v_j^s b_{ji}^{ss} f_i^s}_{DVA} + \underbrace{v_i^r b_{ii}^{rs} f_i^s + v_j^r b_{ji}^{rs} f_i^s}_{FVA} = (v_i^s b_{ii}^{ss} + v_j^s b_{ji}^{ss} + v_i^r b_{ii}^{rs} + v_j^r b_{ji}^{rs}) f_i^s = f_i^s \tag{2}$$

由式（2）可知 s 国 i 部门最终产品根据增加值来源可分解为国内增加值（DVA）和国外增加值（FVA）两部分。可以看到，根据增加值来源对最终产品进行分解，主要是基于上游延伸的概念，即一国最终产品生产中所使用的增加值来源分布特征，表示增加值的嵌入①。对 s 国 i 部门，定义其最终产品中国内增加值来源比率为 $DVAS_i^s$，定义其最终产品中国外增加值来源比率为 $FVAS_i^s$。由式（2）可得：

$$DVAS_i^s = \frac{v_i^s b_{ii}^{ss} f_i^s + v_j^s b_{ji}^{ss} f_i^s}{f_i^s} = v_i^s b_{ii}^{ss} + v_j^s b_{ji}^{ss} \tag{3}$$

$$FVAS_i^s = \frac{v_i^r b_{ii}^{rs} f_i^s + v_j^r b_{ji}^{rs} f_i^s}{f_i^s} = v_i^r b_{ii}^{rs} + v_j^r b_{ji}^{rs} \tag{4}$$

$DVAS_i^s$ 代表了 s 国 i 部门最终产品的本地化程度，表示有多大比例的增加值来源于本国部门，$DVAS_i^s$ 越大，说明 i 部门 GVCs 本地化程度越高，反之则越低；$FVAS_i^s$ 代表了 s 国 i 部门最终产品的全球化程度，表示有多大比例的增加值来源于外国部门（在两

① Johnson 和 Noguera（2012）将增加值出口（VAX）定义为一国出口的蕴涵在目的国最终消费中的增加值总和。本文借鉴他们的思路，但侧重点在于分析目的国的增加值来源情况，即分析 s 国最终产品生产上游价值链条中使用增加值的来源国家和部门的地域分布特征。与下游延伸的概念有所区别，下游延伸主要指一国增加值被其他国家生产或消费使用的情况，详见 Wang 等（2013）的研究。

国两部门模型中主要指 r 国两部门），$FVAS_i^s$ 越大，说明 s 国 i 部门 GVCs 的全球化程度越高，反之则越低。显然：

$$DVAS_i^s + FVAS_i^s = 1 \tag{5}$$

本文主要基于 FVAS 指数来分析一国单个部门 GVCs 全球化程度及变化情况。接下来，将给出两国两部门情形下 FVAS 矩阵计算公式。根据式（1），对于 s 国 j 部门，可得：

$$v_i^s b_{ij}^{ss} f_j^s + v_j^s b_{jj}^{ss} f_j^s + v_i^r b_{ij}^{rs} f_j^s + v_j^r b_{jj}^{rs} f_j^s = f_j^s \tag{6}$$

由式（1）和式（6）可得 s 国 FVAS 指数矩阵计算公式：

$$FVAS^s = \begin{bmatrix} FVAS_i^s \\ FVAS_j^s \end{bmatrix} = \begin{bmatrix} v_i^r b_{ii}^{rs} + v_j^r b_{ji}^{rs} \\ v_i^r b_{ij}^{rs} + v_j^r b_{jj}^{rs} \end{bmatrix} = \left[\begin{bmatrix} v_i^r & v_j^r \end{bmatrix} \begin{bmatrix} b_{ii}^{rs} & b_{ij}^{rs} \\ b_{ji}^{rs} & b_{jj}^{rs} \end{bmatrix} \right]^T \tag{7}$$

进一步考虑世界拥有三国（s、r、u）两部门（i、j）的情形。s 国和 u 国地理位置较近，且属于同一个贸易区域集团，遵守共同订立的贸易同盟协定，r 国与 s 国、u 国距离较远，不属于同一个贸易同盟区域集团。与两国两部门模型类似，根据里昂惕夫逆矩阵对最终产品进行分解，式（1）可扩展为：

$$\hat{V}B\hat{F} = \begin{bmatrix} \hat{V}^s & 0 & 0 \\ 0 & \hat{V}^r & 0 \\ 0 & 0 & \hat{V}^u \end{bmatrix} \begin{bmatrix} B^{ss} & B^{sr} & B^{su} \\ B^{rs} & B^{rr} & B^{ru} \\ B^{us} & B^{ur} & B^{uu} \end{bmatrix} \begin{bmatrix} \hat{F}^s & 0 & 0 \\ 0 & \hat{F}^r & 0 \\ 0 & 0 & \hat{F}^u \end{bmatrix} \tag{8}$$

为节约空间，将式（8）写成分块矩阵相乘的形式，矩阵的单个元素均表示分块矩阵（式（11）也采用了类似的表达方式）。对式（8）进行展开，对 s 国 i 部门最终产品根据上游延伸进行分解：

$$f_i^s = (v_i^s b_{ii}^{ss} + v_j^s b_{ji}^{ss}) f_i^s + (v_i^r b_{ii}^{rs} + v_j^r b_{ji}^{rs}) f_i^s + (v_i^u b_{ii}^{us} + v_j^u b_{ji}^{us}) f_i^s \tag{9}$$

由式（2）和式（9）对比可以看到，对最终产品进行分解时三国两部门模型多了一部分国外增加值$(v_i^u b_{ii}^{us} + v_j^u b_{ji}^{us}) f_i^s$（这部分增加值依附在 s 国对同一个贸易区域 u 国的进口中间产品当中）。s 国 i 部门本地化程度指数 $DVAS_i^s$ 没有变化，全球化程度指数 $FVAS_i^s$ 则由两部分组成：一部分来源于贸易同盟区域内 u 国增加值比重，记为区域性指数 $RFVAS_i^s$；另一部分来源于贸易同盟区域外 u 国增加值比重，记为全球性指数$GFVAS_i^s$。由式（8）和式（9）可得三国两部门 $FVAS^s$ 指数矩阵计算公式：

$$FVAS^s = RFVAS_i^s + GFVAS_i^s = \left[\begin{bmatrix} v_i^u & v_j^u \end{bmatrix} \begin{bmatrix} b_{ii}^{us} & b_{ij}^{us} \\ b_{ji}^{us} & b_{jj}^{us} \end{bmatrix} \right]^T + \left[\begin{bmatrix} v_i^r & v_j^r \end{bmatrix} \begin{bmatrix} b_{ii}^{rs} & b_{ij}^{rs} \\ b_{ji}^{rs} & b_{jj}^{rs} \end{bmatrix} \right]^T \tag{10}$$

我们从两个不同的角度来分析一国单部门区域性和全球性地域特征演变的内在变化机制。

第一，基于直接嵌入和间接嵌入角度对区域性指数和全球性指数进行分解，来分析其变化机制。利用里昂惕夫逆矩阵来追溯增加值主要基于增加值最初来源国别或部门，并未考虑增加值依附的产品或服务贸易流向。考虑具体贸易过程，一国最终产品中嵌入的另一国增加值（相对本国为国外增加值）根据其依附的产品或服务贸易流向不同可分为两部分：直接部分和间接部分。直接部分是指本国生产最终产品直接诱发的另一国增加值，这部分增加值主要通过直接进口另一国中间投入品流入本国，体现在两国双边贸易中；间接部分是指本国生产最终产品间接诱发的另一国的国外增加值，这部分增加值主要依附在本国进口的第三国中间投入品，并不体现在本国与另一国的双边贸易中，而体现在本国与第三国双边贸易中，这部分增加值至少两次通过海关。随着国际分工越来越细，国外增加值间接部分的比重也越来越大。基于国别分析的 GVCs 地域分布特征也必须考虑国外增加值直接部分和间接部分变化导致的 RFVAS 指数和 GFVAS 指数变动机制，因为二者所对应的政策含义截然不同：若 s 国由直接部分导致的 GFVAS 指数提高，则意味着 s 国自身扩展了 r 国附加值的需求，说明 s 国最终产品生产对 r 国的中间品的需求在逐步提升，因而基于全球范围的贸易便利化措施会更有效；若直接部分比重未发生变化，主要由经过 u 国的间接部分提升导致 GFVAS 指数提高，则意味着由于 u 国等区域贸易伙伴提高了对 r 国的附加值需求从而间接地拓展了 s 国对 r 国的国外增加值，因此，虽然 s 国价值链的全球嵌入度提升，但基于本区域的贸易便利化措施反而会更有效。

本文根据里昂惕夫逆矩阵的基本性质将区域性指数和全球性指数分别分解为直接嵌入部分和间接嵌入部分。在三国两部门情形下，根据里昂惕夫逆矩阵可知：

$$\begin{bmatrix} I-A^{ss} & -A^{sr} & -A^{su} \\ A^{rs} & I-A^{rr} & -A^{ru} \\ -A^{us} & -A^{ur} & I-A^{uu} \end{bmatrix}\begin{bmatrix} B^{ss} & B^{sr} & B^{su} \\ B^{rs} & B^{rr} & B^{ru} \\ B^{us} & B^{ur} & B^{uu} \end{bmatrix}=\begin{bmatrix} I & 0 & 0 \\ 0 & I & 0 \\ 0 & 0 & I \end{bmatrix} \tag{11}$$

将里昂惕夫逆矩阵的计算矩阵写成分块矩阵相乘的形式其中，$I=\begin{bmatrix} 1 & 0 \\ 0 & 1 \end{bmatrix}$，表示分块单位矩阵；$0=\begin{bmatrix} 0 & 0 \\ 0 & 0 \end{bmatrix}$表示分块零矩阵；$B^{rs}=\begin{bmatrix} b_{ii}^{rs} & b_{ij}^{rs} \\ b_{ji}^{rs} & b_{jj}^{rs} \end{bmatrix}$表示分块里昂惕夫逆矩阵，其他元素类似。

根据分块矩阵运算法则，对式（11）进行展开，可以得到：

$$(-A^{rs})B^{ss}+(I-A^{rr})B^{rs}+(-A^{ru})B^{us}=0 \tag{12}$$

对式（12）根据里昂惕夫逆矩阵的基本性质和矩阵运算法则进行变换可得①：

$$B^{rs}=(I-A^{rr})^{-1}A^{rs}B^{ss}+(I-A^{rr})^{-1}A^{ru}B^{us}=L^{rr}A^{rs}B^{ss}+L^{rr}A^{ru}B^{us} \tag{13}$$

其中，$L^{rr}=(I-A^{rr})^{-1}=\begin{bmatrix} l_{ii}^{rr} & l_{ij}^{rr} \\ l_{ji}^{rr} & l_{jj}^{rr} \end{bmatrix}$，表示里昂惕夫局部（Local）逆矩阵（有时也称为分块逆矩阵）②。

由式（13），可将 r 国满足 s 国最终产品生产的增加值依附的中间品流向分为两部分：直接部分和间接部分③。直接部分由 r 国直接出口到 s 国（$L^{rr}A^{rs}B^{ss}$）；间接部分主要是间接出口到 u 国，经 u 国加工为中间品再出口到 s 国（$L^{rr}A^{ru}B^{us}$），将 V^r 矩阵代入式（13），即：

$$V^rB^{rs}=V^rL^{rr}A^{rs}B^{ss}+V^rL^{rr}A^{ru}B^{us} \tag{14}$$

其中，$V^rL^{rr}A^{rs}B^{ss}$表示 s 国最终产品生产包含的 r 国增加值直接部分，$V^rL^{rr}A^{ru}B^{us}$表示 s 国最终产品生产包含的 r 国增加值间接部分。同样 u 国满足 s 国最终产品生产的增加值也可分解为直接部分和间接部分：

$$V^uB^{us}=V^uL^{uu}A^{us}B^{ss}+V^uL^{uu}A^{ur}B^{rs} \tag{15}$$

根据式（14）和式（15）将区域性指数分解为区域性直接嵌入度指数（RDFVAS）和区域性间接嵌入度指数（RIDFVAS），同样将全球性指数分解为全球性直接嵌入度指数（GDFVAS 指数）和全球性间接嵌入度指数（GIDFVAS 指数）。对式（15）进行展开可以得到 s 国 i 部门区域性直接嵌入度指数（RDFVAS）和区域性间接嵌入度指数（RIDFVAS）：

$$\begin{aligned} RDFVAS_i^s &= (v_i^u l_{ii}^{uu} a_{ii}^{us} b_{ii}^{ss} + v_i^u l_{ii}^{uu} a_{ij}^{us} b_{ji}^{ss}) + (v_i^u l_{ij}^{uu} a_{ji}^{us} b_{ii}^{ss} + v_i^u l_{ij}^{uu} a_{jj}^{us} b_{ji}^{ss}) \\ &+ (v_j^u l_{ji}^{uu} a_{ii}^{us} b_{ii}^{ss} + v_j^u l_{ji}^{uu} a_{ij}^{us} b_{ji}^{ss}) + (v_j^u l_{jj}^{uu} a_{ji}^{us} b_{ii}^{ss} + v_j^u l_{jj}^{uu} a_{jj}^{us} b_{ji}^{ss}) \end{aligned} \tag{16}$$

$$\begin{aligned} RIDFVAS_i^s &= (v_i^u l_{ii}^{uu} a_{ii}^{ur} b_{ii}^{rs} + v_i^u l_{ii}^{uu} a_{ij}^{ur} b_{ji}^{rs}) + (v_i^u l_{ij}^{uu} a_{ji}^{ur} b_{ii}^{rs} + v_i^u l_{ij}^{uu} a_{jj}^{ur} b_{ji}^{rs}) \\ &+ (v_j^u l_{ji}^{uu} a_{ii}^{ur} b_{ii}^{rs} + v_j^u l_{ji}^{uu} a_{ij}^{ur} b_{ji}^{rs}) + (v_j^u l_{jj}^{uu} a_{ji}^{ur} b_{ii}^{rs} + v_j^u l_{jj}^{uu} a_{jj}^{ur} b_{ji}^{rs}) \end{aligned} \tag{17}$$

对式（14）进行展开可以得到 s 国 i 部门的 GDFVAS 和 GIDFVAS 指数：

① 限于篇幅，具体矩阵数学变换过程没有报告，感兴趣的读者可向作者索取。

② 局部逆矩阵 L 和全局逆矩阵 B 的区别及联系，可参考 Wang 等（2013）的研究。

③ 值得指出的是，国外增加值直接部分和间接部分的概念是基于一国所包含的另一国的增加值流入过程是否经过第三国作为区别。若不经过第三国，则为国外增加值直接部分，若经过第三国，则为间接部分。前者体现在双边贸易中，后者不体现在两国的双边贸易，而体现在两国分别与第三国的双边贸易中。

$$GDFVAS_i^s = (v_i^r l_{ii}^{rr} a_{ii}^{rs} b_{ii}^{ss} + v_i^r l_{ii}^{rr} a_{ij}^{rs} b_{ji}^{ss}) + (v_i^r l_{ij}^{rr} a_{ji}^{rs} b_{ii}^{ss} + v_i^r l_{ij}^{rr} a_{jj}^{rs} b_{ji}^{ss}) + (v_j^r l_{ji}^{rr} a_{ii}^{rs} b_{ii}^{ss} + v_j^r l_{ji}^{rr} a_{ij}^{rs} b_{ji}^{ss}) + (v_j^r l_{jj}^{rr} a_{ji}^{rs} b_{ii}^{ss} + v_j^r l_{jj}^{rr} a_{jj}^{rs} b_{ji}^{ss}) \quad (18)$$

$$GIDFVAS_i^s = (v_i^r l_{ii}^{rr} a_{ii}^{ru} b_{ii}^{us} + v_i^r l_{ii}^{rr} a_{ij}^{ru} b_{ji}^{us}) + (v_i^r l_{ij}^{rr} a_{ji}^{ru} b_{ii}^{us} + v_i^r l_{ij}^{rr} a_{jj}^{ru} b_{ji}^{us}) + (v_j^r l_{ji}^{rr} a_{ii}^{ru} b_{ii}^{us} + v_j^r l_{ji}^{rr} a_{ij}^{ru} b_{ji}^{us}) + (v_j^r l_{jj}^{rr} a_{ji}^{ru} b_{ii}^{us} + v_j^r l_{jj}^{rr} a_{jj}^{ru} b_{ji}^{us}) \quad (19)$$

可以看到，根据中间品流向追溯增加值来源更为复杂。

第二，基于产品嵌入和服务（功能）嵌入角度对区域性指数和全球性指数进行分解，来分析区域性指数和全球性指数的变化机制。根据之前构建的基于产品和服务（功能）嵌入的世界投入产出模型，可以实现对区域性指数的分解，将来源于区域内国家 u 国产品部门的增加值份额定义为区域产品嵌入度指数（RPFAVS 指数），来源于区域内国家 u 国服务部门的增加值份额定义为区域功能嵌入度指数（RSFAVS 指数）。同样将全球性指数分解为全球产品嵌入度指数（GPFAVS 指数）和全球功能嵌入度指数（GSFVAS 指数）。则在三国两部门情形下，对于 s 国 i 部门：

$$RPFVAS_i^s = v_i^u b_{ii}^{us} \quad (20)$$

$$RPFVAS_i^s = v_i^u b_{ii}^{us} \quad (21)$$

$$GPFVAS_i^s = v_i^r b_{ii}^{rs} \quad (22)$$

$$GSFVAS_i^s = v_j^r b_{ji}^{rs} \quad (23)$$

考虑更一般的情形，世界拥有 G 个国家，每个国家 N 个部门。假设 G 国中有 U 个国家和 s 国属于贸易同盟区域国，有 R 个国家属于贸易同盟区域外国家[①]，每个国家 N 部门中有 H 个产品部门，$i=1, 2, 3, \cdots, H$ 时，代表产品部门；$j=H+1, H+2, H+3, \cdots, N$ 时，代表服务部门。根据之前分析，可以直接给出多国多部门情形下 s 国 FVAS 相关指数的计算公式：

$$RFVAS^s = \sum_u^U V^u B^{us} \quad (24)$$

$$GFVAS^s = \sum_r^R V^r B^{rs} \quad (25)$$

$$FVAS^s = RFVAS^s + GFVAS^s \quad (26)$$

其中，V^u、V^r 分别为 $1 \times N$ 的相应国家的增加值系数向量；B^{us}、B^{rs} 均为 $N \times N$ 的里昂惕夫逆矩阵的分块矩阵且 $u \in U$，$r \in R$。

由式（24）~（26），结合之前的公式推导可得到多国多部门情形下反映 s 国 k 部门地域特征的相关指数计算公式：

① 为了和三国两部门情形下保持一致性，这里仍采用 U 和 R 分别代表区域内和区域外的国家数量。

区域性直接嵌入度指数①：

$$RDFVAS_k^s = \sum_u^U \sum_m^N \sum_n^N \sum_q^N v_m^u l_{mn}^{uu} a_{nq}^{us} b_{qk}^{ss} + \sum_u^U \sum_w^{U-u} \sum_m^N \sum_n^N \sum_q^N v_m^u l_{mn}^{uu} a_{nq}^{uw} b_{qk}^{ws} \quad (27)$$

区域性间接嵌入度指数：

$$RIDFVAS_k^s = \sum_u^U \sum_r^R \sum_m^N \sum_n^N \sum_q^N v_m^u l_{mn}^{uu} a_{nq}^{ur} b_{qk}^{rs} \quad (28)$$

全球性直接嵌入指数：

$$GDFVAS_k^s = \sum_r^R \sum_m^N \sum_n^N \sum_q^N v_m^r l_{mn}^{rr} a_{nq}^{rs} b_{qk}^{ss} + \sum_r^R \sum_z^{R-r} \sum_m^N \sum_n^N \sum_q^N v_m^r l_{mn}^{rr} a_{nq}^{rz} b_{qk}^{zs} \quad (29)$$

全球性间接嵌入指数：

$$GIDFVAS_k^s = \sum_r^R \sum_u^U \sum_m^N \sum_n^N \sum_q^N v_m^r l_{mn}^{rr} a_{nq}^{ru} b_{qk}^{us} \quad (30)$$

区域性产品嵌入度指数：

$$RPFVAS_k^s = \sum_u^U \sum_i^H v_i^u b_{ik}^{us} \quad (31)$$

区域性服务（功能）嵌入度指数：

$$RSFVAS_k^s = \sum_u^U \sum_j^{N-H} v_j^u b_{jk}^{us} \quad (32)$$

全球性产品嵌入度指数：

$$GPFVAS_k^s = \sum_r^R \sum_i^H v_i^r b_{ik}^{rs} \quad (33)$$

全球性服务（功能）嵌入度指数：

$$GSFVAS_k^s = \sum_r^R \sum_j^{N-H} v_j^u b_{jk}^{us} \quad (34)$$

式（27）~（34）中 m、n、q 为自然数且 m、n、$q \in N$，$u \in U \in G$，$r \in R \in G$，上标 $U-u$ 表示除 u 国外其他区域性国家集合，且 $w \in U-u$，上标 $R-r$ 表示除 r 国外的其他全球性国家集合，且 $z \in R-r$。

① 注意，这里区域性直接嵌入与间接嵌入指数与之前三国两部门情形下的直接部分和间接部分的界定并不矛盾，式（27）表示的是一个区域性的概念，第二项所表示的含义为由贸易同盟区域国之间的相互贸易所导致的间接嵌入，这部分是发生在区域范围内，并不属于东道国与世界范围国家的经济联系，因而归入区域直接嵌入度较为合理，后面对结果的说明中也是按照这一界定分析。式（29）的全球嵌入度指数的拆分亦同理。感谢审稿专家建设性的意见和建议。

2.2 数据来源

对FVAS相关指数的计算依赖于多国多部门投入产出表，本文将采用欧盟发布的世界投入产出数据库中的世界投入产出表（WIOTs）来进行计算和分析。WIOTs主要基于各国的国家统计局提供的供给和使用表（SUTs）、用经济大类分类（BEC分类）链接，结合双边贸易数据（BACI）构建的一个全球部门层面的数据，是WIOD数据库的核心部分。WIOTs包含世界主要的40个国家和地区，包括27个欧盟国家，3个北美自由贸易协定国家（美国、加拿大、墨西哥），以及6个亚洲国家和地区（中国、日本、韩国、中国台湾、印度、印度尼西亚）以及澳大利亚、巴西、土耳其、俄罗斯4个国家，其他国家和地区的数据归为一个经济体——其他国家和地区（Rest of world，ROW）。部门层面包括每一个国家和经济体的细分35个部门（C35，部门分类根据国际标准行业分类（ISIC rev 3）进行划分）的1995~2011年连续17年数据，包括两个初级产品部门（农业、采矿业），14个制造业部门以及19个服务部门。由于中国制造业整体国际分工程度相对服务业更为精细，GVCs分工特征较为明显[①]，因此本文主要选取中国制造业部门来分析中国GVCs地域特征及变化机制。

为便于分析，本文参考了斯特尔等（Stehrer et al.，2012）与第岑伯格等（Dietzenbacher et al.，2013）的分类方法按照要素密集度将14个制造业区分为3类：①劳动密集型制造业，包括纺织服装（C4）、皮革制品（C5）、木材加工及制品（C6）、废品及其他制造业部门（C16）。②资本密集型制造业，包括食品和饮料（C3）、造纸及纸制品（C7）、石油及加工（C8）、橡胶及塑料制品（C10）、非金属矿物制品（C11）、金属制品（C12）。③知识密集型制造业，包括化学原料及制品（C9）、机械制造（C13）、电气及电子器材（C14）、交通运输设备（C15）。

3 测算结果及分析

本节在理论框架基础上，利用WIOD数据来考察中国制造业GVCs在1995~2011年期间内呈现的地域特征、趋势及变化机制。考虑到在考察期内2008年金融危机对全

① 事实上，多数服务业部门尤其是生产性服务部门如产品设计、研发、金融、售后等等分工较细的服务部门的全球分工也能充分的体现地域特征。随着中国服务业的迅速发展，生产性服务业的分工特征也值得进一步关注。

球贸易造成了“贸易大崩溃”（Bems et al.，2010），因此与相关研究处理方式保持一致（Estevadeordal et al.，2012；Baldwin & Lopez-Gonzalez，2015），将地域分布变化的主要考察期限定在 1995 ~ 2008 年。

3.1 本地化程度与全球化程度

（1）基于上游延伸的中国制造业总体 GVCs 全球化程度有一定幅度的提高，行业间存在差异。如表 2 展示了根据式（26）计算的 1995 和 2008 年中国制造业全球化指数（FVAS）变化情况。结果显示，中国制造业总体 FVAS 指数由 1995 年 14.9% 上升到 2008 年 21.2%，上升了 6.3%，全球化程度有一定幅度的提高，说明中国制造业总体全球嵌入程度越来越高。在行业之间却存在差异。1995 ~ 2008 年大部分制造业行业 FVAS 指数增长为正，其中石油及加工、金属制品两个资本密集型制造业行业增长幅度占据第 1 位和第 2 位，同时也是全球化程度最高的两个行业，这两个行业需要大量的石油原油和铁矿石等原材料，全球化程度高意味着中国对能源及基础原材料的进口依赖，同时这两个行业也是最主要的环境污染行业；处于中等水平的行业分属于知识密集型制造业和除石油及加工和金属制品以外的其他资本密集型制造业；木材加工及制品、纺织服装、皮革制品以及废品和其他制造业四个行业的 FVAS 指数增长为负，说明这四个劳动密集型制造业全球化程度降低，而本地化程度在加强。中国的劳动密集型行业主要是加工贸易行业，大多处于全球价值链的终端，增值能力较低，全球化程度的降低意味着加工贸易向外转移，一定程度上佐证了中国加工贸易转型所取得的效果。

表 2 中国制造业全球化程度及变化 单位：%

行业	ISIC rev3	1995 年	2008 年	1995 ~ 2008 年
		（1）	（2）	（3）
石油及加工	23	20.6	42.1	21.5
金属制品	2 728	15.4	25.4	10.0
电气及电子器材	30 ~ 33	22.1	31.2	9.1
化学原料及制品	24	15.3	24.0	8.8
机械制造	29	14.8	21.5	6.8

续表

行业	ISIC rev3	1995 年	2008 年	1995 ~ 2008 年
		(1)	(2)	(3)
交通运输设备	3 435	16.2	21.6	5.4
非金属矿物制品	26	10.8	16.1	5.3
橡胶及塑料制品	25	17.9	23.2	5.2
造纸及纸制品	2 122	14.4	18.1	3.8
食品、饮料	1 516	8.4	11.3	3.0
木材加工及制品	20	16.0	15.9	-0.2
废品及其他制造	3 637	15.3	14.3	-1.0
纺织服装	1 718	17.6	15.2	-2.4
皮革制品	19	18.7	15.9	-2.9
总体		14.9	21.2	6.3

说明：总体表示制造业总体全球化程度，按照各行业的最终产出为权重计算的加权平均值；第（3）列 2008 ~ 1995 表示 2008 年减去 1995 年相应指数的差额，下表同。第（3）列数值为正说明行业考察期内全球化程度增强，为负则表示本地化程度增强，行业按照第（3）列降序排列。

资料来源：作者根据 2013 年 11 月发布的 WIOT（http://www.wiod.org/new_site/data.htm）数据计算而得。下表同。

（2）中国制造业全球化程度普遍较低，增速低于世界平均增长水平①。图 1 ~ 图 3 分别表示中国制造业和世界制造业 1995 和 2008 年全球化程度以及增长比较。其中世界制造业 FVAS 指数根据 40 个国家和地区各行业 FVAS 指数按照各行业分别占世界行业的最终产出比重加权平均得到，行业按照中国制造业 FVAS 指数的降序排列。图 1 和图 2显示，1995 年和 2008 年中国大部分制造业行业的全球化程度低于世界平均水平。其中 1995 年中国电气与电子器材、木材加工及制品、纺织服装和皮革制品 4 个行业全球化程度超过世界平均水平，这 4 个制造业行业也是中国主要的加工贸易出口行业；2008 年仅

① 这是一个与通常认识不太一致的结论。常用的全球化程度主要以一国货物和服务进出口总额占 GDP 比重来度量（刘玉玫和张芃，2004），但以此指标来度量结果较高。而本文主要是基于一国最终产品总产出中国外增加值的比重来度量。低于世界平均水平的结论并不背离实际，一方面由于中国最终产品总产出规模较大；另一方面虽然中国已是世界上第二大进口国，但国内中间品供给比例也较高；还有一个重要原因是本文世界平均水平是基于 40 个国家的加权平均，由于这 40 个国家涵盖了全球主要发达国家（如欧盟 27 国，美国、日本、韩国等）及开放程度较高的金砖国家（俄罗斯、巴西、印度等国），相应的加权指数水平高于中国，这一结论恰好印证了中国处于发展中国家行列，这一实际也反映了进一步扩大对外开放的需求。

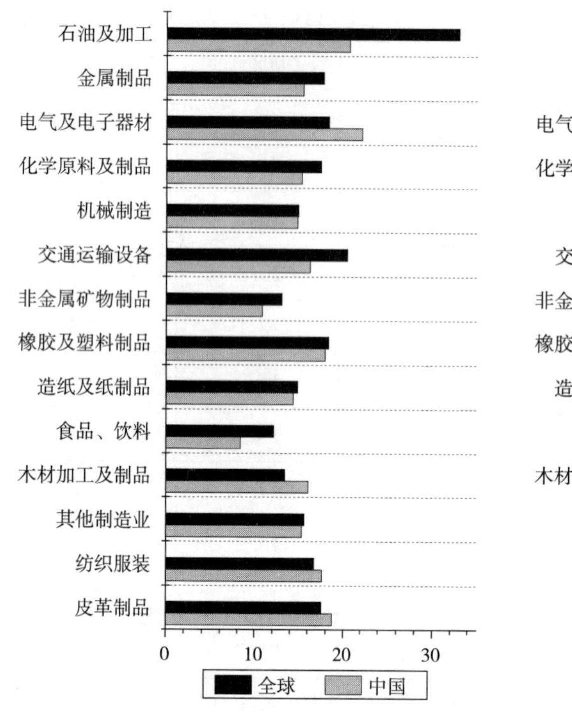

图1 1995 年世界和中国制造业 FVAS 指数比较

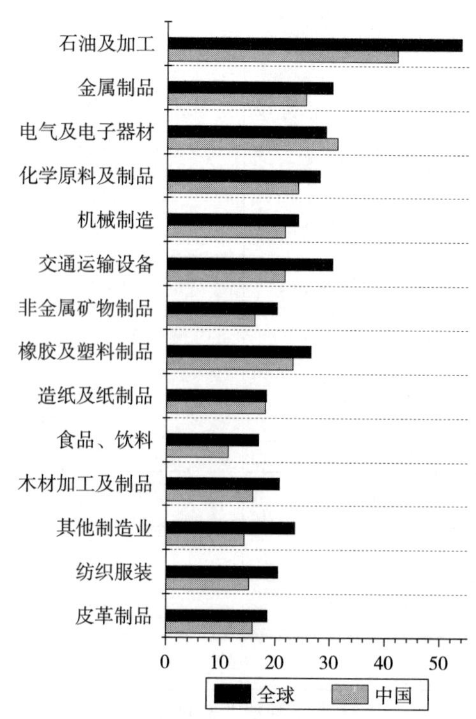

图2 2008 年世界和中国制造业 FVAS 指数比较

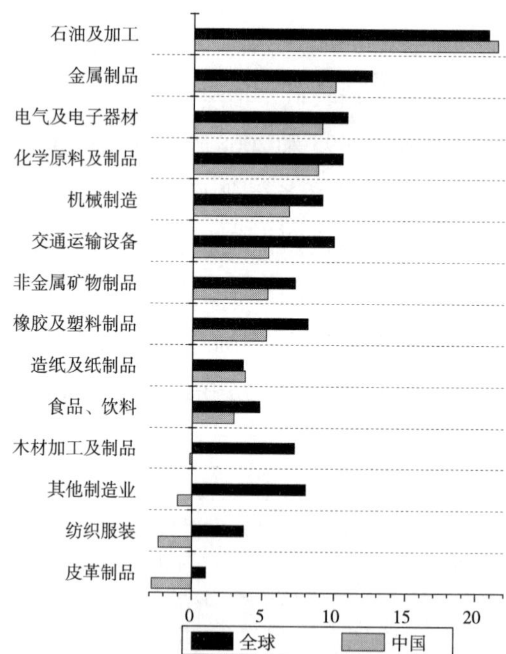

图3 1995 ~ 2008 年世界和中国制造业 FVAS 指数增长比较

有电气与电子器材行业高出世界平均水平。图 3 显示从 1995 ~ 2008 年中国大部分制造业行业 FVAS 指数增长均低于世界平均水平，只有石油及加工行业增速一枝独秀，增长高于世界平均水平，这一方面说明中国当前对外开放的力度还不够大，亟须进一步地扩大开放尤其是中间品进口；另一方面也凸显中国日益增长的能源和初级资源进口依赖。全球化程度越高，意味着生产所需要的中间品和零部件更多的依赖进口，进口中间品通常具有成本低，质量高和多元化的特点，在一定程度上可以降低企业生产成本，提升产品质量，在国际竞争中占据有利地位。

(3) 考察期内中国制造业行业全球化程度呈现先增大后减小的“倒 U”型趋势，金融危机对中国制造业全球化程度造成了较大的负面影响。图 4 ~ 图 6 分别展示了按要素密集度划分的 1995 ~ 2011 年中国制造业分行业全球化程度的演进趋势。可以看到不同要素密集度制造业行业的全球化程度演进路径大多经历了先增大后减小的“倒 U”型趋势，但又存在一定的差异性，根据重要时点分三个时间段来分别考察。

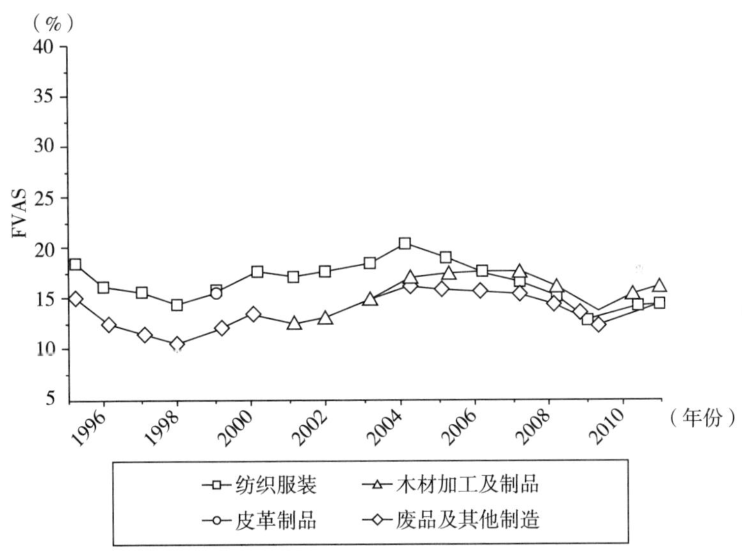

图 4　1995 ~ 2011 年劳动密集型制造业 FVAS 指数趋势

第一，1995 ~ 2000 年加入 WTO 前中国制造业行业全球化指数呈现先减小后增大的趋势。这主要是受 1997 年亚洲金融危机影响，制造业的进口受到阻碍，在 1998 年达到低点，之后陆续回升，这一时期中国制造业全球化程度的下降主要受所在区域内经济环境的影响，似乎中国 GVCs 受区域性因素影响更大。在行业差异上，劳动密集型制造业下降趋势较为明显，尤其是木料加工及制品和废品及其他制造业两个行业下降幅度

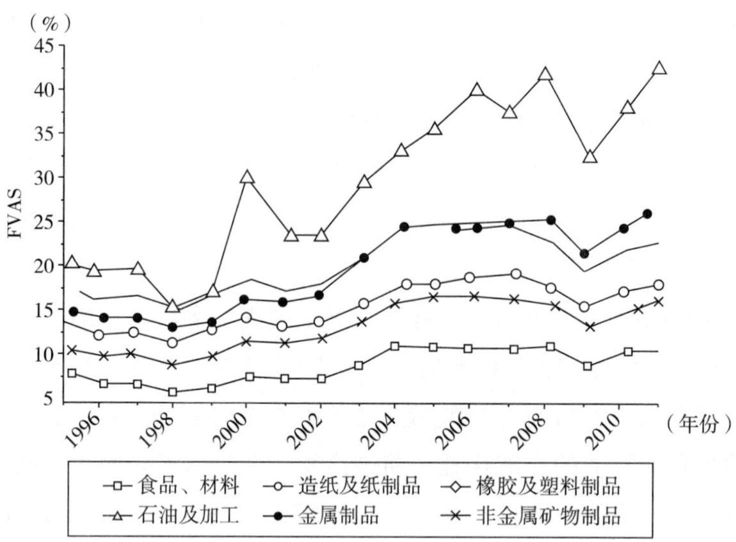

图 5　1995～2011 年资本密集型制造业 FVAS 指数趋势

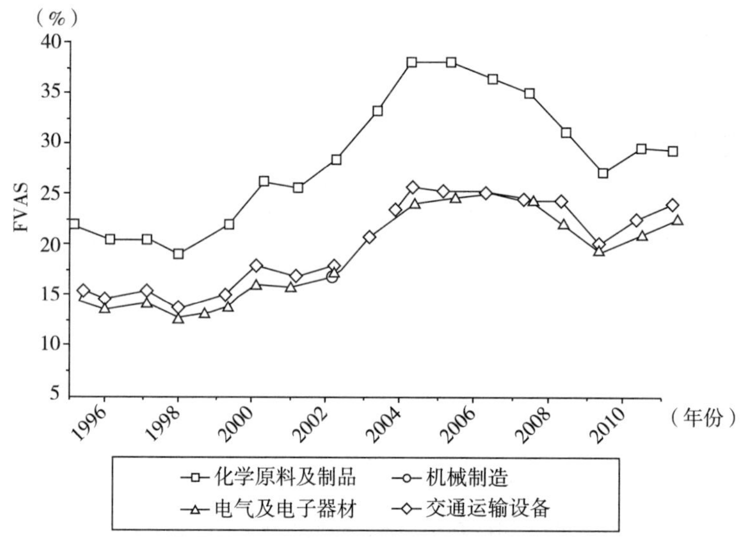

图 6　1995～2011 年知识密集型制造业 FVAS 指数趋势

最大，资本密集型制造业内部行业差异较大，知识密集型制造业受到影响相对较小。

第二，2001～2006 年中国正式加入 WTO 后几乎所有制造业行业全球化程度迅速提升，整体 FVAS 指数从 2001 年的 15.7% 攀升到 2006 年 23.9%，上升了 8.2 个百分点，这一时间段也是中国进出口贸易最为繁荣时期。由图 4～6 可以观察到知识密集型制造业的机电产品（包括机械制造、电气和电子机械行业）和劳动密集型制造业中的纺织服装、木料加工制品、废品和其他制造业等主要加工贸易行业在 2004 年以后全球化指数就开始逐步下降，这主要是由于 2005 年开始实行严格的加工贸易调整政策造成的，可以佐证这一时期实行的政府干预政策是切实有效的①。

第三，2007 ~ 2011 年受世界金融危机影响，中国制造业行业全球化程度呈现出与亚洲金融危机期间相似的下降趋势，2009 年达到最低点，之后缓慢复苏。这说明世界金融危机对中国制造业全球化程度造成了较大的负面影响②。

3.2 区域性与全球性

对区域性和全球性的分析基于对区域性贸易集团国家的界定。当前研究文献对“亚洲工厂”区域的划分并没有统一的界定，对其进行科学界定也是本文仔细求证的问题。越来越多的证据表明“亚洲工厂”主要发生在东亚、东南亚主要亚洲区域内，但受限于其他亚洲国家贸易数据的收集难度，现有研究大多基于贸易比重或区域内贸易往来紧密程度选取一些主要国家作为“亚洲工厂”的代表国家（林桂军和邓世专，2011），事实上“亚洲工厂”的价值链关联也主要集中在这些主要国家和地区（欧盟区域内贸易也主要发生在主要国家之间）。如若斯等（2015）将中国、日本、韩国、中国台湾作为亚洲工厂区域代表国家和地区；鲍德温和洛佩兹 - 冈萨雷斯（2015）在其基础上加上了印度、印度尼西亚和澳大利亚；此外还有一些案例的证据，如 iphone 与 ipad 的案例表明中国主要利用日本、韩国和中国台湾提供的零部件进行组装（Dedrick et al.，2010；2012）。根据以上学者研究成果，本文将东亚、东南亚等亚洲次区域国家和地区以及规模较大的印度（南亚）归为“亚洲工厂”，并选取了 6 个国家和地区作为“亚洲工厂”区域代表国家和地区，包括中国（含中国香港）、韩国、日本、中国台湾、印度、印度尼西亚，约占亚洲区域贸易额 83.2%（2008 年，数据来源于联合国贸发数据库），其中中国从 5 个国家和地区的进口比重约占从亚洲区域进口总额的 82.6%（2008 年，数据来源于联合国贸发数据库）。

根据式（24）和式（25），分别计算出基于上游延伸的中国制造业 RFVAS 指数和 GFVAS 指数，为避免区域内国家和区域外国家数量不同因素造成干扰，考察两个指标分别随时间变化趋势以及两个指标的比值变化。其中表 3 列出了 1995 和 2008 年中国制

① 罗长远和张军（2014）认为不能厘清政府干预和金融危机的影响。

② 验证了本慕斯等（Bems et al.，2010）的结论。

造业 RFVAS 指数和 GFVAS 指数的变化，图 7－9 展示了按要素密集度分类的中国制造业分行业 RFVAS 指数和 GFVAS 指数变化演进趋势。

表 3　中国制造业全球和区域全球化指数变化　单位:%

行业	RFVAS			GFVAS			GFVAS-RFVAS		
	1995 (1)	2008 (2)	2008～1995 (3)	1995 (4)	2008 (5)	2008～1995 (6)	1995 (7)	2008 (8)	2008～1995 (9)
金属制品	6.0	4.0	－2.0	6.5	12.5	6.0	0.4	8.5	8.1
石油及加工	4.9	2.1	－2.7	4.2	8.7	4.5	－0.6	6.6	7.2
纺织服装	10.2	4.1	－6.1	5.4	6.2	0.8	－4.8	2.2	6.9
造纸及纸制品	6.0	3.4	－2.6	6.1	9.1	3.1	0.0	5.7	5.7
橡胶及塑料制品	8.2	5.5	－2.7	6.3	9.2	2.9	－1.9	3.7	5.6
废品及其他制造	7.1	3.0	－4.1	5.3	6.5	1.2	－1.8	3.5	5.3
机械制造	6.4	5.3	－1.1	6.0	10.1	4.2	－0.4	4.9	5.2
木材加工及制品	6.3	2.7	－3.7	5.0	6.3	1.4	－1.4	3.7	5.0
化学原料及制品	6.0	4.3	－1.7	5.8	8.8	3.0	－0.2	4.5	4.7
交通运输设备	7.1	5.8	－1.3	6.9	10.2	3.4	－0.2	4.4	4.6
非金属矿物制品	4.4	3.0	－1.4	4.2	7.0	2.9	－0.2	4.0	4.3
电气及电子器材	10.1	10.4	0.3	8.3	12.8	4.5	－1.8	2.4	4.3
皮革制品	7.9	3.4	－4.6	7.8	7.0	－0.8	－0.1	3.6	3.8
食品、饮料	2.4	1.8	－0.6	4.2	5.1	0.8	1.8	3.3	1.4
总体	6.6	5.6	－0.9	5.8	9.2	3.3	－0.8	3.5	4.3

注：总体表示按照各行业最终产出为权重计算的加权平均值；第（3）和（6）列分别表示 2008 减去 1995 年的差额，差额为正表示全球化程度的区域性或全球性增强，若为负则表示区域性或全球性减弱；第（7）和（8）列分别表示 1995 和 2008 年 GFVAS 指数减去 RFVAS 指数的差额，差额越大表示全球性与区域性的差别也就越大；第（9）列表示 2008 年减去 1995 年 GFVAS 指数与 RFVAS 指数相应差额的差额，行业按照第（9）列值降序排列。

（1）中国制造业 GVCs 区域性逐渐减弱，全球性逐步增强。根据表 3 的第（3）列所示，中国制造业总体的 RFVAS 指数从 1995～2008 年降低了 0.9 个百分点，行业层面除电气及电子器材制造业外，其他 13 个制造业行业的增长也均为负值，这说明中国制造业 GVCs 的区域性逐步减弱，区域嵌入度在逐步下降。产业差异上，纺织服装业 RFVAS 指数降低幅度最大，达到 6.1%，降低幅度约 60%；皮革制品、废品及其他制造业以及橡胶及木材加工及制品行业的下降幅度位列其后，这说明劳动密集型制造业区域性减弱幅度都相对较大。表 3 的第（6）列显示在 RFVAS 指数下降同时，中国制造业总体 GFVAS 指数得到较大幅度的提升，这说明中国制造业 GVCs 具有越来越强的全球性导向，全球嵌入度在逐步提升。GVCs 的全球性导向增强与中国制造业行业结构特征有着密切联系。对比表 3 的第（1）~（2）列和第（4）~（5）列，可以发现劳动密集型制造业 RFVAS 指数相对较高，而资本密集型制造业 GFVAS 指数相对较高，这就意味着劳动密集型制造业 GVCs 区域性导向较强，而资本密集型制造业 GVCs 的全球性较强。中国劳动密集型制造业主要以加工贸易为主，而跨国公司更倾向于将产品组装环节靠近产品终端市场，这会导致零部件供应商在中国这个最后组装地周围区位（如日本、韩国等主要加工贸易来源国）集聚以形成规模经济，这种以中国为“中心”的“亚洲工厂”模式会导致中国劳动密集型制造业 GVCs 呈现出较强的区域性导向；随着中国加入 WTO，贸易成本降低和外商直接投资井喷带动中国资本密集型制造业迅速发展，同时技术进步带来运输成本大幅降低和信息技术的迅速发展削弱了地理距离和区域同盟对国际贸易的影响，导致中国制造业 GVCs 的全球性得到较大的扩展。除此之外，中国频繁收紧加工贸易政策也是导致区域性减弱的一个重要因素。

（2）中国制造业 GVCs 全球性扩张的速度远高于区域性。表 3 的第（9）列显示 GFVAS 指数增长额减去 RFVAS 指数增长额差额显著不为负，说明中国制造业 GVCs 全球性嵌入扩张速度幅度远高于区域性嵌入，这个结论也可以从表 3 的第（7）~（8）列数值对比得出。本文虽然考虑到区域性和全球性国家数量的差异，从而直接比较两者的指数大小会导致结论准确性出现偏差，但从 1995 年和 2008 年两者差额的符号对比能够带来更直观的一些结论，表 3 的第（7）列结果显示 1995 年大部分制造业行业的 GFVAS 指数减去 RFVAS 指数的差额为负，而 2008 年的差额符号全部为正，这更直观地佐证了前面得出的结论。在行业差异上，金属制品和石油及加工两个资本密集型制造业全球性嵌入扩张较为突出，知识密集型制造业行业劳动密集型行业扩张度相对较低。

（3）考察期内中国制造业行业 GVCs 全球性经历了迅速扩张，不同密集度制造业行业扩展路径具有差异性。基于上游延伸的中国制造业行业 GVCs 全球性和区域性变化演进趋势分析。图 7 ~ 图 9 分别展示了按要素密集度划分的中国制造业分行业 GVCs 全球性与区域性指数比值的演进趋势。根据其演进趋势，同样分三个时间段来分别考察。

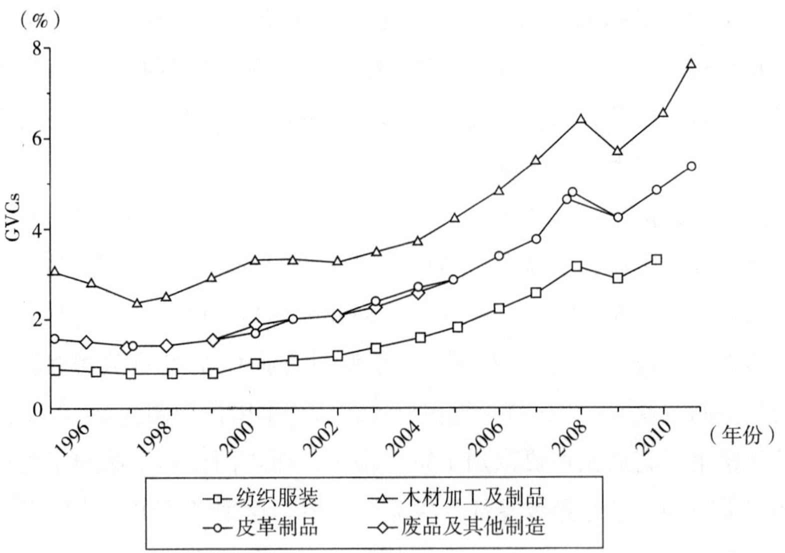

图 7　1995～2011 年劳动密集型制造业 GFVAS/RFVAS

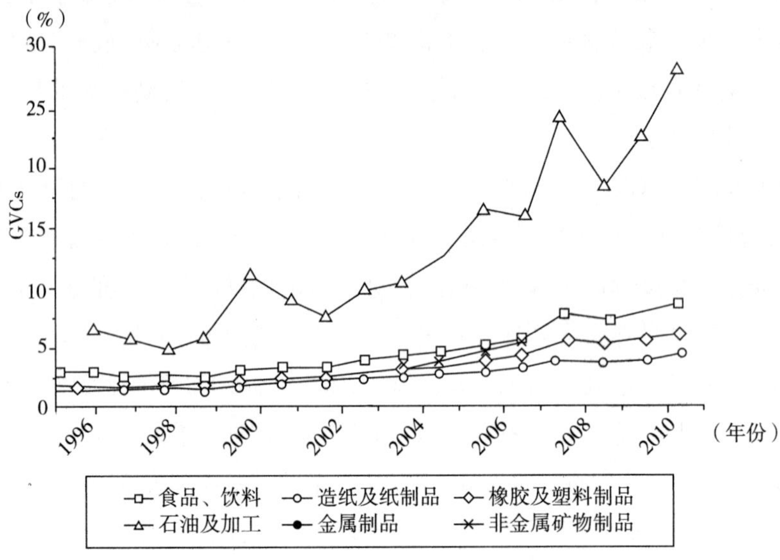

图 8　1995～2011 年资本密集型制造业 GFVAS/RFVAS

第一，1995～2000 年中国制造业行业 GVCs 全球性与区域性指数比值也呈现出轻微下降后稳步上升的趋势，1997 年的亚洲金融危机是分割点。这说明在亚洲金融危机前，中国制造业行业 GVCs 更趋向于区域性，而金融危机之后则更趋向于全球性。但由于缺乏 1997 年之前更长时间数据佐证，无法证实金融危机前区域性趋势是短暂性的还是长期性的。其中劳动密集型制造业行业在这一阶段的比值全部小于 1，尤其纺织服装行业的比值在 0.5 左右，是典型的区域性 GVCs 布局，这证实了前期加工贸易区域性特征。

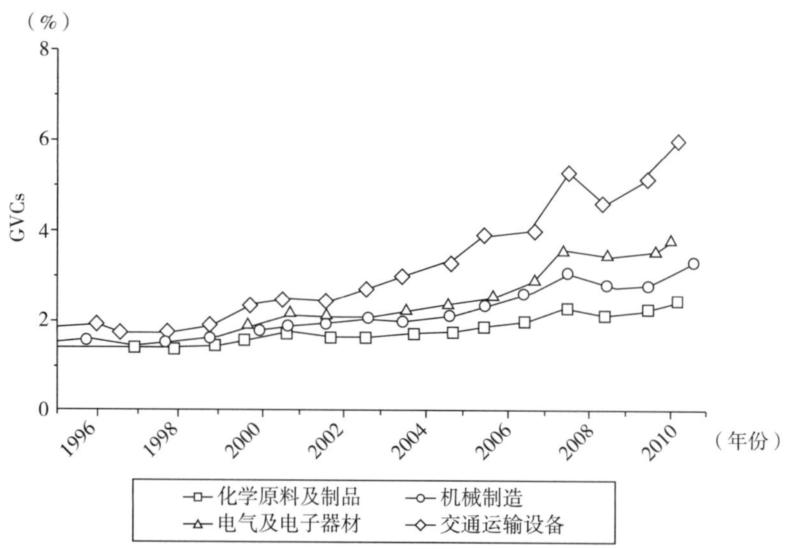

图 9　1995～2011 年资本密集型制造业 GFVAS/RFVAS

第二，2001～2008 年是中国所有制造业行业 GVCs 全球性迅速扩张的阶段。由图 7～图 9可以观察这一时间段到 GFVAS 指数与 RFVAS 指数比值上升速度较快，GVCs 全球性迅速扩张。与大部分制造业行业的 FVAS 指数在 2006 年达到最高点（见图 4～图 6）不同的是，比重在 2006 年还经历了上升，在 2008 年达到最高点。同时在行业层面，虽然上升速度差别不太明显（电气与电子器材行业上升速度较为缓慢），但不同行业上升路径却有所区别：劳动密集型制造业等主要加工贸易出口行业主要是 GFVAS 指数的缓慢上升伴随着 RFVAS 指数的迅速下降；而资本密集型制造业和主要的知识密集型行业（除电气与电子器材行业①）则是 GFVAS 指数的迅速上升和 RFVAS 指数的缓慢下降。值得注意的是，石油加工行业比值急速攀升，反映了中国这一时期经济高速增长对国外能源和资源的高度依赖。

第三，2009～2011 年世界经济危机期间中国制造业行业全球性与区域性指数比值迅速下降，之后较快回升，2011 年这一比重已超过 2008 年的最高值。随着产业链分工细化，一国为形成比较优势，会更加专注在 GVCs 的某一个生产环节。运输成本的降低和信息技术的发展会促使一国在更大的范围内进行选择，进口更多更高品质的国外中

① 电气与电子器材行业的变化趋势是 GFVAS 指数缓慢上升伴随着 RFVAS 指数的震荡调整。

间品以提升产品质量和竞争力，导致 GVCs 会越来越趋向于全球性，预期后期这一比值会继续上升。这一阶段与亚洲金融危机期间下降路径大致相同，导致 GFVAS 指数和 RFVAS 指数双双下降，GFVAS 指数相对下降幅度更大一些，因此造成全球性与区域性比值下降。因此不论是区域性金融危机还是全球性经济危机都会影响 GVCs 全球化扩张。

3.3　基于直接嵌入和间接嵌入的中国制造业 GVCs 地域特征变化机制

为进一步分析中国制造业 GVCs 地域特征变化机制，根据式（27）~式(30）测算了直接嵌入和间接嵌入变化情况，见表 4。

表 4　中国制造业直接嵌入与间接嵌入占比及变化　单位:%

行业	2008 ~ 1995 年指数变化			2008 ~ 1995 年指数变化			2008 年占比	
	RDFVAS 变动	第一项变动	RIDFVAS 变动	GDFVAS 变动	第一项变动	GIDFAVS 变动	RDFVAS 第一项占比	GDFVAS 第一项占比
	(1)	(2)	(3)	(4)	(5)	(6)	(7)	(8)
金属制品	-2.2	-2.1	0.2	5.4	5.0	0.6	92.8	89.6
石油及加工	-2.9	-2.8	0.2	3.7	3.3	0.8	91.3	87.1
机械制造	-1.3	-1.3	0.2	3.3	2.8	0.8	91.5	84.3
造纸及纸制品	-2.8	-2.7	0.1	2.7	2.3	0.4	92.2	86.4
交通运输设备	-1.5	-1.5	0.2	2.6	2.0	0.8	92.3	81.8
电气及电子器材	-0.3	-0.6	0.5	2.4	1.7	2.1	89.0	80.3
非金属矿物制品	-1.5	-1.5	0.1	2.4	2.1	0.5	92.1	86.1
化学原料及制品	-1.9	-1.8	0.2	2.1	1.7	0.9	91.2	83.6
橡胶及塑料制品	-2.9	-2.8	0.2	2.1	1.6	0.8	91.3	81.8
木材加工及制品	-3.6	-3.5	-0.0	1.4	1.3	-0.1	92.3	85.4
废品及其他制造	-4.1	-3.9	0.0	1.2	1.1	-0.0	92.1	85.8
纺织服装	-6.2	-5.8	0.1	0.9	0.8	-0.1	93.0	84.6
食品、饮料	-0.7	-0.6	0.1	0.5	0.4	0.3	93.1	87.5

续表

行业	2008～1995 年指数变化			2008～1995 年指数变化			2008 年占比	
	RDFVAS 变动	第一项变动	RIDFVAS 变动	GDFVAS 变动	第一项变动	GIDFAVS 变动	RDFVAS 第一项占比	GDFVAS 第一项占比
	(1)	(2)	(3)	(4)	(5)	(6)	(7)	(8)
皮革制品	-4.6	-4.3	-0.0	-0.6	-0.6	-0.2	93.1	85.9
总体	-1.2	-1.3	0.3	2.3	1.8	1.0	91.6	83.8

注：总体表示制造业总体按照各行业的最终产出为权重计算的加权平均值；第（2）和（5）列分别表示 RDFVAS 指数、GDFVAS 指数的第一项变动，第二项变动可以通过 RDFVAS 以及 GDFVAS 指数变动数值分别减去第一项变动得到。第一项和第二项的区分见式（27）脚注；第（7）～（8）列分别表示 2008 年 RDFVAS 指数第一项占 RFVAS 指数、GDFVAS 指数第一项占 GFVAS 指数比重。行业按照第（4）列降序排列。

（1）区域直接嵌入度下降是中国制造业 GVCs 区域性减弱的主因，区域性间接嵌入程度却有所提升。由表 4 的第（1）～（3）列可以发现，1995～2008 年中国制造业总体 GVCs 区域直接嵌入指数（RDFVAS 指数）下降了 1.2%，其中第一项下降 1.3%，第二项上升 0.1%[①]，比区域性指数 RFVAS 下降的幅度稍大（制造业总体区域性 RFVAS 指数下降值为 0.9%，见表 3 的第（3）列），同时区域间接嵌入指数（RIDFVAS 指数）上升了 0.3%。这说明分析期内中国制造业 GVCs 区域性减弱主要是由于中国自身相对减少了“亚洲工厂”国家的增加值引发的。而 RIDFVAS 指数的上升表明，由于区域外 34 国提高对“亚洲工厂”区域国家的国外增加值，从而间接提升了中国最终产品中的区域性国家的国外增加值比重。在产业差异上，木材加工及制品、皮革制品业等劳动密集型制造业的不论 RDFVAS 指数还是 RIDFVAS 指数变化都为负；值得一提的是，电气与电子器材制造业 RDFVAS 指数总体为负，是所有行业中而指数 RDFVAS 指数变化最小的一个部分，其中第一项变化为负，而第二项为正，表明直接嵌入指数中来自区域内国家的间接增加值比重有所上升，但其区域性总体仍在下降，这说明中国电气与电子器材制造业与“亚洲工厂”区域国家的贸易模式正发生着悄然改变，中国电气与电子器材制造业一方面从“亚洲工厂”国家直接进口的中间投入品中包含着越来越少的直接增加值，而从区域内国家的中间品进口中却包含着越来越多的区域内其他国家的增加值。另一方面也说明电气与电子器材制造业的产品精细化，价值链链条

① 由于表格容量，指数第二项的变动未列出，可以通过 RDFVAS 指数变动数值减去 RDFVAS 指数第一项变动得到，下文的 GDFVAS 变动的第二项按照同样的方式处理。

较长。

（2）中国制造业全球性增强的主因是全球直接嵌入程度的上升。由表 4 的第（5）~（8）列可以发现，1995 ~ 2008 年中国制造业总体 GVCs 的 GDFVAS 指数上升了 2.3%，指数第一项和第二项变化均为正；GIDFVAS 指数上升了 1.0%，小于 GDFVAS 指数变化幅度。表明中国制造业全球性增强主要是全球性直接嵌入程度的上升。这说明中国制造业全球嵌入度的提高主要是中国自身扩展了“亚洲工厂”区域外国家的国外增加值来源，同时也受益于这些国家尤其是 EU 国家和 NAFTA 国家非常密切的贸易往来导致对贸易集团内国家国外增加值的提升，间接的拓展了中国的全球性国外增加值来源。在产业差异上，除皮革制品行业的 GDFVAS 指数与 GIDFVAS 指数下降外，其他行业均上升，这说明皮革制品行业进口国外中间品的比重正逐步减少；木材加工及制品、废品及其他制造、纺织服装等劳动密集型制造业的 GDFVAS 指数在上升，GIDFVAS 指数在下降，且上升的幅度远大于下降的幅度，这主要是由于这些行业所需技术水平相对较低，价值链链条相对较短造成的。电气与电子器材和食品饮料行业的 GDFVAS 第一项指数上升的幅度小于第二项指数（分别为 0.7%、0.3%），尤其是电气与电子器材的第二项指数上升的幅度（0.7%）在所有行业当中是最高的，尤其是 GIDFAVS 指数变动的变动幅度非常之大，充分说明电气与电子器材行业的全球化程度越来越高。

（3）中国制造业 GVCs 仍然以直接嵌入方式为主。由表 4 的第（7）~（8）列可以看到，中国制造业总体 GVCs 的 RDFVAS 第一项/RFVAS 比值和 GDFVAS 第一项/GFVAS 比值分别为 91.6% 和 83.8%，这说明中国制造业 GVCs 仍然是直接嵌入方式为主，体现在国家双边贸易中的国外直接增加值来源仍是中国制造业 GVCs 国外增加值的主要来源，同时区域性直接增加值来源比重大于全球性直接增加值来源比重。

3.4 基于产品和服务（功能）嵌入的中国制造业 GVCs 地域特征变化机制

本文根据式（31）~（34）测算了产品和服务（功能）嵌入的中国制造业分行业全球性和区域性的变化，结果见表 5。

（1）区域产品嵌入度下降是中国制造业 GVCs 区域性减弱的主因。由表 5 的第（1）~（2）列可以发现，1995 ~ 2008 年中国制造业总体的 GVCs 区域性指数下降了 0.9%（见表 3 的第（3）列），其中 RPFVAS 指数下降了 0.8%，而 RSFVAS 指数只下降了 0.1%。说明分析期内中国制造业 GVCs 区域性减弱的主因是区域内进口产品增加值比重下降，而进口服务增加值比重的下降也有较小部分的贡献。这一结果反映出中国制造业分工中区域内关键零部件等中间产品嵌入，以及包括研发、设计和物流等服务嵌入比重均呈现下降趋势。同时，单纯从“微笑曲线”的功能架构角度来分析中国价值链分工地位以及价值链提升问题较为片面。产业结构差异上，纺织服装、皮革制品等劳动密集型制造业区域性产品嵌入度和服务（功能）嵌入度下降的幅度均较大。值得注意的是，电气及电子器材区域性指数上升主要是由于 RSFVAS 指数的上升造成的，这说明电气及电子器材越来越依赖区域性的研发和设计等服务进口。

表 5　　产品和服务（功能）嵌入的中国制造业全球和区域全球化指数变化　　单位:%

行业	2008 ~ 1995 年		2008 ~ 1995 年		RSFVAS/RPFVAS		GSFVAS/GPFVAS	
	RPFVAS	RSFVAS	GPFVAS	GSFVAS	1995 年	2008 年	1995 年	2008 年
	(1)	(2)	(3)	(4)	(5)	(6)	(7)	(8)
金属制品	-1.3	-0.7	3.6	2.5	49.4	48.0	68.6	69.2
石油及加工	-2.3	-0.5	2.1	2.4	34.8	57.8	96.9	104.6
纺织服装	-4.4	-1.8	0.0	0.8	46.4	57.3	73.5	99.7
造纸及纸制品	-1.9	-0.7	0.9	2.2	46.0	55.0	74.9	108.0
橡胶及塑料制品	-2.1	-0.7	1.1	1.8	46.5	54.2	75.8	97.5
废品及其他制造	-2.9	-1.2	0.3	0.9	46.1	55.2	77.5	98.1
机械制造	-0.8	-0.3	2.0	2.1	48.9	53.1	71.1	83.8
木材加工及制品	-2.7	-0.9	0.6	0.7	41.4	53.3	82.2	88.8
化学原料及制品	-1.3	-0.4	1.1	1.9	47.3	54.0	77.1	100.5
交通运输设备	-1.0	-0.3	1.4	2.0	47.6	52.9	67.5	86.9
非金属矿物制品	-1.0	-0.4	1.4	1.5	48.9	54.8	81.4	92.1
电气及电子器材	-0.2	0.4	2.1	2.5	47.1	54.8	71.2	85.4
皮革制品	-3.2	-1.4	-0.8	-0.0	48.3	55.8	75.3	91.4
食品、饮料	-0.4	-0.2	0.1	0.7	50.7	51.5	67.0	92.2
总体	-0.8	-0.1	1.5	1.8	48.2	53.8	71.5	89.3

注：总体表示制造业总体按照各行业最终产出为权重计算的加权平均值；第（5）~（8）列分别表示 1995 和 2008 年区域性的 RSFVAS 与 RPFVAS 指数、全球性的 GSFVAS 与 GPFVAS 指数比值。

（2）全球服务（功能）嵌入程度上升是中国制造业 GVCs 全球性增强的主因。表 5 的第（3）~（4）列显示，1995 ~ 2008 年中国制造业总体 GVCs 全球性指数上升了约 3.32%（见表 3 的第（6）列），GPFVAS 指数上升了 1.48%，而 GSFVAS 指数上升了

1.84%，与区域性减弱原因不同的是，服务嵌入指数贡献了全球性指数上升的55.4%。这说明全球服务增加值比重上升是中国制造业GVCs全球性增强的主要原因，但同时全球性产品增加值进口的贡献不容小觑。行业全球性服务（功能）嵌入度提升的主要原因归结于中国加入WTO后国际市场扩大和外商直接投资准入放宽。一方面，更大的国际市场吸引中国制造业企业在全球范围内寻找优质中间供应商，交易成本和运输费用降低使得与更远距离的中间品供应商合作日益紧密，导致从亚洲区域外的中间品进口比重增加；另一方面，全球范围内FDI涌入中国，亚洲外国家和地区1995年对中国直接投资占比仅为18.3%，而2008年这一比重上升到48%①，而外商投资的制造企业更加倾向于进口中间品和外包服务，尤其是基于对关键环节控制以及服务活动的规模经济更倾向于从母国进口外包服务，导致从亚洲区域外的科学技术与管理经验等进口服务的比重也逐渐增大，同时伴随着中间品进口的国外运输、物流等服务进口也是服务进口比重增大的一个原因（如石油及加工行业）。

（3）产品嵌入仍然是中国制造业GVCs主要嵌入方式，服务（功能）嵌入有较大提升。由表5的第（5）~（8）列可以看到，中国制造业总体GVCs服务（功能）嵌入指数仍然低于产品嵌入指数。这说明中国中间品的进口主要以产品中间品的进口为主，产品嵌入依然是中国制造业GVCs的主导方式。RSFVAS指数与RPFVAS指数比值由1995年的48.19%提高到2008年的53.77%，而GSFVAS指数与GPFVAS指数比值由71.45%提高到89.25%，这说明不论区域性还是全球性，服务（功能）嵌入提升的幅度大于产品嵌入提升的幅度，但两者提升的机制却有所差别，前者是由于中国制造业从“亚洲工厂”区域内进口产品中间品的比重下降幅度大于进口增值服务的下降幅度，而后者是由于从全球区域国家进口产品中间品上升幅度小于进口增值服务的上升幅度。

4 结论和政策建议

本文主要聚焦于基于上游延伸的GVCs集聚化和离散化特征，并试图分析中国GVCs地域分布特征及变化机制。文章首先基于GVCs分解思路，尝试构建了反映一国行业层面基于产品和服务（功能）嵌入的GVCs地域特征分析框架，然后利用WIOTs数据全面刻画基于上游延伸的中国制造业GVCs区域性和全球性地域分布特征，并结合直接和间接嵌入以及产品和服务嵌入双重视角分析了其变化机制。主要结论和启示

① 数据来源于1995年和2008年《中国统计年鉴》，国家统计局和商务部网站，作者计算而得。

如下：

第一，中国制造业 GVCs 全球化程度日趋提升，但仍低于世界平均水平。分析结果显示中国制造业整体 GVCs 本地化程度降低，全球化程度提高。与世界平均水平相比，不论中国整体制造业还是分行业 GVCs 全球化程度和全球化程度扩张速度均普遍较低，中国制造业参与国际分工有待进一步提升。传统生产体系下，一国努力扩大出口，限制进口，争取更多的贸易顺差，在 GVCs 生产体系下，这将导致 GVCs 本地化程度高居不下，不利于发挥进口中间品的价格效应和生产率效应，阻碍出口产品竞争力的提升。因此，政府要转变思路，立足于 GVCs 视角，进一步扩大开放力度，降低进口中间产品和服务关税水平，鼓励企业进口优质中间品和服务，找准定位，积极融入 GVCs 国际生产体系，提高企业产品国际竞争力。

第二，中国制造业 GVCs 具有较强的全球性偏向。中国制造业全球化程度的区域性逐渐减弱，全球性逐步增强，二者之间的差距呈现较强的离散趋势。GVCs 全球性偏向则意味着融入全球性的 GVCs 生产体系，一方面有利于扩大进口中间品的种类，发挥新进口中间品复合机制效应，得到更多更好的中间品，对企业产品创造会产生强烈的正面效应；另一方面利于整合全球资源，更有效地降低贸易成本，避免对区域经济发展的单一依赖，减小区域性经济危机的影响，增强价值链的连通性和稳定性。因此从政策层面加快跨区域双边和多边贸易合作谈判步伐对提升中国制造业 GVCs，增强国际竞争力显得愈加重要。截止到 2015 年 12 月，中国已签署的自贸协定达 1214 个，共涉及 2022 个国家和地区。一方面，要进一步强化已签订的自贸协定，建立 GVCs 对接，同时可以依托“一带 路”，加强 32 个海上丝绸之路国家和 47 个陆上丝绸之路经济带国家的 GVCs 关联，尽快启动“一带一路”沿边国家贸易合作谈判，扩展 GVCs 嵌入范围和嵌入渠道。

第三，直接嵌入和产品嵌入是中国制造业 GVCs 主要嵌入方式，也是全球性和区域性特征演变的主导因素。基于双重嵌入视角分解结果显示，一方面，区域性直接嵌入程度下降是中国制造业 GVCs 区域性减弱的主因，全球性直接嵌入程度的上升则是全球性增强的主要原因，说明中国制造业全球嵌入度提高主要是中国自身扩展了“亚洲工厂”区域外国家增加值来源；另一方面，中国制造业 GVCs 区域性减弱主要是由于区域产品嵌入度的下降造成的，而全球服务嵌入度上升则全球性增强的主因，服务（功能）嵌入仍需提升。这就意味着中国制造业 GVCs 嵌入方式主要沿着产品链条，在制定全球性的价值链攀升策略时，应更多地从产品嵌入角度着手，而不仅仅只瞄准传统价值链“微笑曲线”的服务（功能）链条；同时更多有效的进口服务便利化措施也是解决中国制造业 GVCs 服务嵌入提升动力不足问题的关键。

参考文献

[1] 宾建成 . 新国际分工体系下中国制造业发展方向与对策 [J]. 亚太经济 2013 (1).

[2] 林桂军，邓世专 . 亚洲工厂及关联度分析 [J]. 世界经济与政治 2011 (11).

[3] 刘维林 . 产品架构与功能架构的双重嵌入——本土制造业突破 GVC 低端锁定的攀升途径 [J]. 中国工业经济 2012 (1).

[4] 刘维林 . 中国式出口的价值创造之谜：基于全球价值链的解析 [J]. 世界经济 2015 (3).

[5] 刘玉玫，张芃 . 经济全球化程度的量化研究 [J]. 统计研究 2004 (12).

[6] 罗长远，张军 . 附加值贸易：基于中国的实证分析 [J]. 经济研究 2014 (6).

[7] 马涛 . 全球价值链下的产业升级：基于汽车产业的国际比较 [J]. 国际经济评论 2015 (1).

[8] 裴长洪 . 我国"世界工厂"地位与培育国际竞争新优势 [J]. 对外经贸实务 2013 (5).

[9] 盛斌，陈帅 . 全球价值链如何改变了贸易政策：对产业升级的影响和启示 [J]. 国际经济评论 2015 (1).

[10] 邢予青 . 国际分工与美中贸易逆差：以 iPhone 为例 [J]. 金融研究 2011 (3).

[11] Baldwin, R. E. and Lopez-Gonzalez, J. "Supply-chain Trade: A Portrait of Global Patterns and Several Testable Hypotheses." The World Economy, 2015, 38 (11), pp. 1682 – 1721.

[12] Bems, R.; Johnson, R. C. and Yi, K. – M. "Demand spillovers and the collapse of trade in the global recession." IMF Economic review, 2010, 58 (2), pp. 295 – 326.

[13] Costinot, A.; Vogel, J. and Wang, S. "An elementary theory of global supply chains." The Review of Economic Studies, 2013, 80 (1), pp. 109 – 144.

[14] Dedrick, J; Kraemer, K. L. and Linden, G. "Who profits from innovation in global value chains?: a study of the iPod and notebook PCs." Industrial and Corporate Change, 2010, 19 (1), pp. 81 – 116.

[15] Dietzenbacher, E.; Los, B.; Stehrer, R.; Timmer, M. and De Vries, G. "The construction of world input-output tables in the WIOD project." Economic Systems Research, 2013, 25 (1), pp. 71 – 98.

[16] Estevadeordal, A.; Blyde, J. and Suominen, K. "Are Global Value Chains Really Global? Policies to Accelerate Countries' Access to International Production Networks." Inter-American Development Bank, Washington, D. C. 2012.

[17] Grossman, G. M. and Rossi-Hansberg, E. "Trading tasks: A simple theory of offshoring." National Bureau of Economic Research Working Paper No. w12721, 2006.

[18] Johnson, R. C. and Noguera, G. "Accounting for intermediates: Production sharing and trade in

value added." Journal of International Economics, 2012, 86 (2), pp. 224 – 236.

[19] Koopman, R.; Wang, Z. and Wei, S. – J. "Tracing Value-Added and Double Counting in Gross Exports." The American Economic Review, 2014, 104 (2), pp. 459 – 494.

[20] Kraemer, K.; Linden, G. and Dedrick, J. "Capturing value in Global Networks: Apple's iPad and iPhone." Working Paper, http://pcic.merage.uci.edu/papers/2011/value_ iPad_ iPhone pdf. 2011.

[21] Los, B.; Timmer, M. P. and Vries, G. J. "How global are global value chains? A new approach to measure international fragmentation." Journal of Regional Science, 2015, 55 (1), pp. 66 – 92.

[22] Mattoo, A.; Wang, Z and Wei, S. – J. "Measuring Trade in Value Added when Production is Fragmented across Countries: An Overview". Trade in value added: Developing new measures of cross-border trade (pp. 1 - 16), Washington, DC: International Bank for Reconstruction and Development/World Bank. 2013.

[23] Stehrer, R.; Foster, N. and De Vries, G. "Value added and factors in trade: A comprehensive approach." The Vienna Institute for International Economic Studies working paper No. 80, 2012,

[24] Sturgeon, T.; Van Biesebroeck, J. and Gereffi, G. "Value chains, networks and clusters: reframing the global automotive industry." Journalo feconomic geography, 2008, 8 (3), pp. 297 – 321.

[25] Timmer, M. P.; Erumban, A. A.; Los, B.; Stehrer, R. and De Vries, G. "Slicing up global value chains." TheJournalof Economic Perspectives, 2014, 28 (2), pp. 99 – 118.

[26] Wang, Z.; Wei, S. – J. and Zhu, K. F. "Quantifying International Production Sharing at the Bilateral and Sector Level." National Bureau of Economic Research Working Paper No. w19677, 2013.

[27] Yi, Z. "Made in China-New, Improved and Stronger than ever." The Economist, 2015 (3).

China's Manufacturing GVCs Geographical Characteristics and the Mechanism of Change: Based on Upstream Extension

Fan Zijie Zhang Yabin Peng Xuezhi

Abstract From the decomposition methods of GVCs (Global Value Chains), this paper provides a comprehensive analytical framework based on the upstream extension which reflects the regional and the global characteristics of global value chain on the industry level. Using WIOTs data, this paper elaborates the geographic feature and the mechanism of the upstream extension for China's manufacturing industry from 1995 to 2011. The result shows that the globalization of China's manufacturing industry GVCs is increasingly promoted, but the degree and speed of extension are still both below the world average level; Geographically, the global tendency of China's manufacturing industry global value chains is reinforced, and the global extension speed is much higher than the regional extension speed. The role of geographical borders and regional trade organizations has weakened; The direct and the product embedding are the major ways of embedding into global value chains, but also the dominant factors of changes in global and regional characteristics.

Key words GVCs, geographical characteristics, upstream extension, foreign value added

中国总需求结构持续失衡的空间经济学解释*

——来自城市面板数据的证据

李辉文　左　翔　欧定余**

摘　要　人口规模越大的城市，其基础设施的利用效率越高，而城市投资率越低。按东部地区和中西部地区子样本回归，发现城市人口规模扩张对降低投资率的效应在东部和中部地区是显著的，而在西部地区不显著。这一结果在控制一系列变量和城市固定效应之后依然高度显著。这意味着从推动宏观经济层面总需求结构的合理调整出发，有必要改革现行控制城市规模人口的政策取向，尤其应当放松对东部地区和中部地区城市人口规模增长的限制，以促进中国经济在新常态下平衡、协调、可持续快速健康发展。

关键词　城市化；城市规模；投资率

中国改革开放以来三十余年的高速增长，一直伴随着相互交织的经济结构多重失衡，并因此引发了诸多对于中国经济发展可持续性和经济增长质量的讨论，其中宏观层面以投资率长期居高不下为主要特征的总需求结构失衡尤其引人关注。这不仅因为高投资直接影响到经济增长的可持续性和稳定性，并给经济社会发展带来严峻挑战，还因为它和经济结构的其他方面比如消费低迷、持续的国际收支不平衡和不断累积的外汇储备乃至经济发展方式转变缓慢等都有着密切的联系，因此成为深入理解中国经济多重结构失衡的一个关键因素。

和现有的研究不同，本文从空间经济学或者说新经济地理学的视角出发，强调城镇化进程中城市规模分布的分散化对于高投资率的影响。改革开放以来，中国经历了快

* 本文原载于《湖南科技大学学报（社会科学版）》2015 年第 3 期。受到国家社科基金项目（08BJL013）、上海市高校 085 工程项目（x085132441 － 3、Z085 － 14105、Z085YYJJ13004、Z085YYJJ13041、ZK － 14013）、上海市教委重点学科专项项目（JWXK－14001）的资助。

** 作者简介：李辉文，经济学博士，上海对外贸易大学教授，湖南师范大学大国经济研究中心特邀研究员。

速的城镇化。这一过程中因为经济活动的快速集聚而带来的报酬递增，推动了中国经济持续快速的内生增长，因此而产生的对基础设施和公共服务的巨额需求又不可避免地推高了投资率。就此而论，在快速转型的经济体中，持续出现较高的投资率并不是一件意外的事情。

但我国的一个特殊之处在于，从空间上看，城市规模分布一直相对分散。在快速城市化的进程中，这种持续分散化的城市体系成为高投资率的一个重要根源。城市化之所以产生并且为经济集聚和内生增长持续带来动力，原因之一就是城市基础设施具有规模经济。城市规模越大，为吸纳新增人口所需的边际上的人均基础设施投资就越少。而中国式层层下放的“财政联邦制”或者“行政发包制”，导致了以行政区划为界限的经济发展模式，虽然一方面激励各级地方政府竞相发展本地经济，因此推动了各地的市场化改革和经济快速发展，另一方面也使得经济活动的集聚遇到了行政边界的制约。此外，政策制定者又一直支持促进城市规模均匀分布为目标的政策。这些都在客观上推动了城市规模分布的分散化。这种相对分散的城市规模分布，意味着基础设施投资的规模经济得不到充分发挥。考虑到基础设施建设投资在中国的投资总额中占据着举足轻重的地位，因此在快速城市化的过程中，这种过于分散的城市规模分布一定对应着更高的投资率。

本文采用城市层面的面板数据，对城市规模与城市投资率之间的关系进行实证分析。结果表明，城市常住人口规模对城市投资率有着显著的负向影响，即城市常住人口规模越大的城市，其投资率越低。这一结论在控制城市固定效应之后仍然显著。这意味着更加集中的城市规模分布将在维持较高增长速度的同时，有效地缓解困扰中国宏观经济多年的投资率居高不下的难题。

1 文献回顾

本文的研究与两支文献直接相关。其中一支从宏观经济学的视角出发对低消费和高投资的成因加以解释，另外一支则是区域和城市经济学中关于城市规模和规模分布经济效果的研究。

从宏观经济学的视角出发的相关研究又可以分为两类。其中一类侧重于总收入这一侧的分析，对高投资的另一面——低消费或者说高储蓄问题的成因进行讨论。这些研究对低消费或者说高储蓄的成因的探讨涉及如下几个方面：人口结构当中劳动人口比率上升和预期寿命延长推高居民储蓄率，金融市场不发达所引起的流动性约束刺激储蓄率上升和消费率下降，文化、习惯和家庭偏好等主观因素抑制消费，保险市场的不健全引起高预防性储蓄，居民收入差距扩大拉低消费率，男女性别比例失衡引起居民储蓄率上升。另外，陈斌开等特别强调转型期的要素市场垄断和产品市场垄断对于提高居民储蓄率具有重要影响，而财政分权下的地方政府行为则导致居民收入占比持续下滑，进一步抑制了居民消费。陈、鲁和钟（Chen，Lu & Zhong）也认为，户籍制度通过阻碍人口集聚而对消费产生负面影响。

但上述研究实际上只是解释了消费低迷，而并不能完全解释持续的“低消费 - 高投资”。从理论上说，低迷的消费可能引起严重的衰退，而衰退又与投资低迷相伴。实际上凯恩斯就将边际消费倾向递减作为解释总需求不足的三大心理规律之一。而中国的现实恰恰与此相反，在消费低迷的同时，强有力的投资需求弥补了消费需求的不足，并有力地推动了经济的持续快速增长。那么这种巨额的高投资需求究竟从何而来呢?为什么在作为最终需求的消费需求长期不振的条件下，作为派生需求的投资需求却可以持续居高不下呢？对此有必要进一步研究。

另外一些文献对高投资的成因进行了分析。其中一些研究强调宏观价格环境的影响，认为资源和资本使用价格长期低于均衡价格刺激了企业的过量投资。另一些研究讨论了地方政府行为与高投资之间的关系。其侧重点是独特制度安排下地方政府的目标函数和激励机制，导致各地都会倾向于采取偏向资本密集型产业发展的政策。其中一些研究还特别强调了地方政府对资本密集的基础设施建设的偏向。其中的机制，既包括财政支出结构上的“重基建轻民生”，又包括地方政府政府在招商引资过程中采取的政策导致投资的过度资本深化，即为了在既定的可用工商业用地上创造出尽可能多的财政收入，同时也为了节约交易费用，有激励采取偏向规模更大、资本密集度更高的企业和项目的政策，从而引起资本的过度深化和投资率偏高。这些研究加深了我们对于高投资成因的理解。但面临同样的财政分权体制约束，为什么不同城市的投资率和其他重要宏观经济指标会产生显著的差异？此外，按照这种解释，那么土地的相对稀缺程度越高的城市，政府应当就越有激励鼓励节约土地的投资项目，从而其投资率也就应当越高，而事实上东部地区的投资率却比西部地区更低而不是更高。陆铭等用 20 世纪 90 年代末开始的大规模区域间平衡政策导致中西部地区投资的资本密集度过高来解释。但区域内的投资率差异仍然有待解释。

一个常常被宏观经济学家忽略的视角是投资率在空间上的差异。一个国家宏观上或者说总量上的投资，从空间上看都是由不同城市的投资加总而来的，而不同规模城市的投资率可能存在显著的差异。一些研究认为，城市化进程中的高投资具有必然性，因为快速城市化需要大量的基础设施投资。李扬和殷剑锋也认为，中国发生于二元经济中工业化和城市化过程中的增长路径当中，高投资率是与长期劳动力转移过程互为因果的必然现象。但是这些研究没有讨论城市规模分布对于投资率的影响，也没有涉及不同城市之间的投资率差异问题。

城市经济学家对城市规模分布及其经济绩效问题进行了大量研究。他们发现城市规模服从幂律分布。而中国，无论与发达国家还是与发展水平类似的发展中国家比较，不仅城市化进程滞后，城市规模分布也偏于分散，尤其缺少人口在 100 万 ~1 200 万的大中城市。有研究发现，中国城市规模的基尼系数远低于世界上的很多较大的国家，而只与俄罗斯、乌克兰等国家较为接近。张涛和李波也发现，与美国等发达国家相比，中国城市规模之间的差异偏小。

过于分散的工业化和过于均匀的城市规模分布可能带来非常严重的负面后果。有研究指出，一些前社会主义国家如苏联曾经出于追求区域平衡发展的目的，强行推行经济板块均等化战略，这种工业经济的分散化和扭曲的价格体制、高昂的军备支出共同导致了苏联的衰退，并加速了苏联的解体。此外，还有研究发现，城市规模分散化对于环境、就业等重要变量具有显著的负面影响。但是这些研究没有将城市规模的空间分布与宏观经济层面的消费 - 投资失衡结合起来进行分析。

最近雷潇雨和龚六堂发现，城市人口规模越大，其全社会商品零售总额占 GDP 的份额就越高。这从一个侧面印证了本文的结论。但如前所述，仅仅考察低消费并不能得到宏观经济失衡的完整解释。不仅如此，而且考虑到城乡之间和不同城市之间巨大的人口流动和随之而来的跨越城乡和城市的消费活动，以市辖区社会商品零售总额作为市辖区消费额的测度指标，可能存在较大的测量误差。而投资行为数据则不会出现类似问题。因此，本文以年度固定资产投资总额作为城市投资规模的测度，从投资这一侧入手进行实证研究，测量误差和相应的偏误应当更小。

2 数据和计量模型设定

2.1 计量经济模型与变量选取

$$invest\_rate_{it} = \beta_0 + \beta_1 * city\_size_{it} + X \cdot \gamma + \delta_t \cdot year_t + u$$

其中被解释变量 *invest_rate* 为城市投资率，以各地级市市辖区固定资产投资总额对市辖区地区生产总值的比值并乘以 100 所得到的百分数来测度；关注的解释变量 *city_size* 为城市人口规模，以市辖区户籍人口数的对数值衡量；X 是控制变量向量；*year* 是年份虚拟变量。下标 i 和 t 分别代表城市和年份。

我们在回归中控制了衡量城市产业结构的三个指标：第一产业在 GDP 中的占比，第三产业和第二产业的相对结构，以及民营经济比重。此外，回归中还包含了城市人口中普通高校教师占比，以此控制城市人力资本存量。由于现行体制下地方政府对经济活动的深度参与和对当地投资活动的重要影响，回归中控制了本市财政支出占 GDP 的比重，作为政府干预经济程度的代理变量。考虑到对外开放在中国经济发展当中的重要作用，回归方程中也控制了城市开放度。开放度以全市规模以上外商投资企业总产值对全市规模以上工业企业总产值的比率作为测度指标。此外，为了从侧面确认城市具有改善固定资产利用效率的规模效应，本文还以城市单位 GDP 平均的道路面积和排水管道长度作为被解释变量进行辅助回归，以检验这一猜想。主要变量符号、名称与取值方法如表 1 所示。

表 1　主要变量定义与取值方法

变量符号	变量名称	取值方法
ci2y	城市固定资产投资率	市辖区年度固定资产投资总额除以当年市辖区地区生产总值并乘以 100
lchk	城市户籍人口规模	市辖区户籍人口数的对数值
*cstructure*1	城市第一产业增加值占比	市辖区第一产业占市辖区地区生产总值比重
*cstructure*2	城市第三产业对第二产业增加值比率	市辖区第三产业增加值与第二产业增加值的比率
cown_strctr	城市所有制结构	市辖区城镇私营和个体从业人员数与市辖区年末单位从业人员数的比率
cunivers_r	城市普通高校教师占比	市辖区每万人中普通高等学校专任教师数
tfisecal_r	城市财政支出占地区生产总值比重	全市财政支出占全市地区生产总值比重
copns	城市开放度	全市规模以上外商投资企业总产值对全市规模以上工业企业总产值的比率
lroad2y	城市单位地区生产总值平均的道路面积	市辖区每万元地区生产总值平均的道路面积的对数值
lwtpp2y	城市单位地区生产总值平均的排水管道长度	市辖区每万元地区生产总值平均的排水管道长度的对数值

2.2 数据来源和主要变量的描述统计

本文实证分析的数据来源是历年《中国城市统计年鉴》。考虑到中国经济在加入WTO前后可能发生重要的结构性变化，而这种变化又可能涉及难以观测的变量，为了减少因此引起的内生性偏误，我们采用2003～2011年的数据。表2给出了本文市政分析所涉及的主要变量的描述统计值。

表2 主要变量描述统计

变量	观测值	均值	标准差	最小值	最大值
ci2y	1 979	60.25	24.71	10.70	214.8
lchk	1 981	13.75	0.757	11.89	16.69
lcay	1 982	10.25	0.683	7.887	12.44
cstructure1	1 981	7.594	7.537	0.0600	58.62
cstructure2	1 981	0.807	0.441	0.0943	9.482
cunivers r	1 875	22.60	19.77	0.752	141.8
cown strctr	1 957	8 221	7 409	338.8	208.609
tfiscal r	1 982	14.41	10.06	0.923	234.9
copns	1 826	0.124	0.139	3.20e-05	0.720
lroad2y	1 975	0.990	0.557	-3.039	3.629
lwtpp2y	284	0.251	0.606	-1.621	2.797

3 实证结果

3.1 主要回归结果

表3报告了主要回归结果。

表 3 主要回归结果

变量	(1)	(2)	(3)	(4)	(5)	(6)
	OLS1 *ci2y*	OLS2 *ci2y*	FE1 *ci2y*	FE2 *ci2y*	FE_lroad *lroad2y*	OLS_lwaterpipe *lwtpp2y*
lchk	-5.982***	-3.307***	-1.778	-2.651*	-0.135***	-0.175***
	(0.738)	(0.833)	(4.706)	(1.552)	(0.039)	(0.043)
lcay		-5.526***		-3.283	-0.198*	-0.563***
		(1.872)		(2.154)	(0.118)	(0.092)
cstructure1		0.311**		0.175	0.016**	0.003
		(0.139)		(0.212)	(0.007)	(0.009)
cstructure2		-9.776***		-11.785**	-0.085	-0.039
		(1.908)		(5.004)	(0.058)	(0.057)
cunivers_r		0.202***		0.139***	0.004***	0.006***
		(0.029)		(0.052)	(0.001)	(0.002)
cown_strctr		0.000		0.000	-0.000	-0.000
		(0.000)		(0.000)	(0.000)	(0.000)
tfiscal_r		0.582***		0.573**	0.003***	-0.002
		(0.138)		(0.254)	(0.002)	(0.005)
copns		7.053*		-3.649	-0.005	1.192***
		(3.963)		(7.023)	(0.137)	(0.264)
year	YES	YES	YES	YES	YES	
Constant	132.588***	144.552***	75.107	119.339***	4.870***	8.525***
	(10.330)	(21.261)	(64.393)	(29.661)	(1.208)	(1.078)
Adjusted R-sq	0.273	0.273	0.273	0.273	0.273	0.273
Observations	1980	1733	1980	1733	1730	243
Number of codel			288	270	270	

注：***、**、*分别表示在1%、5%和10%水平下显著。

表 3 中第 1 列和第 2 列分别是简单混合 OLS 回归和多元混合 OLS 回归结果。这两列结果表明，城市投资率和城市规模之间存在显著的负相关。由于数据可得性的局限，可能有大量与城市人口规模相关的不可观测因素会影响城市投资率，因此我们利用面板数据的优势进行固定效应回归。第 3 列和第 4 列分别报告了与简单 OLS 回归和多元 OLS 回归对应的固定效应回归结果。结果显示，在控制城市固定效应之后，城市投资

率和城市人口规模之间的负相关关系仍然显著。从第 4 列给出的结果看，在控制城市固定效应的条件下，城市规模增加一倍，对应的城市固定资产投资率在边际上将下降 5.4 个百分点。第 5 列和第 6 列分别以单位 GDP 平均的城市道路面积和排水管道长度作为被解释变量进行辅助回归。其中第 5 列以单位 GDP 平均的城市道路面积为被解释变量的回归控制了城市固定效应，但由于城市排水管道长度我们只能获得 2011 年的截面数据，无法控制固定效应，因此我们在第 6 列只报告 OLS 回归结果。这两列结果显示，人口规模更大的城市按照单位 GDP 平均的城市道路面积显著更小，排水管道长度也显著更短。

3.2 分东部和中西部子样本回归

另外一个有意思的发现是，当我们把样本分为东部地区和中西部地区两个子样本之后，回归结果（见表 4）显示，只有东部地区的城市，其市辖区人口规模的系数才显著为负，而中西部地区城市则并不显著。这也就意味着，和中西部地区相比，推动东部地区城市人口规模的扩张有利于在边际上降低投资率。换言之，城市人口规模扩容降低投资率的效应，主要集中在东部而非中西部地区。采用道路面积所做的固定效应辅助回归也印证了这一结论：增加城市人口规模对于节约单位地区生产总值平均的道路面积，其边际效果在东部地区要甚于中西部地区。

表 4　　东、中、西部城市人口规模与投资率

变量	(1)	(2)	(3)	(4)	(5)	(6)
	fe_E *ci2y*	fe_M *ci2y*	fe_W *ci2y*	fe_road_E *lroad2y*	fe_road_M *lroad2y*	fe_road_W *lroad2y*
lchk	-3.701*	-7.257*	2.569	-0.178***	-0.165***	-0.099*
	(2.051)	(3.705)	(2.280)	(0.050)	(0.062)	(0.051)
lcay	-2.580	-5.444	-6.042	-0.117	-0.481***	-0.409***
	(2.047)	(6.680)	(4.603)	(0.084)	(0.086)	(0.134)
*cstructure*1	0.237	0.197	-0.253	0.017**	0.010	-0.001
	(0.302)	(0.455)	(0.349)	(0.008)	(0.013)	(0.009)
*cstructure*2	11.024	-5.818	-14.033**	-0.083	-0.034	-0.111
	(7.276)	(6.176)	(6.573)	(0.065)	(0.114)	(0.106)

续表

变量	(1) fe_E *ci2y*	(2) fe_M *ci2y*	(3) fe_W *ci2y*	(4) fe_road_E *lroad2y*	(5) fe_road_M *lroad2y*	(6) fe_road_W *lroad2y*
eunivers_r	0.185 **	0.134	0.045	0.006 ***	0.005 ***	0.003
	(0.083)	(0.097)	(0.102)	(0.002)	(0.002)	(0.002)
cown_stretr	0.000	-0.000	0.000	-0.000	-0.000	-0.000
	(0.000)	(0.000)	(0.000)	(0.000)	(0.000)	(0.000)
tfiseal_r	0.392 *	0.582 *	1.017 ***	0.002 **	0.010 **	0.004
	(0.225)	(0.307)	(0.202)	()0.001	(0.005)	(0.003)
copns	-12.288	-8.546	64.804 ***	-0.037	0.107	0.560
	(8.589)	(14.012)	(24.025)	(0.162)	(0.223)	(0.672)
year	YES	YES	YES	YES	YES	YES
Constan	129.914 ***	196.644 **	71.079	4.639 ***	7.999 ***	6.545 ***
	(30.115)	(88.857)	(62.426)	(0.966)	(1.361)	(1.459)
Observations	851	530	352	848	530	352
Number of code	132	79	59	132	79	59

注：***、**、*分别表示在1%、5%和10%水平下显著。

4 结论和政策含义

中国正在经历人类历史上最大规模的城市化和持续快速的经济发展，与此同时，居高不下的投资率成为中国宏观经济运行的一个重要特征，并且在多重失衡的经济结构中扮演着重要角色。城市化过程中因为经济活动集聚而带来的报酬递增，为经济持续快速增长和结构变动提供了内生动力。城市发展的规模效应也意味着人口规模更大的城市，其节约城市基础设施建设的效应越明显。限制城市人口规模在微观上不利于改善资源配置效率，在宏观上不利于降低投资率，不利于改善宏观经济运行质量和转变发展方式。中国城市化进程中因为体制和政策原因而导致的高度本地化的人口迁移和分散的城市化，使得大多数城市人口规模偏小而不能充分发挥城市集聚经济的潜力，其在宏观上的一个后果就是投资率持续居高不下。

本文采用城市面板数据所做的实证研究显示，人口规模越大的城市，其基础设施的利用效率越高，而城市投资率越低。分东部地区和中西部地区子样本回归，发现城市人口规模扩张对降低投资率的效应在东部和中部地区是显著的，而在西部地区不显著。上述结果在控制一系列变量和城市固定效应之后依然高度显著。这意味着从推动宏观经济层面总需求结构的合理调整出发，有必要改革现行控制城市规模人口的政策取向，尤其应当放松对东部地区和中部地区城市人口规模增长的限制，推动经济活动和人口在更高层次和更大范围内实现更有效率的集聚，从而进一步改善资源的空间配置效率，促进中国经济在新常态下平衡、协调、可持续快速健康发展。

参考文献

[1] Huang Y, Wang B. Cost Distortions and Structural Imbalances in China [J]. China and World Economy, 2010, 18 (4): 1 - 17.

[2] 郑思齐，孙伟增，吴璟等．“以地生财，以财养地”——中国特色城市建设投融资模式研究［J］．经济研究，2014（8）：14－27.

[3] Modigliani F, Cao S L. The Chinese Saving Puzzle and the Life Cycle Hypothesis [J]. Journal of Economic Literature, 2004, 42 (1): 145 - 170.

[4] 刘生龙，胡鞍钢，郎晓娟．预期寿命与中国家庭储蓄［J］．经济研究，2012（8）：107－117.

[5] 万广华，张茵，牛高建．流动性约束、不确定性与中国居民消费［J］．经济研究，2001（11）：35－44.

[6] 杭斌．习惯形成下的农户缓冲储备行为［J］．经济研究，2009（1）：96－105.

[7] 程令国，张晔．早年的饥荒经历影响了人们的储蓄行为吗？——对我国居民高储蓄率的一个新解释［J］．经济研究，2011（8）：119－132.

[8] 何立新，封进，佐藤宏．养老保险改革对家庭储蓄率的影响［J］．经济研究，2008（10）：117－130.

[9] 易行健，王俊海，易君健．预防性储蓄动机强度的时序变化与地区差异［J］．经济研究，2008（2）：119－131.

[10] 高梦滔．新型农村合作医疗与农户储蓄：基于8省微观面板数据的经验研究［J］．世界经济，2010（4）：122－134.

[11] 甘犁，刘国恩，马双．基本医疗保险对促进家庭消费的影响［J］．经济研究，2010（增刊）：30－38.

[12] 白重恩，李宏彬，吴珍斌．医疗保险与消费：来自新型农村合作医疗的证据［J］．经济研究，2012（2）：41－53.

[13] 杨汝岱，朱诗娥．公平与效率不可兼得吗？——基于居民边际消费倾向的研究［J］．经济

研究，2007（12）：46－57.

［14］陈斌开．收入分配与中国居民消费——理论和基于中国的实证研究［J］．南开经济研究，2012（1）：33－49.

［15］Chen B，Lu M，Zhong N. Hukou and Consumption Heterogeneity：Migrants'Expenditure is Depressed by Institutional Constraints in Urban China［EB/OL］．http：//papers. ssrn. com/sol3 /papers /cfm? abstract_id = 1989257.

［16］林毅夫，苏剑．论我国经济增长方式的转换［J］．管理世界，2007（11）：5－13.

［17］陈彦斌，陈小亮，陈伟泽．利率管制与总需求结构失衡［J］．经济研究，2014（2）：18－31.

［18］李中．中国"土地财政"的成因探析与治理对策研究［J］．湘潭大学学报（哲学社会科学版），2013，（1）：87－91.

［19］鞠方，林辉叶，周建军．土地出让收入、地方财政支出对房地产价格影响的实证研究［J］．湘潭大学学报（哲学社会科学版），2013（2）：56－60.

［20］Chen B，Yao Y. The Curse Virtue：Government Infrastructual Investment and Household Consumption in Chinese Provinces［J］．Oxford Bulletin of Economics and Statistics，2011，73（6）：856－877.

［21］吕冰洋，毛捷．高投资、低消费的财政基础［J］．经济研究，2014（5）：4－18.

［22］朱希伟，陶永亮．经济集聚与区域协调［A］．见朱希伟．中国区域经济发展：回顾与展望．上海：格致出版社，上海人民出版社，2011.

［23］徐现祥，王贤彬，高元骅．中国区域发展的政治经济学［A］．见朱希伟．中国区域经济发展：回顾与展望．上海：格致出版社，上海人民出版社，2011.

［24］Richardson H. The Costs of Urbanization：A Four Country Cpmparison［J］．Economic Development and Cultural Change，1987（33）：561－580.

［25］弗农・亨德森．中国的城市化：面临的问题及政策选择［A］．见：林重庚，迈克尔・斯宾塞．中国经济中长期发展和转型：国际视角的思考与建议．北京：中信出版社，2011.

［26］李扬，殷剑锋．劳动力转移过程中的高储蓄、高投资和中国经济增长［J］．经济研究，2005（2）：4－15.

［27］Gabaix M，Ioannides Y M. The Evolution of City Size Distributions［J］．Handbook of Urban and Regional Economics，2004（4）：2341－2378.

［28］Fujita M，Krugman P R. The New Economic Geography：Past，Present and the Future［J］．Papers in Regional Science，2004，83（1）：139－164.

［29］张涛，李波．关于我国城市化相关问题的研究［J］．比较，2007（31）：20－32.

［30］Zheng S，Wang R，Glaeser E L，et al. TeGreenness of China：Household Carbon Dioxide Emission and Urban Development［J］．Journal of Economic Geography，2010，10（6）：1－32.

［31］雷潇雨，龚六堂．城镇化对居民消费率的影响：理论模型与实证分析［J］．经济研究，2014（6）：44－57.

A Spatial Economic Interpretation of China'sSustained Imbalance of Aggregate Demand Structure: Evidence from City—level Panel Data

Li Huiwen Zuoxiang Ou Dingyu

Abstract Results show that the larger scale of urban population is associated with higher utilization efficiency of infrastructure, as well as lower rate of city investment. Using sub-sample regressions in the east, the central and the west regions, we find that the expansion of urban population reduces investment rate in the east and the central regions significantly, while it does insignificantly in the west. These results are still highly significant after controlling a series of variables and urban fixed effects, which means that considering from the perspective of promoting the rational adjustment of aggregate demand structure in macroeconomic level, it is necessary to change the current policy orientation of controlling urban population scale, especially to relax the restriction of the increases of the urban population in the east and the central regions, in order to accelerate a sustainable, sound and speedy development of Chinese economy under the "new normal".

Key words Urbanization, City Size, Investment Rate

中国全要素生产率的来源：理论构建和经验数据*

尹向飞　段文斌**

摘　要　本文根据 DEA 模型和对偶理论，推导出效率分配方程，基于此方程对全要素生产率、技术进步等进行分解，分解为对应的要素效率，并对中国省级数据进行实证分析，得到如下几点结论：（1）中国全要素生产率保持高速增长，全要素—劳动生产率为主要推动力，但“人口效率红利效应”正在逐步消失。（2）大多数省市的技术进步呈高速增长趋势，是推动全要素生产率增长的主要动力，而劳动力技术进步是推动技术进步的主要动力。（3）大多数省市的技术效率改进增长率为负，而资本技术效率改进为主要原因。（4）不管对于全要素生产率还是技术进步，1998 年后东中部、东西部资本效率差距都是东中部、东西部效率差距的主要原因，而对于技术效率改进差距，资本技术效率改进和劳动力技术效率改进在不同阶段起不同作用。改革最成功的地方是提高了劳动力生产效率，而在资本效率方面效果不佳。在“人口效率红利效应”逐步消失的今天，如何长久地提高资本效率，应是中国今后改革的着力点。

关键词　效率分配方程；投入要素效率；全要素生产率

索洛认为全要素生产率是经济持续增长的唯一源泉（1957），因此从长期来看，可以将众多投入要素的综合效率可以归结为一个指标——全要素生产率。从字面上看，*TFP*（total factor productivity）为度量全部生产要素的综合效率指标，*TFP* 的增长推动了各要素效率的同比例增长。但是我们必须认识到两点，第一，单个要素效率变动是因，*TFP* 变动是果，单个要素效率的变化推动了 *TFP* 的变化，反之则不成立；第二，各投入要素效率的变化往往不是同比例的。那么各投入要素效率的提高，在多大程度上推动 *TFP* 的增长？如何构建模型，建立起他们之间的联系，这是本研究的理论意义

* 本文原载于《南开经济研究》2016 年第 1 期。受到教育部人文社会科学青年项目（10YJC790348）、国家自科基金一般项目（71573083）和湖南省高校创新平台开放基金项目（13K100）资助。

** 作者简介：尹向飞，经济学博士，湖南商学院副教授，湖南师范大学大国经济研究中心特邀研究员。

所在。自邓小平南方谈话后，中国经济高速增长了二十多年，全要素生产率呈怎样的变化趋势；各投入要素效率对 *TFP* 的增长起怎样的作用；东中西部地区效率差距呈怎样的变化趋势，各投入要素差距起怎样的作用。对这些问题进行研究，一方面可以分析中国经济运行的总体质量、各投入要素质量的变化以及他们之间的关系；另一方面可以分析我国的改革在哪些方面是成功的，在哪些方面有待加强和提高，这为改革政策的制定提供依据，这是本研究的实践意义所在。

1 文献综述

自索洛提出全要素生产率以来（1957），全要素生产率及其影响因素的研究备受关注（Farrel，1957；Kumar & Robert，2002；胡鞍钢、郑京海等，2008；林毅夫、刘培林，2003；涂正革、肖耿，2007；颜鹏飞、王兵，2004；张军、施少华、陈诗一，2003），各种新的 TFP 测算方法被提出，如 SBM、FDH、两阶段 DEA 法、三阶段 DEA 法等等。近几年，投入要素效率对全要素生产率的影响成为了热点，相关研究主要从以下几方面展开。

基于全要素生产率价值，建立投入要素效率和全要素生产率之间的联系，是研究两者关系的一种思路（谢地和克雷诺，2009）。龚关、胡关亮（2013）改进了谢地和克雷诺（Hsieh & Klenow，2009）的模型，并进行实证研究，发现 1998 ~ 2007 年，资本配置效率和劳动力配置效率的改善，分别促进全要素生产率提高了 10.1% 和 7.3%。但是他们的研究主要关注在配置效率和全要素生产率之间的关系上。

第二种思路来自于对克鲁格曼提出的“东亚奇迹”争论，费利佩（Felipe）认为外生性的全要素生产率无法覆盖所有类型的技术进步，技术进步包括非体现式和体现式两大类，而后者用于度量要素投入质量的提高对技术进步的影响。基于费利佩的思想，学者提出了度量资本体现式技术进步的三种方法——不变质量价格指数法（Gordon，1990；Greenwood，1997）、核心机器法（Dijk & Szirmai，2006）、生产函数估计法（Bahk & Gort，1993）。利用上述三种方法，国内不少学者对中国资本体现式技术进步进行核算（宋冬林、王林辉、董直庆，2011；赵志耘、吕冰洋、郭庆旺、贾俊雪，2007；王玺、张勇，2010），张勇、古明明（2013）对中国的资本体现式技术进步和劳动力体现式技术进步进行了研究，发现以投资为主的体现式技术进步为技术进步的主要形式。

第三种思路是常、胡、周和孙（Chang、Hu、Chou & Sun，2012）所提出的 ISP 生

产率指数及其分解方法。张少华、蒋伟杰（2014）利用上述方法对中国全要素生产率进行了测算，发现从国家层面来看，劳动生产率是驱动中国 TFP 上升的主要因素等等。

基于索洛（1957）增长核算模型，布兰查德、费希尔（1998）认为由于投资效率的提高，使得资本和产出保持同步增长，因此 TFP 的增长大约等于劳动生产率和劳动份额的乘积。姬超（2014）对索洛增长核算方程进行变换，探讨 TFP 对投资效率的影响。

上述研究深入探讨了全要素生产率（技术进步）和投入要素效率之间的联系，极大地丰富了投入要素效率相关理论。但是，上述研究存在如下瑕疵：谢地和克雷诺（2009）等的全要素生产率价值方法、戈登（Gordon，1990）等的体现式技术进步方法，一方面技术复杂，另一方面只能间接反映投入要素效率对全要素生产率（或技术进步）的影响。布兰查德、费希尔（1998）研究了 TFP 和劳动生产率之间的关系，但其结论建立在较强假设的基础上。常、胡、周和孙等（2012）的研究，创造性地建立了 TFP 变化和投入要素效率之间的联系，但是在他们的 DEA 模型目标函数中，投入要素效率指标权重是相同的，而我们必须认识到，由于不同个体的要素投入结构差异，同等程度的单要素效率提高对 TFP 的影响是不同的，例如在劳动效率不变的情况下，资本效率提高 1%，资本密集型行业的 TFP 增长率应该高于 0.5%，劳动力密集型行业的 TFP 增长率应该低于 0.5%。本文基于 DEA 模型和对偶理论，推导出效率恒等式——效率分配方程，然后借鉴 Malquist 指数的基本思想，将全要素生产率分解为各投入要素生产率，将技术进步分解为各投入要素技术进步，将技术效率改进分解为各投入要素技术效率改进。基于本文所建立的模型，对中国省级数据进行实证分析，探讨投入要素效率、全要素生产率以及前者对后者的影响和贡献，以图揭示中国全要素生产率增长路径，为制定相关政策提供理论和实证依据。

2　全要素生产率的来源分析

全要素生产率最初由索洛（1957）提出，索洛将全要素生产率增长率定义为产出增长率减去各投入要素增长率的加权平均值后所剩余部分，称为索洛余项，代表的是经济增长中所不能被投入要素变化所能解释的部分，用公式表示为$\dot{Y}_t = \alpha \dot{K}_t + (1-\alpha)\dot{L}_t + R_t$。从上述公式，可以发现，索洛认为经济增长存在两种途径，第一种途径为投入要素的增长，第二种途径是除了投入要素增长以外的部分，即不能用投入增长所能解释的部分。由于受到资源稀缺的限制，要素增长是有限的、非持续的，因此全要素生产率是经济持续增长的唯一源泉（Slolow，1957）①。基于索洛的思想，衍生出其他全要素生产率的测算方法。

那么我们要提出第一个疑问：投入要素效率的变化对经济的增长在哪里得到体现？基于上述索洛的观点，我们发现索洛在分析经济增长的第一种途径时，未考虑投入要素效率的变化，即在劳动力保持不变的情况下，任何时候的资本 K 每增长 1%，推动经济增长 $\alpha\%$，对其他投入要素同样如此。也就是说，在第一种途径中分析投入要素对经济增长的影响时，未考虑投入要素效率的变化对经济的影响，那么各投入要素效率变化对经济增长的贡献在哪部分得到体现呢？显然在第二种途径中得到体现。

我们提出的第二个问题：知识、技术、先进管理经验等能否绕过投入要素直接作用于经济增长？仅仅存在于实验室的先进技术能否促进经济增长？仅仅存在于课堂的先进管理经验能否促进经济增长和全要素生产率的影响？显然是不能的，先进的技术只能通过资本和劳动力用于实际经济实践，才能提高经济效率，促进经济增长。先进的管理经验也只有通过资本和劳动力用于实际经济实践，才能提高经济效率，促进经济增长。知识、技术、先进管理经验等之所以能够影响全要素生产率，是因为这些因素影响了投入要素的效率。

总结上述分析，我们发现投入要素的效率变化在全要素生产率中得到体现，而知识、技术等因素是通过影响投入要素的效率来影响全要素生产率，因此可以得出，投入要素效率增长是全要素生产率的来源，单个投入要素效率变动是因，TFP 变动是果，单个投入要素效率的变化推动了 TFP 的变化，反之则不成立。

3 模型构建

3.1 模型构建

本文的 DEA 模型为查恩斯、库珀和罗德（Charnes，Cooper & Rhodes，1978）所提出的规模报酬不变的 CCR 模型，仅考虑资本和劳动力两种投入要素，GDP 一种产出，②

---

① Jorgenson 和 Grilliches（1967）认为全要素生产率来源于忽略其他解释变量以及投入要素的测量误差。尽管所有统计数据或多或少存在测量误差，模型可能存在设定偏误，但是本文在做理论研究时，假定上述两种情况不存在。

② 对于多投入和多产出问题，本文模型和方法同样适用。

因此本文建立的 CCR 模型如下：

$$D_s(K_i^t, L_i^t, GDP_i^t) = \max\theta$$

$$s.t.\begin{cases}\sum_{j=1}^{N}\lambda_j K_j^s \leqslant K_i^t \\ \sum_{j=1}^{N}\lambda_j L_j^s \leqslant L_i^t \\ \sum_{j=1}^{N}\lambda_j GDP_j^s \geqslant \theta GDP_i^t \\ \lambda_j \geqslant 0, j = 1,2,\cdots,N\end{cases} \tag{1}$$

其中 $i=1, 2, \cdots, N$，K 代表资本投入，L 代表劳动力投入，GDP 表示国内生产总值；N 代表省市的数量，i，j 代表省市序号；λ_j、θ 表示决策变量，后同。在一般情况下，模型（1）存在最优解，设其所对应的目标函数值为 θ^*，则 θ^* 为技术非效率指标，其越大，表示省份 i 的技术效率越低。

模型（1）所对应的对偶问题如下：

$$\min\theta_1 K_i^t + \theta_2 L_i^t$$

$$s.t.\begin{cases}\theta_1 K_j^s + \theta_2 L_j^s + \theta_3 GDP_j^s \geqslant 0, j = 1,2,\cdots,N \\ -\theta_3 GDP_i^t \geqslant 1 \\ \theta_j \geqslant 0, j = 1,2,\theta_3 \leqslant 0\end{cases} \tag{2}$$

其中 θ_1、θ_2、θ_3 为决策变量，

在模型（1）存在最优解的情况下，根据对偶定理，则模型（2）也一定存在最优解，并且目标函数值相等。设模型（2）的最优解为（θ_{s1}^{t*}，θ_{s2}^{t*}，θ_{s3}^{t*}）′，θ_{s1}^{t*}、θ_{s2}^{t*} 分别为资本、劳动力两种投入要素的影子价格，表示在其他要素投入保持不变的情况下，某一投入要素每增加 1 个单位，导致技术非效率增加的量。根据对偶定理，则有

$$D_s(K_i^t, L_i^t, GDP_i^t) = \theta^* = \theta_{s1}^{t*} K_i^t + \theta_{s2}^{t*} L_i^t \tag{3}$$

（3）式右端的第一项为资本的影子价格乘以资本投入量，第二项为劳动力的影子价格乘以劳动力的投入量。借鉴丁伯根的影子定价思想，[①] 我们将（3）式中的两个影子价格分别定义为资本和劳动力的“效率价格”，将其作为单位投入要素的非效率的度量。(3) 的左端为技术非效率，右端为资本和劳动力两者效率之和，因此（3）将各投

① 影子定价又称“影子价格”、“最优价格”等，由荷兰经济学家詹恩·丁伯根首次提出来的，通过线性规划方法，反映社会资源获得最佳配置的一种价格。1954 年，他将影子价格定义为“在均衡价格的意义上表示生产要素或产品内在的或真正的价格”。具体见网址：http：//baike. baidu. com/link？ url = Q7r7Ahcwp9d8X6kCRl-Pz-DATh-TtLSGqKRN5TM0xo5XnhLD9aYnzFQ7jJAQJMnbaoi4VA2tVy7Y9oJKJfUVLb4q。

入要素效率和技术非效率联系在一起，技术非效率等于各投入要素的投入量和对应的“效率价格”乘积之和。因此，本文将（3）式右端第一项称为资本技术非效率，第二项称为劳动力技术非效率。（3）式称为效率分配方程。令

$$\eta_s^{k_t} = \frac{\theta_{s1}^{t*} K_i^t}{D_s(K_i^t, L_i^t, GDP_i^t)}, \eta_s^{L_t} = \frac{\theta_{s2}^{t*} L_i^t}{D_s(K_i^t, L_i^t, GDP_i^t)} \quad (4)$$

上述两项分别称为资本和劳动力效率占总效率的份额，它们的和为1。

在对模型（1）进行理论分析时，一般假定前沿边界足够长，能够将所有的点“包络”进去，但是在实际情况中，前沿边界仅仅由几个点的连线组成，长度有限，不能“包络”所有的点，见图1。

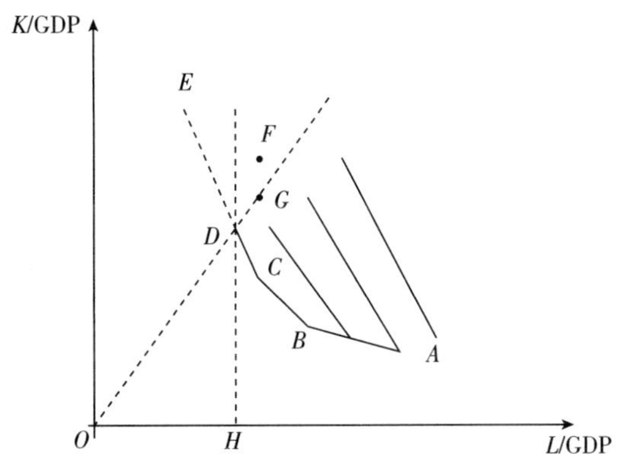

图1　有效前沿边界

图1中的有效前沿边界为实折线ABCD，由于这条边界长度有限，因此他只能“包络”图1中阴影部分的点。而对于F点，其效率显然低于D点，不在有效前沿边界上，但是OF和有效前沿边界ABCD没有交点，因此F点不能表示为ABCD四点的非负线性组合，那么如果运用模型（1）来估计F点的非效率，对于最优解，模型（1）中一定存在约束条件严格非束紧的情况，即通过图1中的阴影部分的某一点，如G点效率来替代F点的效率，这样低估F点的非效率，即高估F的效率。极端的例子，如果F点位于DH直线上，并且位于D点的正上方，由于在产出相同的情况下，F点的K投入量高于D点，因此F不是有效的，但是如果利用模型（1），F点的非效率值效率为1。对于这两种情况，一般利用SBM测算方法能够加以解决，而后一种情况，一些学者利用超效率DEA模型来进行修正（Andersen and Petersen，1993；师博、沈坤荣，2008）。上述两种情况导致对应不等式的松弛变量不为零，即对应的投入要素存在冗余，但影子价格为0，即其非效率价格反而是最低的，这非常不合理。为了解决这一问题，将前

沿边界的CD线段延长到E点（见图1），从而将诸如上述两种情况的所有点都“包络”进去。显然，从图1来看，线段DE和CD上的点，效率是相同的，因此DE也可以作为前沿边界存在，由于它是虚拟出来的，我们称之为“虚拟前沿边界”。当然，除非在必要的情况下，才可以在有效前沿的两端线段引出“虚拟前沿边界”，但中间段不能引出。[①] 虚拟前沿边界能够很好地解决上述两种情况下的投入要素“效率价格”为0的问题。

3.2 全要素生产率的分解

Malquist 指数法是利用几何加权法构造 TFP 指数，借鉴 Malquist 的思想，只不过本文利用算数加权法。利用技术非效率的下降程度度量 TFP 增长率，因此，TFP 增长率的定义如下：

$$\begin{aligned} TFPCH_i^t &= \frac{1}{2}\left(\frac{D_t(K_i^t, L_i^t, GDP_i^t) - D_t(K_i^{t+1}, L_i^{t+1}, GDP_i^{t+1})}{D_t(K_i^{t+1}, L_i^{t+1}, GDP_i^{t+1})} + \right. \\ &\quad \left. \frac{D_{t+1}(K_i^t, L_i^t, GDP_i^t) - D_{t+1}(K_i^{t+1}, L_i^{t+1}, GDP_i^{t+1})}{D_{t+1}(K_i^t, L_i^t, GDP_i^t)}\right) \\ &= \frac{1}{2}\left(\frac{\theta_{t1}^{t*} K_i^t - \theta_{t1}^{t+1*} K_i^{t+1}}{D_t(K_i^{t+1}, L_i^{t+1}, GDP_i^{t+1})} + \frac{\theta_{t+11}^{t*} K_i^t - \theta_{t+11}^{t+1*} K_i^{t+1}}{D_{t+1}(K_i^t, L_i^t, GDP_i^t)}\right) + \\ &\quad \frac{1}{2}\left(\frac{\theta_{t2}^{t*} L_i^t - \theta_{t2}^{t+1*} L_i^{t+1}}{D_t(K_i^{t+1}, L_i^{t+1}, GDP_i^{t+1})} + \frac{\theta_{t+11}^{t*} L_i^t - \theta_{t+11}^{t+1*} L_i^{t+1}}{D_{t+1}(K_i^t, L_i^t, GDP_i^t)}\right) \end{aligned} \tag{5}$$

显然，（5）式中第一项表示资本非效率的改善程度，由于该指标是在全要素生产率的框架下测算出来的，因此本文称之为全要素－资本生产率，记为 *TFPCHK*；第二项表示劳动力非效率的改善程度，基于同样的道理，本文称之为全要素－劳动生产率，记为 *TFPCHL*。

将技术进步和技术效率改进的定义如下：

$$\begin{aligned} TECH_i^t &= \frac{1}{2}\left(\frac{D_{t+1}(K_i^{t+1}, L_i^{t+1}, GDP_i^{t+1}) - D_t(K_i^{t+1}, L_i^{t+1}, GDP_i^{t+1})}{D_t(K_i^{t+1}, L_i^{t+1}, GDP_i^{t+1})} + \right. \\ &\quad \left. \frac{D_{t+1}(K_i^t, L_i^t, GDP_i^t) - D_t(K_i^t, L_i^t, GDP_i^t)}{D_{t+1}(K_i^t, L_i^t, GDP_i^t)}\right) \end{aligned} \tag{6}$$

---

① 对于三种以上要素投入，同样可以引出“虚拟前沿边界”。

$$EFFCH_i^t = TFPCH_i^t - TECH_i^t \tag{7}$$

（6）式括号里面的项表示在不同的有效前沿边界下同种投入产出组合的效率变化程度，这种变化是由于有效前沿边界向“前”移动所造成的，这和技术进步的概念相符。将（3）式代入（6）式通过化简，可得如下公式：

$$\begin{aligned} TECH_i^t &= \frac{1}{2}\left(\eta_{it}^{K_{t+1}}\frac{\theta_{t+11}^{t+1*}-\theta_{t1}^{t+1*}}{\theta_{t1}^{t+1*}}+\eta_{it}^{L_{t+1}}\frac{\theta_{t+12}^{t+1*}-\theta_{t2}^{t+1*}}{\theta_{t2}^{t+1*}}\right)+ \\ &\quad \frac{1}{2}\left(\eta_{it+1}^{K_t}\frac{\theta_{t+11}^{t*}-\theta_{t1}^{t*}}{\theta_{t+11}^{t*}}+\eta_{it+1}^{L_t}\frac{\theta_{t+12}^{t*}-\theta_{t2}^{t*}}{\theta_{t+12}^{t*}}\right) \\ &= \frac{1}{2}\left(\eta_{it}^{K_{t+1}}\frac{\theta_{t+11}^{t+1*}-\theta_{t1}^{t+1*}}{\theta_{t1}^{t+1*}}+\eta_{it+1}^{K_t}\frac{\theta_{t+11}^{t*}-\theta_{t1}^{t*}}{\theta_{t+11}^{t*}}\right)+ \\ &\quad \frac{1}{2}\left(\eta_{it}^{L_{t+1}}\frac{\theta_{t+12}^{t+1*}-\theta_{t2}^{t+1*}}{\theta_{t2}^{t+1*}}+\eta_{it+1}^{L_t}\frac{\theta_{t+12}^{t*}-\theta_{t2}^{t*}}{\theta_{t+12}^{t*}}\right) \end{aligned} \tag{8}$$

从（8）式的第一个等式可以看出，技术进步为同一投入产出组合在不同有效前沿边界下的资本和劳动力的“效率价格”变化率的加权平均。借鉴常等（2012）、张少华、蒋伟杰（2014）的研究思路，将不同前沿面下同期单要素效率变化定义为该要素技术进步，本文采用类似的方法来定义投入要素技术进步。（8）式的第二个等式第一个括号的项表示资本的“效率价格”变化率再乘以资本在效率分配中所占比重，因此称为资本技术进步（*TECHK*）。同理，第二项称为劳动力技术进步（*TECHL*）。

借鉴常等（hang，2012）、张少华、蒋伟杰（2014）的研究思路，对于技术效率改进，同样可以分解为资本技术效率改进（*EFFCHK*）和劳动力技术效率改进（*EFFCHL*），具体公式如下：

$$\begin{aligned} EFFCHK_i^t &= \frac{1}{2}\left(\frac{\theta_{t1}^{t*}K_i^t-\theta_{t1}^{t+1*}K_i^{t+1}}{D_t(K_i^{t+1},L_i^{t+1},GDP_i^{t+1})}+\frac{\theta_{t+11}^{t*}K_i^t-\theta_{t+11}^{t+1*}K_i^{t+1}}{D_{t+1}(K_i^t,L_i^t,GDP_i^t)}\right) \\ &\quad -\frac{1}{2}\left(\eta_{it}^{K_{t+1}}\frac{\theta_{t+11}^{t+1*}-\theta_{t1}^{t+1*}}{\theta_{t1}^{t+1*}}+\eta_{it+1}^{K_t}\frac{\theta_{t+11}^{t*}-\theta_{t1}^{t*}}{\theta_{t+11}^{t*}}\right) \end{aligned} \tag{9}$$

$$\begin{aligned} EFFCHL_i^t &= \frac{1}{2}\left(\frac{\theta_{t2}^{t*}L_i^t-\theta_{t2}^{t+1*}L_i^{t+1}}{D_t(K_i^{t+1},L_i^{t+1},GDP_i^{t+1})}+\frac{\theta_{t+11}^{t*}L_i^t-\theta_{t+11}^{t+1*}L_i^{t+1}}{D_{t+1}(K_i^t,L_i^t,GDP_i^t)}\right) \\ &\quad -\frac{1}{2}\left(\eta_{it}^{L_{t+1}}\frac{\theta_{t+12}^{t+1*}-\theta_{t2}^{t+1*}}{\theta_{t2}^{t+1*}}+\eta_{it+1}^{L_t}\frac{\theta_{t+12}^{t*}-\theta_{t2}^{t*}}{\theta_{t+12}^{t*}}\right) \end{aligned} \tag{10}$$

因此，存在如下两个等式：

$$TFPCHK_i^t = EFFCHK_i^t + TECHK_i^t \tag{11}$$

$$TFPCHL_i^t = EFFCHL_i^t + TECHL_i^t \tag{12}$$

4 数据来源与说明

本文的研究对象为 1992 年至 2011 年中国 30 个省区市，其中重庆市并入四川省。对于部分缺失的数据，本文利用线性插值方法进行处理得到，如非特别指出，后同。相关数据来自历年的《中国统计年鉴》或者各省的统计年鉴，如非特别指出，后同。本文所用到的变量如下：

（1）资本存量（K）。2009 年以前各省市的资本存量数据来自于单豪杰（2008）的研究成果①，2009 年后的数据按照他的测算方法计算得到。

（2）劳动力（L）。利用年末就业人员数来度量劳动力投入，相关数据来源于中经网统计数据库。2006 年的数据参照尹向飞（2012）的方法计算得到。

（3）省市总产出变量（GDP）。本文的总产出变量为各省市的国内生产总值（GDP），1992 年各省市的实际 GDP 取其名义 GDP，其他年度各省市的实际 GDP 利用上一年该省市的实际 GDP 乘以该年该省市的国内生产总值指数。

5 实证分析

将相关数据代入模型（1）和（2），测算出各省市历年的技术非效率值以及资本和劳动力的影子价格，然后代入公式（3）~（10），测算相关指标，在此基础上进行后续分析。

5.1 *TFPCH*，*TFPCHK* 和 *TFPCHL* 实证分析

（1）省级层面。

表 1 报告了 1992 ~ 2011 年处于有效前沿边界的省市。从表 1 可以看出，辽宁、云南一直处于有效前沿边界；而上海在 2010 年前一直是有效前沿边界，2011 年掉出；天津市在 1996 年进入有效前沿边界，并一直保留在里面。本文的结果和张少华、蒋伟杰

---

① 单豪杰测算的资本存量数据已经更新至 2009 年，以 1952 年价格表示。

存在较大差异，主要原因是测算方法的不同。

表 1　　1992～2011 年处于有效前沿边界的省市

年份	有效边界省份	年份	有效边界省份
1992	辽宁、上海、云南	2002	辽宁、上海、云南、天津
1993	辽宁、上海、云南	2003	辽宁、上海、云南、天津
1994	辽宁、上海、云南	2004	辽宁、上海、云南、天津
1995	辽宁、上海、云南	2005	辽宁、上海、云南、天津
1996	辽宁、上海、云南、天津	2006	辽宁、上海、云南、天津
1997	辽宁、上海、云南、天津	2007	辽宁、上海、云南、天津
1998	辽宁、上海、云南、天津	2008	辽宁、上海、云南、天津
1999	辽宁、上海、云南、天津	2009	辽宁、上海、云南、天津
2000	辽宁、上海、云南、天津	2010	辽宁、上海、云南、天津
2001	辽宁、上海、云南、天津	2011	辽宁、云南、天津

各省的 *TFPCH*、*TFPCHK* 和 *TFPCHL* 平均值见表 2[①]。从 *TFPCH* 的平均值来看，1993～2011 年除了广西以外，其他省市的 *TFP* 都实现了不同程度的提升，其中提升速度最快的五个省市依次为天津、福建、山西、陕西和浙江，*TFP* 增长率分别为 7.98%、7.51%、7.28%、7.23%、7.22%，表明在邓小平南方谈话以后，这些省市的经济运行质量得到明显提高，并成为推动经济增长的主要推动力。*TFP* 增长最慢的五个省市为中西部省份，他们依次为广西、贵州、湖南、四川和安徽，*TFP* 增长率分别为 -0.94%、1.13%、1.77%、2.26%、2.63%。

从 TFP 增长的要素分解来看，全要素—资本生产率增长最快的 5 个省市分别为辽宁、天津、湖南、海南和四川，其增长率分别为 10.53%、10.04%、4.18%、3.60% 和 3.17%，其中辽宁和天津的 *TFPCHK* 明显高于其他省份，具体原因本人以后会进行进一步研究。*TFPCHK* 最低的五个省分别为云南、贵州、吉林、广西和江西，分别为 -1.44%、-1.38%、-1.28%、-1.27% 和 -1.04%。全要素—资本生产率高于 0 的只有七个省市，这说明很多省份存在重投资数量、轻投资质量的问题。只有辽宁、湖南、天津和四川的平均全要素—劳动生产率呈现负增长，增长率分别为 -6.39%、-2.41%、-2.06% 和 -0.81%，这说明随着我国市场化程度越来越高，劳动力流动限

① 本文所指的平均值主要指算术平均值，如非特别指出，后面平均值都是指算术平均。

制的放开，我国大多数省市的劳动力使用效率大幅提高。*TFPCHL* 最高的 5 个省市依次为福建、吉林、河北、陕西和山西，增长率分别为 8.04%、7.93%、7.79%、7.77% 和 7.77%。从测算结果来看，有 24 个省市的 TFP 增长主要通过劳动力效率的提高实现的，但实现资本和劳动力效率“双”增长的省市（区）仅 3 个，分别为北京、内蒙古和海南。北京、天津、辽宁、湖南、海南和四川，全要素－资本生产率是推动 *TFP* 增长的主要动力，而对于其他省市，全要素—劳动生产率是主要动力。

表 2　1993～2011 年各省市的平均 *TFPCH*、*TFPCHK* 和 *TFPCHL*　单位:%

省市(区)	*TFPCH*	*TFPCHK*	*TFPCHL*	省市(区)	*TFPCH*	*TFPCHK*	*TFPCHL*
北京	4.35	2.34	2.02	河南	6.95	－0.75	7.70
天津	7.98	10.04	－2.06	湖北	6.50	－0.15	6.64
河北	7.13	－0.66	7.79	湖南	1.77	4.18	－2.41
山西	7.28	－0.49	7.77	广东	6.13	－0.61	6.74
内蒙古	7.04	2.69	4.35	广西	－0.94	－1.27	0.34
辽宁	4.14	10.53	－6.39	海南	6.45	3.60	2.85
吉林	6.65	－1.28	7.93	四川	2.36	3.17	－0.81
黑龙江	6.16	－0.22	6.38	贵州	1.13	－1.38	2.51
上海	3.97	－0.94	4.91	云南	3.62	－1.44	5.06
江苏	6.64	－0.77	7.42	西藏	7.17	－0.52	7.68
浙江	7.22	－0.54	7.77	陕西	7.23	－0.55	7.77
安徽	2.63	－0.76	3.39	甘肃	5.82	－0.67	6.49
福建	7.51	－0.52	8.04	青海	6.00	－0.56	6.55
江西	5.33	－1.04	6.37	宁夏	5.58	－0.69	6.27
山东	6.74	－0.62	7.35	新疆	3.90	－0.85	4.75

（2）地区层面。

按照地理位置，将中国 30 个省市（区）分为东中西部三个地区①，来分析和比较不同地区 TFP、全要素—资本生产率和全要素—劳动生产率，具体结果见表 3。

① 东部省份：北京、天津、河北、辽宁、上海、江苏、浙江、福建、山东、广东、海南；中部省份：山西、吉林、黑龙江、安徽、江西、河南、湖北、湖南；西部省份：内蒙古、广西、四川、贵州、云南、陕西、甘肃、青海、宁夏、新疆，后同。

表3 地区 *TFPCH*、*TFPCHK*、*TFPCHL* 的比较 单位:%

年份	*TFPCH*			*TFPCHL*			*TFPCHK*		
	东部	中部	西部	东部	中部	西部	东部	中部	西部
1993	11.28	8.08	6.63	9.04	7.45	6.53	2.24	0.62	0.11
1994	7.81	4.88	5.62	6.68	4.30	6.01	1.13	0.58	-0.39
1995	7.41	6.23	5.56	6.83	6.37	5.92	0.58	-0.15	-0.36
1996	6.90	7.57	5.25	7.25	7.66	5.72	-0.36	-0.09	-0.46
1997	6.45	6.04	4.42	6.40	6.19	5.02	0.06	-0.14	-0.60
1998	8.85	7.10	5.82	9.29	3.84	6.82	-0.44	3.26	-1.00
1999	6.04	4.85	3.14	5.17	5.54	4.65	0.87	-0.70	-1.52
2000	6.15	5.33	4.10	4.01	5.94	5.34	2.13	-0.62	-1.23
2001	5.58	6.14	4.07	2.86	6.65	5.45	2.72	-0.51	-1.38
2002	5.09	5.61	3.33	2.88	6.12	4.66	2.20	-0.51	-1.33
2003	5.68	6.29	3.83	3.58	5.74	5.42	2.11	0.55	-1.59
2004	6.31	6.15	4.37	3.89	6.60	2.42	2.42	-0.45	1.95
2005	5.12	5.91	4.10	1.09	7.03	2.44	4.02	-1.12	1.66
2006	5.97	4.23	4.75	4.20	5.68	4.42	1.77	-1.45	0.33
2007	6.10	7.24	4.49	2.98	8.50	3.52	3.12	-1.26	0.97
2008	3.65	4.09	4.52	3.19	5.97	5.52	0.46	-1.88	-1.00
2009	3.38	2.60	2.70	2.72	5.08	3.08	0.66	-2.49	-0.38
2010	5.89	3.78	3.76	-1.22	1.33	2.69	7.11	2.45	1.07
2011	4.29	0.64	3.99	-0.65	-2.06	2.40	4.93	2.70	1.59

从表3可以看出，TFP增长率呈现以下特征：第一，东中西部所有年份的 *TFP* 增长率都大于0，这说明，自邓小平南方谈话以后，中国的经济增长质量存在明显改善。第二，尽管个别年份存在小波动，但从整体上看，东中部 *TFP* 增长率呈逐年下降趋势，而西部呈倒“N”型变化趋势，这说明邓小平南方谈话对东中部经济增长质量的影响存在衰减效应，2004年温家宝总理推行的中部崛起战略也不能遏制上述衰减效应给TFP增长带来的颓势。而西部不同，2001年3月，九届全国人大四次会议对实施西部大开发战略再次进行了具体部署，在一定程度上遏制了西部地区TFP增长率的下降，使得2002～2006年的TFP增长率逐年提高。第三，东部绝大多数年份的TFP增长率高于5%，是驱动经济增长的主要动力。中部地区TFP增长率低于5%的年份有7年，而西

部高于5%的年份只有5年，这说明和东中部地区相比，西部经济增长质量存在明显劣势。

全要素—劳动生产率呈现以下特征：在研究期内，对于东中西部，绝大多数年份全要素—劳动生产率是推动TFP增长的主要因素。1999年以前东部地区全要素—劳动生产率呈高速增长趋势，年均增长率都在5%以上，而1999年以后增长率均低于5%，2010年和2011年呈现负增长；中部地区全要素—劳动生产率的高增长持续到2009年，2011年呈现负增长，这说明东中部地区劳动力效率潜力基本上已经挖掘殆尽。西部地区全要素—劳动生产率尽管年年呈现增长趋势，但是增长幅度大幅放缓，从1993年的6.53%下降到2011年的2.4%，可以预见，在不久的将来，西部地区的全要素—劳动生产率潜力也会消失殆尽。中国丰富和廉价的劳动力所带来的“人口效率红利效应”将随着中国步入人口老龄化阶段而逐步消失，这显然不利于中国经济增长质量的提高。

全要素—资本生产率呈现如下特征：第一，除了1996、1998年以外，东部地区全要素—资本生产率都呈现逐年增长趋势，根据其变化特征，可以将1993～2011年分为3段，第一段为2000年以前，1992年邓小平南方谈话为标志开始的深化国有企业改革、建立市场经济体制等改革措施，日本、韩国和台湾地区的电子通信类低端加工和装配业向中国东部省份的大规模转移，提升了中国资本效率，但1997年开始的东南亚金融危机对东部地区全要素—资本生产率带来不利影响。第二段为2000～2009年，中国加入WTO、市场经济体制逐步建立、欧美和日本等跨国公司以制造、产品设计、研发及采购中心为代表的高端产业向中国东部省市的转移，一方面给中国带来先进生产设备；另一方面对内资企业存在技术溢出效应，这两方面都提升了中国东部地区的全要素—资本生产率。第三个阶段为2010～2011年，东部省市的全要素—资本生产率呈现高速增长趋势，增长率达到7.11%和4.93%。中部省市除了少数年份以外，大多数年份的全要素—资本生产率都呈现负增长。西部省市也同样如此，但是资本效率低于中部地区。有意思的是，2010～2011年，东中西部地区的全要素—资本生产率都呈现正增长，这说明部分产业从东部地区向西部地区转移，一方面能够促进东部产业的优化和升级，提高东部地区的资本效率；另一方面有利于中西部地区的产业升级，推动中西部地区资本效率的提高。东中西部三地区的全要素—资本生产率都较低，因此如何提高全要素—资本生产率是今后三地区所面临的共同问题。

东西、东中*TFP*增长率和要素全要素生产率差距图见图2和图3。从图2可以看出，尽管东西部*TFP*增长率差距存在一定的波动，但总体上呈缩小趋势；1993～1998年，东西*TFPCHL*差距是导致东西*TFPCH*差距的主要原因；而1998年后，东西*TFPCHK*差距是导致东西*TFPCH*差距的主要原因。历年的东西*TFPCH*差距和东西*TF-*

PCHK 差距都大于 0，这说明东西部经济增长质量差距和资本效率差距都呈扩大趋势；东西 *TFPCHL* 差距在 1999 年以前都大于 0，但从 2000 年开始，都小于 0，说明在全要素—劳动生产率方面，西部存在“赶超”东部的现象。

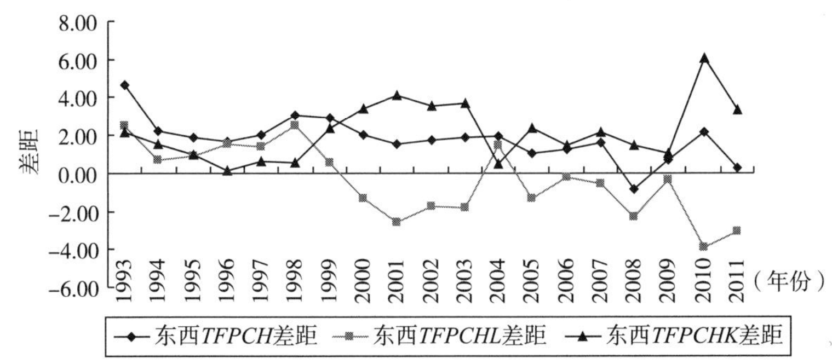

图 2　东西 *TFP* 增长率差距

从图 3 可以看出，东中部 *TFP* 增长率差距存在“下降（1993～1996 年）—波动（1997～2007 年）—上升（2008～2011 年）”变化趋势。和东西部一样，1993～1998 年，东中 *TFPCHL* 差距是导致东中 TFP 增长率差距的主要原因；1998 年后，东中 TF-PCHK 差距是导致东中 *TFP* 增长率差距的主要原因。2001～2003、2005、2007、2008 等年份的东中 *TFPCH* 差距小于 0，这说明 *TFP* 方面，中部地区存在“赶超”东部的现象；绝大多数年份的东中 *TFPCHK* 差距都大于 0，这说明东中部资本质量差距都呈扩大趋势；东西 *TFPCHL* 差距在 1998 年以前都大于 0，但 1999～2010 年，都小于 0，说明在全要素—劳动生产率方面，中部存在“赶超”东部的现象。

基于对图 2 和图 3 的分析，我们可以得出，随着改革开放的推进，中西部能够通过模仿、学习东部地区，获得先进的管理经验等途径，以提高劳动力的效率，这也说明全要素－劳动生产率的技术溢出门槛不高。但对于全要素—资本生产率，技术溢出门槛较高，中西部很难通过学习、模仿来缩小他们和东部地区之间的差距，需要通过自主创新，才能解决这一问题。

（3）国家层面。

30 省市的平均 *TFPCH*、*TFPCHK*、*TFPCHL* 变化趋势图见图 4。从图 4 可以看出，中国的 *TFPCH* 呈现“阶梯形震荡下降”变化趋势，大致可以分为三个“阶梯”，第一个阶梯为 1993～1998 年，中国的 *TFP* 增长率维持在 5.5%～9% 的高位波动，第二个阶梯为 1999～2007 年，TFP 增长率维持在 4.5%～5.5% 的中位波动，第三个阶梯为 2008～2011 年，主要在 2.9%～4.5% 的低位波动。

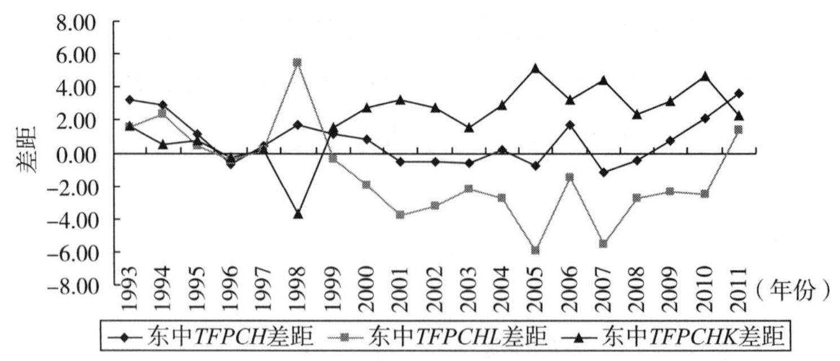

图 3　东中 *TFP* 增长率差距

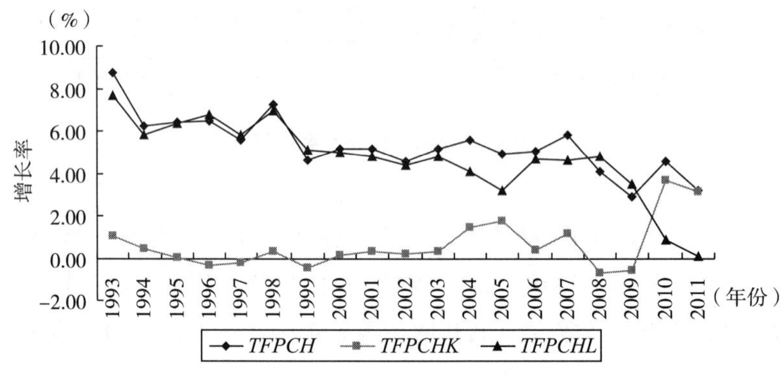

图 4　国家层面的 *TFPCH*、*TFPCHK*、*TFPCHL* 变化趋势

导致中国 *TFP* 增长率呈“阶梯形震荡下降”变化趋势的主要动力来源于全要素—劳动生产率，从图 4 可以看出，这两者呈现高度一致的变化趋势，并且相差较小，因此全要素—劳动生产率也可以近似分为上述三个阶段。在第一个阶梯阶段，全要素—劳动生产率保持 5.5% 以上的速度增长，主要原因来源于 4 个方面，20 世纪 90 年代的国有企业改革释放了禁锢在国有企业的劳动力，在一定程度上消除了国企中的消极怠工现象；劳动力流动制度的放松，使得中西部大量农村劳动力流入东部城市，极大地提高了劳动生产率；日本、韩国和中国台湾地区的电子通信类低端加工和装配业向中国东部省市的转移，极大发挥了中国劳动力比较优势，进而推动了全要素—劳动生产率的增长；以利润最大化为目标的私有企业快速发展，提高了劳动力的效率。90 年代国有企业改革，使很多企业的生产陷入停顿，机器设备闲置，而当时国有经济占主体地位，私有、外资占比较低，因此在私有资本未占到一定比例的情况下，整个中国的平均资本效率不可能有大的提升，全要素—资本生产率呈下降趋势，1998 ~ 1999 年有所回升。在第二个阶梯，全要素—劳动生产率在 3.0% ~ 5.0% 之间波动，较前一个阶梯有了较大的下降，原因主要来自两个方面：第一，随着私有企业规模的扩大，欧美和日本等跨国公司的进入，对劳动力的需求大幅上升，因此不但素质较高、工作努力的农民工被吸收到企业，而且连一些素质较低、工作努力程度相对较低的农民工也被吸收到企业，从而使得劳动力生产率增长率下降。第二，中国工业的逐步现代化，使得对劳动力质量的要求下降。在第二阶梯阶段的 1999 ~ 2005 年，全要素—资本生产率呈上升趋势，2006 年回调，2007 年再次上升，这一方面得益于非公有制经济规模和占比的扩大；另一方面得益于国外资本的进入、技术溢出效应，以及生产设备的现代化。在第二个阶梯阶段，除了 1999 年以外，其他年份的全要素—资本生产率都大于 0，这说明资本效率逐年提高，但是提高速度不快。在第三个阶梯阶段，全要素—劳动生产率进一步降低但仍大于 0，这说明我国丰富劳动力资源所带来的“人口效率红利”正逐步消失。2008 ~ 2009 年全要素—资本生产率小于 0，这应该归因于美国次贷危机的影响，2010 年和 2011 年，全要素—资本生产率分别为 3.65% 和 3.11%，成为推动 *TFPCH* 的主要力量，这说明中国资本效率的提高有望成为推动中国经济持续增长的主要动力。相比其他年份，2010 年 TFPCHK 和 TFPCHL 波动非常剧烈，具体原因作者会在以后做进一步探讨。

5.2 *TECH*、*TECHK* 和 *TECHL* 实证分析

（1）省级层面。

省级层面的平均技术进步、资本技术进步和劳动力技术进步测算结果见表 4。从表 4 可以得出五个结论：第一，除了四川、贵州等少数几个省市外，其他省市的技术进步基本上保持在 6% 以上，是推动 TFP 增长的主要动力。所有省市的技术进步都大于 0。第二，资本技术进步较高的省市有辽宁、天津、湖南、内蒙古和海南，分别达到 12.29%、9.4%、5.07%、4.82% 和 3.97%；资本技术进步最慢的为上海、贵州、安徽和云南，分别为 -1.79%、-0.85%、-0.79% 和 -0.49%，其他省市的资本技术进步都大于 0，但是增长缓慢。第三，大多数省份的劳动力技术进步保持较高速度增长，是推动技术进步的主要动力，这说明邓小平南方谈话，深化改革进程，极大地推动了劳动者的积极性；而九年义务教育、高考扩招政策等等，推动了中国人力资本的增长，进而推动了劳动力技术进步。第四，只有辽宁、湖南、四川和天津四省市的劳动力技术进步呈现负增长。对于辽宁来说，高速增长的资本技术进步和高速下降的劳动力技术进步并存，这一方面说明中央 20 世纪 90 年代推行国企改革和 2003 年推行的振兴东北老工业基地政策，确实大大提高了资本的技术进步；另一方面说明，劳动力素质成为抑制其技术进步的重要因素，进行人才制度创新，制定富有吸引力的人才引进计划，

应是辽宁当前重点考虑的问题。作为中部崛起、西部大开发的重要省份——湖南和四川，尽管投资的大量流入提高了资本质量，推动了资本技术进步，但是僵硬的人才制度，导致高素质劳动力和人才的流失，大大抑制了技术进步，从而导致这两个省份成为技术进步最慢的省份之一。第五，资本和劳动力技术进步都保持较高速度增长的只有北京、内蒙古、海南，这说明绝大多数省份没有做到资本质量和劳动力质量两手抓、两手都要硬。

表 4　1993～2011 年各省市（区）的平均 *TECH*、*TECHK* 和 *TECHL*　单位：%

省市(区)	*TECH*	*TECHK*	*TECHL*	省市（区）	*TECH*	*TECHK*	*TECHL*
北京	6.18	1.55	4.63	河南	7.67	0.27	7.40
天津	7.50	9.40	-1.91	湖北	7.25	0.54	6.71
河北	7.37	0.44	6.92	湖南	1.79	5.07	-3.28
山西	7.48	0.34	7.14	广东	7.05	0.70	6.35
内蒙古	7.68	4.82	2.86	广西	1.20	1.01	0.19
辽宁	4.14	12.29	-8.15	海南	7.52	3.97	3.55
吉林	7.12	0.35	6.77	四川	0.86	2.80	-1.93
黑龙江	7.54	0.42	7.12	贵州	0.93	-0.85	1.78
上海	4.32	-1.79	6.11	云南	3.62	-0.49	4.11
江苏	6.67	0.74	5.93	西藏	7.63	0.33	7.30
浙江	7.23	0.59	6.64	陕西	7.22	0.43	6.79
安徽	1.49	-0.79	2.28	甘肃	7.30	0.48	6.81
福建	7.42	0.33	7.09	青海	7.48	0.42	7.07
江西	7.03	0.55	6.47	宁夏	7.53	0.36	7.16
山东	7.04	0.55	6.50	新疆	6.88	0.78	6.10

（2）地区层面。

地区层面的技术进步、资本和劳动力技术进步见表 5。从表 5 可以得出如下结论：第一，东中西部地区的技术进步呈现高速增长趋势，但总的来看，可以分为两个阶段：第一阶段为 1993～1998 年，东中西部 *TECH* 都呈现“U”型变化趋势；第二个阶段为 1999 年以后，TECH 呈现震荡变化趋势。第二，东中西部地区技术进步在 1998 年达到最大，其 TECH 分别为 14.36%、14.11% 和 11.99%，在 2008 年达到最低，分别为 2.83%、2.08% 和 0.7%。比较有意思的是，1997 年下半年至 1998 年、2007 年下半年至2008年分别为东南亚金融危机以及美国次贷危机爆发的年份，同样是金融危机爆发，但对中国技术进步的影响存在显著性差异，导致这一差异的主要原因为经济结构差异，以及两次金融危机影响面差异。从经济结构差异来看，1998年以前，中国以公有制经济为主，公有制企业人员冗余严重、效率低下，1997年开始的金融危机迫使中国加大公有制经济改革力度，如1997年国有企业实现分流及下岗职工总计1274万人，占国有企业职工总数的17%，1998年为594.8万人，全国范围内的公有制经济改革促进了劳动力有效前沿面提高，东中西部劳动力技术进步达到最大，分别为13.23%、8.81%和10.39%，进而推动技术进步大幅提高；而经过一系列改革，社会主义市场经济体制基本建立，生产要素尤其是劳动力基本实现市场化，公有制经济比重大幅下降，因此2008年的劳动力技术进步不可能如1998年一样大幅度提升。再从两次危机的影响面看，1997~1998年的东南亚金融危机影响主要集中在东南亚地区，而对其他国家影响不大，尤其是并没有给美国经济、欧盟带来较大的负面影响，这次危机导致中国对东南亚出口的放缓可以由中国对美国和欧盟出口的增加来抵消，① 东南亚金融危机迫使中国全面提高生产技术，推动技术进步。2007~2008年爆发的美国次贷危机，影响面席卷全球，中国对美国、欧盟和东南亚国家的出口增幅大幅下降，② 极大地抑制了前沿面向前移动，使得技术进步放缓。

表5　地区 *TFPCH*、*TFPCHK*、*TFPCHL* 的比较　单位:%

年份	*TECH*			*TECHL*			*TECHK*		
	东部	西部	中部	东部	西部	中部	东部	西部	中部
1993	10.20	9.47	9.88	6.66	8.11	8.25	3.54	1.36	1.63
1994	4.64	4.90	4.97	3.12	5.65	5.68	1.52	-0.74	-0.71
1995	3.27	3.57	3.47	2.08	4.66	4.37	1.20	-1.09	-0.90
1996	6.83	6.72	6.79	4.80	5.00	5.18	2.03	1.72	1.60
1997	5.58	5.21	5.46	4.61	4.07	4.43	0.98	1.14	1.03
1998	14.36	11.99	14.11	13.23	10.39	8.81	1.13	1.60	5.29

① 根据历年中国统计年鉴数据，1997年中国出口东南亚各国的出口总额为103.1亿美元，1998年为111.6亿美元，出口仅增加8.5亿美元左右，但是1997年中国出口美国和欧盟分别达到379.5亿美元和238亿，1998年分别达到419.5亿和281.5亿美元，分别增加40和43.5亿美元。

② 根据对历年中国统计年鉴数据进行整理，发现2006-2008年中国对欧盟的出口增幅分别为26.5%、32.6%和21.4%，对美国的出口增幅分别为14.4%、8.5%和-12.5%，对东南亚出口的增幅分别为28.8%、32%和19.1%。

续表

年份	TECH			TECHL			TECHK		
	东部	西部	中部	东部	西部	中部	东部	西部	中部
1999	6.77	5.81	6.49	5.64	4.85	5.68	1.13	0.96	0.81
2000	7.13	5.48	5.87	3.94	3.69	4.16	3.20	1.80	1.71
2001	5.92	4.77	5.48	2.99	3.75	4.54	2.93	1.02	0.94
2002	7.08	6.19	7.01	4.07	4.78	5.70	3.01	1.42	1.31
2003	6.60	5.41	6.58	4.26	5.22	6.48	2.34	0.19	0.10
2004	6.95	4.73	5.36	2.89	0.24	3.43	4.06	4.49	1.93
2005	6.79	4.50	5.94	4.86	1.41	4.64	1.94	3.09	1.30
2006	7.82	4.74	6.02	2.32	3.36	6.12	5.49	1.38	-0.10
2007	6.96	4.60	5.56	4.90	3.74	6.29	2.05	0.86	-0.73
2008	2.83	0.70	2.08	2.60	6.24	7.31	0.23	-5.54	-5.23
2009	5.15	3.86	3.86	5.63	3.52	4.54	-0.48	0.34	-0.68
2010	6.51	4.92	4.95	-0.79	4.22	1.85	7.29	0.70	3.09
2011	3.73	3.16	2.63	-2.40	0.43	-1.02	6.13	2.73	3.65

东西、东中技术进步和要素技术进步差距分别见图 5 和图 6。从图 5 可以看出，东西部 *TECH* 差距的波动可以分为两个阶段：1993～1997 年，东西部技术进步差距呈震荡波动趋势。1998 年后，东部技术进步速度明显高于西部地区，技术差距呈扩大变化趋势。1996 年以前，东西 *TECHL* 差距小于 0，这说明西部凭借公有制经济所拥有的人才优势，在劳动力技术进步方面比东部更具有优势；东西 *TECHK* 大于 0，这说明东部凭借改革开放先行优势，引进国外先进设备和技术，通过提高资本质量和西部的人才优势平分秋色。1996 年后，东西 *TECHL* 和 *TECHK* 差距呈现波动趋势，有些年份大于 0，有些年份小于 0，这说明西部地区在劳动力技术进步和资本技术进步都存在“追赶”东部的现象。1997～2005 年，体现为资本或者劳动力技术进步“追赶”，但幅度较小；2006 年以后，主要体现为劳动力技术进步的大幅“追赶”，但是资本技术进步方面大幅落后于东部，使得两者之间的技术进步呈扩大趋势。从总体上来看，资本技术进步是东西技术进步差距的主要原因。结合东西部 *TFPCH* 差距，发现 1993～1997 年，东西部 *TECH* 差距不是 *TFPCH* 差距的主要原因，而 1998 年后，*TECH* 差距是主要原因。

从图 6 可以看出，除了 1994 和 1995 年以外，其他年份的东中部 *TECH* 差距都大于 0，这说明东中部技术进步差距呈现扩大变化趋势，但是扩大速度较慢。东中部技术进

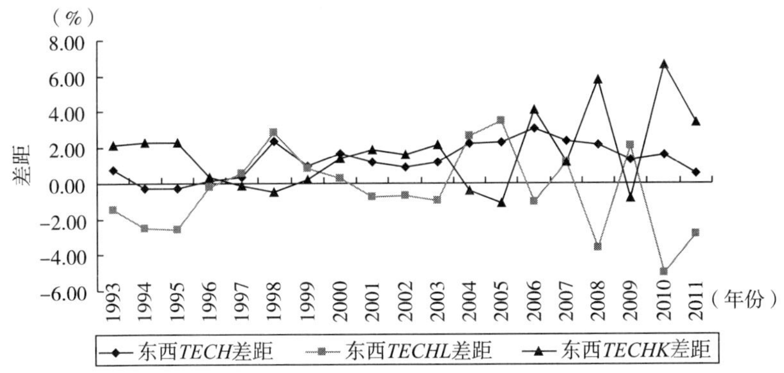

图5　东西 *TECH* 差距

步差距扩大的主要原因为资本技术进步差距拉大，从图6可以看出，除了1997年和1998年以外，其他年份的东中部 *TECHK* 差距都大于0，并且呈发散变化趋势，这说明东中部资本技术进步差距呈加速扩大趋势。而大多数年份的东中部劳动力技术进步增长率差距小于0，抑制东中部技术进步差距的扩大。

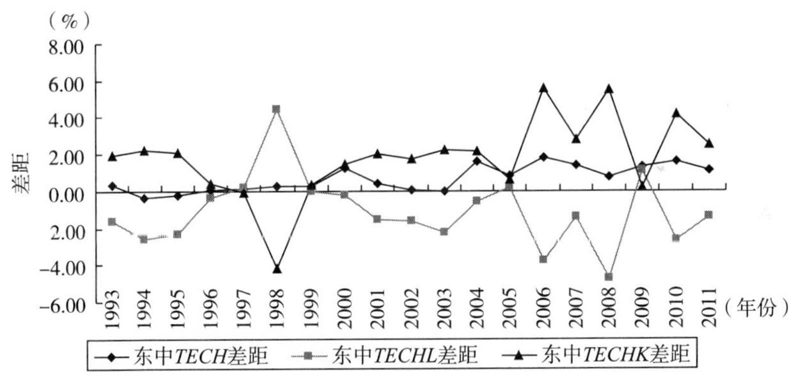

图6　东中 *TECH* 差距

（3）国家层面。

30省市的平均 *TECH*、*TECHK*、*TECHL* 变化趋势见图7。从图7可以看出，中国的TECH的变化可以分为三个阶段：第一个阶段为1993～1998年，中国的 *TECH* 呈现"U"型变化趋势；第二个阶段为1999～2007年，*TECH* 维持在5.7%～6.5%波动；第三个阶段为2008～2011年，主要呈上升变化趋势。劳动力技术进步年均增长4.2%，2009年之前是推动技术进步的主要动力，但是必须注意到，自2008年开始，劳动力技术进步增长率逐年下降，2011年呈现负增长，这说明劳动力技术进步遇到瓶颈。资本技术进步年均增长 1.52%，但在 2008 年后呈上升趋势，2010～2011 年对技术进步的影响超过了劳动力技术进步。技术进步是推动全要素生产率增长的主要动力，除了 2008 年以外，其对 TFP 增长的贡献都超过了 50%。

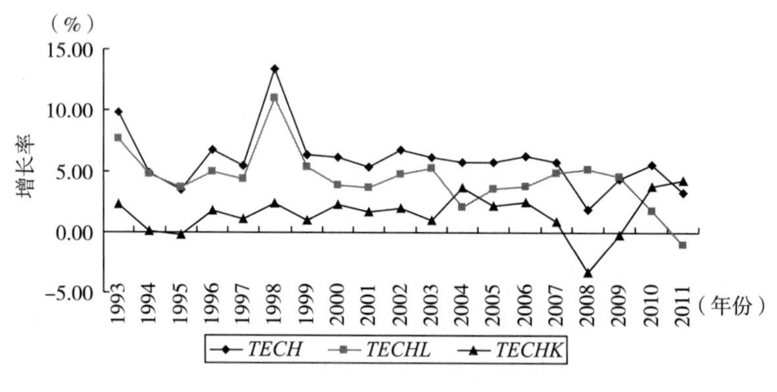

图 7　国家层面技术进步的变化趋势

5.3　*EFFCH*、*EFFCHK* 和 *EFFCHL* 实证分析

（1）省级层面。

省级层面的平均技术进步、资本技术进步和劳动力技术进步见表 6。从表 6 可以得出如下结论：第一，辽宁、云南一直保持在前沿边界上，其 *EFFCH* 为 0。而对于其他省市，只有天津、安徽、福建、四川和贵州的平均技术效率改进呈现正增长，这说明从平均意义上看，大多数省市不存在向前沿边界的“追赶”现象。第二，资本技术效率改进保持正增长的省市有北京、天津、上海、四川和安徽，分别为 0.78%、0.64%、0.85%、0.37% 和 0.03%；资本技术效率改进最低的五个省份分别为广西、内蒙古、辽宁、吉林和新疆，其增长率分别为 −2.28%、−2.14%、−1.76%、−1.63% 和 −1.63%，这说明，以经济增长为目的的低层次投资不利于资本效率的提高以及省际资本效率差距的缩小。第三，存在 18 省市（区）的劳动力技术效率改进大于 0，12 省市的劳动力效率改进小于 0，其中劳动力技术效率最低的五个省市（区）为北京、新疆、上海、宁夏、黑龙江，增长率分别为 −2.61%、−1.35%、−1.20%、−0.90%、−0.74%；劳动力技术效率最高的 5 个省市（区）分别为浙江、吉林、江苏、内蒙古、辽宁，增长率分别为 1.13%、1.16%、1.49%、1.50%、1.76%，这说明这些省市（区）以较快的速度向劳动力前沿边界追赶。第四，资本和劳动力技术效率改进都保持正增长的只有安徽和四川，这说明绝大多数省份没有做到资本和劳动力向有效前沿边界双重“追赶”。

表 6　1993～2011 年各省市（区）的平均 *EFFCH*、*EFFCHK* 和 *EFFCHL*　单位:%

省市(区)	*EFFCH*	*EFFCHK*	*EFFCHL*	省市(区)	*EFFCH*	*EFFCHK*	*EFFCHL*
北京	-1.82	0.78	-2.61	河南	-0.72	-1.02	0.30
天津	0.49	0.64	-0.15	湖北	-0.76	-0.69	-0.07
河北	-0.24	-1.10	0.87	湖南	-0.02	-0.89	0.87
山西	-0.21	-0.83	0.63	广东	-0.92	-1.31	0.38
内蒙古	-0.64	-2.14	1.50	广西	-2.14	-2.28	0.14
辽宁	0.00	-1.76	1.76	海南	-1.07	-0.37	-0.69
吉林	-0.47	-1.63	1.16	四川	1.50	0.37	1.13
黑龙江	-1.38	-0.64	-0.74	贵州	0.20	-0.53	0.74
上海	-0.35	0.85	-1.20	云南	0.00	-0.95	0.95
江苏	-0.03	-1.51	1.49	西藏	-0.47	-0.85	0.38
浙江	-0.01	-1.13	1.13	陕西	0.00	-0.98	0.98
安徽	1.14	0.03	1.11	甘肃	-1.48	-1.15	-0.32
福建	0.09	-0.85	0.94	青海	-1.49	-0.97	-0.51
江西	-1.70	-1.59	-0.11	宁夏	-1.95	-1.05	-0.90
山东	-0.31	-1.16	0.86	新疆	-2.98	-1.63	-1.35

（2）地区层面。

地区层面的技术效率改进、资本和劳动力技术效率改进见表 7。从表 7 可以得出如下结论：第一，东中西部地区的技术效率改进变化特征不明显，但总的来看，可以分为两个阶段，第一阶段为 1993～1997 年，东中西部技术效率改进基本上呈现倒“V”型变化趋势，但东部技术效率改进都大于 0，这说明东部省份存在向前沿边界“追赶”的现象；而中部的技术效率改进在前两年为负，后 3 年为正，西部前一年为负，接下来 3 年为正，最后一年为负。第二个阶段为 1998 年以后，东中西部技术效率改进主要表现为负。东部只有两年的技术效率改进增长率为正，中部有 4 年，而西部有 3 年，这说明 1998 年后，大多数省份和有效前沿边界的差距不但不存在“追赶”现象，反而差距越来越大。第二，东中西部地区技术进步在 1998 年达到最大，但其技术效率改进反而最小，分别为 -5.51%、-7% 和 -6.16%，这说明随着少数省市为代表的有效前沿面大幅向前推进，大部分省份跟不上有效前沿面前移的速度，进而表现为技术效率改进的大幅下滑。东中西部技术进步在 2008 年达到最低，比较有意思的是，东中西部技术效率改进全部大于 0，这说明随着有效前沿边界前移的放慢，技术比较落后的地区凭着后发优势，向有效前沿追赶。

表 7　　地区 *EFFCH*、*EFFCHK*、*EFFCHL* 的比较　　单位：%

年份	*EFFCH*			*EFFCHK*			*EFFCHL*		
	东部	中部	西部	东部	中部	西部	东部	中部	西部
1993	1.08	-1.81	-2.84	-1.30	-1.01	-1.26	2.38	-0.80	-1.58
1994	3.17	-0.08	0.71	-0.39	1.29	0.35	3.56	-1.38	0.36
1995	4.14	2.76	1.99	-0.61	0.75	0.72	4.75	2.01	1.27
1996	0.07	0.78	-1.46	-2.39	-1.69	-2.18	2.45	2.47	0.72
1997	0.87	0.58	-0.79	-0.92	-1.17	-1.74	1.79	1.76	0.95
1998	-5.51	-7.00	-6.16	-1.57	-2.04	-2.60	-3.94	-4.97	-3.56
1999	-0.73	-1.64	-2.67	-0.26	-1.51	-2.48	-0.47	-0.13	-0.19
2000	-0.99	-0.54	-1.38	-1.06	-2.33	-3.03	0.08	1.79	1.65
2001	-0.33	0.66	-0.70	-0.20	-1.45	-2.40	-0.13	2.11	1.70
2002	-2.00	-1.40	-2.87	-0.81	-1.83	-2.75	-1.19	0.43	-0.12
2003	-0.92	-0.29	-1.58	-0.23	0.45	-1.78	-0.69	-0.74	0.21
2004	-0.64	0.79	-0.36	-1.64	-2.38	-2.54	1.00	3.17	2.18
2005	-1.68	-0.03	-0.40	2.09	-2.42	-1.43	-3.76	2.39	1.03
2006	-1.85	-1.80	0.01	-3.73	-1.35	-1.05	1.88	-0.44	1.06
2007	-0.85	1.67	-0.11	1.07	-0.54	0.11	-1.92	2.21	-0.22
2008	0.82	2.01	3.82	0.23	3.35	4.54	0.59	-1.34	-0.72
2009	-1.78	-1.27	-1.17	1.14	-1.81	-0.72	-2.91	0.54	-0.44
2010	-0.62	-1.17	-1.16	-0.19	-0.64	0.37	-0.43	-0.53	-1.53
2011	0.56	-1.99	0.83	-1.19	-0.95	-1.14	1.75	-1.04	1.97

东西、东中技术效率改进和要素技术效率改进差距分别见图 8 和图 9。从图 8 可以看出，东西部 *EFFCH* 差距的波动可以分为三个阶段，1993～1997 年为第一阶段，东西部技术效率改进为正，但呈下降趋势，其中东西劳动力技术效率改进差距大于 0，是东西技术效率改进差距的主要原因，东西部资本技术效率改进差距基本小于 0。第二阶段为 1998～2003 年，东西部技术效率改进差距为正，也呈下降趋势，东西部资本技术效率改进差距大于 0，成为东西部技术效率改进差距的主要原因，而东西部劳动力技术效率改进差距小于 0。在第一阶段和第二阶段，由于东西部技术效率改进都大于 0，进一

步拉大了东西部地区的技术差距。第三阶段为 2004 年以后，东西部技术效率改进差距基本上小于 0，但资本和劳动力技术效率改进差距呈震荡变化趋势，交替为东西部技术效率改进差距的主要原因。

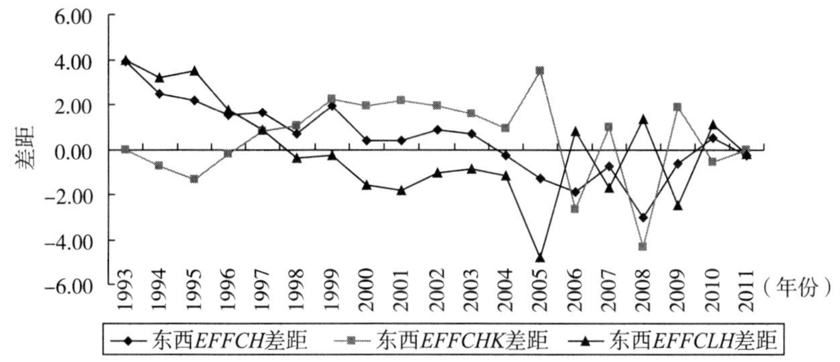

图 8　东西 *EFFCH* 差距

从图 9 可以看出，东中部 *EFFCH* 差距的波动可以分为三个阶段，1993 ~ 1998 年为第一阶段，东中部技术效率改进为正，表现为先下降后上升的变化趋势，其中东中劳动力技术效率改进差距大于 0，是东中部技术效率改进差距的主要原因，东中部资本技术效率改进差距在 1996 年以前小于 0，1997 年、1998 年大于 0。第二阶段为 1999 ~ 2005 年，东中部技术效率改进差距呈下降趋势，东中部资本技术效率改进差距基本上大于 0，成为东中部技术效率改进差距的主要原因，而东中部劳动力技术效率改进差距小于 0。第三阶段为 2006 年以后，2006 ~ 2009 年东中部技术效率改进差距小于 0，2010 ~ 2011 年大于 0，但资本和劳动力技术效率改进差距呈震荡变化趋势，交替成为东中部技术效率改进差距的主要原因。

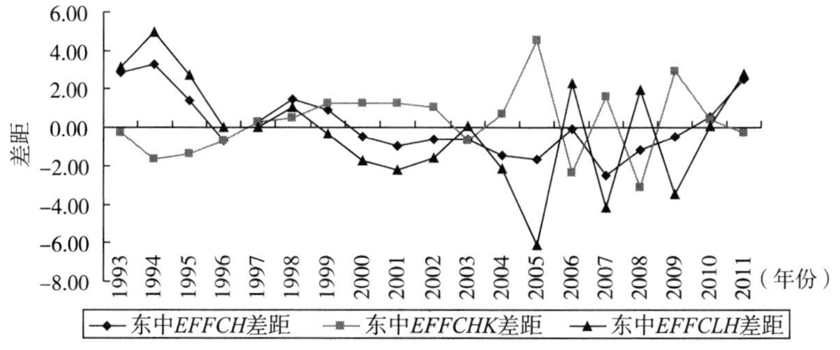

图 9　东中 *EFFCH* 差距

(3) 国家层面。

30 省市的平均 *EFFCH*、*EFFCHK*、*EFFCHL* 变化趋势见图 10。综合三者的变化趋势，可以将研究时间段分为 3 段，第一段为 1993 ~ 1997 年，在这一时间段，*EFFCHL* 和 *EFFCH* 呈倒“V”型增长趋势，而 *EFFCHK* 呈震荡变化趋势，*EFFCHL* 全部大于 0，这说明邓小平南方谈话和国企改革，有力地推动了劳动力技术效率的改进，但对资本技术效率改进的影响存在不确定性。第二阶段为 1998 ~ 2006 年，*EFFCHL*、*EFFCH*、*EFFCHK* 都呈震荡变化趋势，在这一时间段内，*EFFCHL* 表现为正负交替出现，而 *EFFCH* 和 *EFFCHK* 都呈现负增长，*EFFCHK* 是导致 *EFFCH* 下降的主要因素。第三阶段为 2007 ~ 2011 年，*EFFCHL* 基本上呈现负增长，而 *EFFCH* 和 *EFFCHK* 前两年都表现为正增长，后两年表现为负增长。劳动力技术效率改进和技术效率改进的变化趋势基本一致，因此从总体上看，资本技术效率改进是技术效率改进的主要影响因素，但劳动力技术效率改进决定技术效率改进的变化趋势。

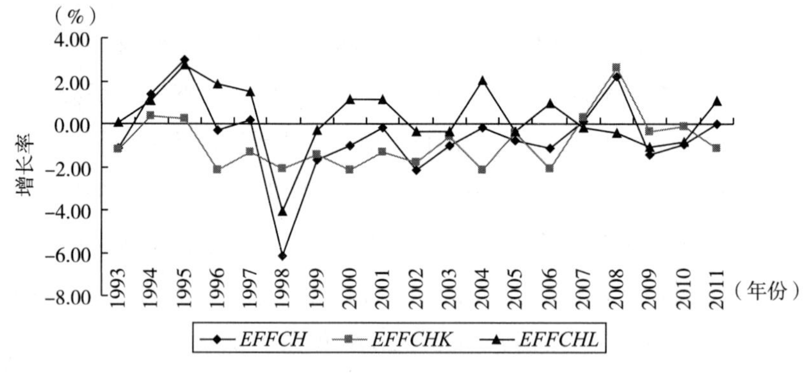

图 10 技术效率改进变化趋势

6 结论与政策建议

本文论证了投入要素效率和全要素生产率之间的关系，并根据 DEA 模型和对偶理论，推导出效率分配方程，然后借鉴 Malquist 加权平均的思想，将全要素生产率分解为全要素—资本生产率和全要素—劳动生产率，将技术进步分解为资本技术进步和劳动力技术进步，将技术效率改进分解为资本技术效率改进和劳动力技术效率改进。然后根据上述模型，对中国省级数据进行分析，以探讨中国全要素生产率的增长路径，得到如下几点结论和启示：

第一，1993~2011年，中国大多数省市的全要素生产率保持高速增长，为中国经济增长的主要动力，其中全要素—劳动生产率为全要素生产率增长的主要动力。但是中国丰富和廉价的劳动力所带来的“人口效率红利效应”会随着中国步入人口老龄化而逐步消失，因此，中国一方面很有必要制定富有成效的人力资本激励政策，解决中国全要素—劳动生产率所面临的增长瓶颈问题；另一方面必须进行经济转型，彻底改变过去以经济增长为导向的高能耗、低效率的低层次粗放型重复投资行为，转向以低能耗、高效率的高层次资本质量上来。

第二，1998年之前，东西、东中全要素—劳动生产率差距是东西、东中全要素生产率差距的主要原因，但在1998年后，全要素—资本生产率差距是主要原因，因此，要缩小东西部、东中部经济增长质量差异，必须把重点放到缩小资本质量上来。

第三，大多数省市的技术进步呈高速增长趋势，是推动全要素生产率增长的主要动力。劳动力技术进步是推动技术进步的主要动力，但是东中、东西技术进步差距主要体现为资本技术进步差距，西部在劳动力技术进步方面存在向东部追赶现象。因此要缩小东中西部技术进步差距，很有必要淘汰中西部地区的落后生产技术，加快中西部的产业升级；加大中西部的研发投入，推动中西部地区自主创新的发展。

第四，大多数省市的技术效率改进为负，这说明这些省市离有效前沿边界的距离呈扩大趋势，而资本技术效率改进为主要原因。对于东西部、东中部技术效率改进差距，资本技术效率改进和劳动力技术效率改进在不同阶段起不同作用。

第五，根据上述实证分析，本文认为，自20世纪90年代以来，中国改革最成功的地方是提高了劳动力生产效率，推动全要素生产率进而推动中国经济长达二十多年的持续高速增长，但是在提高资本效率方面效果不佳。这也说明先进管理经验、激励薪酬制度等扩散门槛较低，人们通过学习和模仿，能够为己所用，以提高劳动力效率。但如果要长久地提高资本效率，则需要自主创新，以及与之配套的创新激励制度改革，后者中国还有很长一段路要走。

参考文献

[1] 奥利维尔·布兰查德，斯坦利·费希尔. 宏观经济学（高级教程）[M]. 北京：经济科学出版社，1998.

[2] 单豪杰. 中国资本存量K的再估算：1952~2006 [J]. 数量经济技术经济研究，2008(10)：17-31.

[3] 傅晓霞，吴利学．前沿分析方法在中国经济增长核算中的适用性 [J]．世界经济，2007 (7)：56－66.

[4] 龚关，胡关亮．中国制造业资源配置效率与全要素生产率 [J]．经济研究，2013 (4)：4－15.

[5] 胡鞍钢，郑京海等．考虑环境因素的省级技术效率排名 [J]．经济学（季刊），2008 (3)：933－960.

[6] 李小平，卢现祥，朱钟棣．国际贸易、技术进步和中国工业行业的生产率增长 [J]．经济学（季刊），2008 (2)：549－564.

[7] 林毅夫，刘培林．中国的经济发展战略与地区收入差距 [J]．经济研究，2003 (3)：19－25.

[8] 邱斌，杨帅，辛培江．FDI技术溢出渠道与中国制造业生产率增长研究 [J]．世界经济，2008 (8)：20－31.

[9] 任若恩，孙琳琳．我国行业层次的TFP估计：1981～2000 [J]．经济学季刊，2009 (3)：925－950.

[10] 师博，沈坤荣．市场分割下的中国全要素能源效率：基于超效率DEA方法的经验分析[J]．世界经济，2008 (9)：49－59.

[11] 宋冬林，王林辉，董直庆．资本体现式技术进步及其对经济增长的贡献率（1981～2007）[J]．中国社会科学，2011 (2)：91－106.

[12] 涂正革，肖耿．非参数成本前沿模型与中国工业增长模式研究 [J]．经济学（季刊），2007 (1)：185－210.

[13] 王玺，张勇．关于中国技术进步水平的估算 [J]．中国软科学，2010 (4)：155－163.

[14] 王志刚，龚六堂，陈玉宇．地区间生产效率与全要素生产率增长率分解（1978－2003）[J]．中国社会科学，2006 (2)：55－66.

[15] 徐圆．国际R&D溢出、产业间贸易流与中国制造业生产率 [J]．经济科学，2009 (3)：49－58.

[16] 颜鹏飞，王兵．技术效率、技术进步与生产率增长：基于DEA的实证分析 [J]．经济研究，2004 (12)：55－65.

[17] 尹向飞．基于Malmquist－LuenbergerII指数法的环境影响因素分解理论与实证研究 [J]．暨南学报，2012 (6)：89－98.

[18] 张军，施少华，陈诗一．中国的工业改革与效率变化 [J]．经济学（季刊），2003 (1)：1－38.

[19] 张少华，蒋伟杰．中国全要素生产率的再测度与分解 [J]．统计研究，2014 (3)：54－60.

[20] 张勇，古明明．再谈中国技术进步的特殊性 [J]．数量经济技术经济研究，2013 (8)：3－19.

[21] 赵志耘，吕冰洋，郭庆旺，贾俊雪．资本积累与技术进步的动态融合：中国经济增长的一个典型事实 [J]．经济研究，2007 (11)：18－31.

[22] Bahk B.，Gort M. Decomposing Learning by Doing in New Plants [J]. Journal of Political Economy, 1993, 101 (4): 561－83

[23] Charnes A.，Cooper W.，Rhodes E. Measuring the Efficiency of Decision-Making Units [J]. European Journal of Operational Research, 1978, (2): 429－444.

[24] Dijk M.，Szirmai A. Technical Efficiency and Embodied Technical Change in the Indonesian Pulp and Paper Industry [J]. Journal of International Development, 2006, 18 (2): 163－178.

[25] Farrel M. The Measurement of Productive Efficiency [J]. Journal of Royal Statistics Society, Series A120, 1957: 253－281.

[26] Gordon R. J. The Measurement of Durable Goods Princes [M]. Chicago: University of Chicago, 1990: 1－234.

[27] Greenwood J.，Krusell. Long-run Implications of Investment-Specific Technological Change [J]. American Economic Review, 1997, 87 (3): 342－362.

[28] Henderson D.，Simar L. A Fully Nonparametric Stochastic Frontier Model for Panel Data [R]. Working Paper Series: No 0519, Department of Economics, State University of New York at Binghamton, 2005.

[29] Hsieh Chang-Tai, Klenow P. Misallocation and Manufacturing TFP in China and India [J]. The Quarterly Journal of Economics, MIT Press, 2009, 124 (4): 1403－1448.

[30] Iwata S.，Khan M.，Murao H. Sources of Economic Growth in East Asia: A Nonparametric Assessment [R]. IMF Working Paper, January, 2002.

[31] Kumar S.，Russell R. Technological Change, Technological Catch up, and Capital Deepening: Relative Contributions to Growth and Convergence [J]. American Economic Review, 2002, (3): 527－548.

[32] Solow R. Technical Change and the Aggregate Production Function [J]. Review of Economic Review, 1957, 39 (3): 312－320.

[33] Chang Tzu-Pu, Hu Jin-Li, Chou Ray Yeutien, Sun Lei. The Sources of Bank Productivity Growth in China During 2002 － 2009: A Disaggregation View [J]. Journal of Banking & Finance, 2012, 36: 1997－2006.

[34] Ullah A.，Roy N. Nonparametric and Semiparametric Econometrics of Panel Data [A]. Ullah, A.，David E.，Giles, A. Handbook of Applied Economic Statistics [C]. New York in the USA: CRC press, 1998.

The Resource of the TFP in China: Theory and Empirical Analysis

Yin Xiangfei　Duan Wenbin

Abstract Based on DEA model and Duality theory, the productivity distribution equation is deduced. Based on this equation, the TFP, technological progress etc are decomposed into factors' productivity accordingly. Then the empirical analysis is applied to study on the province data in China, which show: (1) The TFP grow rapidly in China, and the labor TFP is its major driving force, but the demographic dividend of efficiency disappear gradually. (2) Most provinces' technological progress which is the major driving force on TFP show rapid growth trend, and labor technological progress is its major driving force. (3) The technical efficiency (Relative to the frontier) of most provinces shows negative growth, and capital technical efficiency is the major factor. (4) After 1998, the capital productivity gap between the east and the west is the major factor of the TFP gap and the technological progress gap between the east and the west, and this is also for the gap between the east and middle. The capital technical efficiency gap and labor technical efficiency gap play different roles on technical efficiency gap according to different phase. The reform raises the labor productivity rapidly, but its effect on capital productivity is insignificant. Allowing for the gradual disappear of demographic dividend of efficiency, how to raise the capital productivity should be the focal point of the future reform in China.

Key words The Efficiency Distribution Equation, Efficiency of Input Factor, TFP

经济史研究

唐宋时期经济增长的大国效应*

欧阳峣

摘　要　唐宋时期是中国历史上经济繁荣的时期，在世界上树立了大国兴盛的典范。这个时期，人口众多、土地辽阔的初始条件促进市场规模和产业规模的扩张，从而形成庞大的经济规模，进而产生推动经济增长的大国效应，庞大的国内需求支撑产业发展和技术进步，推动了经济繁荣。

关键词　唐宋时期；初始条件；大国效应

唐宋时期（公元 618 ~ 1279 年）是中国历史上经济繁荣的时期，也是世界大国经济发展的典范。这一时期中国人口众多、土地辽阔，由此形成庞大的市场规模、产业规模和经济规模。这些规模因素对经济增长有着重要影响，从而表现出明显的大国效应。

1　初始条件：人口众多和土地辽阔

从唐宋时期的初始状况看，人口众多和土地辽阔成为中国经济发展的基础和前提。唐玄宗天宝十三年，全国共有 9 619 254 户，52 880 488 人，进入唐代极盛时期。宋代人口出现大幅度增长，有两个特点：一是增长速度快。唐初正值战乱之后，人口急剧减少，而且逃散严重。《新唐书》记载："贞观初，户不及三百万。"为恢复和发展经济，唐前期的统治者采取措施加快人口再生产。从贞观十三年到天宝十四载，人口数由 13 252 894 增至 52 919 309，总增长率为 299%，每年平均增长率为 12% 左右。宋代社会安定，人口增长迅速。唐代开元、天宝之际，人口数量为 6 000 万左右；宋代自宋仁宗时起，户口即超过 1 200 万；宋徽宗年间户口超过 2 000 万，每户以五口计算，人口超过 1 亿。二是区域大迁移。从 755 年的安史之乱到宋朝建立，长期的战乱引发大规

* 本文原载于《光明日报》2017 年 1 月 18 日 11 版。

模的人口迁移。天宝元年，全国人口有60%生活在出产麦子和黍粟的黄河流域，其余40%则生活在南方；而到北宋太平兴国五年，全国10 000万左右的人口仅38%生活在北方，已有62%生活在出产稻谷的长江流域，南方的人口比例在宋代以后持续增长，使人口重心永久地转移到南方。唐宋时期的人口因素促进了经济增长加速，推动了经济增长的重心从北方转移到南方。

唐朝拥有辽阔的疆域，唐太宗平四夷、安海内，征服和统治了广阔的疆域；唐高宗时期，中国的领土面积达到1 251.19万平方公里。宋代的疆域变化较大，由于辽金割据，北宋的领土面积为460万平方公里，与之对峙的辽国为448.54万平方公里；南宋的面积为220万平方公里，与之对峙的金国为530万平方公里。从经济发展直接相关的土地因素看，唐代前期实行均田制，规定"丁男中男上以一顷，老男笃疾废疾以四十亩，寡妻亲以三十亩，若为户者则减丁之半。"（《唐六典·尚书户部》）宋代劳动人口的增长，推动了垦田面积的扩大，促进了生产的扩大和经济的繁荣。

2 经济规模：市场规模和产业规模

唐宋时期人口众多和土地辽阔的初始条件，从客观上促进了市场规模和产业规模的扩张，从而形成唐宋时期庞大的经济规模。

唐宋时期的人口规模、国土规模与大运河的开拓共同推动了市场繁荣。其一，唐宋的水路运输发达，承接了隋代开凿大运河带来的便利，黄河、淮河、长江三大水系得以连接贯通；唐代注重对大运河的整修疏浚，并进行运河交通的相关建设，形成便利的水路交通网络。同时，对全国道路进行大规模整修，形成以长安为中心的四通八达的陆路交通。宋代极为重视水运，建立以汴京为中心的水路交通网，进一步疏浚开凿广济河、金水河、蔡河、汴水、江南运河和长江。这个时期，出现了船户、挑夫和舵工等职业劳动者，他们把产品运转到全国各地，使各地互通有无。其二，唐代城市的数量增加，规模扩大。据《旧唐书·地理志》记载，唐玄宗开元时，全国设郡328个，县1 573个，形成了不同类型的城市；大中城市出现规模扩张的趋势，唐高宗永徽五年建成的唐长安城，面积达84平方公里，唐东都洛阳，周长约282千米；唐后期的扬州，周长在17千米以上；唐长安在籍在册的相对固定人口为40万~50万人，而流动人口数量不低于固定人口。宋代城市集聚更多的人口，宋神宗熙宁年间开封府人口在100万以上，南宋临安人口也因"江商海贾"的汇集而在100万以上，武汉、建康、扬州、成都、长沙等城市人口均在1万~10万户以上。交通运输的发达促进人员和产品的流动，城市的繁荣也促进人口和商品的集聚，随后各类市场发达起来。唐代形成了以各级城市为枢纽的市场网络体系，第一层级是在全国具有中心或枢纽功能的大都市，如长安、洛阳、扬州等；第二层级是覆盖较大区域性市场的城市，如成都、广州、幽州等；第三层级是可以辐射、吸纳周边市场的州县治所。在唐代后期，城市冲破了坊市制度，在农村的草市大量增加，各类专业市场逐步形成。宋代的区域市场发达起来，形成了以汴京为中心的北方市场，以苏杭为中心的东南市场，以成都、梓州和兴元为中心的蜀川市场，以永兴、太原和秦州为中心的西北市场。

唐宋时期的人口规模、土地规模以及市场需求的扩大，促进了生产的扩大和产业规模的扩张。唐代的农业生产规模庞大，水稻的种植面积和产量增加，据《通典》记载，当时全国有耕地620万顷，以1唐亩合今0.786市亩和以每市亩产粮154斤计算，全国粮食总产量为750 428万斤；宋徽宗时垦田面积达到1 000万顷，耕作技术进步和水利条件改善，粮食产量大幅度增长。随着农业产业规模的扩大和剩余粮食的增加，工商业迅速发展。唐前期的两河、山东地区丝织业发达，中唐以后，南方的丝织业突飞猛进，在江淮和西南地区占有显著地位；宋代的采掘业和冶炼业，从技术到规模都有极其显著的发展。采掘冶炼地区扩大，在产地集中的北方地区形成了大规模的铁产中心，如徐州利国监、兖州莱芜监、河北东路邢、磁诸州铁冶、河东路诸冶等，不仅技术先进，产品质量好，而且规模庞大。宋代的造船业相当发达，有官营和民营两种类型，培养了一大批技术高超的船匠。当时的漕船载重量大，可载乘1.2万石，海船可载600人左右。这样的大船，需要众多的工匠集体制造。唐宋时期产业规模的扩大，推动了经济总量的扩张。据估算，从公元10世纪末期到14世纪初期，中国的人均GDP水平超过欧洲，人口为欧洲的两倍，经济总量超过了欧洲各国总和的两倍。

3 大国效应：内需支撑和技术进步

唐宋时期的中国是人口众多和土地辽阔的典型大国，在经济发展中形成了庞大的市场规模和产业规模，进而产生推动经济增长的大国效应，形成大国经济发展的优势，主要表现在内需支撑产业发展和技术进步推动经济繁荣。

第一，大国依靠国内市场支撑产业的发展，实现分工深化和规模经济。亚当·斯密在《国富论》中描绘了中国古代经济发展的大国型式，“中国幅员是那么广大，居民是那么多，气候是各种各样，因此各地方有各种各样的产物，各省间的水运交通，大部分又是极其便利，所以单单这个广大国内市场，就够支持很大的制造业，并且容许很可观的分工程度”。唐宋时期的经济发展，明显地表现为以国内市场为主的大国发展型式，依靠广大的国内市场支撑产业发展，促进农业、纺织业、冶炼业、造船业、建筑业的发展，当时这些产业分工精细，有众多的工匠合作，从而促进了分工的深化。同时，这些产业具有相当庞大的规模，可以有效地节约成本，提高生产效率和经济效益，创造了中国历史上的经济繁荣。

第二，大国依靠人口众多和技术需求促进技术的进步，创造新的工艺和发明。根据林毅夫教授的解释，当时的技术发明和科学发现，主要依赖于工匠、农夫的经验和思维敏捷的天才对自然的观察，中国因人口众多而拥有更多的能工巧匠、耕织能手和智慧过人的天才，因而在推动科学技术进步方面具有比较优势。同时，根据需求引致创新的假说，大国具有更大的技术市场，因而能够更好更有效地支持技术创新和发明，形成技术研发的优势。基于这两种原因，唐宋时期工农业技术取得重要进步。唐代发明先进的水车，江南的水利设施拥有灌溉、拒潮、排水等功能，水稻栽培已有移植法，并发明稻田除草工具；造船技术相当发达，并推动航海技术进步；冶炼行业创造金属切削工艺和磨制工艺，推广木风箱和灌钢法；唐代发明脚踏纺车，南宋发明水转大纺车，建筑技术、制瓷技术、造纸技术和印刷技术均得到发展。这些技术和发明广泛地应用于农业和手工业，极大地促进了经济发展。

Large Country Effect of Economic Growth in Tang and Song Dynasties

Ouyang Yao

Abstract The Tang and Song dynasties were the period of economic prosperity in Chinese history, and established a model of prosperity of the large country in the world. During this period, the initial conditions of a large population and vast land promote the expansion of market size and industrial scale, thus forming a huge economic scale, and have big effect in promoting economic growth, huge domestic demand to support industrial development and technological progress, promote economic prosperity.

Key words Tang and Song Dynasties, Initial Conditions, Large Country Effect

欧洲大国发展道路的经验解释*

李君华　欧阳峣**

摘　要　大国的人口规模优势会转化为国家竞争优势，但是无论大国还是小国，都可以通过国际贸易增强国家经济实力。欧洲作为一个整体在 15 世纪前后突然超过亚洲大国，在一定程度上是由于它们共同采用了贸易开放政策。同时，工业革命没有发生在最先富裕的葡萄牙、西班牙和荷兰，而是发生在欧洲人口规模相对较大的英国和后来的法国和德国，主要是因为这些国家除拥有较大的人口规模之外，还较好地将殖民地纳入本国的分工体系，而且拥有更好的市场条件、高效的法制传统和人力资本培育体系，使本国的要素结构更能支持大规模的民间技术创新，吸纳过剩资本和农业剩余劳动力，促使其经济结构从传统农业向近代工业转型。

关键词　欧洲大国；经济发展道路；人口规模；经济结构

1 引　　言

与中国、印度和美国等大国相比，欧洲国家的规模实在是太不起眼了。目前，英国、德国和法兰西的人口分别为 6 077 万、8 253 万和 6 062.8 万，三国土地面积分别为 24.29 万、35.7 万、55.16 万平方公里。这三个国家没有一个国家的人口超过 1 亿。不过，按照 5 000 万的人口标准（欧阳峣等，2014），或与欧洲其他国家相比，还是可称得上大国了。从另一个角度看，考虑到长期以来欧洲内部的各个国家之间通常都存在非常紧密的贸易联系，他们同处在一个非常相似的文化背景之下，各国之间的人口均

* 本文原载于《湖南师范大学社会科学学报》2017 年第 6 期。系国家社会科学基金重大项目“发展中大国经济发展道路研究”（152DB132）；国家自然科学基金项目“基于规模优势的大国经济增长模型与实证研究”（71373075）、国家自然科学基金项目“实现要素供需均衡的大国经济模型与实证研究”（71573083）的阶段性成果。

** 作者简介：李君华，经济学博士，湖北经济学院经济与环境资源学院副教授，湖南师范大学大国经济研究中心特邀研究员。

具有很强的流动性，人们从一个国家迁移到另一个国家，这是经常发生的事情。因此，在某种程度上，我们可以将欧洲看作是一个整体。

在漫长的中世纪及以前的时代，欧洲与东方世界并无太大的差距。在古希腊时代及古罗马帝国的早期，欧洲略为领先于东方。从公元 2 世纪开始，中国逐步赶上西方，并在此之后的 1 000 多年时间里，中国一直领先于欧洲世界。但是，在公元 15 世纪前后，欧洲突然后来居上，将中国和印度远远抛在后面。在 17 世纪之后的数百年间，欧洲一直遥遥领先于东方。为什么西方世界会在突然之间与原本领先的中国和印度拉开距离呢？另一个值得注意的问题是，虽然近代以来欧洲境内各国均获得了非常好的发展，但是，工业革命以来，英国、法国和德国等大国仍起着领头羊的作用，这三个国家的经济发展相对于其他中小国家更加平稳。有许多学者对以上现象进行了解释，目前有影响的观点主要有如下几种：

其一，地理环境和气候决定论。地理环境之于人类和经济发展的影响，早在古希腊时代就已经被人们认识到，16 世纪法国启蒙思想家孟德斯鸠（Montesquieu）将地理环境的作用扩展到对民族生理、国民气质、政治制度的决定性影响。美国地理学家亨廷顿（Huntington）认为，各国自然环境和气候的差异决定着这些国家不同的发展路径。这些思想有其正确的一面，但若将其强调为最重要或是唯一的决定因素，可能有点失之偏妥。在世界经济的版图上，发达国家大多位于温带和沿海区域，不发达国家则大多位于热带、亚热带和交通极不方便的地区。炎热消耗人体的能量，使人精神萎靡，并鼓励各种病虫害虫广为散布，严重影响着人们的身体健康。热带地区气候恶劣，降水充足但没有规律。一方面，这可能会使土地肥力元素被暴雨冲洗殆尽；另一方面，高温下土地中所含水分又极易被蒸发。洪涝和干旱事件在这些地区频繁发生，非常不利于植物自然生长，人工种植更为不易。而欧洲拥有非常宜人的温带气候。其冬季相对寒冷，阻止了病虫害的滋生。降水相对充足又极其均匀，其土壤的保水能力也较强，这非常有利于粮食作物的种植和动物的饲养。由于温度适中，人们总是精力充沛。因此，生活在温带地区的人们，较之热带地区，具有较高的生产力，这些地区的土地生产力亦明显要高得多（Landes，1998），于是，欧洲较之其他地区具有较好的发展条件。黛蒙德（Diamond，1999）认为，欧洲的海岸线犬牙交错，岛屿星罗棋布，各个半岛伸入海洋并与其他半岛形成环抱状，由此形成弯曲的海岸线和平静的港湾，非常便于海洋运输工具的航运。从古希腊时代起，地中海沿岸各国的帆船就已经频繁地穿梭于各个国家和城邦之间。此外，欧洲大陆的境内山脉绵延，平原地区面积狭小但数量较多，河流和水系纵横交错，但并无大江大河。整个欧洲实际上就是坐落在这些纵横交错的山系和水系之中。绵延的山脉和蛛网状的水系将欧洲分割为许多大小不等的小国。这些小国相互竞争、相互学习，共同促进了欧洲的繁荣。

其二，产权和制度约束假说。对私有财产权的尊重可能是西方世界与其他世界最显著的区别。诺思和托马斯（North and Thomas，1992）认为，一个有效率的产权制度安排对于经济增长具有十分重要的作用。产权之所以具有这种作用，是因为产权的基本功能就是对经济个体产生激励机制，使资源配置具有更高的效率。虽然诺斯没有说明一个有效率的产权制度是如何产生的，但从其文献中可以明显感觉到，国家形态和意识形态对于产权的界定都具有重要的影响。对于产权的作用，古希腊哲学家亚里士多德就已经有所认识，其观点是，财产私有制，较之公有产权，具有更高的生产力。这一原则在古罗马的法典中以法的形式得到了确认。西方世界之所以会在中世纪后期产生资本主义，就是因为在这一时期逐渐形成了以产权为核心的所有制安排。这种产权安排在 17 世纪前后经洛克和一大批古典经济学家的论证，进一步得到了理论化并被大多数人所认可。工业革命最早在英国发生的原因就在于英国有一套完善的鼓励个人发明创造的产权保护制度安排，正是由于这一制度的实施，激发了民间创造性，使英国走上强盛之路。相比之下，西班牙和法兰西之所以在竞争中处于下风，也是由于专制的国家制度使其个人财产权得不到保护。直到后来，法兰西的专制政体被民主政体取代，其经济实力才慢慢赶超上来。

其三，贸易开放假说。经济发展显著地依赖于市场广狭或市场规模的大小，这是亚当·斯密（1776）对于市场经济的理解。将这一观点运用到国际贸易中，就是自由贸易可以使参与贸易的各国都从贸易中获得好处。李嘉图（1826）对贸易理论的贡献是将其与生产要素的生产力差异联系在一起，从而创立了比较优势学说。比较优势理论意味着，一个国家即使在生产任何产品上都没有绝对优势，但是只要在某一种或几种产品的生产上存在相对优势，该国也能从国际贸易中获得利益。贸易开放假说得到了当前许多经济学家的认同。从 15 世纪下半叶起，欧洲开启了大西洋航运和地理大发现的时代。虽然航运的历史带有太多的血腥与掠夺的成分，但是，我们也必须看到，海洋贸易确实扩大了各个国家的市场规模，为欧洲各国的专业化分工创造了条件，从而使欧洲走上工业化之路。

以上采用自然环境、制度约束和自由贸易假说作为对近代欧洲经济发展的解释，虽然有一定道理，但是仅凭以上三个因素进行解释显然是不够的。为什么许多自然环境相似的国家，其发展水平大为不同呢？为什么在第一次大战之前英国对产权的保护和贸易开放程度都明显好于德国，而德国仍然会在此时赶超英国呢？对此，我们认为决定一国发展水平的终极原因，或有其他一些更重要的因素。本文运用李君华和欧阳峣（2016）的大国效应模型，参考国内外其他学者的研究成果，从国家规模和要素结构两个层面出发，对欧洲大国的经济发展道路的经验进行研究和解释。

2 大国经济发展的理论分析

克雷默（1993）提出，人口增长是促进经济繁荣的关键驱动力，其原因是，人口越多意味着出现科学家和工程师的概率就越大。于是，当一个经济体的人口规模较大时，该经济体必然以更快的速度增长。克雷默为此选择的证据是公元前一万年前的五个孤立经济体：亚欧非大陆、美洲大陆、澳大利亚、塔斯马尼亚、弗林德斯岛。在这五个经济体开始接触之前，亚欧大陆的“旧世界文明”发展最为成功，在工业革命之前，欧洲、亚洲和北非都在非常早的时期就出现了发达的手工业和商业文明；在西班牙人到达之前，南北美洲的玛雅文明、印加文明和阿兹特克的农业文明也发展到了相当高的程度；在与其他世界接触之前，澳大利亚仍处在原始聚居的狩猎时期，与旧农业文明有相当一段距离；塔斯马尼亚的技术进步则极其缓慢，他们仍处在极其原始的时代，经历了一万多年后他们仍然只能制造最简单的石制工具，这只能算是旧石器时代的早期；弗林德斯岛上的人类几乎没有发现任何技术，他们在 5000 年前就差不多已经灭绝了。克雷默的研究结果实际上向我们证明，在完全封闭的经济条件下，较大的经济体将获得较好的经济发展，人口规模是技术进步和经济增长的正相关函数。显然，克雷默模型成立的一个前提条件是各个经济体之间相互隔绝，没有任何往来。

李君华和欧阳峣（2016）在非对称空间一般均衡框架下构建了大国效应模型。在该模型中，作者引入了多组非对称条件，尤其是假设了大国与小国在人口规模上和在土地面积上不相等。模型的研究结果表明，人口规模与该国人均实际收入的优势具有正相关关系，即便各个国家之间存在贸易交往，也是如此。不过，如果将土地面积和自然资源数量的有限性考虑进来，当人口规模特别大导致一国人均土地占有量急剧减少时，人口规模与经济发展水平的这种正向关系可能不再成立。因此，当人口规模处在一个适度偏大但又不是特别大的数量上时，即便各个国家之间因实施贸易开放政策而相互联结在一起，规模较大的国家仍然可以通过其人口规模优势获得经济优势。大国效应模型显著地发展了克雷默模型的思想。不过，正如李君华和欧阳峣（2016）所提及的，虽然大国效应模型支持了大国效应的存在性，但大国能否在经济发展中取得优势仍要受诸多因素和条件的约束和限制。

然而，这里仍有如下几个问题需要我们澄清和剖析：其一，为什么人口规模会影响大国的人均实际收入呢？其二，在土地资源数量有限的条件下，为什么人口规模超出某一临界点，人均实际收入又会减少呢？其三，有哪些因素会扼制大国效应发挥作用？

对于人口规模与经济发展水平的正向关系，人们首先想到的是较大的人口规模可能意味着较大的市场规模。早在古典经济学时代，斯密（Smith，1776）就已经认识到，经济发展将受限制于市场的广狭和市场容量。哈里斯（Harris，1954）主张采用市场潜力指数来描述本地市场规模对于经济增长潜力的影响，该指数以距离的倒数作为权数。考虑到权数的影响，如果一国之本国需求与出口需求之比，较之其他国家较大，则该国具有本地市场效应，这将有利于该国经济发展。考虑到最终的市场需求主要来自于消费者需求，人口规模大的国家通常会有较大的市场容量和市场潜力。因此，我们认为，斯密的市场广狭理论和哈里斯的市场潜力理论实际上已经暗示了人口规模可能对经济增长具有正向影响。

人口规模对经济发展产生影响的第二个来源是分工经济。斯密（1776）提出劳动分工受市场容量限制，而分工又是经济增长的唯一源泉。这是从需求端理解分工经济，它所表明的是较大的市场规模能够容纳更多的产品种类数和更高的分工程度。如果从供给端理解，一个国家的人口规模越大，其分工就会越精细，因为更多的人口数量必能生产更多的产品种类数，多种产品种类在同一国家生产将产生协同效应和互补效应。在封闭经济条件下，如果一个国家人口规模较小，该国可能陷入极度贫穷，因为较少的人口无法支持分工的横向和纵深发展，这个国家只能有一些简单的分工。在开放经济条件下，人口规模较小的国家可以参与到国际分工的大体系中去，从国际贸易中获取分工的好处，但该国国内分工的精细程度仍然受制于本国的人口规模。一方面，较小的人口规模可能只能支持本国从事少数几种物品的生产，另一方面，其国内分工也无法向纵深发展，无法支持产业链的延长，因为人手不够。但是，如果这个国家的人口规模较大，其本国人口数量就足以支持该国拥有极其广泛和深层次的分工。

人口规模对经济发展产生正向影响的第三个来源是专业化经济和产业链效应。从需求端考察，较大的人口规模所引致的市场需求必然支持那些具有较强规模经济的行业在本国实现大规模的销售，从而支持该产业在本国的发展。但这不是该产业在本国发展的充分条件。更重要的是，较大的人口规模意味着该国拥有足够的劳动力数量从事这一行业的生产，人口规模太小的国家可能无法支持这些大行业在本国的生产。这是从供给端考察。再看产业链。按照庞巴维克（Böhm-Bawerk，1899）的观点，一个产业的生产链条越长和迂回程度越高，代表该产业的技术水平越高，作为结果，其生产力也会越高。然而，产业链条的延长，需要以较大的人口规模为基础。通常，人口规模太小的国家无法支撑具有太长产业链的行业。小国由于人口太少，从事这个行业的人员必然较少，它不可能有足够的劳动数量支撑全产业链的生产，更不可能在产业链的每一个环节都获得优势。有人可能会说，小国不是可以与其他国家在产业链上实施分工，仅仅在本国生产这种产业链条中的某一个生产环节吗？理论上这也许是可以说得通的。但实际上并不总是十分可行，因为国家与国家之间的市场可能并不那么兼容，毕竟各个国家在文化、地理、政策和设施上都存在差异，国家之间的市场交易费用较之国内通常都会高一些。如果某一行业的全产业链都在该国实现了本地化，该国在该产业的生产上将获得极强的优势。因此，大国较之小国通常拥有在本国发展完整产业链的优势。进一步，考虑到大多数行业都有投入产出联系，因此，大国甚至可以支持本国拥有非常完整的产业生态圈，包容各种相关行业在本国融合协同发展，这将显著地提升本国经济的竞争力。

人口规模对经济发展产生正向影响的第四个来源是知识溢出效应。罗默（1986）和格罗斯曼和赫尔普曼（1991）认为，知识具有全球性溢出的特性，因此，知识一经发现便必然促进全球经济的持续增长。马丁和奥塔维亚诺（Martin & Ottaviano，1999）认为，知识溢出具有地方性特征，它对于经济增长的影响只能局限于知识溢出所能辐射的局部区域。考虑到知识溢出的距离衰减，我们认为，马丁和奥塔维亚诺的观点可能更接近真理。大国由于人口规模较大、企业数量较多，其人与人之间和企业与企业之间的知识存量和知识的差异性也可能较大，于是，他们之间就有更多的交流机会和交流频率，这种交流将显著地增加他们的各自知识，这就是知识溢出。有人可能会说，人们也可以与其他国家的人们进行交流，考虑到互联网的信息容量和传输速度，跨国界的交流可能同样会产生知识溢出效应。本文并不否认跨国界知识溢出的存在性，但是，我们认为，由于国内人员在文化环境、语言习俗、产业背景上具有更多的相似性，加之国界的神秘影响，同时，考虑到技术类知识的隐性特征，我们认为，面对面的本地人员之间的交流可能更有利于知识溢出，在地理空间上更加接近、在知识背景和产业背景上更加相似的国内经济主体之间的知识溢出较之国际溢出要强大得多，它对于经济增长的影响也会更大。大国在这一方面拥有更多的优势。

人口规模对经济发展产生正向影响的第五个来源是运输成本的节约。李君华和欧阳峣（2016）表明，当大国的国内运输成本系数低于国家之间的运输成本系数，大国由于人口较多，它所生产的产品种类数也可能更多，人们在本国就可以购买到较多的产品种类数，这将节省大量的运输成本。有人可能不同意国内运输成本系数低于国际运输成本系数这一假说。不过，如果我们考虑到国界所包含的政治意义、文化和语言差异性、物流基础结构的不兼容性、支付系统的不兼容性、各种关税和报关手续，这种假设就具体相当的合理性了。如果各国国内市场的运输成本较之国际贸易成本较低，大国就更有可能从国内贸易和本地市场中获得较多的好处。

现在我们再看在土地资源有限的条件下，为什么大国的人口规模优势与人均实际收入优势会呈现“倒U”型关系。由上面的分析，我们已经知道，在不考虑土地有限性的情况下，人口规模对于经济发展具有正向影响。但是，如果将土地数量的有限性考虑进来，随着我们在给定数量的土地上持续投入劳动力，每一新增单位劳动所增加的产量是递减的。这个规律被称为边际收益递减规律。当新增劳动引起的边际产量等于零时，人口增加就不可能继续引起产量增加了，这时，总产量达到最大化。如果用人均值计算，随着人口规模扩大，人均占有的土地量会越来越少，由于总产量只能以递减的速度增加，于是，人均产量会随着人口增加而减少，在边际产量等于零时，总产量会停止增加。从这个层面看，我们认为，人口规模扩大将引起人均产量只能以递减的速率增加，当到达某一临界点之后，甚至只能持续降低。这种现象被称为“马尔萨斯陷阱”（马尔萨斯，1836）。我们将前面提到的由人口规模扩大引起的大国效应与由人均土地量减少引起的“马尔萨斯陷阱”的递减效应结合在一起，大国的人口规模优势与人均实际收入的优势就呈现出“倒U”型关系。

国际贸易有利于所有参与国的成员。斯密从内生分工的角度对这一思想进行了论证，李嘉图用比较成本学说证明了任何国家都可以通过按比较优势分工获得国际贸易的好处。李君华和欧阳峣（2016）的大国效应模型表明，国家之间的贸易会使所有参与国都从贸易中获益，但小国从中获益更多，其原因是：一是国际分工可以使各国专精于各自具有优势的产业；二是国际贸易扩大了参与市场的人口总规模，使全球分工程度更高，产品种类的总数增加，于是，所有国家都可以从全球总人口规模的扩大中获得分工的好处；三是小国在封闭经济条件下的分工程度较低，但其一旦参与到全球市场，就可以从全球整体分工中得益，这类似于把该国归并于一个具有更大人口规模的经济体，因此，小国就从国际贸易中获得整体规模经济的好处，这当然更有利于小国。进一步，如果多个小国之间通过降低贸易成本（包括关税和报关便捷性等）和实施开放的贸易政策而联合在一起，那么，这些小国就会获得国家集群的优势。在这些小国联合体与孤立大国相互竞争的时候，小国不一定会处于劣势，欧洲崛起在一定程度上也来源于此。

各国市场发育程度和市场交易费用的大小对各个国家的竞争优势具有重大的影响。当一个国家市场发育较好，其制度性的交易成本和空间运输费用降低时，该国工商业将获得较好的发展，其国内产业分工程度会显著提高，这时，其他国家的经济活动就会向这个国家转移和集聚，于是，这个国家的竞争力就增强了，其人均国民实际收入水平也会大幅度地提高。反之，如果是其他国家的国内市场交易费用降低了，即便本国国内市场市场费用不变，本国交易成本相对于其他国家仍然较高，这将削弱本国经济活动的竞争力。许多大国常常受制于这一情况。历史上曾有一些大国（如中国的大清王朝和印度的莫卧儿王朝）自视强大，不思进取，拒绝改革，这导致这些大国的国内交易费用较之西方国家要高得多，其市场发育极为不善，结果这些国家衰落了。如果一个国家内部分裂，全国市场分割为许多独立的、自给自足的小单元，各个单元之间没有贸易，或是贸易成本较高，那么，这个国家的经济发展必然落后。中世纪欧洲的落后即源于此。相反，如果这个国家获得了统一，则其国内交易成本必然降低，这将有利于该国经济发展。19 世纪末，德意志获得统一，随即开始了一轮工业革命。

经济结构对于一个国家的竞争力具有重要的影响。由于一个国家的土地和自然资源数量是有限的，如果该国经济结构以土地密集型的农业为主，则该国经济发展水平必受制于有限的土地和自然资源。但是，如果这个国家逐步放弃以农业为主导产业的经济结构，转而以劳动密集型的手工业、资本密集型的现代工业和知识密集型的现代服务业为主导产业，这时，该国经济发展水平必然大幅度提高，因为这些新型产业打破了经济活动对土地的依赖。在这种经济结构转型之后，在相同面积的土地上，就可以容纳更多的经济活动。然而，经济结构转型不会自动发生。决定一国经济结构转型的因素主要有三个：其一，要素结构的变化；其二，新产品和新技术的创造力；其三，参与国际分工的程度和贸易政策是否开放。

要素结构是指一个国家的土地资源、劳动力、资本存量等生产要素的比例。要素结构与经济的行业结构共同决定着要素的相对价格水平。如果要素结构发生了变化，这必然反映到要素价格上，从而引起要素相对价格的变化。要素相对价格变化会促使生产者调整经济结构和投入比例。如果劳动人口的供给相对于土地增加，则土地租金上涨，该国就可能发展用劳动密集型产业替代土地密集型产业，以节约土地租金。可见，要素结构的变化会通过要素相对价格传递到经济结构，促使经济结构作出相应的调整。这种经济结构转型可称为适应型转型。

另一种经济结构转型是主动型转型。当一个国家的创新能力较强时，这个国家就会有许多创新技术和新产品问世，这些新技术将投入生产过程。如果这种新技术是节省土地的技术，则经济结构将从土地密集型产业（农业）向劳动密集型产业（手工业）转型。不过，这些新增产能投资所生产的产品必须能够以合理的价格卖掉。如果新增产能仍然是一种过剩产能，那么，经济结构就不可能顺畅转型，因为人们无法以现有价格将过剩产品卖出。因此，新增产能必须是投资于一个新型产业，或者是用一种成本更低的新方法生产出了传统产品。在这一结构转型的过程中，要素结构具有引导性的作用。如果该国人口增多，土地租金就会上涨，于是，劳动力变成相对便宜，这时，该国会尽力发展劳动密集型产业，技术创新也会朝着节省土地的路径发展。反之，如果该国人口和劳动力不足，劳动者的工资就会变得十分昂贵，这时，技术创新将朝着节省劳动的方向发展。在资本存量非常充裕的情况下，劳动力紧缺甚至会引导出一次机械化的革命（如第一次工业革命中的英国）。但这一过程是否发生，关键在于该国是否具有创造和发现新技术的能力。这是经济结构转型的重要前提。这种以创新驱动的结构转型虽然也会适应要素结构的变化，但其更重要的特征是它改变了生产函数的形式从而降低了成本，甚至创造了一个新型产业。由新技术引致的投资所生产的产品在市场上是可以出清的，因为其产品生产成本低于传统方法，或者它创造了一个新的市场，从而使投资者可以获得超额利润。只要这种新的生产方法、新产品和新技术被市场认可，这种以创新驱动的经济结构转型就一定会发生。新投资必然吸纳过剩的储蓄和吸纳从传统产业中转移出来的劳动力，于是，该国经济在这种结构转型中获得了快速的发展。

经济结构转型是否发生，还依赖于这个国家参与国际分工的程度和该国贸易政策是否开放。在封闭经济条件下，经济结构转型的难度非常大。为什么呢？封闭国家不得不生产他们所需要的全部产品，考虑到诸如粮食之类的农产品是人们生活和生存的必需品，因此，该国必须有足够多的劳动人口从事农业生产，才能维持其国民的基本生存。于是，该国经济结构就必然被锁定为以农业为主。只有当粮食问题得到解决，农产品足够富余，出现了从农业中转移出来的剩余劳动力，从农业向工商业的转型才有可能发生。然而，对于一个封闭的国家而言，这种由农业富余引起结构转型的可能性不大，除非这个国家的人口规模足够大。但即便该国人口规模特别大，它仍旧只能在局部地区出现较低层次的结构转型。但是，如果该国实施的是开放的贸易政策，则该国可以将一部分农业活动外包或从其他国家购买农产品，从而转移出大量的劳动力专门从事工商业，以支持本国的非农产业发展。显然，这种经济结构转型之所以会发生，主要是在于本国放弃了一部分农业活动，从而使本国拥有更多的剩余劳动力从事工商业。

在本节余下的部分中我们根据以上分析和大国效应模型的结论归纳出如下一些理论假说作为我们对欧洲大国经济发展进行分析的理论依据。

假说1：在适度偏大的人口规模上，人口数量与大国的人均收入优势具有正相关关系，不过，如果该国人口规模特别大，但其土地面积有限，该国人口可能超出马尔萨斯陷阱，这将导致其人均土地占有量过低，该国土地将无法承载如此之大的人口规模，这时，大国的人均实际收入可能降低到小国之下，大国丧失其优势。

假说2：国际贸易有利于所有参与贸易的国家，但小国从贸易中获利更多，因此，国际贸易倾向于缩小两国收入差距。本假说的一个推论是，如果大国实施封闭经济政策，而小国之间有频繁的贸易，这时，孤立的大国可能落后于小国的贸易联合体。

假说 3：国内交易成本对于国家优势具有重要影响。交易成本降低意味着该国市场条件改善，从而在该国形成成本洼地，这可能促使其他国家的经济活动向该国转移和集聚。于是，该国竞争力显著强于其他国家。

假说 4：经济结构转型对于经济发展水平具有重要影响。如果一国要素结构发生变化，它首先会反映到要素的相对价格上，然后通过要素价格的变化促使实体经济结构转型，进而影响各国收入差距。如果一国人口增多导致其人均土地占有量较小时，该国地租率就会显著高于其他国家，这时，如果该国仍以土地密集型产业为主导产业，该国人均收入就会大幅下降。为节省产品成本，该国会有较强的动力向劳动密集型产业、资本密集型产业和技术密集型产业转型。

3 欧洲大国经济发展的经验解释

在遥远的古代，亚欧大陆可分三大块，分别对应三大文明：印度文明、华夏文明和地中海文明。由于地形和交通的阻隔，这三大文明是相互独立的。但是，地中海文明有其特殊性。地中海的南面是北非文明，东面是两河流域文明，这两大文明在时间上远远早于希腊文明。但希腊文明与北非文明和两河文明在时间上具有继承性。这些文明相互靠近，从一开始就存在非常紧密的交流和往来。它们虽然被地中海和红海的水域隔开，但又并没有完全隔离。由此可见，地中海文明实际上是一组文明的集群。从人口规模上看，希腊文明与印度和中国相比并不具备任何优势，但是，考虑到地中海沿岸和附近各个文明之间具有紧密的交往，地中海文明作为一个整体，其总人口并不少于中国和印度。希腊文明创造了非凡的文化。但随后便被罗马帝国取代。与希腊相比，罗马帝国应当算是实实在在的大国和强国。罗马帝国之后，欧洲进入漫长的中世纪。中世纪欧洲在传统意义上的几个大国在公元六世纪形成，它们分别是西法兰克、中法兰克、东法兰克。三国是由查理曼建立的法兰克王国根据《凡尔登条约》分裂而成。这就是后来法、意、德三国的雏形。公元九世纪上半期，英格兰获得统一。至此，欧洲四大国形成。

中世纪欧洲的经济组织形式为庄园制经济。这种封建庄园制与中国古代的经济制度有很大的区别。在中国，虽然也有地主和农民两大阶级，但是，在各个王朝之初，大多数农民是拥有土地的。即便在王朝后期出现了大量的土地兼并，农民的身份仍然是自由民。通常，这些农民若要脱离土地转而从事工商业，这并不是非常困难的事情。

但是，在欧洲，每一个庄园都是一个自给自足的经济实体，庄园内农奴被束缚于土地。庄园制经济为农奴提供必要的保护，但也限制了他们的人身自由和个人的思想创造性，他们只需要本分地做好自己的工作就足够了。每个庄园都生产他们各自所需的各种物品，各庄园实际上都是一个独立王国（公国），它们之间没有分工没有贸易，因而不利于工商业的发展。于是，欧洲落后于东方。

但是，为什么在中世纪后期，黑暗的欧洲会突然发生变异，迎来浪漫的文艺复兴和充满活力的工业革命？一些学者认为，欧洲之所以发生工业革命，与其民主基因有关，而这个民主基因又与欧洲的地理禀赋有关联（文贯中，2005）。古欧洲文明盛极于古希腊，而古希腊是世界上最早孕育民主精神的文明。希腊处在地中海海岸各个文明的环绕之中，其境内多山，这正好使之能与它的城邦制文明相适应。各个相互竞争的城邦势力使希腊很早就接受了民主共和思想。于是，希腊以其开放性和多元性而著称于世。这一民主传统传之两千多年至文艺复兴时代恢复。兰德斯（Landes，1998）认为，欧洲中世纪实际上是人类历史上的一个非常有创造力的时代，其境内小国林立，它们之间相互竞争，其国民可以“用脚投票”选择自己的国家，于是，各个国家的政府权力受到限制。另一方面，教会对于世俗权力具有相互约束的关系，封建领主与王室之间存在利益制衡，加上后期市民阶层崛起，这些都对王室的权力形成了制约，欧洲由此最早走上了私产保护和现代民主的道路。以上这些观点固然有一定的道理，但是，将欧洲经济发展仅仅归因于纯地理和民主一说，显然并不全面。本文从国家规模和经济结构的角度入手，运用我们在第二节中提出的四个理论假说，并结合其他因素对近代欧洲大国的经济发展进行综合解释。

在欧洲中世纪的中晚期，即 13 ~ 14 世纪，欧洲人口接近 1 个亿，其中法国人口 2000 万，英国人口达到 700 万，意大利和德国仍未获得现代国家意义上的统一。显然，在当时，英、法两国在欧洲已经不能算是小国了。更重要的是，欧洲虽然国家林立，并无一个统一的欧洲，但各个国家之间的要素流动和商品贸易向来是非常频繁的。考虑到北非与西亚均在地中海沿岸的附近区域，它们之间也有非常多的贸易，欧洲的贸易规模和分工范围就更大了。

公元 14 世纪末至 15 世纪初，欧洲黑死病暴发，其人口削减了大约 30% ~ 50%。黑死病使欧洲经济遭受重创。从要素结构的角度考察，黑死病大大减少劳动人口的数量，改变了要素禀赋的结构和要素的相对价格，使土地所有者的收入大幅降低，而劳动者的工资收入显著增长。更重要的是，黑死病动摇了欧洲的农奴制，因为神职教会人员和领主都无法避免黑死病的冲击，而土地又出奇地富余，获得自由的农奴接管了许多被抛荒的土地。因人口的减少和土地富余，欧洲的粮食问题得到解决，但工商业遭受重创，人们不得不寻求节省劳动的新技术以弥补劳动力不足。于是，欧洲以一种悲剧的方式实现了经济结构的缓慢转型。从 15 世纪下半叶起，欧洲人口开始缓慢恢复，富余的农业人口从农业中分离出来转而从事工商业。先是意大利开始繁荣起来，这个地区利用地中海的航线把西亚、北非联结在一起，于是，意大利的工场手工业和商业贸易盛极一时。然后，大西洋航线被开辟出来，葡萄牙、西班牙和荷兰依靠其卓越的航海技术和造船技术获得了海上成功，取代了意大利在地中海的贸易地位。再然后，就是英国、法国和德国的工业竞争和技术较量。直到第一次世界大战之后，这个世界第一的宝座才从亚欧大陆退出，让位于大西洋对岸的美国。

公元 15 世纪前后，欧洲正处在大变革的前夜。以往长期困扰各国的粮食问题已经解决，农业中已分离出大量的剩余劳动力。葡萄牙和西班牙的航海家已经开辟了多条通往美洲和亚洲的航线，这些航线没有产权，各个国家都可以在这些航线上航行，其主要障碍就是各个国家的海上力量对比。葡萄牙和西班牙人打败印第安人占领了美洲，然后，他们来到印度、东南亚和中国沿海。最初，这些征服者是为黄金和珠宝而来，随后，他们将甘蔗种植技术和黑奴从非洲装运过来。这种建立在黑奴贸易基础上的甘蔗种植和制糖工业给宗主国带来了源源不断的巨额财富。然后，英国人、荷兰人和法国人也参与进来。对美洲和亚洲的开发扩大了市场范围，新大陆的人们需要工业制成品，于是，英国的机械工业发展起来，因为炼糖工业需要机械。但是，数据表明，转运于欧亚的出口市场仍远远低于本国市场和欧洲的洲内市场。这表明，即便从需求角度考察，本国市场的规模对于一国经济发展仍具有重要作用。在亚洲，葡萄牙人从胡椒、香料生意和海上劫掠中获利，但很快，他们在印度洋的海上优势就让位于更加强大的荷兰和英国。在当时没有制冷技术的条件下，胡椒和香料解决了欧洲的冬季肉制品的贮藏和腌制问题，这又可以节省出一部分在冬季饲养牲畜的谷物。这就进一步缓解了欧洲的粮食问题，并解放出一部分劳动力。

在葡萄牙人征服大西洋期间和进入印度洋之前，他们在航海技术和科学技术方面是遥遥领先的，但是，有一种因素导致了它的衰落：它不能容忍异教徒和持异议者。最初，葡萄牙的宗教环境相对宽松，但是，在 16 世纪中期，由于罗马教廷和西班牙的施压，葡萄牙建立了宗教裁判所，对异教人士和科学界人士进行迫害和血腥屠杀。大批商人和科学家都从这个国家逃走（西班牙当然更不能容忍这些异教徒），这个国家的人口开始减少。有才能、有观点和有思想的科学家无法在这个国家居住，仍然居住在这个国家的大多是一些无能之辈，于是，葡萄牙和西班牙衰落了。这些逃走的科学家和商人迁移到了荷兰、英国和其他有包容性的国家。这个本来人口就不多的国家，它在心灵上在却是如此地自我封闭。而英国和荷兰正好接收了它的人力资源，同时也接管了它的海上霸权。

然而，荷兰毕竟是一个小国，在弱肉强食的海洋竞争和国内制造业竞争中终究不敌英国。荷兰人在亚洲谋求对印度尼西亚的垄断权，而英国人则将其主要精力转移到印度。他们发现印度拥有世界上最优质的棉纱和布匹，以及规模庞大的勤劳工人。此前，欧洲人都是穿着毛纱品，印度的棉制品改变了欧洲人和世界的穿着，也改变了英国的工业，一个全新的产业被打开了，英国人从中大发横财。印度是一个土地肥沃、农业非常发达的国家，其粮食供应远远超过其需求。于是，印度就可以腾出大量的土地和劳动力种植棉花。在此之前，印度的棉纱手工业就非常发达，但是，印度的财富盈余不归劳动者所有，印度没有私人财产权的保护，当地官僚可以随意剥夺印度平民的财产。现在，英国人来到这里，这一工业便被英国取代。英国式的机械化棉纺织工业大大提高了棉纱产量和生产效率。尤其是，他们把市场机制所要求的诚信和契约精神带到了印度，印度人都愿意到英国的公司谋职，而且非常愿意把钱存放在英国的银行，因为英国公司给当地的印度人提供了对个人财产权的保护。当地官僚不敢得罪英国人，因此，他们也不敢得罪在英国公司工作的印度人。

欧洲大国的崛起与这些国家的人口规模和资源数量有重要的关联。虽然直到工业革命的前夕，英国本土的人口仍然不到1000万，但是，我们永远不要忘记，欧洲是作为一个整体登上历史舞台的。长期以来，英国与欧洲大陆各国一直保持着非常紧密的贸易联系和要素流动。这就使得英国可以融入到欧洲的大分工体系之中。本文第二节中的假说2提到，国际贸易有益于所有国家，英国在与欧洲的分工和合作中获得了许多好处。如前所述，在16世纪之前，英国并不是欧洲最富裕的国家。靠近大西洋的葡萄牙、西班牙和荷兰较之英国都要发达得多。但是，英国在与这些国家的贸易中获益颇丰，也从这些国家学习到了许多先进的工业技术和航海经验，尤其是在西班牙与葡萄牙的宗教专制期间，英国接纳了许多从这些国家逃出的科技人才。由此可见，当我们考虑英国的人口规模时，应当根据假说2将全欧洲的规模考虑进来，因为欧洲所代表的是一个国家集群。从土地与资源角度考察，欧洲各国的资源也可以通过国际贸易实现互补和共享。较之欧洲其他国家，英国的土地资源相对于人口数量实在是太少，但是，英国可以用工业品交换粮食，克服其土地资源不足的矛盾。在拿破仑专政时期，从欧洲通往英国的港口被封锁，英国无法从欧洲进口粮食，这导致英国的粮食价格暴涨，英国不得不转而耕种更加贫瘠的土地，英国的工业由此遭受重创，这从一个侧面反映了英国对欧洲大陆的依赖。拿破仑战败后，英国恢复了与欧洲的贸易，英国经济才得以恢复并再次起飞。另外，对英国的国家规模的考察也应当将其殖民地考虑在内。前文提及，英国与印度的关系使英国在相当程度上克服了其人口规模不太大与资源不太丰富的缺陷。英国对殖民地的开放式管理使殖民地融入英国的大分工体系中，这样，英国就可以专精于本国具有比较优势的工业技术创造，而将本国具有比较劣势的其他产业外包或从其他国家进口。其实，不管是大国还是小国，保持开放都是他们获得竞争力的一个重要前提，封闭从来就不是强国的发展之道。英国以一个中等规模的国家通过开放的贸易政策走上了工业化和结构转型之路。

时间进入 18 世纪的下半期，这时，人类的生存条件已经发生了重大的改变。土豆、玉米和白薯传入欧洲和亚洲，谷物、牛羊、甘蔗移入美洲，人类的饮食结构和粮食数量大大改善，由此，世界人口出现暴增，这又进一步刺激了需求。于是，农业人口大幅度过剩，这就为经济结构从农业向非农产业转型提供了劳动力的条件。但是，问题仍然是，为什么工业革命最初会在英国发生，而不是任何其他国家呢？根据我们在第二节中提出的假说 1，适度偏大的人口规模是导致一国经济强于其他国家的重要因素，原因是较大的人口规模可支持更深层次的分工和更强的知识溢出。英国通过接纳欧洲的流动人口和技术工匠使本国人口规模扩大，从而提升了自己的竞争力。然而，人口规模并非经济发展和技术领先的充分条件。其实，若论人口规模，即便只是在欧洲，英国仍然称不上是老大，德、法、俄的国内人口一直显著多于英国。虽然开放性的贸易政策多多少少弥补了英国人口规模不太大的弱势，但这仍然不能说明为什么工业革命会发生在英国，而不是其他国家。本文的观点是，较大的人口规模可以支持大国拥有较高的经济发展水平，但是，大国效应能否顺利发挥作用，仍必须依赖于一系列其他条件。也就是说，大国效应可能受限制于一些其他因素，本文第二节假说 3 和假说 4 中所提及的市场发育程度和交易费用、经济结构类型和结构转型的难易都有可能成为限制大国效应发挥作用的因素。

海外掠夺和国际贸易显著增加了欧洲各宗主国的财富，这些财富远远超过其需求，这些国家由此都拥有巨额的储蓄，如果这些储蓄都能转化为投资进入工业领域，那么，西班牙、葡萄牙和荷兰都有可能获得一个巨大的发展机会。在财富盈余方面，英国并不占有优势。但是，问题是，这种从储蓄向投资的转化仅仅发生在英国，和后来的法德。西班牙和葡萄牙对于这种转化似乎并无足够的动力。然而，让储蓄转化为投资，是经济起飞的一个重要条件，因为资本作为一种生产要素，当它进入生产过程，常常意味着产业链的延长和生产技术的改进。那么，在什么情况下，储蓄会顺利地转化为投资呢？实际上，让储蓄转化为投资的过程就是剩余人口被吸纳进入工业领域的过程，大国的规模效应能否发挥作用，关键即在于此。本文的观点是，要让这一过程发生，至少须满足三个方面的条件：一是要有新技术和新产业吸纳过剩资本和过剩劳动力，其原因是，供给创造自己的需求，一项新技术被引入生产过程必然伴随着大规模的投资；二是要有较好的市场环境和较低的交易成本；三是参与分工的人口规模和市场规模必须足够大，因为分工可以产生足够的分工经济，而较大的市场规模则可以支持新产品在国内的销售。与其他国家相比，英国在这三个方面确有一些如下的优势。

第一，当时的英国拥有支持技术创新的投资环境。工业革命的实质就是新技术推动经济结构转型。如果没有新技术和新产品源源不断地产生，企业家就不会有投资的动力，过剩的资本和剩余劳动力都不可能被吸纳到生产过程中。如果人们一定要在没有技术进步的前提下大规模投资，那也只是形成新的产能过剩，但经济结构转型不会发生。当时的英国、葡萄牙、西班牙和荷兰都不缺资本。早期的海外淘金为宗主国积累了大量的财富。由于没有新技术和新产品吸纳过剩的投资，葡萄牙和西班牙只能将这些财富用于奢靡的生活。而英国则拥有各项可支持创新的投资环境：一是16世纪宗教改革之后的英国将新教确立为国教，新教对思想的控制较之天主教要宽松得多，而西班牙和葡萄牙等国家仍然顽固地坚持天主教，他们建立宗教裁判所，对思想家和科学家实施血腥的屠杀，这些优秀人才不得不逃往其他国家。西班牙和葡萄牙的这一举措可以说是自毁长城，而英国正好接纳了大批从西班牙和葡萄牙逃走的科学家。二是英国国民的受教育程度很高。由于新教鼓励识字、经商和勤劳致富（Weber，1954），加上英国有发达的初等教育，鼓励穷人就学，所以，英国国民的识字率和整体文化素质都非常高。英国的高等教育也非常发达，牛津、剑桥、爱丁堡和格拉斯哥大学在当时都是赫赫有名，这些综合型大学为工业革命培养了大批人才。三是近代科学以数学和实验为工具，但是，天主教和新教对待数学与实验的态度截然不同，前者认为经院哲学对《圣经》的理解是绝对权威，对于任何不符合经院哲学的观点，宗教裁判所都会给予血腥的猎杀，后者则是通过重新观察和精密计量得出结论，所以，新教为科学革命中的思想家提供了安全和保护，但这些思想在天主教看来都是异端邪说。四是英国有一套非常高效的法制系统和行政管理机制，这一系统对于公民财产权和知识产权提供了非常有效的保护，而且非常有效地保障了契约的执行和市场机制的运转。英国的土地、矿山和道路都为私人所有，并且神圣不可侵犯，这就为如何高效使用这些资源提供了技术创新的动力，并为抵制短视开发提供了法权保护。另一方面，对知识产权优先权的确认，则通过声誉机制和产权利益的分配机制提高了科研人员从事科学研究的动力。科学家非常看重技术优先权的荣誉，同时，又能获得其产权利益，他们当然会喜欢这一项职业。以上这些条件共同促进了英国的技术研究和发明创造，为工业革命提供了技术支持。当这些新技术被新企业使用之后，它们就可以雇佣更多的劳动力，吸纳更多的资本，于是，在工业革命主导之下的经济结构转型就发生了。如果没有这些供给侧的技术创造，工业革命和经济结构转型都是不可能发生的。

第二，自由贸易政策和开放的殖民地管理方式弥补了英国本土人口规模不太大的矛盾。英国拥有中等偏大的人口规模和非常庞大的海外殖民地，并且与欧洲保持着既竞争又相互合作的紧密关系。对于海外殖民地的管理，英国奉行完全不同的管理方式。西班牙与葡萄牙的对外贸易和殖民地政策是掠夺式的重商主义模式。他们不是参与到殖民地国家的分工体系中去，而是尽可能地压低其工资和材料成本，直到极限。当其海上力量不足以支撑这种不对等的贸易地位时，其贸易体系就崩溃了。英国实施自由贸易政策，它与欧洲各国一直保持着开放性的贸易政策，即便在拿破仑贸易封锁时期，英国仍然通过与沙俄的港口贸易突破法兰西的封锁。虽然早期英国也从事一些海盗活动，但它与殖民地的关系良好。印度人非常乐意把钱存放在英国银行，也乐意在英国公司工作。事实上，在英国公司工作的印度人甚至可以避开印度本地官僚的盘剥，使其个人财产得到保护。英国与印度下层百姓的这种关系扩大了英国的分工范围。印度的耕地规模很大，拥有多余的粮食、庞大的棉花种植基地和棉纺织业，有大批量的过剩劳动力，这在相当程度上弥补了英国的人口和资源不足，于是，英国和殖民地之间就出现了一种非常有效的产业分工模式，英国专精于纺织、机械制造和技术的研发，印度主要从事农业和农产品初加工。再加上英国本土煤铁工业的支持，于是，以机械制造为主的工业革命终于在英国发生。显然，英国对殖民地的管理方式，得以使印度的下层社会更紧密地融入英国的分工体系中去，弥补了英国本土人口规模不太大的缺陷，使英国可以专精于本国最擅长的技术研发活动，这是工业革命得以在英国发生的一个重要条件。

第三，英国有非常好的市场环境和较低的市场交易成本。本国市场交易费用下降会吸引其他国家的经济活动向本国转移和集聚，使该国人均收入相对于其他国家更高，这是李君华和欧阳峣（2016）在大国效应模型中得出的观点。英国是一个长条形岛国，其境内任何一个地方距离海岸线均不到 120 公里，境内陆地亦有纵横交错的水网，加之其海岸线弯曲，形成了很多平静的深海港湾。随着海洋运输工具的发展，英国境内的货物和人口可以利用水上交通工具沿本国海岸线往来于各个地区。可见，水上交通工具的发展对于英国国内市场的交易费用的降低具有显著的影响。18 世纪和 19 世纪前后，以蒸汽机为动力的火车在英国投入使用，这对于货物运输成本的下降也有重要影响。更重要的是，英国是当时世界上唯一彻底实施土地私有制的国家。由此，英国的公路设施全部由私人投资修建，商人关心商业利益，从来不会为了政治和军事用途而修建道路。这就排除了多余的公路设施投资，减少了浪费，使货物的空间交易成本降到最低。以上原因，加上英国向来有鼓励诚实经商的习惯，有高效的法制传统对私有产权进行保护，保障契约高效执行，这就使得英国的市场环境非常适合于企业家的生存和发展，也吸引了更多的企业家到英国投资设厂。这是英国发生工业革命的市场基础条件。

英国的工业革命改变了世界，随后，在欧洲大陆出现了一大批追赶者。法国、德国和沙俄也是欧洲的大国。事实上，法国与德国的人口规模一直大于英国。法国又是英国的宿敌，两国之间一直存在激烈的竞争。法国在 13 世纪引入“三级会议”，但直到拿破仑在滑铁卢战败和雅各宾专政之后，现代意义上的民主制度才真正艰难地建立起来。德国在俾斯麦时代实现统一，之后德国成为名副其实的欧洲大国，但直到“二战”结束仍算不上民主国家。在中世纪后期，欧洲的农奴制开始瓦解，英国最快，法国在大革命时代才彻底废除农奴制，德国在 19 世纪初才解放自己的农奴，沙俄进展最慢。农奴制的瓦解意味着自由民增加，法德较之英国，无疑是慢了一步，但仍然走出了这一步。农奴制瓦解不仅为近代工业提供更多的劳动力，而且由于自由民的思想更开放，其商业精神和创业精神更强，因而有利于市民阶层的崛起，同时也增加了出现潜在科研工作人员的概率。可见，自由民数量增加是工业革命的一个先决条件。法德两国都是新教国家，受天主教控制思想的影响较少，这也是它们的一个有利条件。此外，在欧洲大陆各国，普遍存在各种道路收费和路卡，这些制度增加了一个国家内部市场的交易成本和市场运行成本，因而极不利于劳动分工和经济发展。英国在 15 世纪就取消了这种制度，但法德等国直到 17 世纪前后才扫清这些道路障碍。这些条件使得法德的工业发展较之英国较晚，但仍然缓慢地发展起来。

虽然法德的人口规模和制度改革为赶上英国提供了某种可能，但有，有两个更重要的因素加速了法国和德国技术进步的步伐。其一是，法国和德国吸纳了大批从英国迁移过来的技术人才和熟练工人。虽然英国的法律明确禁止技术工匠到国外移居，但仍有许多人受高工资吸引通过各种途径实现了移居。在经济学上，我们可将其称为国际知识溢出。这些英国的技术专家不仅带去了他们的资金，而且将他们大脑中的知识和技术也带到了欧洲大陆。另一方面，机器出口将机器中所包含的隐性知识带到了国外。虽然英国一直限制机器出口，但也挡不住商人对利益的追逐。这是另一种形式的知识溢出效应。其次，法国还有一项创举，那就是大力兴办和建设工科型大学。法兰西的这一工科传统为本国培养了一大批工程师人才。法兰西的工科传统照亮了欧洲其他国家（尤其是德国）的大学制度，并被其仿效。英国的技术发展路径是典型的“干中学”（自发演进），法国与德国则是通过正规教育传播科学理念和系统性的工科知识（主动支持创新）。终于，在英国工业革命一百多年后，法德两国在许多关键领域赶上并超过了英国。当第二次工业革命的浪潮到来之时，英国不再是领导者，而法德则成了 19 世纪末 20 世纪初的工业火车头。但不久之后，这一火车头地位又让位于北美的一个具有更大人口规模的美国。

4 结论与启示

本文在大国效应模型的框架下对欧洲大国的经济发展道路进行研究，我们以国家规模和要素结构作为切入点，先是对欧洲大国的初始发展条件进行剖析，然后对加强和制约大国发展的各种因素进行解构。在此基础上，对欧洲大国的发展经验进行梳理。根据本文的研究，我们将欧洲大国的发展经验总结如下：

（1）人口规模对于一国经济发展具有重要的正向影响。这句话应当从三个方面理解：其一，近代以来，欧洲是作为一个整体登上历史舞台，虽然欧洲各单个国家较之亚洲的中国和印度要小得多，但是，欧洲作为中小国家的联合体拥有国家集群的优势。其二，欧洲的许多国家在大西洋贸易时代都开发和占领了许多殖民地，这些殖民地直接从属于宗主国，它们直接参与了宗主国的国内分工。于是，尽管宗主国的人口规模并不大，但若将其殖民地人口加总，这些国家的规模并不小。其三，剔除以上因素，即便我们仅从欧洲内部考察各个母国的人口规模，我们也会发现，最先发展起来的几个欧洲小国（西班牙、葡萄牙和荷兰）最终都与工业革命无缘，能引导工业革命的国家都是欧洲大国（英、法、德）。反观中世纪欧洲，封建庄园制使各个国家的内部都是公国林立，各国市场被各势力范围所分割，形成了自给自足的庄园经济，欧洲由此远远落后于亚洲。近代欧洲因农奴制的瓦解及民主政权战胜了分裂势力，使欧洲各国获得了事实上的统一，这一点在英、法、德都表现得十分明显，于是，欧洲大国迅速发展。这一事实告诉我们，国家规模和国家的统一有利于技术进步和经济发展。

（2）要素结构变动通过传递于要素价格引导经济结构转型。欧洲黑死病暴发使欧洲经济遭受重创，但由于土地相对于人口的比例突然增加，因此反而以一种悲剧的方式解决了长期困扰欧洲的粮食问题。由于占有土地并不有利可图，这在一定程度上又加快了农奴制的瓦解。随着欧洲人口缓慢恢复，农村出现了大量过剩劳动力，他们开始寻找出路开拓新世界。新大陆的发现、跨海洋贸易和农作物引进进一步解决了欧洲的粮食问题。欧洲不必再为粮食问题操心，这显然有利于宗主国的经济结构转型。英国和后来发展起来的法德两国正好利用了经济结构转型的这种内在驱动力，西班牙和葡萄牙则沉溺于从殖民地送回本国的金银财富。于是，英国、法国和德国先后发生工业革命，西班牙和葡萄牙则白白浪费了这次机会。当前中国环境资源保护的压力较大，人口老龄化倾向也导致劳动力资源不足，从长期看，这一要素结构的特征必然导致环境承载力下降和环境成本加大，劳动力工资亦将呈现上升态势，而资本则可能出现过剩，因而，中国的经济结构存在从环境消耗密集型产业和劳动密集型产业向和资本密集型产业转型的内在要求，这也就是说，中国需要发展节省劳动和降低污染的新型产业。考虑到高新技术产业通常都伴随着大规模的中间物品投资（资本密集），也就是迂回生产的幅度和产业链的长度增加。这一过程依赖于技术创新。若中国能够利用好这一机会，中国经济必将进一步焕发青春。

（3）国内市场条件改善和交易费用下降有利于本国经济发展。虽然大国效应的存在已被证明，但大国效应能否发挥出来仍依赖于该国市场发育是否良好。较低的本国市场交易费用将显著地促进本国国内分工，吸引其他国家的经济活动向本国转移和集聚。15 世纪以来，英国的国内市场环境有了显著改善，水陆交通成本大幅度降低。此外，英国社会诚实的经商习惯、契约精神和高效的法制系统都有利于交易成本降低。这些因素促进了英国经济的发展。当前中国虽因交通设施改进使运输成本大幅度下降，但商业诚信始终是一大软肋。普遍存在的食品安全、假冒伪劣、不正当竞争、信息披露失真等问题都显著提高了信息搜寻成本和市场交易成本，侵蚀了市场机制运行的基础，这必然对劳动分工和经济发展产生消极影响。

（4）经济结构转型能否实现的关键在于是否有新型产业和新技术吸纳过剩的劳动力和过剩资本。如果没有技术创新，新增资本就只能投向传统行业，这只会形成新的产能过剩，不可能出现经济结构转型。由于英国棉纱织技术的改进，英国出现了从农业向纺织业的过渡。正当全世界对动力机械的需求日益增长时，英国发明和改进了蒸汽机，于是，英国的动力机械工业蓬勃发展。英国的经济结构转型显然与以上新技术发明有关。对于任何国家而言，要促进技术创新，首先就要有对财产权和知识产权的保护，并放开思想控制，让思想者有自由思考的权利，发明创造才会源源不断地产生出来。德法等国除模仿英国以上做法的同时，还大力兴办和建设了一大批工科大学，以国家财政的力量人为地启动了第二次工业革命。中国经济当前面临结构转型压力，但中国不应当仅仅寄希望于环境和资源压力对结构转型的事后倒逼，而应当通过完善对知识产权的保护，加大对综合型大学和工科大学的支持，让技术创新主动引导经济结构转型。

参考文献

[1] 欧阳峣等．大国经济发展理论［M］．北京：中国人民大学出版社，2014.

[2] Landes，David S.．The Wealth and Poverty of Nations：Why Some Are So Rich and Some So Poor

[M]. New York: W. W. Norton & Company. 1998.

[3] Diamond, Jared. Guns, Germs and Steel: The Fates of Human Societies [M]. New York and London, W. W. Norton &Company. 1999.

[4] 道格拉斯·诺思和罗伯特·托马斯（North and Thomas）. 西方世界的兴起：新经济史 [M]. 厉以宁、蔡磊译. 北京：华夏出版社，2009.

[5] 亚当·斯密（Smith，1776）. 国民财富的性质和原因的研究 [M]. 郭大力、王亚南译. 北京：商务印书馆，1972.

[6] 大卫·李嘉图（David Ricard，1826）. 政治经济学及赋税原理 [M]. 丰俊功译. 北京：光明日报出版社，2009.

[7] 李君华和欧阳峣. 大国效应、交易成本和经济结构——国家贫富的一般均衡分析 [J]. 经济研究，2016，(10).

[8] Kremer, Michael. Population Growth and Technological Change: One Million B. C. to 1990 [J]. Quarterly Journal of Economics, 1993, 108 (August).

[9] Harris, C. D.. The Market as a Factor in the Localization of Industry in the United States [J]. Annals of the Association of American Geography, 1954, 44 (4).

[10] Böhm-Bawerk, Eugen (1899). The Positive Theory of Capital. In George D. Huncke (trans.), Capital and Interest, vol. Ⅱ. South Holland, Ill.: Libertarian Press. 1959.

[11] Romer, Paul M.. Increasing Returns and Long-Run Growth [J]. Journal of Political Economy, 1986, 94 (5).

[12] Grossman, G. M. and Helpman, E.. Innovation and Growth in the Global Economy [M]. Cambridge, MA: The MIT Press. 1991.

[13] Hägerstrand, T.. Innovation Diffusion as a Spatial Process [M]. Chicago: University of Chicago Press, 1953.

[14] Malthus, T. R. (1836). The Principles of Political Economy, Considered with a View to Their Practical Application [M]. 2d ed. New York: A. M. Kelley, Publishers. 1951.

[15] 文贯中. 中国的疆域变化与走出农本社会的冲动：李约瑟之谜的经济地理学解析 [J]. 经济学（季刊），2005，4 (2).

[16] Weber, M.. The Religion of China: Confucianism and Taoism [M]. New York: The Macmillan Company, 1964.

An Empirical Explanation and Enlightenment on the Economic Development Road of the Large Countries in European

Li Junhua　Ouyang Yao

Abstract The population scale advantage of large countries can be transformed into the competitive advantage of these countries, but whether large or small, their national economic power can be enhanced through international trade. Europe as a whole in the fifteenth century suddenly catch up with and eventurely surpass large countries in Asian. To a certain extent, this is due to their commonly-adopted trade-open policy. But the industrial revolution did not happen in Portugal, Spain or the Netherlands which early succeed, but those who have relatively large population size, such as Britain, France and Germany. Apart from their relatively larger population size, these countries can bring the colonies into their own division system, and they have efficient legal system, cultivation system of human capital and better market conditions which are the most important. Thus, their elements structure can massively support the private technological innovation and absorb excess capital and surplus labor in agriculture, and so their economic structure can transform from agriculture to the modern industries.

Key words Large Countries in European, Economic Development Road, Population Scale, Economic Structure

美国工业化道路及其经验借鉴*
——大国发展战略的视角

欧阳峣

摘　要　美国工业化是世界经济发展史上的成功典型。建国以后，主要通过土地扩张获得发展所需的自然资源，通过国外移民获得发展所需的人力资源，从而推动工业化发展；其主要特征是依靠充裕的自然资源和人力资源，建设统一的国内市场，建设相对完整的产业部门，从模仿创新走向自主创新，实现全国经济均衡发展。美国的经验告诉我们，在大国工业化的过程中要保持充裕的人力资源，走内需为主的发展道路，实现工业化和城市化互动，培育国家创新能力，从经济大国走向经济强国。

关键词　美国经济；工业化；大国特征；经验借鉴

所谓工业化，就是指通过工业在国民经济中所占比重的增加并逐步占据主导地位，从而实现从落后的农业国向先进的工业国转变的过程。18 世纪末期，北美殖民地经过独立战争建立了美利坚合众国，经济发展进入了工业化的起步阶段，从 19 世纪 70 年代到 90 年代末期，美国的工业生产和技术水平出现了跳跃式增长，工业总产值跃居世界第一位。从 20 世纪 80 年代开始，美国进入新经济时期，科学技术的飞速发展促进了工业的转型升级。在一百多年的时间里，美国就从隶属英国的殖民地发展成为全球领先的工业国，在世界经济发展史上，美国工业化是成功的典范，其工业化战略也是典型的大国战略。美国的经验对于发展中大国制定适宜的经济发展战略，加速工业化进程和提高工业化质量，具有重要的借鉴价值。

* 本文原载于《湘潭大学学报》2017 年第 5 期。系国家社会科学基金重大项目“发展中大国经济发展道路研究”（15ZDB132）；国家自然科学基金项目“基于规模优势的大国经济增长模型与实证研究”（71373075）、国家自然科学基金项目“实现要素供需均衡的大国经济模型与实证研究”（71573083）的阶段性成果。

1 美国工业化的初始条件分析

一个国家经济发展战略的制定，需要同本国的基本国情相适应，这种基本国情就是经济发展的初始条件。一般来说，工业化的基本条件主要包括人力资源、自然资源和金融资本。而从大国特征来看，在美国成为大国的时候，就已经具备了人力资源丰富和疆域辽阔以及自然资源充裕的初始条件。那么，摆脱英国殖民统治以后的美利坚合众国是怎样创造这些经济发展的优越条件的呢?

第一，通过土地扩张获得发展所需的自然资源。美国是从英属北美殖民地发展起来的，从1607~1733年，英国先后在北美建立13块殖民地，即弗吉尼亚、马萨诸塞、康涅狄格、罗格岛、纽约、新泽西、特拉华、新罕布什尔、宾夕法尼亚、马里兰、北卡罗来纳、南卡罗来纳和佐治亚，并且形成了南部、北部、中部三种不同的经济类型。具体地说，北部地区气候寒冷、土地贫瘠，农业生产落后，居民更多地从事家庭副业和手工业，导致工商业发达；中部地区平原广阔、土地肥沃，农业和畜牧业发达，有“面包殖民地”之称；南部地区由英王特许的贵族地主或富商组织的公司经营，建立奴隶种植园经济。美国独立后，开始大规模的领土扩张，使经济地区逐步向西扩大。1789年，美国政府强迫印第安人签订条约把现在的俄亥俄、印第安纳、伊利诺伊等州的土地割让给美国，随后又通过武力讨伐并逼迫印第安人迁居到密西西比河以西。同时，还通过强行购买和战争的方式，兼并英国、西班牙、法国在北美的殖民以及墨西哥的领土。1803年，用1 500万美元从法国购买了路易斯安那；1810年，强占了西班牙所属的佛罗里达西部土地；1819年又从西班牙购买佛罗里达东部土地；1896年，把英国从俄勒冈挤走，并通过战争夺取墨西哥的领土，包括现在的得克萨斯、加利福尼亚、亚利桑那、内华达、犹他、新墨西哥、科罗拉多和怀俄明州。到19世纪中叶，美国已把国境线扩展到太平洋沿岸，国土面积从1776年的36.9万平方公里扩大到1853年的302.6798万平方公里。随着领土的逐步扩张，美国的经济区域迅速扩大，形成了广大的国内市场；同时，辽阔的土地不仅蕴藏着丰富的自然资源，而且为西部开发提供了空间，从而成为美国工业化的重要条件。

第二，通过外国移民获得了发展所需的人力资源。美国是一个移民国家，早期来北美的移民主要来自英格兰。进入18世纪以后，随着北美殖民地经济的发展，移民人数逐渐增加，包括一些黑人奴隶。独立战争胜利以后，西部开发吸引更多移民进入美国；19世纪30年代，由于交通运输条件的改善，政府土地政策的放宽，逐步形成移民浪潮。1831～1835 年的移民人数为 252 000 人；1846～1850 年达到 1 283 000 人。欧洲的大量移民涌入美国，其中有爱尔兰人、德国人、意大利人、斯拉夫人以及犹太人；1880 年以后，意大利南部、东欧、俄国的劳动力大批流向美国，1881～1914 年有六百多万斯拉夫人流向美国，1901～1910 年有 200 多万意大利移民进入美国，1860～1915 年到达美国的移民总人数为 2 850 余万。据统计，1920 年美国 1/2 的矿工和 1/3 的机器制造工业工人是在外国出生的，从 18 世纪到 19 世纪，美国采取开放式的移民政策，从而保证了工业化所需的人力资源。这个时期的美国移民有三个特点：一是人口数量的增加促进了人口密度的增加。从 1790～1810 年，美国人口密度从每平方公里 0.6 人增加到 1.6 人，1900 年，美国人口总数达到 7 600 万人，人口密度增加到每平方公里 9.9 人。二是移民的结构兼顾了技术和体力劳动，来自英格兰和德国的移民，往往具有较高的文化素养，掌握某种工业技术，特别是德国移民还带有少量的资金，可以成为技术工人；来自爱尔兰、意大利和亚洲的移民往往缺乏技术能力，适合从事体力劳动，如建筑铁路、挖掘运河和开采矿山。三是移民的偏向主要是西部开发和城市集聚，移民为获取西部土地而向西迁移，从 1790～1850 年，西部人口占美国总人数的比例由 6% 增加到 45%；而且越来越多的人口流向城市，从 1780～1860 年，美国在 8 000 人以上的城市由 5 个增加到 141 个，占全国总人口的比例由 2.7% 增加到 16.99%。大量的美国移民中大部分是男性青壮年，特别是来自欧洲先进国家的移民，还带来了工业部门的知识和技术，为美国工业化准备了人力资源条件，根据保罗·由塞尔丁（Paul Uselding）提出的假说，每个移民都意味着人力资本的转移，这种成本基本上等于将他们养育到移民年龄所花费的成本。

2 美国工业化道路的大国特征

英国是世界工业化的发源地，美国却不仅成功地模仿了英国的工业化，而且很快地超越了英国的工业化。北美作为西欧新兴资本主义在海外的“新试验场”，它跳跃式地越过常规的历史阶段而成为新的工业中心，创造了世界上最发达和最强大的国家，即所谓的“美国奇迹”。究其成功的原因，既有自然资源和人力资源推动作用的优势，也有经济发展战略和产业发展政策的引导作用。从总体特征来看，就是根据大国的基本国情制定经济发展战略，并实施相应的产业发展政策，从而引导工业化的顺利推进。

第一，依靠充裕的自然资源和人力资源推动工业化。自然资源和人力资源是经济发展的基本条件，也是工业化启动的基本条件。自然资源在工业化发展初期具有重要作用，正如美国学者依沙贝指出：“美国经济增长的一个重要因素是有其得天独厚的自然条件，有着非常丰富的资源，这是莫大的幸运。从南北战争到1910年，资源基础又有惊人的扩大。”美国通过武力和购买扩张了土地，获得了丰富的自然资源，但却面临着自然资源丰富和劳动力匮乏之间的矛盾。北美拥有充裕的自然资源，首先是广阔和肥沃的土地，南部地区土地肥沃，中西部地区土地辽阔。在这块土地上，矿产资源和水力资源特别丰富，特别是北部地区拥有充裕的森林矿山和水力资源。然而，在工业化启动时期，美国的人力资源却非常短缺，通过采取开放的移民政策，引进了欧洲和亚洲的劳动力和技术人才，为工业化提供了较好的人力资源条件。来自各国中低级阶层的移民，年轻力壮并具有创业和冒险精神，为西部开发注入了新的活力。在整个19世纪，美国出现了世界历史上罕见的大规模移民运动，从1830～1840年，美国净移民占总人口增长的比例为11.7%，从1840～1850年达到23.3%，从1850～1860年达到31.1%，人口数量的迅速增加缓解了工业化中劳动力缺乏的困难。在人力资源不断增加的条件下，充裕的自然资源得到有效的开发和利用，有力地推动了工业化和经济增长。马克思和恩格斯高度评价了移民在美国工业化中的重要作用，认为“欧洲的移民，使美国能够以这样一种力量与规模开发自己巨大的工业资源，这种力量与规模，必然在短期内打破西欧的，特别是英国至今的工业垄断。”

第二，以国内统一市场拉动工业经济长期持续增长。国内市场的扩大是经济持续增长的重要条件，建立统一的国内市场是大国经济增长的重要前提。在美国工业化过程中，主要通过人口的增加、西部的开发、交通运输的改善、居民实际收入的增加以及海外市场的拓展，形成了巨大的市场。然而，在工业化初期，主要是依靠美国的国内市场，正如福克纳所指出：“美国的制造商不能企望那些较老的国家供给一个大市场，而必要在国内创造市场，同国外的产品进行竞争。”首先，美国人口的增长促进了国内市场规模的扩大。“这样的一个市场，一部分是由不断增长的人口所提供，特别是由西部和南部的大农业区域的需要所提供。”其次，国民收入的增加促进了需求规模的扩大。“由于它的巨大的集体财富，它的人民具有比任何其他国家还更大的消费能力”。吉尔伯特·菲特也认为，“美国市场日益扩大的关键在于消费者的实际收入不断增加。”从1859～1914年，美国私人总收入增长近7倍，而且在人口迅速增长的情况下人均收入增长2倍多。根据克拉伦斯的估算，美国工业工人的实际工资即购买力在1860年以后的30年内提高了49%左右。最后，国内区域市场和贸易的繁荣。布莱恩认为，“正是由于同时享受了自由贸易和保护关税，才促成了美国史无前例的发展与惊人的繁荣。”对国内而言，通过旧运河的扩充、铁路的建设、汽车的发明以及公路建设，交通运输更加便利，并推行自由贸易政策，形成了统一的国内市场，“美国的大陆本土，乃是文明世界里这样的最大地区，在那里，没有受到海关、税务或民族成见的限制。”对国外而言，实行贸易保护政策，特别是19世纪的六七十年代，英国工业品在世界市场上占有绝对优势，美国产品缺乏与之竞争的能力。在这种形势下，政府为了支持本国工业的发展，实行了高关税的保护政策，对国内市场的保护起到了扶植国内产业的积极作用。

第三，从模仿发达国家技术迅速走向技术自主创新。相对英国而言，美国属于工业化后发国家，但美国在模仿英国工业化方面应该说是最为成功的。美国的工业革命具有明显的移植性，“新世界从一开始就使用英国来的工具和设备生产商品，这的确是促进殖民地经济成长的重要因素”。它所需要的机器、技术以及组织管理方式，主要是通过移民和技术引进从英国获取的。当19世纪美国开始工业化的时候，它是踏上了一条大不列颠早已指明的道路，从技术引进到纺织工业的兴起，它似乎是英国工业化的翻版。美国从学习和移植英国的工业技术开始，在移植的基础上不断创新，起初作为模仿者，而且建立在英国进步的基础之上，美国人迅速地变成了创新者。美国是在第一次工业革命尚未完成的情况下进入第二次工业革命的，但是，美国并没有因此而影响第二次工业革命的进展，而且迅速取代了英国在第一次工业革命中的地位，一跃成为新的工业革命的先驱。美国制造业的突破是19世纪初期在洛厄尔建立起来的第一批棉织企业的发展，从使用英国技术到建立复杂的水利传输系统，加速了技术改进的步伐。在工业化初期，由需求模式决定的对创新活动的投资，带来了产业领域广泛的技术进步，特别是内燃机驱动的汽车、卡车和拖拉器，解决了人们的交通和其他工作对便利可靠的动力的需求，美国专利制度的建立对于工业技术进步起到了积极作用，从1798～1800年，政府颁发了276项专利权；从1850～1860年，专利权增加到25200项；从1890～1900年，专利权增加到234 956项。这些技术发明在工业领域的应用，促进了工业技术的进步和生产效率的提高，成为推动英国工业化的重要技术支撑。

第四，建立相对完整的产业部门支撑国民经济发展。同先行工业化国家相似，美国工业化也经历了工业比重逐步超过农业、工业内部重工业比重逐步超过轻工业的过程。但是，美国作为一个大国，在工业化初期就建立起了相当完整的工业体系，产业结构升级也是在各产业协调发展的基础上进行的。首先，美国实现工业化的历史时期，也是英国农业生产迅速的时期。美国优越的农业资源，农业机械化水平的提高，农业专业化地区的形成，企业化农场的建立，推动了农业的工业化；畜牧业与农业协同发展，既满足了人们对食品的需求，也为工业发展提供充足的原料。其次，主要工业部门协同发展，建立了完整的工业体系，食品工业和食品加工工业成为第一大工业部门，1914年食品工业生产总值达到48亿美元，其中比重最大的是肉类加工、面粉加工和罐头加工业；棉纺织业是美国大规模组织工厂生产的工业部门，环形纺纱机和自动纺织机的发明，蒸汽和电子的采用，大幅度地提高了劳动生产率。钢铁工业是美国工业增长中占有重要地位的产业，1880 年共有 36 个州发展炼铁工业，随着转炉炼钢法、平炉炼钢法、热鼓风法的发明和应用，钢铁产量迅速增加，生铁产量从 1860 年的 100 万吨增加到 1915 年的 3 300 万吨，1899 年美国钢产量占到世界钢产量的 43%，同时，还发展了相关的钢管制造业、金属器具制造业、锅炉制造业和机器制造业；造船工业在 19 世纪 60 年代以后得到快速发展，70 年代中期有 15 家造船厂，分布在大西洋沿岸、特拉华、大湖区、俄亥俄和密西西比河沿岸，80 年代以后的太平洋沿岸地区的城市又成为新的造船基地；汽车制造业属于新的工业部门，19 世纪末期开始研发和制造汽车，在激烈的竞争中涌现出汽车大王亨利·福特，通过技术改进和设计优化，汽车生产成本和销售价格降低，1921 年福特公司成为年产 100 万辆汽车的大型公司。最后，交通运输业在美国工业革命中发挥先行作用，从 18 世纪末期开始，修筑收费公路，到 19 世纪初期已建立相当完备的免费公路和收费公路体系；同时，运河的开凿使美国的水路交通网日趋形成和完善，铁路的修建又使火车逐渐取代运河的地位，美国的交通运输业发展对于西部开发和工业发展起到了重要推动作用。

第五，通过区域经济推移实现全国经济均衡发展。大国的国内区域经济协调发展是美国工业化全过程中的重要问题，美国工业革命始于大西洋沿岸的东北部，这里的工业资源丰富，早在殖民地时代就是工场手工业发展的中心地区，独立战争以后，北部地区由商业资本主义向工业资本主义转变，并成为美国工业化的核心地区。19 世纪中期，东北部地区成为全国的经济中心，1860 年美国国内生产总值为 18.85 亿美元，东北部地区占到 12.70 亿美元，而西部地区仅占到 3.84 亿美元，南部地区仅占到 1.55 亿美元，全国不同区域的经济发展极不平衡。60 年代以后，美国修建了横贯大陆的铁路交通网络，1914 年的西部铁路里程达到全国铁路总里程的 50% 左右；南部的新铁路线在 80 年代末期得到发展，并完全纳入全国铁路运输网络。随着交通运输等基础设施的改善，西部和南部的经济发展加快。特别是中西部地区的工业化迅速推进，劳动力和生产资料向中西部集中，企业规模和产业规模扩大，到 19 世纪下半叶，以中西部的城市体系为基础，逐渐形成一个比较完整的制造业经济带。可见，美国工业化遵循着由东向西流动的路线，经历了阶梯式或空间接力式传递的发展，形成了愈益合理和均衡的布局结构。

3 美国工业化道路的经验借鉴

美国走过了100年的工业化道路，到1889年，美国的工业总产值占工农业总产值的比重达到77.5%，工业生产在国民经济中已经占据主导地位，表明美国已经完成了从农业国向工业国的历史转变。19世纪末期，美国工业总产值占到世界工业总产值的30%左右，真正成为世界头号工业强国。美国工业化道路是一条适宜大国经济发展的道路，体现了一种大国工业化战略。美国工业化的实践向全世界昭示了大国工业化的成功经验，不仅成为发达大国工业化的成功典型，同时也为发展中大国实现工业化提供了有价值的借鉴。

其一，人是生产力中最活跃的要素，在大国工业化进程中需要保持充裕的人力资源。人口众多是大国经济发展的优势，大国工业化的持续发展是以保持这种优势为前提的。美国建国初期，自然资源丰裕而人力资源不足的矛盾突出，为此实行了开放的移民政策，从欧洲和亚洲吸引了一大批劳动者和技术人才，从而保持充裕的人力资源。长期以来，美国的移民政策不仅是开放的，而且是智慧的，主要目标是吸引那些有利于本国经济社会发展的人才，随着经济的进步，引进人才的要求逐渐提高，特别是对科学文化素质的要求在提升。这样的移民政策，在一定程度上可以说是在依托世界各国培育人才，为本国大幅度地节约了人才培养的成本。中国的国情与美国有所不同，建国初期人口迅速增加，劳动力数量庞大而素质不高，给经济文化建设带来很大压力，改革开放以后实行了“计划生育”政策，有效地控制了人口增长。然而，由于没有及时地调整计划生育政策，又造成了目前开始出现劳动力匮乏和老龄化社会到来的问题，原有的人口红利在逐步消失。在这种情况下，我们的任务是在保持人口数量的同时，着眼于提高人口质量，培养劳动力的专业化素质，努力从人口大国走向人力资源强国，获得新的人口红利，从而促进经济可持续发展。

其二，大国经济发展主要依靠国内需求，在工业化进程中需要建立统一的国内市场。美国工业化主要是依靠国内市场推进的，他们在建设国内统一市场方面采取了卓有成效的措施。具体地说，一是交通基础设施的改善，特别通过铁路网络建设，把各地市场紧密地联结在一起，促进了产业的专业化分工，为形成统一的国内市场提供了基础条件；二是大企业的发展扩张以及产业内的横向和纵向一体化，不仅没有削弱市场竞争程度，而且拓展了企业的竞争范围，使一些巨型工商企业有能力打破地方的垄断市场，推动区域的非竞争性市场进入全国性市场，为建立统一的国内市场构建了微观经济主体；三是高关税外贸政策的保护，在工业化时期着力于发展内向型的产业部门，扶植本国工业的发展，特别是利用差别关税保护和扶植支柱产业和幼稚产业，从而促进了国内统一市场的形成。从中国的情况看，传统的体制不利于搞活经济，抑制了企业的活力，这就变成了在改革开放过程中将经济推向外向型发展的力量，并通过外向型经济促进了经济的繁荣，然而，国内各区域直接同国际市场发生联系，却忽视了国内统一市场的建设，导致国内地方政府竞争和区域市场分割的情况严重，在这种外向型产业发展过度、内向型产业发展滞后的条件下，出现了国内经济的失衡以及国内外经济的失衡。美国工业化的经验告诉我们，大国具有庞大的国内需求和国内市场，应该着力于利用内需拉动经济发展，以国内市场促进产业的专业化分工，走以内需为主的大国经济发展道路，从而保持经济持续协调发展的动力。

其三，大国工业化和城市化是紧密相关的，在工业化过程中需要积极地推进城市化。在美国工业化初期和中期，城市化速度加快，1790～1920 年间的城市人口比重从 5% 增加到 51% 左右。一方面，工业化通过企业和产业的集聚促进人口的集聚，可以推动城市化；另一方面，城市化通过人口的集聚促进企业和产业的集聚，也可以推动工业化。实际上，无论工业化和城市化，都是经济发展中的人口集聚、企业集聚和产业集聚现象。美国的工业化和城市化是同步发展的，他们遵循着同样的轨道和方向，由东北部向中西部推进，随着制造业重心向西移动，人口和城市重心也向西移动。但是如果从西部的工业化看，它经历了先修铁路，然后建城镇，最后建农场和工厂的过程，这是以城市化带动工业化的过程。从中国的情况看，工业化和城市化都是滞后的，这也从反面说明工业化和城市化是不可分割的。长期以来，中国在工业重要还是农业重要、城市重要还是农村重要的怪圈中徘徊，由于担心粮食的危机和农村的稳定，不敢放手发展城市经济，形成了“离土不离乡”的农民工现象，导致城市化的滞后；在改革中尝试发展乡镇企业，但是，植根于农村的乡镇企业缺乏资源集聚的城市依托，往往难以成长壮大变成现代化企业，在实践中演变为粗放型工业的发展。显然，中国的经济转型需要走出这个怪圈，摒弃传统的思维方式，增强工业化和城市化理念，积极大胆地推进工业化和城市化，通过工业化和城市化互动实现经济增长方式的转变。

其四，创新是大国经济增长的重要源泉，在工业化进程中需要培育国家创新能力。一般来说，大国不可能长期依靠引进外国技术来促进经济发展，而需要建立完备的国家创新体系，培育国家和企业的创新能力。从 18 世纪末期开始，美国政府重视教育和科学事业的发展，鼓励技术创新和制度创新，这是促使美国工业化进程加快以及两次工业革命连续发生的重要因素。长期的劳动力不足，促使美国政府实施开放的移民政策，并且在工业化中偏向于使用资本密集型的生产技术，他们不仅从西欧引进大量的先进技术，而且重视本国的技术发明和创新。1863 年，联邦政府成立国家科学院；19 世纪 80 年代，美国各州设立了工业科学研究所和农业试验站。正如菲特所说："工业中这种方法的发展来源于我国人民的创造力，他们不受传统势力或因循守旧的习惯所束缚，爱好机器作业，特别热衷于寻求最好最简单的机械化生产方法。"同时，美国把技术创新和制度创新结合起来，形成了美国工业化的特色，其中有两项制度有效地推动了美国的工业化。一项是专利制度，美国颁布了世界上第一个现代化专利制度，它是有意识地设计的，并且以促进技术进步和经济成长为目标的，即通过规定在一定的时间内，保障发明家对他们各自的发明拥有排他性权利，来促进科学和实用技术的进步，这项制度通过利益驱动激发了发明家的积极性和创造性，发明的专利申请增长很快，几乎在所有行业都有明显的技术进步；另一项是标准制度，通过机器和零件的标准化，加深了产业内的专业化分工，促进了大规模生产，从而降低了生产成本和市场价格，可以用最低的成本大量地生产，用标准材料实现了零件的标准化和机件可以互相配换。中国政府重视教育和科技，但是促进技术创新和成果转化的机制还不够完善，从总体上看，科技人员的积极性没有充分调动起来，重要产业的关键核心技术没有掌握，科技成果的应用转化率不高。为了实现经济的转型和升级，需要通过制度创新，切实解决创新的积极性和成果的转化问题，从而转变经济增长方式，从国际价值链的中低端向高端迈进。

参考文献

［1］依沙贝等．近百年美国经济史［M］．北京：中国社会科学出版社，1983.

［2］马克思恩格斯．共产党宣言［M］．北京：人民出版社，1978.

［3］福克纳．美国经济史（下卷）［M］．北京：商务印书馆，1964.

［4］吉尔伯特·菲特．美国经济史［M］．沈阳：辽宁人民出版社，1981.

［5］谭崇台．发达国家发展初期与当今发展中国家经济发展比较研究［M］．武汉：武汉大学出版社，2008.

［6］韩毅．美国工业现代化的历史进程［M］．北京：经济科学出版社，2007.

［7］福克讷．美国经济史（上下卷）［M］．北京：商务印书馆，1964.

［8］斯坦利·恩格尔曼等．剑桥美国经济史（第二卷）［M］．北京：中国人民大学出版社，2008.

［9］乔纳森·休斯等．美国经济史［M］．北京：北京大学出版社，2011.

［10］欧阳峣等．大国经济发展理论［M］．北京：中国人民大学出版社，2014.

[11] 付成双. 试论美国工业化的起源 [J]. 世界历史, 2011 (1).
[12] 庄锡昌. 移民与美国的工业化 [J]. 复旦学报 (社会科学版), 1984 (6).
[13] 王小侠. 工业化时期的美国城市化 [J]. 辽宁大学学报 (社会科学版), 1999 (1).
[14] 李黎力. 扩大内需战略下的国内统一市场建设 [J]. 学习与探索, 2012 (12).
[15] 贾根良. 美国学派与美国工业化: 经验教训与启示 [J]. 经济社会体制比较, 2010 (2).
[16] 欧阳峣. 发展中大国的经济发展型式 [N]. 光明日报 (光明讲坛), 2015. 10. 02.
[17] 欧阳峣等. 大国经济发展的典型化特征 [J]. 经济理论与经济管理, 2012 (5).

USA Industrialization Path and its Experience for Reference: Large Country's Development Strategy Perspective

Ouyang Yao

Abstract USA is the most successful example of industrialization during the world economic development history. After the foundation, it accumulated the natural resources it needed mainly through land expansion, HR resources through the reception of overseas immigrants, which both helped promote the industrialization process. Its main characteristics of industrialization is constructing a united domestic market and relatively complete industrial sectors relying on ample natural resources and human resources to achieve the process of from imitation to innovation and of national economic balanced development. The USA's experience that can be applied to China is that it is necessary to reserve ample human resources for a large country, and carry on the path of depending mainly on domestic demand, in order to realize the interaction between urbanization and industrialization, and cultivate national innovation capability, with the purpose of developing from large economy to economic power.

Key words USA Economy, Industrialization, Characteristics of Large Countries, Experience for Reference.

大国崛起的产业政策及其特征*
——以工业化时期的英国、德国、美国为例

刘　雄**

摘　要　从历史来看，英、德、美等西方大国在近代崛起的核心步骤乃是工业化的顺利完成。在此过程中，自由放任是它们遵行的基本原则。但这些国家也曾根据不同的国情对产业发展实施了各种干预措施。如利用国家政权力量为产业发展营造有利的外部环境；通过立法手段促进公平有序的市场竞争；以科学技术变革推动产业振兴和发展；通过多种途径保持充沛的人力资源；建立和完善金融机制以为产业发展提供融资渠道等。尽管时代已有不同，但这些政策措施对于今天发展中国家的工业化进程仍然具有一定的借鉴意义。

关键词　西方大国；工业化；产业政策

一般认为，工业化是西方在近代崛起的关键因素。在此过程中，资本家对经济利益的无限追求是最为重要的推动力量，那个时期人们大都信奉自由放任主义。就推动工业化进程及实现各产业之间均衡发展而言，西方各主要国家都未曾制定系统完备的产业政策。不过，从实际发生的历史过程来看，这些国家在通往工业化的道路上，政府其实是发挥过特定作用的。那么，在何种情境下，西方大国的政策确曾对其工业化进程产生过积极影响呢？这是一个颇有启发性的问题，也是目前学术界尚未充分注意

* 本文原载于《湘潭大学学报》2017 年第 5 期。国家社会科学基金重大项目“发展中大国经济发展道路研究”（15ZDB132）、国家自然科学基金项目“基于规模优势的大国经济增长模型与实证研究”（71373075）的阶段性成果。

** 作者简介：刘雄，历史学博士，湖南师范大学历史文化学院副教授。

到的问题。[①] 本文将举例说明英国、德国、美国在实现工业化，走向国家崛起的过程中，政府采取了哪些独具特色的扶持性政策，并尝试总结各国之间共同的历史经验。这对于探讨世界其他国家，尤其是发展中国家的经济发展道路不无裨益。

关于产业政策的概念，国内外学术界有着不同的界说。有学者提出："严格的经济学范畴意义上的产业政策，是指国家（政府）系统设计的有关产业发展，特别是产业结构演变的政策目标和政策措施的总和"。这种观点认为，从历史发展来看，尽管产业政策的萌芽和因素可以追溯到很久以前，但完整意义上的产业政策主要是"二战"以后才有的。也有学者从更为宽泛的意义上来解释产业政策。如英国的阿格拉说，产业政策是与产业有关的一切国家的法令和政策。另外两位学者亚当斯和克莱因持有相似的看法。他们认为产业政策是用来改进经济的供给潜力，即促进经济增长，提高劳动生产率，增强竞争力的一切政策手段。考虑到本文涉及的主要是西方几个大国的工业化时期，因此笔者是从较为宽泛的意义上来观察和讨论产业政策的。

1 英国的"先导型"工业化

英国是世界上首个发生工业革命的国家。这场巨大变革使英国从农业社会转变为工业社会，并且为资本主义的全面发展奠定了雄厚的物质技术基础。在英国工业革命的鼓舞和推动下，其他国家也次递完成工业化进程。从起源来看，英国工业革命是由个人发动而开始的，企业创建精神及生产技术是主要的发动力量。在此过程中，英国政府的政策倾向于自由放任。但这并不意味着纯粹的自由和放任。不同时期，英国政府在内政外交方面的一些干预措施对于推动该国工业革命的发生，保证工业化进程的顺利完成起到了不可否认的巨大作用。

一是推进土地制度改革，促进农业生产技术更新。

重农学派认为，一切资本的发展实际都是建立在农业劳动生产率基础之上的。超过个人需要的农业生产率是一切社会的基础，并且首先是资本主义生产的基础。这就是农业现代化与工业化之间的内在联系。不仅如此，农业生产率的提高在拓宽国内市

① 周叔莲等人主编的《国外产业政策研究》一书是我国系统介绍和研究国外产业政策的第一本专著。书中介绍了日本、法国、联邦德国、英国、美国等12个国家和地区的产业政策的主要内容和经验教训，并对各国产业政策做了系统的比较。然而该书研究的时间范围主要是第二次世界大战以后，基本不涉及西方大国工业化时期的相关政策。其他一些论著虽然关注到了工业化时期西方大国在促进产业发展方面的一些具体政策和措施，但相对较为零散，也缺乏一种宏观的视野。

场、向工业提供粮食、原料及资金方面都能起到重大作用。在此过程中，英国政府扮演了一个积极的角色。其中一个突出表现，就是推动土地制度的变革。

进入 18 世纪后，随着农业革命的进行，英国敞田制度对农业发展的阻碍愈加明显。它使得广大农村土地长期处于荒野状态，不利于农业技术的推广。这就是 18 世纪英国大规模圈地运动的背景。但与 16 ~ 17 世纪的早期圈地不同，这一次的圈地浪潮得到了政府的明确支持。英国议会还通过了几项圈地法令以简化过于繁琐的圈地手续。圈地运动的结果，不仅产生了大批自由劳动力，而且有力地提高了农业本身的经济效益和产值。保尔·芒图指出："圈地运动和大工业的到来是互相密切联系着的"。

另外，政府还通过立法手段来保护农业发展。在这方面，《谷物法》是一个典型的例子。18 世纪后期，因为人口增长，英国逐渐由谷物出口国转变为进口国。拿破仑战争结束后，国际粮价暴跌，英国农业陷入危机状态。1815 年，英国颁布《谷物法》，规定当小麦价格低于每夸脱 80 先令时，不得进口。尽管这项法令遭到了除地主以外其他各阶层的普遍反对，但经过两次调整，直到 1846 年才被废除。而且，在废除这项法令的同时，政府还对农业给予诸多补偿，使得《谷物法》废除后，英国地主阶层的特权地位还能维持下去。

农业的发展对于英国工业化的促进作用是多方面的。由农业生产技术提高所形成的内部市场就是最为显著的一个。在布罗代尔看来，英国农村被纳入市场网络之中，直到十九世纪为止，它成功地养活了城市与工业居民点。这一时期，英国农村成为了国内市场的主体，而国内市场是正在起步的英国工业首先与天然的销售场所。

二是运用国家力量保护工商企业并帮助它们拓展海外市场及原料产地。

在英国资本主义启动阶段，政府主要是依据重商主义指导，采用关税保护制度来促进国内工商业的发展。这项制度的核心内容，就是通过进出口禁令或保护性关税来扶持本国制造业的发展，帮助本国商人取得更大的国际贸易份额。在伊丽莎白时代，英国就出现了所谓"幼稚工业理论"，主张政府对那些处于幼年期的工业给予关照和扶持。爱德华六世时期，英国工业保护政策已然成形，其主要内容是禁止原材料和其他生产手段的出口。在关税方面，英国很早就把它作为调节贸易的工具来使用。到威廉和安妮统治时期，英国的关税壁垒已经很高了。进口商品税率至少是 15%，多数商品都达到 20% ~25%。与此同时，为了鼓励本国航海事业和海外贸易的发展，英国议会还就航海贸易制定了一系列立法，后来被总称为《航海条例》。这些条例主要是规定凡运往英国及其殖民地的商品，只能使用英国船和英国船员。不过英国的贸易政策是与时俱进的。当英国工业革命接近完成，本国工商企业已经具备较强的国际竞争力时，英国便开始转向贸易自由化。

对海外殖民地的征服和掠夺，也是英国工业化进程得以顺利进行的一个重要条件。从16～18世纪中叶，英国通过一系列商业殖民战争，打败了西班牙、荷兰、法国等竞争对手，夺取制海权，抢占了大片海外殖民地。殖民扩张的巨大成果有力推动和促进了英国工业革命的发展。它不仅积累了资本，还为本国工商业的扩张开辟了广阔的海外市场和原料产地。

三是激励和保护小企业的竞争活力。

在英国工业化进程中，政府一向认为不受束缚的个体首创精神是经济增长的根源，而对私人经济的干预则会损害增长的潜力。但这并不意味着政府完全不介入资本家的经济活动。随着时间的推移，英国自由放任主义的内涵也在发生变化。到19世纪后期，英国产业政策的一项重要内容，就是通过多种形式保护小企业。在英国人眼中，小规模企业不仅是经济首创精神的源泉，而且对整个国民经济的增长都是至关重要的。这种保护政策的逻辑是：当大量小企业家能够不受政治势力或规模庞大的支配性公司的干预，而自由地开展竞争时，理性就会得到张扬。这项政策的一个典型表现，就是鼓励企业的卡特尔化，以保护它们免受掠夺性价格竞争的伤害，并以此方式保存大量的小规模经济行为体。但这并非贬低自由竞争对于经济增长的重要性，而是因为过度的价格竞争对于企业活力来说是一种潜在的威胁。

四是通过社会立法，保障劳动者基本权益。

众所周知，工业化进程给英国社会带来巨大变化的同时，也产生了很多伴随而来的社会问题，如贫富差距过大、虐待童工和学徒、环境污染、疾病流行等。这些问题的尖锐化激起了劳动人民的反抗，引发社会动荡，从而威胁到资产阶级的根本利益。长此以往当然不利于工业革命的顺利进行以及社会文明的持续进步。在有识之士的推动下，英国议会陆续通过了一些社会立法。

例如，1802年英国议会通过了《学徒健康与道德法》。这是因为当时英国工厂盛行学徒制，而资本家为了赚取超额利润，想尽一切办法剥削他们。这些做工的学徒常年在严密禁闭的工厂中超时工作，不仅健康状况恶化，而且失去了接受教育的机会。这部法律就学徒工的卫生条件、劳动时长以及教育问题都作了非常具体的规定。该法的实际效果虽然并不令人满意，但它却创立了一个十分重要的原则，即国家对工厂的监督。这项原则不仅在英国工业化进程中发挥了很大作用，而且为其他资本主义国家相继效法。在此基础上，英国议会在19世纪初又颁布了几个工厂法。1833年《工厂法》的意义尤其重大，它是英国第一个真正有效的工厂法令。该法规定工厂不能雇用9岁以下的儿童，缩短了其他年龄段童工的工作时间，并且任命4位有相当大权力的督察员以保证法令的实施。这些法律大大改善了童工和学徒工的境遇，在一定程度上缓解了当时日趋尖锐的社会矛盾。

2 德国的“追赶型”工业化

德国工业化启动于 19 世纪 30 年代。就初始条件而言，德国比不上英国，甚至也不如法国。当英、法两国工业蓬勃发展的时候，德意志民族仍处于分崩离析之中。然而，德国工业化一旦启动就异常迅速，很快赶上并超过英、法两国。在此过程中，普法战争作为一个外部因素起到了非常重要的激励作用。正是在取得这场战争的胜利之后，德国工业化进程加速发展，在较短时间内便超法赶英。此外，政府层面的其他一些政策措施也对其工业化起到了明显推动作用。

第一，统一内部市场，为工业化起步奠定坚实基础。

德国自中世纪以来一直处于分裂状态，这导致各地关卡林立，内部商品流通阻碍重重。后来的拿破仑战争打破了这种长期僵化分裂的格局，对于该地区在经济上走向统一起到了积极促进作用。至少德意志邦国的数量由以前的数百个减少到只有 30 个左右。这对于克服德意志内部的商业、贸易障碍及在全境内推行统一的度量衡和货币体系当然是有利的。紧随 1816 年灾难性的谷物歉收之后，奥地利与其他邦国之间爆发的激烈关税战，也使人们更加意识到统一的内部市场的重要性。

1834 年 1 月 1 日，由 18 个邦参加，包括 2 350 万人口的德意志关税同盟终于形成。正如很多学者指出的那样，该同盟对德意志历史发展产生了极其深远的影响。它开辟了德意志民族国家构成的新纪元，使德国的统一朝着小德意志道路迈出了重要一步。同时，关税同盟也使德意志民族经济的发展进入了一个新时代。该同盟所带来的德意志内部州和州之间关税壁垒的垮台，对德国的工业化而言是极端重要的。

有学者还观察到，关税同盟在促进德国工业化方面表现出明显的灵活务实性。在不同时期，根据形势的变化，同盟执行着不同的政策，有时倾向于自由，有时又更注重保护。但不管它的指导思想如何演变，它对工业生产所需的原料、机器及部分半成品一直给予较为优惠的政策。这种灵活性在一定程度上保证了德国工业革命的顺利进行，鼓励了工业生产的不断扩张。可以说，“该同盟为德国工业革命提供了最强大的动力和最根本的保证，促进了德国由落后的农业国向现代工业国家的转变，并为德国迅速崛起为工业强国奠定了基础”。

第二，大力发展以铁路建设为先导的交通运输事业。

交通运输和能源动力是工业化的“先行官”。德国工业革命就是首先发生于交通运输业，而铁路建设则充当了排头兵的角色。1835 年，纽伦堡和菲尔特之间修筑的第一条铁路，正式吹响了德国工业化的进军号。与其他国家不同，政府的推动是德国铁路事业突飞猛进的关键因素。这项崭新的交通事业从一开始就受到政府高层的重视。1838 年，在柏林至波茨坦的铁路通车仪式上，普鲁士国王威廉四世大声宣布："人的臂膀再也无法拦住这种在全世界缓缓行驶的小车"。著名经济学家李斯特也大力宣传通过铁路交通来发展德国的民族经济，并且很早就在构思德国统一的铁路网。

在德国铁路建设的早期，很多线路都是由政府直接主办的。后来德国各地也曾涌现出私人投资铁路的浪潮。然而国家的统一给德国铁路事业的继续发展提出了新的挑战。在此之前，德意志各邦一直遵循着不同的政策，铁路运费的计算方法复杂多样。俾斯麦上台后开始大力推进铁路国有化运动。但在当时自由放任思想普遍流行的形势下，国有化的阻力还是很大的。1873 年，德国创立了"帝国铁路局"，但它的职能仅限于协调各种铁路系统的建设、装备和营运。19 世纪 70 年代后期的经济萧条对铁路国有化其实是一个推动，因为很多人批评私营铁路管理不善，效率低下。此后，国家购买铁路的行动提上日程。1879 年，普鲁士政府购买了 5 000 千米的私营铁路，1884 年再次收购了 10 个公司手里的 4 000 公里铁路。随后还决定停止给予公司以建筑重要路线的新特许权。到 1909 年，德国全部铁路长度为 6 万多千米，而属于私人所有的标准轨铁路仅有 3 600 千米。正是通过国家拥有和管理铁路，德国交通运输事业很快迎来巨大发展。

第三，着力培养科学技术人才，积极赞助科技创新活动。

伴随工业化进程而来的分工专业化以及新兴行业的出现对劳动者素质和专业技能提出了更高要求。这就促使教育体制也要进行相应的调整，以适应工业化时代对人力资源的需求。这一时期德国大学的发展变化很能说明问题。

1810 年柏林大学的创建是一个新时代的开始。这所大学真正贯彻了"教学与科研相统一"的原则。在它的带动下，德国高校的科学研究呈现突飞猛进的态势。到 19 世纪后期，在德国高等教育结构中，商业高等学校和技术高等学校不断涌现。这些高校的专业设置与综合性大学有着明显区别。比如它们通常针对社会现实需要来设置相应的系科，如建筑、机械、化学、冶金、数学等。这些当然是为了满足德国向工业化转型的社会需求。反过来，它们培养的大批专门人才也大大推动了德国的科技创新和工业化进程本身。

从德国政府来看，它对科技发展始终持一种积极赞助的立场。在政府扶持下，德国涌现出不少高规格的科研机构。除了以前就有的柏林科学院以外，在 19 世纪后期还建立了国立物理研究所、国立化工研究所、机械研究所等。对于一些工业生产中亟待解决的科技难题，德国政府也尽力去帮助。比如普法战争后，当时的贝塞炼钢法不能熔炼洛林的磷铁矿。为了改进冶炼技术，德国派出学者到英、法、比利时等国学习，集中力量进行技术攻关。当英国人发明托马斯转炉炼钢新技术后，德国立即引进，很快就使质量极差的磷铁矿成为工业财富。除了炼钢外，德国还从英国引进造船技术，并通过自己的改造把电焊用于造船过程。而在化工技术方面，德国本来是向英、法、比等国学习的，但不久后反而超过这些国家成为领先的化工技术大国。

3 美国的“协调型”工业化

美国是一个后起的资本主义国家，但到19世纪90年代初，其工业生产总值就已打破英国的垄断地位而跃居世界第一。美国工业化的一个显著特征，就是各产业之间的协调发展。比如说轻工业在整个工业中的地位虽然呈现为一种逐渐下降的趋势，但直到美国工业化完成之时，美国轻工业的比重仍然大于重工业。农业生产也存在类似情况。尽管在美国经济结构中农业所占比例在不断下降，但其农业的发展速度及现代化程度是举世瞩目的。这种协调发展的局面在很大程度上得益于美国政府在资源配置以及市场运行方面所采取的一些积极措施：

第一，开发西部落后地区，为工业发展提供充足的原料和广阔的市场。

在美国历史上，西进运动几乎贯穿于工业化的全过程。这场运动为美国东部的工业生产提供了充足的原料、广阔的市场，并极大地推动了美国交通运输业的革命。可以说西进运动是美国能够在19世纪后半期实现高速工业化的内在驱动力。在这场运动中，美国联邦政府所起的作用，主要是不断完善西部土地分配制度，直至最终实现对西部土地的民主分配。而这正是西进运动得以迅速开展的前提条件。

在美国独立之初，政府内部对于西部开发的意见并不统一。1785年，美国国会通过了《西部土地出售法》，规定640英亩为一个出售单位，每英亩地价不低于1美元。这项法令虽然对开发西部有一定作用，但它显然剥夺了普通农民购置土地的机会，而只是助长了土地投机。此后，美国人民围绕着降低出售限额、地价及改善支付条件展开了持续不断的斗争。这种斗争在南北战争时期取得最后胜利。1862年，林肯政府正式颁布对西部土地进行无偿分配的《宅地法》。这项法令沉重打击了奴隶制，进一步推动了美国西进运动的历程。

西进运动对美国工业化产生的影响主要表现在以下几个方面：首先，西部丰富的矿藏为东部工业生产提供了取之不尽的原料。与移民西进的浪潮相同步，西部矿业开发也进行得如火如荼。其次，西部开发既为东部居民提供了源源不断的粮农产品，又成为东部工业品的销售市场。到1860年，老西北部已经成为小麦、玉米、牛肉和猪肉的生产中心，而农场主们在农具和机械方面则严重依赖东部的制造商。另外，开发西部还为美国交通运输业革命提供了直接动力，而交通运输业的大发展又成为美国工业化强有力的助推剂。

第二，限制垄断，维护自由竞争的市场环境。

自由竞争对于促进社会资源的合理分配是极为重要的。但是理想的自由竞争状态不太可能自发形成，而无节制的竞争必然产生垄断。一般而言，美国的产业政策也是以自由放任和不干涉为基本理念。但与英国那种以保护个体企业为中心的自由放任不同，美国是通过培育和保护市场机制来展现理性的力量，促进经济的健康发展。

19世纪晚期，在美国的工业化浪潮中，开始出现一些大型的工业企业。它们利用这一时期美国日渐完善的铁路与电报网络，充分发挥出规模经济的优势。不过随之而来的，就是企业间的互相兼并。继1882年美孚石油公司组成托拉斯后，其他行业也都出现了一系列托拉斯组织。它们滥用垄断特权，共谋控制市场供应及产品价格，使广大中下层人民深受其害。企业间传统的自由竞争原则受到严重挑战。在此背景下，美国社会兴起了一场声势浩大的反托拉斯运动。

1890年，美国国会正式通过《谢尔曼反托拉斯法》。这是美国第一部，同时也是世界第一部反托拉斯法。不过，由于种种原因，这部法律对企业兼并的实际影响是微不足道的。1901年，西奥多·罗斯福总统在司法部内专设反垄断局，负责反垄断政策的实施。继任的塔夫托总统更是对垄断行为全力开火。仅1912年，他的政府就提出了45起控告大托拉斯的案子，包括曾经无人敢碰的美国钢铁公司。到1914年，随着《克莱顿法》的通过以及联邦贸易委员会的建立，加上之前的《谢尔曼反托拉斯法》，美国终于建立起反垄断政策的基本框架，并通过法院判决而日臻完善。

第三，加强对金融市场的监督和管理，建立合理的金融体系结构。

有学者指出，在分析一国经济增长的原因时，金融监管扮演的角色长期没有得到应有的重视。不过近年来的一些研究成果已经开始论证金融发展对于一国经济增长的促进作用。纵观近代美国经济史，金融监管体制与政策的不断发展为工商业活动提供了日益良好的货币秩序以及便捷高效的融资渠道，对于美国工业化的顺利进行起到巨大作用。“二战”结束后，美国之所以能够建立起以美元为中心的国际货币体系，这当然跟战后美国经济实力的膨胀有关，但长期以来美国金融体系的日趋完善以及金融结构的转型升级使美国具备了一种强大的金融管理能力，这也是一个不可忽视的原因。

美国联邦政府对金融活动的监管经历了一个从无到有，从粗疏到精细的演变过程。

美国独立之初，联邦政府对金融活动几乎没有什么措施。1791 年，美国第一银行成立。这是美国建立中央银行的首次尝试。1817 年又成立了美国第二银行。但那个时期美国民众对中央银行概念的反感使得上述两个银行都以失败告终。1864 年美国国会正式通过了《国民银行法》。这项法律的通过在一定程度上恢复了联邦政府统一全国货币和对金融机构实施监管的职责。不过由此建立的国民银行体系并未成为囊括全国所有银行的统一体系。就整个金融领域来说，仍然缺少一个全国集中的货币银行管理机构。

19 世纪 70 年代以后，美国几乎每隔十年便会发生一次金融恐慌，这主要是因为过于分散的银行体系。但是，受制于美国民众对中央银行的担忧，任何银行体系的建议只要涉及分行制或中央银行，就难免遭到失败的命运。这也正是 1913 年美国制定《联邦储备法》的背景。依据该法建立的联邦储备体系既能解决银行系统过于分散的问题，同时也确认了无数单一制商业银行的独立地位。历史证明，只有这种形式的制度安排，才是美国人民所能接受的。

总体来说，尽管美国金融发展的道路并不平坦，各种问题和弊端不时浮现，但正如孙刚指出的那样：从 19 世纪中期到“一战”之前，美国金融机构的种类与数量呈现高速增长的态势。这有利于开辟广阔的资金流通渠道，以便从国内外吸引并集中大量资金。这些资金又通过金融机构的中介，以各种金融工具的形式流入到生产经营性企业以及其他资金需求者手中。换句话说，这个时期美国金融发展同其工业化的推进是相适应的，并对美国的工业化起到了非常积极的支持与促进作用。

4 各国产业政策的共同特点

以上通过举例的方式部分揭示了英、德、美三国工业化时期，各自政府为扶持产业发展而采取的一些政策措施。它们适应各国在不同历史阶段所面对的不同形势和挑战，具有一定的代表性。与此同时，就这些国家产业政策的整体而言，我们也能总结出诸多共同特点。这些特点便构成了西方工业化进程的历史经验。虽然今天的时代环境已经发生巨大变化，历史的演进也不可能简单重复，但这些经验对于当前发展中国家的工业化道路还是能提供一些启示和借鉴。

第一，利用国家政权力量为产业发展营造有利的外部环境。近代西方崛起过程中，各国政府在经济运行上大体坚持自由放任，但如果涉及国际贸易及对外关系，那就另当别论了。在英、德、美三国工业化进程中，各国政府在对外层面均采取了积极进取的政策。如前所述，英国曾长期实行关税保护，以照顾那些处于幼年期的工业。对海外落后地区的征服和掠夺则是英国促进本国工业发展的另一个重要手段。美、德两国也实行了与英国大体相同的政策。比如说1812年美国向英国宣战的一个重要原因，就是英国侵害了美国作为中立国的海上贸易权利。在关税方面，美国自建国后便一直实现保护主义政策。1890年，美国通过《麦金利关税法》，把平均进口关税从38%提高至50%，税率之高是美国历史上所罕见的。德国的情况颇为类似。德意志帝国成立后，尽管周边各国盛行自由贸易主义，但俾斯麦坚决推行贸易保护政策。1880年实施的关税税则对粮食和工业品征收高额进口税，而对原料则给予免税待遇。这明显是为了扶持本国工业的发展。

第二，通过立法手段促进公平有序的市场竞争。在这方面，美国的反托拉斯运动和反托拉斯法是最好的例子。而在英国和德国，虽然历史背景各异，但也都程度不同地面临垄断问题。通过立法手段限制垄断，保护竞争也是它们共同的选择。据李新宽的研究，英国在近代早期即已出现反垄断活动，并最终促使议会通过反垄断法规，从而拓展了经济自由，为英国市场经济的发展铺平了道路。通过立法手段促进公平竞争的另一个事例就是专利保护。毋庸置疑，专利保护在激励科技创新方面具有根本性的影响，是西方工业化得以顺利进行的重要条件。早在1624年，英国就颁布了《垄断法规》，它对发明期限和法律保护的范围作了规定。1787年《美国宪法》第一条第8款也明确规定："保障著作家和发明家对各自著作和发明在限定期限内的专有权利，以促进科学和工艺的进步"。1790年，美国国会通过了第一部专利法。德国在完成统一大业后，也于1877年出台了首部专利法，并在柏林建立"帝国专利局"，专职接受专利申请及相关诉讼。

第三，以科学技术变革推动产业振兴和发展。科学技术对于近代西方工业化的重要性，无论怎样强调都不为过。工业化的过程，实际就是科学成果不断涌现，生产技术不断突破，从而使得整个产业面貌发生革命性变化的过程。德国在这方面的举措最为得力，相关情况前文已有提及。美国对于科技创新的态度也相当积极。早在独立之初，许多州和地方政府就悬赏鼓励科技发明。内战结束后，联邦政府对科技事业的扶持力度明显增强。美国能及时抓住19世纪后期第二次科技革命的契机与此不无关系。这一时期，美国对科研事业的拨款大为增加，政府科技职能正式形成，并开始推动包括大学和工业界在内的全国性科技体系的初步建立。相比之下，英国对科技事业的扶持力度要小一些，这与其传统的自由放任思想有一定联系。尽管如此，在工业化过程中英国也采取过一些措施，以鼓励本国的科技发展。比如英国对专利权的承认和保护，以及在很长一段时间内禁止技术、人才和机器的出口等。

第四，通过多种途径保持充沛的人力资源。在近代西方工业化进程中，能否保有大量高素质的劳动力是一个至关重要的因素。在这方面，英、德、美三国的政策各具特色而又各有千秋。比如在工业化过程中，英国政府曾制定一系列社会立法，旨在保障劳动者的基本权益。应该说，这一政策并非完全出自人道主义考虑，而是有着积极的现实功用。从培育人力资源的角度来看，它就是极为可取的。通过强制性约束，童工的使用减少了，工人待遇提高了，工厂的环境也改善了。这对于普及国民教育，保护劳动者身心健康非常重要。反过来，通过这些法律的实施，英国的工业化大生产也就有了源源不断的高素质劳动力。与此同时，劳资关系得以缓和，经济发展所需的和谐环境也有了保证。在德国工业化进程中，初等教育的全面普及，以及高校教学科研体制的变革都令人印象深刻。而美国在人力资源方面的特色则突出表现在它的移民政策。在 19 世纪的大部分时间里，美国对于外来移民遵行“来者不拒，多多益善”的立场。这对于解决美国劳动力短缺，引进海外先进技术，吸引外来资金都是极为有利的。

第五，建立和完善金融机制以为产业发展提供融资渠道。金融发展是经济增长的核心要素，而现代金融机制的诞生与完善也是西方工业化过程中的关键环节。英国在光荣革命后，很快就掀起了一场金融革命。这场革命不仅支撑着英国日渐频繁的对外征战，也为它的早期工业化奠定了金融制度的基础。这一时期涌现出的各种金融创新，如新型股份公司、英伦银行、国债制度、证券交易市场等，标志着英国已经由传统的王室财政向现代财政国家的转型。同时，英国金融革命对整个近代西方经济的发展也产生了深远影响。它开启了一个以纸币钞票等象征性货币取代金银等贵金属货币的时代。而金融革命中形成的中央银行制度也为各国所效仿。后来美国金融监管体制的诞生和发展就深受英国金融革命的影响。德国金融机制走向成熟是在全德统一之后。1874 年，德国正式公布《银行法》，两年后又将普鲁士银行改组为帝国银行。该行在全国范围内统一使用金本位马克，从而承担起德国中央银行的职责。1896 年，德国又公布了《交易所法和银行经营管理证券法》，进一步规范证券交易和商业银行经营的证券业务。

参考文献

［1］周叔莲，裴叔平，陈树勋．中国产业政策研究［M］．北京：经济管理出版社，2007.

［2］刘志彪．产业经济学［M］．南京：南京大学出版社，1996.

［3］张培刚．农业与工业化（上）［M］．武汉：华中科技大学出版社，2009.

［4］马克思．资本论（第三卷）［M］．北京：人民出版社，1975.

[5] 沈汉 . 英国土地制度史 [M]. 上海：学林出版社，2005.

[6] 保尔・芒图 . 十八世纪产业革命：英国近代大工业初期的概况 [M]. 北京：商务印书馆，1983.

[7] Moore，D. C. The Corn Laws and High Farming [J]. Economic History Review. 1965，18 (3)

[8] 费尔南・布罗代尔 . 15~18 世纪的物质文明、经济和资本主义（第三卷）[M]. 上海：三联书店，2002.

[9] 李新宽 . 国家与市场：英国重商主义时代的历史解读 . 北京：中央编译出版社，2013.

[10] Dobbin，Frank. Forging Industrial Policy：The United States，Britain，and France in the railway age [M]. Cambridge：Cambridge University Press. 1994.

[11] Hussey，W. D. British History，1815—1939 [M]. Cambridge：Cambridge University Press. 1971.

[12] 邢来顺 . 德国工业化经济—社会史 [M]. 武汉：湖北人民出版社，2003.

[13] Kitchen，Martin. A History of Modern Germany，1800 to the Present [M]，West Sussex：Wiley-Blackwell Publication，2012.

[14] 曹英，赵士国 . 论德意志关税同盟在德国工业化中的作用 [J]. 湖南师范大学社会科学学报，2001，(2).

[15] 彼得・马丁 . 资本战争 [M]. 天津：天津教育出版社，2008.

[16] J. H. 克拉潘 . 1815—1914 年法国和德国的经济发展 [M]. 北京：商务印书馆，1965.

[17] 李其龙 . 德国教育 [M]. 长春：吉林教育出版社，2000.

[18] 邢来顺 . 近代德国工业化过程中教育事业的发展 [J]. 华中师范大学学报，2002 (6).

[19] 徐继连 . 科学技术与近代德国的经济繁荣 [J]. 陕西师大学报（哲学社会科学版），1988 (1).

[20] 国务院发展研究中心调查研究报告 . 美国工业化特点及对我国的借鉴意义 [R]. 第 133 号，2003.

[21] 张友伦 . 美国西进运动探要 [M]. 北京：人民出版社，2005.

[22] 理查德・富兰克林・本塞尔 . 美国工业化的政治经济学：1877~1900 [M]. 长春：长春出版社，2008.

[23] 吴玉岭 . 扼制市场之恶——美国反垄断政策解读 [M]. 南京：南京大学出版社，2007.

[24] 孙刚 . 论金融发展与经济增长的联系 [J]. 财经问题研究，2003 (11).

[25] 陈明 . 美国联邦储备体系的历史渊源 [M]. 北京：中国社会科学出版社，2003.

[26] 张建新 . 美国贸易政治 [M]. 上海：上海人民出版社，2014.

[27] 李新宽 . 近代早期英国的反垄断活动 [J]. 东北师大学报，2012 (2).

[28] 王希 . 原则与妥协：美国宪法的精神与实践 [M]. 北京：北京大学出版社，2000.

[29] 吴必康 . 权力与知识：英美科技政策史 [M]. 福州：福建人民出版社，1998.

[30] 张光 . 英国金融革命及其历史影响 [A]. 见南开政治学评论 . 天津：天津人民出版社，2007.

[31] 何广文 . 德国金融制度研究 [M]. 北京：中国劳动社会保障出版社，2000.

Industrial Policy of Great Powers in Their Rising Stage and Its Characteristics

Liu Xiong

Abstract From the historical point of view, the core step of Britain, Germany, the United States and other Western powers for their rising in modern times was the successful completion of industrialization. Although laissez-faire is the basic principle, yet these powers still implemented a variety of intervention measures based on their respective national conditions. This included the use of state power to create a favorable external environment for industrial development; promoting fair and orderly market competition through legislative means; promoting scientific and technological transformation to stimulate industrial development; maintaining adequate human resources through a variety of ways; establishing and improving the financial mechanism to provide financing channels for the industrial development. Albeit times are different, these policies and measures still have certain reference significance for the industrialization of the developing world today.

Key words Western Great Powers, Industrialization, Industrial Policy

大国经济思维

大国的农业转型

欧阳峣

习近平总书记在党的十九大报告中提出了“建设现代化经济体系”的目标，其中有一项重要内容就是“构建现代农业产业体系、生产体系、经营体系，完善农业支持保护制度，发展多种形式适度规模经营，培育新型农业经济主体，健全农业社会化服务体系，实现小农户和现代农业发展有机衔接。”① 在这里，他再次强调了“发展农业适度规模经营”的问题，这是新时代中国经济发展中不可回避的重大现实问题。

1 后发大国农业转型的必由之路

新中国成立后，我们党就开始思考和探索农业经营体制问题，通过“合作化”和“人民公社化运动”，走上了互助合作和人民公社的道路。然而，经过20多年的实践证明，这种形式并不适宜现代农业发展，也不是有效率的农业组织形式。从20世纪70年代末期开始，我们先后实行包产到组、包干到组、联产计酬、包产到户、联产承包、分户承包等不同形式，直到家庭承包经营制，比较好地解决了农民生产的动力机制问题，调动了农民的生产积极性，迎来了农业的快速增长。林毅夫教授曾经计算过这场制度变革所带来的贡献效应：“农村改革对1978～1989年的产出增长也有显著贡献，各项改革所致的生产率变化构成产出增长的48.6%。在各项改革中，从生产队体制向HRS的转变显然是重要的，仅制度改革一项就使产出增长了约46.89%，大约相当于投入增加的总效应。”② 它不仅解决了粮食短缺问题，而且提出了主要农产品全面增长的局面。但是，这项改革措施的积极效应，也是有限的，它比较好地解决了农业生产的动

① 习近平．在中国共产党第十九次全国代表大会上的报告［N］．人民日报，2017年10月28日．

② 林毅夫．制度、技术与中国农业发展［M］．上海：上海三联书店、上海人民出版社，1994：95．

力问题，却没有很好地解决农业生产的效率问题。中国科学院中国现代化研究中心发布的《中国现代化报告2012：农业现代化研究》表明，2008年中国谷物单产、小稻和小麦单产已经达到发达国家水平，但中国农业劳动生产率仅为世界平均值的47%，仅为高收入国家平均值的2%和美国平均值的1%。[①] 之所以出现这种尴尬局面，主要原因在于我国农业经营规模过于狭小，严重地制约着农业劳动生产率的提高。

恩格斯遵循生产力和生产关系矛盾运动的原理，预测了农业生产组织形式变化的趋势。他认为当时德国“现存的大土地所有制将给我们提供一个良好的基础来由组合工作者经营大规模的农业，只有在这种巨大规模下，才能应用一切现代辅助工具、机器等等，从而使小农明显地看到基于组合原则的大规模经济的优越性。”[②] 受历史条件的限制，恩格斯不可能预测到现代化农业经营的具体形式，但他对于走向规模经营的判断是正确的。我们根据《世界统计年鉴》的数据，比较分析了中国、印度和美国、法国的农业经营规模及其劳动生产率状况；美国和法国属于发达大国，美国以600万左右的农业人口解决了3亿多人的粮食问题，而且成为世界第一的农产品出口大国；德国以180万左右的农业人口解决了6 500万左右人的粮食问题，并且成为世界第二的农产品出口大国；中国和印度属于后发大国，中国以7亿多农业人口基本上解决了13亿多人的粮食问题，目前是农产品净出口国，印度以6亿农村人口基本实现了粮食自给，但有些农产品需要进口。从农业经营规模看，美国每个农业经济活动人口经营土地65.2公顷，提供粮食148.36吨；法国每个农业经济活动人口经营土地28.9公顷，提供粮食85.08吨；中国每个农业经营人口经营土地0.21公顷，提供粮食0.98吨。显然，一个国家的农业人口比重同农业劳动生产率成反比例发展，而农业经营规模则同农业劳动生产率成正比例发展。

世界经济发展的历史和中国农业发展的实践表明，推进农业适度规模经营，乃是后发大国农业转型的必由之路。像中国、印度这样的发展中大国，农业经营规模过于狭小，严重地制约了农业生产效率的提高，进而也制约着农民收入的增加。每个农民经营着1~5亩的土地，生产能力不可能得到充分发挥，长期处于半就业状态，导致劳动力的极大浪费；同时，规模狭小的农业经营，限制了机器和技术的应用，发达的现代工业在推动农业现代化方面不能发挥应有的作用。而且，中国农村人占总人口的比重很大，2016年乡村常驻人口仍为58 973万人，在这种情况下，如果没有农民收入的

---

① 中国科学院中国现代化研究中心．中国现代化报告2012：农业现代化研究［M］．北京：北京大学出版社，2012：1-5.

② 马克思恩格斯选集（第2卷）［M］．北京：人民出版社，1972：547.

大幅度增加，就不可能有国民人均收入的大幅度增加，也就难以跨越“中等收入陷阱”。正是基于这样的科学认识，习近平总书记指出：“土地流转和多种形式规模经营，是发展现代农业的必由之路，也是农村改革的基本方向。”① 现有的过于狭小的农业经营规模，已经严重地制约了中国农业的进步和农村经济的发展：第一，过于狭小的土地制约了农业劳动生产率的提高，很多农民处在半就业状况，利用小部分时间就可以完成所承包土地的生产任务；第二，农民家庭耕地的土地很多，缺乏购买和使用先进的农业机械的需求和动力，阻碍了农业机械的推广应用；第三，农民家庭的生产规模过小，不利于农产品的标准化生产和加工，制约农民家庭生产的农产品与大市场的有效联结；第四，较低的劳动生产率制约了农民收入的增加，很多农民的主要收入来自于进城务工，仅仅从事农业生产的农民收入很低；第五，较低的农民收入抑制了农民种粮的积极性，已有不少的土地长期抛荒，很多农业人口并没有从事农业生产。为此，我们要提高农民劳动生产率和增加农民收入，要发展农业机械化和专业化生产，要“确保国民粮食安全，把中国人的饭碗牢牢端在自己手里，”就必然要走适度规模经营的道路。

2 中国国情和农业适度规模经营

所谓“适度规模经营”，就是要深刻地认识中国的国情，既把握世界农业发展的普遍规律，又把握中国农业发展的自身特点，将普遍规律和中国特点有机地结合起来，科学地确定农业规模经营的“度”，并且制定适合中国国情的农业发展战略，构建科学和有效的政策支持体系。

第一个重要的国情：中国人多地少，长期处在分散经营的状态。从总体上看，中国人口众多，人均耕地少，长期以来，农民被束缚在小块土地上劳作，形成了一种对土地的特殊依赖；中国农村土地存在细粹化特点，特别是在南方山区，这种特点更为突出，如江西省、四川省耕地平均地块大小分别为 1.46 亩、0.62 亩。在这种情况下，农业经营规模的扩大需要经历循序渐进的过程，应该随着农民观念、习惯和行为方式的变化，以及农民的总流转土地面积的增加而逐步扩大农业经营规模。

第二个重要的国情：农村目前实行的家庭承包制，已经为广大农民认同。改革开放以来实行的农村家庭承包制，调动了农民生产积极性，促进了农民增产和增收。正

① 习近平关于社会主义经济建设论述摘编［M］. 北京：中央文献出版社，2017：191.

因为如此，习近平总书记明确指出："保持土地承包关系稳定并长期不变，第二轮土地承包到期后再延长三十年。"① 农业生产体制的变化，应该以农村人口向城市的转移为前提，只有在农村人口大量向城市转移并且真正市民化的基础上，才能加快农村土地流转的步伐。如果流转的速度超出了现实的条件，不顾农民的意愿而人为地垒大户，就有可能影响农民和农村的稳定。

显然，发展农业适度规模经营，适度规模的客观标准应该以中国农业发展的客观现实状况为依据，需要在中国国情变化和现有经营体制逐步完善的条件下有序地推进。同时，具体地衡量"适度"有着不同的标准：

一是技术上"可行"的标准。习近平总书记指出：农业现代化关键在科技进步，我们必须比以往任何时候都更加重视和依靠农业科技进步，要给农业插上科技的翅膀，加快构建适应高产、优质、生态、安全农业发展要求的技术体系。农业经营规模要同农业科技应用的需求相适应，与农业生产手段的改进程度相适应；特别是以工业化装备农业现代化，更是对农业的经营规模提出了客观要求，如果不能满足这种规模的要求，农业科技特别是设备的采用就无法产生效益。因此，应该从技术的角度选择适应规模，从而获得最佳技术效率和效益。同时也要考虑使用什么样的农业技术，更有利于农民的增收和农业的发展，更适合当前中国农民的素质和技能。总之，"让农业经营有效益，让农业成为有奔头的产业，让农民成为体面的职业，让农村成为安居乐业的美丽家园。"②

二是经济上"可行"的标准。所谓适度规模经营，就是基于"规模经济"的条件，适度扩大生产经营单位的规模，使土地、资本、劳动力等生产要素的配置趋向合理，从而获得最佳经营效益。然而，不同的利益相关者获得的经济利益具有差异性，进而它们对适度规模的判断也可能有所不同，我们应该主要从经营者的角度来考虑这个问题。目前，中国的粮食、棉花、油料等农产品成本利润率和单位面积利润等经济指标，已经达到或接近世界先进水平，但是由于经营规模过小，导致农民的积极性受到挫伤，大田农业中主要剩下老人和妇女。如果适度扩大经营规模，无疑会使经营者获得更多的经济效益；当然，究竟扩大到什么程度，也要综合考虑扩大到什么程度将使单位面积利润下降，以及下降到什么程度将会影响整个国家的农业生产效益等问题。

---

① 习近平．在中国共产党第十九次全国代表大会上的报告［N］．人民日报，2017 年 10 月 28 日．

② 习近平关于社会主义经济建设论述摘编［M］．北京：中央文献出版社，2017：178．

3 以家庭农场为主体的发展思路

在20世纪80年代末期，党的十三大报告就提出：有条件的地方，要在坚持自愿互利的基础上鼓励和提倡多种形式的合作与联合，逐步达到合理的经营规模。到90年代，随着农业劳动生产力的提高和农业科学技术的进步，中国政府提出了“适应科学种田和社会化的需要，发展适度规模经营”的问题，并且进行了发展农业生产大户和建立农业社会化服务体系的尝试。2002年，党的十六大报告提出：有条件的地方可以按照依法自愿、有偿的原则进行土地承包经营权流转，逐步发展规模经营。2007年，党的十七大报告提出：健全土地承包经营权流转市场，有条件的地方可以发展多种形式的适度规模经营。2012年，党的十八大报告提出：培育新型经营主体，发展多种形式规模经营，构建集约化、专业化、组织化、社会化相结合的新型农业经营体系。2014年11月，中共中央审议通过《关于引导农村土地经营权有序流转发展农业适度规模经营的意见》，不仅强调发展适度规模经营已成为必然趋势，而且提出要发挥家庭经营的基础作用，重点培育以家庭成员为主要劳动力、以农业收入为主要收入来源，从事专业化、集约化农业生产的家庭农场，使之成为引领适度规模经营、发展现代农业的有生力量。2016年3月，习近平同志在参加十二届全国人大四次会议湖南代表团的审议时讲话强调：“以家庭农场和农民合作社为抓手发展农业适度规模经营。”①

家庭农场这种形式，既符合农业生产的特点和规模，又符合中国的国情和农民的习惯，应该是目前发展农业适度规模经营的最佳形式。家庭农场是目前中国发展农业适度规模经营的最佳选择。根据农业生产的特点，它是一种将经济再生产与自然生命再生产紧密结合的产业，经济再生产过程完全建立在自然生产再生产健康顺利的基础之上，自然生产再生产过程中的任何一个环节的断裂却将危及整个生命过程，并且丧失经济再生产过程中的所有成果。这种需要再生产者逐渐细致的扶植、最大限度地减少各个环节的问题；而且，农业生产过程的各个环节遵循自然生命的生产规模而具有时间上的继起性和连续性，不可能像工业产品那样将逻辑上先后继起的生产环节分割开来，放在同一时间的空间中施工，通过许多人的分工协作形成专业化效应，从而降低成本和提高效率。农业生产的这个重要特点与家庭组织相契合，家庭农场就是将经济活动和生活相结合的组织，它可以合理地协调生产和生活的时间，进行悉心照料，

① 习近平关于社会主义经济建设论述摘编［M］. 北京：中央文献出版社，2017：198.

从而促进自然生命的健康成长，并获得较好的经济效益。从世界范围看，无论是发展中国家还是发达国家，农业生产基本上都采用家庭农场的组织形式。如美国家庭农场不仅占农场总数的比重特别大，而且呈现出上升的趋势。在 1969 ~ 1978 年间，家庭农场占大农场的比重从 85.4% 上升到 87.8%，公司农场的比重则从 12.8% 下降至 9.7%。同时，家庭农场的经营规模适度，美国的大型家庭农场平均面积达 2 428 亩，它们对农业产值的贡献超过 60%。法国曾经是小农经济占主导地位的国家，第二次世界大战后的农业经历规模迅速扩大、但仍然保持家庭农场占主导地位的格局。可见，农业生产的特点和世界农业发展的经验证明，发展家庭农场是农业经营组织的最佳选择。从中国的情况看，可以在家庭承包基础上扩大规模，积极发展“家庭农场”。如果将原有农户规模由 5 ~ 10 亩扩大到 50 ~ 100 亩，农业经营规模扩大 10 倍左右，有助于要素投入规模的扩大和成本的降低，也有利于小型的农业机械的使用和农业生产效率的提高。但要看到，发展家庭农场也是一项系统工程，与此相适应，需要加快农村土地制度改革，健全农村社会化服务体系。

（1）发展家庭农场要求深化农村土地制度改革，积极稳妥地推进经营权流转。习近平同志指出：“搞家庭联产承包制，把土地所有权和承包经营权分开，所有权归集体，承包经营权归农户，这是我国农村改革的重大创新。现在，顺应农民保留土地承包权，流转土地经营权的意愿，把农民土地承包经营权分为承包权和经营权，实现承包权和经营权分置并行，这是我国农村改革的又一次重大创新。”① 在现有的土地制度下，土地经营权流动是适度规模经营的基本前提。目前我国的农村人口仍占总人口的 70% 左右，但实际上有 50% 以上已经成为在城镇就业的农民工，他们的土地有的由老人和妇女经营，也有相当部分抛荒，这就为土地经营权的流转提供了广阔的空间。前些年，这种流转主要发生在亲戚朋友之间，随着市场意识的增强和地租的上升，目前已开始从以亲缘为纽带的流转转向以租金为纽带的流转。根据农业部的统计数据，截至 2013 年底，全国流转土地面积约为 2.7 亿亩，占家庭承包耕地总面积的 33.3%。目前存在的问题：一是流转土地面积比较小，还有大量的土地没有发挥作用和效益；二是流转方式不够规范，仅有 60% 左右签订了流转合同。为此，需要继续推进土地流转，在流转方向上重点向家庭农场流转，在流转方式上重点在公开市场平台上流转。同时，要“把握好土地经营权流转、集中、规模经营的度，要与城市化进程和农村劳动力转移规模相适应，与农业科技进步和生产手段改进程度相适应，与农业社会化服务水平相适应，不能片面追求快和大，不能单纯为了追求土地经营规模强制农民流转土地，

① 习近平关于社会主义经济建设论述摘编［M］. 北京：中央文献出版社，2017：175 - 176.

更不能人为垒大户。"① 具体地说，第一，要与城市化进程和农村劳动力转移规模相适应，随着农村劳动力向城镇转移规模的增大以及农民工城市化程度的提升，逐渐扩大土地流转的规模；第二，要与农业科技进步和生产手段改进程度相适应，随着农业科学技术的进步及其应用以及农业机械运用的增加，逐步加快土地流转的速度；第三，要与农业社会化服务水平相适应，随着农业社会化服务体系的健全以及服务水平的提高，逐步推进土地经营权流转。

（2）发展家庭农场需要健全农村社会化服务体系，提高社会化服务水平。在推进农业规模经营的过程中，为了适应专业化生产的要求，应该把农业生产的部分环节外包，由农村社会化服务组织来承担。习近平同志总结了我国农民的一些创造"在粮食等大田作物的生产上，适度规模经营的家庭农场，加上比较完备的农业社会化服务体系，形成了耕种收入靠社会化服务、日常田间管理靠家庭成员的经营样式。"② 在推进适度规模经营的过程中，可以把不同的农业生产环节分成两种类型：第一种是日常管理环节，应该主要依靠家庭农场的成员完成；第二种是耕地、播种和收割环节，应该外包给农业社会化服务组织完成。从20世纪90年代开始，中国政府开始重视农村社会化服务体系建设，但从总体上看，速度比较缓慢，效果也不够明显。为了加快社会化服务体系建设，第一，应该巩固乡镇涉农公共服务机构基础条件建设的成果，鼓励农技站、防疫站、质管站等公共服务机构，围绕发展农业适度规模经营，拓宽服务范围，壮大服务队伍；第二，应该积极扶植各类经营性服务组织，发展良种种苗繁育，统防统治，测土配方施肥等农业生产性服务业；第三，应该加强农村市场体系建设，积极发展农产品电子商务等现代流通服务业，建设粮食烘干、农机场库棚和仓储物流等配套基础设施；第四，应该推进农产品初加工体系建设，积极发展农产品加工企业，提升初级农产品价值及延长农产品储藏时间。通过这些环节的建设，积极为发展家庭农场服务，从而推动家庭农场在数量上逐渐增加，在质量上的不断提升。

---

① 习近平关于社会主义经济建设论述摘编［M］. 北京：中央文献出版社，2017：177.

② 习近平关于社会主义经济建设论述摘编［M］. 北京：中央文献出版社，2017：175.

大国的经济开放

欧阳峣

习近平总书记在党的十九大报告中指出："开放带来进步，封闭必然落后。中国开放的大门不会关闭，只会越开越大。"这番话含义深刻，既是当代世界经济全球化发展趋势的科学概括，也是新中国成立以来经济发展和对外开放实践经验的科学总结。因此，认真研究大国开放崛起的中国经验，分析对外经济开放的原则和路经，可以为后发大国的经济发展道路提供中国智慧和中国方案。

1 开放是大国崛起的必由之路

中国是一个典型的发展中大国，具有人口众多和幅员辽阔的大国特征，这是经济发展的初始条件。一般来说，在一个超大规模的国家里，由于拥有广大的市场、丰富的人力资源和自然资源，依靠国内市场和资源就可以推动本国经济的自主协调发展。这种大国能够实现自主内生发展的效应，我们把它概括为"大国内生能力"。世界经济发展的历史，比较好地证明了这种大国效应：其一，在古代的经济发展中，像中国和印度这样的大国，往往是经济繁荣和科技发达的文明古国；其二，在现代的经济发展中，大国经济的外贸依存度偏低，大国外贸占国民经济的比重往往低于小国。从积极的方面看，大国拥有实现自我发展和内部均衡的优势。

在封闭的世界里，大国经济发展的优势可以说是绝对优势。然而，现在的世界是开放的世界。在开放的经济环境中，小国可以利用国际市场形成比大国更加广阔的市场，可以利用国外资源获得比大国更加丰富的资源，这就是"全球化的红利"或"开放的红利"。在这种情况下，如果大国闭关自守，就不可能获得这种红利，就有可能丧失经济发展的优势。回顾中国历史，唐宋时期曾经有过世人瞩目的经济繁荣，直到清代，仍然出现过"康乾盛世"。但是，面对世界工业革命的历史大变动，清朝政府夜郎自大，采取闭关自守政策，在短短的一百多年时间里就大大落后于西方国家，弹唱了一曲“奇异的悲歌”。新中国成立以后，国际上的封锁逼迫我们实行了一段内向政策；1978 年开始的改革开放，使中国逐渐融入世界经济，积极利用国际国内的两种资源和两个市场，创造了经济快速持续增长的“世界奇迹”。

习近平总书记反复强调：开放是实现国家繁荣富强的根本出路，“开放带来进步，封闭导致落后，这已为世界和我国发展实践所证明。”[①] 从本质上说，经济开放就是要发挥各国的比较优势，达到扬长补短的效果。一方面，经济开放是为了学习发达国家的优秀文明成果，通过模仿、追赶而实现超越。“中国要永远做一个学习大国，无论达到什么水平都虚心向世界各国人民学习。”[②] 另一方面，扬长补短需要通过各国的经济交流和合作来实现，“发挥优势也好，弥补劣势也好，都不是我们关起门来说了算的。”[③] 站在新的历史起点上，为了实现中华民族伟大复兴的中国梦，我们必须适应经济全球化的新趋势，以更加积极有为的行动，推进更高水平的对外开放。

2 全方位的对外开放战略格局

中国的大国开放道路，从总体上说是全方位的和双向的开放道路。从沿海开放到内地开放，从单边开放到多边开放，从单向开放到双向开放，从贸易开放到金融开放，从市场开放到规则开放，我们在不断扩大对外开放的范围，拓展对外开放的领域，提升对外开放的层次，即“在更大范围、更宽领域、更深层次上提高开放型经济水平。”[④] 形成全方位开放的战略格局。

从中国经济开放的过程看，经历了一个循序渐进和不断拓展的过程。第一步，创办经济特区，在深圳、珠海、汕头、厦门等地进行试验，为全国的开放提供示范；第二步，开放沿海城市，促进沿海经济繁荣，带动内地城市的经济开放；第三步，加入世贸组织，使中国市场与世界市场开放同步，中国经济全面融入世界市场；第四步，实施自由贸易区战略，建立同国际贸易和投资运行规则相衔接的制度体系，形成法治化、国际化、便利化的商业环境；第五步，实施“一带一路”建设构想，推进周边国家的互联互通，促进中国经济和沿线国家经济的共同繁荣。通过一系列的战略步骤，

① 习近平关于社会主义经济建设论述摘编［M］. 北京：中央文献出版社，2017：291.

② 习近平关于社会主义经济建设论述摘编［M］. 北京：中央文献出版社，2017：289.

③ 习近平关于社会主义经济建设论述摘编［M］. 北京：中央文献出版社，2017：288.

④ 习近平关于社会主义经济建设论述摘编［M］. 北京：中央文献出版社，2017：287.

中国已经形成全方位开放的格局，正如习近平总书记所说："二十年前甚至十五年前，经济全球化的主要推手是美国等西方国家，今天反而是我们被认为是世界上推动贸易和投资自由化便利化的最大旗手。"①

随着中国全方位对外开放战略的推进，我们逐步形成了一个表现为"圈层结构"的对外开放格局。第一个圈层是中国对 G20 国集团成员国的经济开放，这是以发达国家和新兴市场国家为主体的国际经济合作平台，在引领和推动国际经济合作方面具有举足轻重的作用，致力于构建"创新、活力、联动、包容"的世界经济。第二个圈层是中国对"金砖国家"的经济开放，这是以新兴大国为主体的国际经济合作平台，它们拥有广大的市场，经济增长速度快，而且面临着共同的诉求，致力于"抱团取暖"。第三个圈层是中国对"一带一路"沿线国家的对外开放，这是以中国大周边国家为主体的国际经济合作平台，连接亚太经济圈和欧洲经济带，主要着眼于欧亚大舞台的谋篇布局，推动基础设施和产能合作，带动我国大周边国家的经济繁荣。

3 构建互利共赢的命运共同体

习近平总书记以创新思维谋划经济开放，将全人类解放的理念与中国的合和文化相结合，提出了"互利共赢"的原则和"人类命运共同体"的思想，在新的高度实现了对外开放的实践创新和理论创新。在中国经济进入新常态的条件下，我们必须站在全球视野，更加自觉地统筹国内国际两个大局，全面谋划对外开放大战略，以更加积极主动的姿态走向世界。

贯彻"互利共赢"的经济开放原则。从国际贸易理论看，李嘉图提出的"比较利益"学说，实际上就是讲"互利共赢"的原则，即不同国家之间生产并出口具有比较优势的产品，双方都可以获得比较利益，增进本国的国民福利，从而达到均谋其利、惠及各方的效果。为此，每个国家应该按照比较利益原则进行合理分工，从而实现各个国家的互利共赢。正如习近平总书记所说："各国要充分发挥比较优势，共同优化全球经济资源配置，完善全球产业布局，建设利益共享的全球价值链，培育普惠各方的全球大市场，实现互利共赢的发展。"② 在经济全球化条件下，世界经济的强劲增长往往来源于各国的共同增长，产生"一荣俱荣、一损俱损"的连带效应。国家之间的合

① 习近平关于社会主义经济建设论述摘编［M］. 北京：中央文献出版社，2017：301.

② 习近平谈治国理政［M］. 北京：外文出版社，2014：336.

作动力在于利益融合，要善于寻求各国经济利益的交汇点，从而推动经济合作的良性发展。

贯穿“人类命运共同体”的经济开放思想。随着经济全球化的加深，“人类已经成为你中有我、我中有你的命运共同体，利益高度融合，彼此相互依存。每个国家都有发展权利，同时都应该在更加广阔的层面考虑自身利益，不能以损害其他国家利益为代价。”① 一方面，全球市场已经形成“你中有我、我中有你”的整体，世界经济高度融合，以全球产业链为纽带，各国在不同的环节分享利益；另一方面，人类面临的一些全球性问题，如资源、环境、安全等问题，不可能依靠一个国家或少数几个国家的力量解决，而需要各个国家的联合行动。因此，正如习近平总书记在纽约联合国总部发表讲话时指出：“当今世界，各国相互依存、休戚与共。我们要继承和弘扬联合国宪章的宗旨和原则，构建以合作共赢为核心的新型国际关系，打造人类命运共体。”②

① 习近平关于社会主义经济建设论述摘编［M］．北京：中央文献出版社，2017：309.

② 习近平总书记系列重要讲话读本［M］．北京：学习出版社、人民出版社，2016：264.

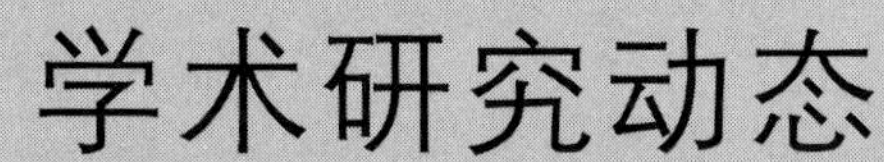
学术研究动态

供需均衡、内外平衡与大国发展*

——2016 年大国经济论坛观点综述

罗富政**

2016 年 9 月 23 日，大国经济论坛 2016 年学术年会在湖南师范大学举行，本届年会的主题为“供需均衡、内外平衡与大国发展”，由湖南师范大学商学院和大国经济研究中心共同举办。来自哈佛大学、中国社会科学院、中国人民大学、南开大学、湖南大学、湖南师范大学、中南财经政法大学、浙江工业大学、南京审计大学、长沙理工大学、湖南商学院等单位的专家学者参加会议。与会专家学者结合当前国内外经济新形势，对供需均衡、内外平衡与大国发展等方面的具体问题进行了深入探讨。

1 中国经济发展新阶段的特征和主要任务

经济增长放缓是当前中国经济发展新阶段的主要特征之一。那么，经济增长放缓的原因是什么？在这一新阶段中国经济发展的主要任务又是什么呢？

哈佛大学德怀特·帕金斯教授结合国际经验、从中国的实际问题出发探讨了中国经济增长放缓的原因及其对策。他认为，投资回报率下降和居民储蓄率高企是中国在从中等收入向高收入迈进过程中经济增长速度减慢的主要原因。中国如果想维持其高追赶型发展率，成功跨越“中等收入陷阱”，从中等收入发展为高收入国家，则必须解决两个难题：一是在投资方面找到回报率较高的潜在新经济增长点；二是通过提高收入分配或者提高社会福利来降低储蓄率，提升消费的经济贡献度。同时，他还指出，未来中国可以很好地应对这两个问题，但前提是中国管理层必须适应未来 10 年经济增

* 本文原载于《经济学动态》2016 年第 10 期。

** 作者简介：罗富政，经济学博士，湖南师范大学商学院讲师。

长率可能维持在5%左右的经济新形势。

中国人民大学经济学院方福前教授从全要素生产率（*TFP*）视角探讨了中国经济减速的原因和出路。他认为，近几年中国经济减速主要是技术性减速而非结构性减速或人口（劳动力）增长减速。中国经济增速下降的主要原因是全要素生产率（*TFP*）增长率的显著下降，而*TFP*下降的主要原因是技术进步速度的减慢，特别是高技术进口速度和自主创新速度的减慢。基于此他认为，中国经济的出路虽然在于全面深化改革和综合治理，但是其中的关键还是在“大众创新，万众创业”的发展战略引导下积极促进和加快自主创新与技术进步。他还强调，中国未来经济发展的主要动力源泉应当来自创新和技术进步，“创新驱动发展”才是中国经济发展的新常态。

中南财经政法大学钱学峰教授对中国推进贸易领域的供给侧结构性改革进行了探讨。通过构建一个行业内包含国有和私有企业的两部门一般均衡水平竞争贸易模型，他分析了双重偏向政策（国有偏向型和出口偏向型）引致的资源误置对贸易利益的影响。他指出，供给侧结构性改革应当消除经济中客观存在的偏向型政策及其引致的资源误置。

中国社会科学院经济所杨新铭副研究员就新阶段中国经济调控的思路进行了剖析。他认为，在中国经济新阶段既存在经济总量持续扩大、贡献率结构性优化等发展成绩，也存在经济增速放缓、民间投资下降、出口下滑、实体经济盈利减少、经济拉动作用减弱等诸多问题，我们应对其形成一个客观的认识。基于此他指出，新阶段中国经济发展的主要任务是厘清市场与政府的边界，扩大市场机制的作用领域，合理和充分地发挥政府的经济职能，稳定经济增长速度，在转向供给侧结构性改革的同时挖掘需求侧结构性政策的引导。

中国社会科学院世界经济与政治研究所高凌云副研究员探讨了中国工业行业的产能对出口强度的影响。他认为，企业动态是市场经济的重要特征之一，针对不同动态类型的企业其出口强度会呈现出差异化效应，其中在位企业效应是出口强度的主体。产能及产能利用率是出口强度的重要影响因素，尽管其增加对在位企业效应、进入企业效应和退出企业效应都是不利的，但影响机制却存在非常大的差异。从出口强度视角来看，中国只宜推动本土化程度较高的产能先行转移，而不是对外部市场带动作用较大的产能。

湖南师范大学商学院郑辛迎博士在微观层面探讨了纵向一体化对企业生产率的差异化影响效应。她认为，当企业所处技术地位较低时一体化能够提高其技术水平，反之，如果企业所处的技术地位较高则一体化会降低其技术水平。通过实证分析她发现了纵向一体化影响企业生产率的地区差异、行业差异和企业类型差异：其一，相较于初级产品和劳动密集型部门，纵向一体化对中低技术和高技术部门的负向影响更大；其二，中、西部地区企业可以通过纵向一体化使其生产率水平得到提升；其三，纵向一体化有助于国有企业和私营企业生产率的提高，但却显著降低了集体企业的生产率。

2 世界经济发展趋势和治理格局

充分把握世界经济发展趋势的客观规律，在为中国经济发展提供经验借鉴的同时，通过全球治理格局的优化为中国经济发展提供良好的外在环境。

南开大学国际经济研究所盛斌教授以 G20 杭州峰会为切入点探讨了中国在全球经济治理中的角色与影响。他认为，以发展议题为核心内容的 G20 峰会在贸易投资、货币政策、财政政策和结构改革等方面为全球经济复苏开出了综合之策，确立了全球经济增长新动力，具有重要的历史贡献。G20 峰会成果也重新定位了中国在全球经济治理中的角色，即维护全球化与开放经济，维护发展诉求与利益，维护秩序与体制。当然，在当今世界全球治理格局中，中国在提供国际公共产品、制定国际规则、管理国际联盟、维护国际道义等能力方面也面临着挑战。同时，他还阐释了世界经济发展趋势下中国经济发展的经验，如改革与开放经验、基础设施开发与建设经验、脱贫与减贫经验、工业化与城市化经验、新经济发展经验等。

南开大学经济学院张兵教授探讨了供给、需求因素对美国经济周期波动的影响，并从中为中国经济发展提供了经验启示。他认为，美国经济中主要存在长度为 6 ~ 7 年的周期波动。投资、消费、政府支出等需求因素和生产技术及成本等供给因素均对美国经济波动产生重要影响，其中供给因素与其的关系更为紧密。同时张兵教授指出，中国应当以美国为鉴，进一步落实“大众创业、万众创新”战略、“互联网 + ”行动计划和制造强国战略等政策措施，发挥供给因素对经济周期的引领作用，保持中国经济在一个较长时期内实现持续稳定较快发展。

浙江工业大学陈昆亭教授在对世界经济发展趋势进行长期观察的基础上，基于一致增长理论探讨了可持续内生增长路径的阶段性特征，并为当前中国经济发展提供了理论启示。他认为，经历了初始工业化、后工业化和知识经济三阶段的长期经济增长，在不同阶段呈现不同结构性特征，结构性转移存在内生性机制。目前中国处于工业化初始阶段，呈现出劳动转移趋微与人口下降并行的特征。中国未来发展的路径主要体现在结构转型、创新发展和内生可持续三个方面。具体而言，中国应当着眼于提高潜在增长率，推动面向消费需求升级、长期经济发展阶段性需求变化、收入分配的供给性改革，同时还应当积极推进教育强国战略和自主创新战略。

3 发展中大国经济发展优势和战略模式

当前，发展中大国在世界经济格局中的影响力越发重要。分析发展中大国的经济发展优势和战略模式，对于全球经济和中国经济按都具有重要的理论和现实意义。

湖南师范大学大国经济研究中心主任欧阳峣教授对发展中大国的界定、遴选和影响力评价进行了深入剖析。他在分析发展中大国的“发展”和“规模”双重特征和含义的基础上，结合人口规模、国土面积两大基础指标以及国民收入、人类发展两大发展指标，利用分位数统计和 k-means cluster 聚类分析方法遴选出了 13 个发展中大国，即中国、印度、俄罗斯、巴西、墨西哥、印度尼西亚、巴基斯坦、尼日利亚、埃及、埃塞俄比亚、伊朗、南非、刚果（金）。同时他指出，在当今世界格局中发展中大国的综合影响力在不断上升，其具体表现为 5 个方面：一是发展中大国初始条件塑造的自然影响力，13 个发展中大国的人口总量和国土面积分别占到了全球的 57.7% 和 38.3%，其规模对全球发展的影响是不可忽视的；二是发展中大国经济贡献塑造的经济影响力，2013 年 13 个发展中大国有 8 个国家的国民生产总值超过世界平均水平，金砖五国对世界经济的贡献率更是已经超过 50%；三是发展中大国发展战略塑造的产业影响力，在推动产业技术水平升级方面，中国、印度、俄罗斯和巴西的研发资金投入规模排名均进入了世界前 10，这对全球产业结构调整具有重要的影响；四是发展中大国经济实力塑造的区域影响力，发展中大国在其所在地区内均具有重要的影响力，如中国和印尼在东亚和太平洋地区，巴西和墨西哥在拉丁美洲和加勒比地区等；五是发展中大国在推动国际经济秩序变革中塑造的治理影响力，发展中大国不仅要以本国经济稳定促进世界经济稳定，而且要通过建立公平公正的国际经济秩序完善全球经济治理机制。

南京审计大学政治与经济研究院易先忠副教授认为，不同外贸发展模式对不同规模国家的适宜性不同，大国要素禀赋驱动型贸易模式的发展绩效比小国差，而大国内需驱动型贸易模式可将国内需求转换为外贸发展的特殊优势，进而促进贸易结构升级并改善出口的增长绩效。但中国外贸发展明显背离这一国际经验，且经济发展阶段和加工贸易等特定现实因素并不能解释这一背离。更深层原因在于，脱离国内需求的外需导向贸易模式在出口导向政策下固化、内需引致本土企业竞争力的功能缺位和国内外“重叠需求”对接程度低又进一步抑制了内需驱动型贸易模式的形成。据此，把握国内需求扩张与升级的战略机遇，构建内外贸一体化的产品与流通体系和内需引致本土企业竞争力的市场生态，回归大国内需驱动型贸易模式，是经济新常态下破解中国外贸新优势“断点”和外贸转型困境的“大国特色”途径。

中国社会科学院林跃勤研究员探讨了新兴大国的产业发展与合作问题。他在比较分析俄罗斯、印度、巴西、南非及中国等新兴大国的产业发展目标、战略取向和政策的基础上，揭示了新兴大国产业发展中存在的问题，并提出了相应的理论启示。他认为，转变增长方式、调整产业结构、加快新兴产业发展、培育新的增长点和竞争力，是新兴大国保持持续赶超发展的战略选择和抓手。

湖南商学院陈琦教授在对国家规模进行评价测度的基础上探讨了国家规模对技术创新的影响。她认为技术创新确实存在大国效应，但其大国效应更多体现在市场规模、贸易规模及国土规模层面，人口规模的作用并未得到相应发挥。基于此结论，她提出了四点政策启示：一是聚焦高素质创新型人才培养，注重从数量型向质量型的转变；二是需加大国土资源科技创新力度，激发科技创新热情，加强科技创新能力；三是刺激有效需求规模，培育本土市场高端需求以优化需求结构；四是调整贸易结构，同时应不断提升其技术吸收能力。

从规模优势出发阐释大国经济发展问题
——评欧阳峣等著《大国经济发展理论》*

万广华**

进入 21 世纪，“金砖国家”取得令世人瞩目的成就，使得大国经济成为各界关注的热点。相应地，学术界从不同视角对大国经济社会变迁进行了理论或实证分析，但全面系统地解释大国经济增长的研究仍然鲜见。在这样一个背景下，欧阳峣教授带领其学术团队对大国经济发展的典型特征和战略模式进行了较为系统的探讨，并于 2014 年 3 月出版了《大国经济发展理论》一书。由中国人民大学出版社出版的这部著作很快入选“国家哲学社会科学成果文库”，可喜可贺。

这部著作最明显的特点，就是从规模优势出发阐释大国经济发展问题，初步构建了一个相关的逻辑框架和理论体系。

第一，从人口规模和国土规模出发推演大国经济的基本特征，将规模概括为潜在的大国经济核心竞争因素。哈佛大学珀金斯教授曾经分析了大国的人口众多和幅员辽阔等特征及其对经济发展的影响，重点强调国家规模和经济结构的关系，并测度了规模的平均作用。欧阳峣教授对国家规模进行了更加系统的分析，既考虑由国土面积、资源储量、人口和资本数量构成的要素规模特征，也考虑了由生产规模、需求规模和贸易规模构成的总量规模特征。可以说，国家规模既可能成为经济发展的优势，但倘若发挥不好，也有可能成为经济发展的劣势。欧阳峣教授从规模优势的视角切入这个问题，提出国家规模能够促进分工、技术创新以及提升外贸竞争力和促进产业结构升级。这阐释了国家规模促进经济增长的机理。另一方面，欧阳峣教授选择了 38 个国家进行聚类分析，验证不同规模国家经济发展优势的差异性，并以中国经济长期增长趋势和短期增长波动为案例，对大国经济增长优势进行计量检验，发现以要素投入规模

* 本文原载于《消费经济》2016 年第 5 期。

** 作者简介：万广华，博士、教授，亚洲开发银行主任经济学家。

为代表的国家规模特征影响经济发展优势的形成。他们进而选择规模优势作为大国经济发展理论的核心原理，由此展开对大国经济发展的多元特征和内源特征的分析。

第二，从大国经济的规模特征出发推演大国经济的多元特征，阐释大国经济的结构转换问题。很大程度上缘于规模，大国的经济结构、技术结构和城乡结构往往具有多元的特征。刘易斯分析了发展中国家现代工业部门与传统农业部门并存的现象，称之为“二元结构”，经济发展的目标就是实行工业化和推动结构转换。欧阳峣教授吸收了结构主义的分析方法，认为这种结构问题在发展中大国表现得更加明显，而且往往表现为“多元结构”，即在发展中大国的经济体系中，不同质的技术、机制和制度并存，使得部门之间出现生产函数与劳动生产率的差异，并引起区域之间或区域内部发展的不平衡，导致多极分化的现象。他们还具体分析了区域多元结构、技术多元结构、工业多元结构和人力资本多元结构，并在研究工业化、城市化和制度变迁的过程中，高度地关注了这种多元结构的特征，探索了实现结构转换和升级的路径。

第三，从大国经济的规模特征出发推演大国经济的内源特征，阐释大国经济的发展模式问题。巨大的资源规模和需求规模，为大国的内源发展提供了前提条件，资源和需求的多样性进一步强化了内源发展的优势。库兹涅茨提出大国的国内市场及资源条件允许其发展专业化和规模经济，钱纳里认为大国更加关注国内市场，因而往往采取一整套内向政策。欧阳峣教授分析了大国经济发展的内源特征，认为内源性增长就是依靠国内资源和国内市场，实现经济的内源发展，并具体分析了两条路径：一是依托国内资源的内源性增长，即依托本国的自然资源、人力资源和资金、技术等生产要素驱动经济发展；二是依托国内市场的内生性增长，即依托本国的巨大需求和广阔市场拉动经济发展。而且，在对外开放过程中，大国的国内市场同国际市场产生双向联动效应。大国可以通过强化该联动效应实现经济的多重拉动，实现产品和结构升级，从而保持经济的持续稳定发展。欧阳峣教授还建议“大国的中央政府行为以内外经济协调发展为取向”，充分利用其规模优势，选择合理的经济开放度，既利用国际资源和市场，获取国际分工的收益，又立足本国市场，建立完善的经济体系。

欧阳峣教授在阐释大国经济发展问题的过程中，不单重视实证分析，而且重视逻辑思维的运用。他从大国的初始条件出发提出规模特征，进而推演出多元特征和内源特征，并在对工业化、城市化和制度变迁的阐释中贯穿了这三个基本特征。这种实证分析和逻辑分析的有机结合，既有利于增强分析问题的客观性和科学性，也有利于形成一种逻辑结构和理论框架，从而实现理论创新。

国家社科基金重大项目成果简介

《发展中大国经济发展道路研究》

随着“金砖国家”的崛起，发展中大国在世界经济格局中的地位愈益重要，这个重要群体需要经济学界的理论关注；怎样通过经济转型跨越中等收入陷阱，已经成为新兴大国面临的紧迫问题。正如张培刚先生所说，发展经济学应该把发展中大国作为重要研究对象，如果不使占世界人口占很大比重的发展中大国走向富裕，发展经济学就谈不上成功。可见，研究发展中大国的经济发展道路，具有重要的实践意义和理论价值。

本项目 2015 年初拟定选题，并做了比较充分的资料准备和前期研究工作，11 月批准立项，11 月 23 日举行开题论证会，确定研究思路和工作计划。主要分两个阶段进行：第一阶段（2015 年 11 月至 2016 年 9 月），各项目组成员按照研究思路和具体分工撰写论文，共撰写学术论文 33 篇，并举行大国经济学术论坛，编辑出版两部学术论文集《大国经济研究（2016）》和《大国经济讲坛（2016）》；第二阶段（2016 年 9 月至 2017 年 3 月），在总结学术论文成果的基础上，拟定和完善学术著作提纲，按照分工撰写学术著作初稿，并召开专家咨询会听取意见，首席专家修改和完善学术著作书稿。由于前期基础较好，课题组成员集中精力开展研究，提前完成了研究任务。

经过综合整理研究成果，可以得出以下结论：

第一，发展中大国的国际地位在发生变化，在世界经济格局中影响力愈益增强。发展中大国拥有“发展中国家”和“大规模国家”双层含义，可以定义为“人口数量、国土面积和市场潜力很大，劳动生产率和国民人均收入较低，二元结构明显，目前仍在追赶发达大国的国家”。通过构建综合评价指标体系，遴选 13 个国家为发展中大国，即中国、印度、俄罗斯、巴西、墨西哥、印度尼西亚、巴基斯坦、尼日利亚、埃及、埃塞俄比亚、伊朗、刚果（金）、南非。进入 21 世纪后，发展中大国的经济快速增长，其综合影响力显著高于其他发展中国家，具体地说，发展中大国的初始条件使它在世界经济格局中有着重要的自然影响力，发展中大国的经济贡献使它有着重要的经济影响力，发展中大国的产业水平使它有着重要的产业影响力，发展中大国的经济实力使它有着重要的区域影响力，发展中大国积极推动国际经济秩序变革使它有着重要的治理影响力。可见，过去那种发展中国家在国际经济格局中处于被动的、受支配的地位正在逐步改变，特别是随着“金砖国家”的崛起，发展中大国对世界经济增长的贡献增大，参与国际经济治理的自觉性增强，从而改变了贫穷落后的形象和被动挨打的局面。

第二，发达大国工业化成功的经验事实，可以在大国效应模型的框架下得到比较合理的解释。以大国效应模型分析欧洲大国的发展经验，发现人口规模对经济发展具有正向影响，近代欧洲作为一个群体登上历史舞台，形成庞大的经济体，推动了工业革命的发生；通过水陆交通建设降低运输成本，加上健全的契约精神和法制系统，改善了国内市场环境；通过发展新技术和新产业，吸纳过剩的劳动力和过剩资本，引导了动力机械工业的发展。从美国的工业化道路看，通过土地扩张获得了发展所需的自然资源，通过国外移民获得了发展所需的人力资源，其主要特征是依靠充裕的人力资源和自然资源开始工业化，以国内统一市场拉动工业经济长期快速发展，从模仿发达国家技术逐步走向自主技术创新，建立相对完整的产业部门支撑国民经济发展，通过区域推移实现全国经济的均衡发展。比较英国、德国和美国的工业化及其产业政策，它们有着共同的特点，主要是利用国家政权力量为产业发展营造有利的外部环境，通过立法手段促进公平有序的市场竞争，以科学技术变革推动产业振兴和发展，通过多种途径保持充沛的人力资源，建立和完善金融机制以为产业发展提供融资渠道。

第三，发展中大国的经济发展优势，表现为比较优势、后发优势和大国优势的统一。从全球价值链的视角对“金砖国家”制造业和服务业各行业的显现比较优势进行测算和跨国比较分析，发现发展中大国在不同行业的比较优势有所不同，劳动密集型制造业比较优势突出的是印度和中国，资本密集型制造业比较优势突出的是巴西和印度，知识密集型制造业比较优势突出的是俄罗斯和印度。从技术差距、要素禀赋和市场需求结构等视角分析 13 个发展中大国的后发优势，结果显示发展中大国的后发优势存在显著的国别差异，主要是源于市场需求潜力和动态竞争优势的异质性；后发优势对发展中大国经济增长存在显著的正向作用，释放后发优势的关键在于根据本国的要素禀赋结构和技术差距，提升要素供给与有效需求的匹配能力，实行能够充分发挥比较优势的动态技术赶超策略，基于国家规模及其大国效应分析大国优势，主要表现为分工优势、互补优势、适应优势和稳定优势，通过国家规模和经济增长关系的计量检验分析，可以看到在中国这个典型大国，资源禀赋要素投入是经济增长、资本存量和人力资本的内生变量，同时，大国经济具有典型的多元结构特征，在经济发展过程中应该匹配国内不同层次和维度的生产供给和消费需求。总之，发展中大国应该统筹考虑自身的比较优势、后发优势和大国优势，寻求三种优势的聚合点。

第四，基于“大国效应”的大国发展型式，应该有利于发挥大国经济优势。从发展动力的特征看，运用美国、中国、俄罗斯、印度和巴西的数据进行统计分析发现，国内需求对经济增长的贡献率始终占据主导地位；通过构建居民消费影响经济增长的阈值效应模型，运用中国的数据进行检验证实，当居民消费规模达到一定程度时，它对经济增长的效应明显扩大。从对外贸易的视角看，国际经验表明内需驱动出口型式对大国出口增长绩效的影响高于小国，大国国内需求的多层性和庞大的内需规模是本土企业培育高层次竞争优势进而实现贸易结构转型的重要源泉。而目前中国的情况有背离大国经验的特征，应该修正由内外部经济环境变化导致的外需导向出口型式无法持续的经济行为，回归内需驱动出口的大国型式。从经济开放的次序看，发达大国和发展中大国存在不同的倾向，发达大国往往倾向于推动金融开放，发展中大国往往倾向于推动贸易开放；虽然贸易开放和金融开放的关系，就如同封闭的宏观经济系统中实体经济和货币经济的关系在国际经济活动中的拓展，但由于经济开放在带来收益的同时也会形成相应的成本，所以不同国家将根据自身的经济发展水平理性地选择开放的次序，贸易开放有利于发挥“比较优势”，金融开放过度则容易导致经济和金融被动，在经济发展程度较低的阶段倾向于选择贸易开放，在经济发展程度较高的阶段倾向于选择金融开放。从基础设施建设的视角看，市场规模的扩大是大国经济优势的重要来源，交易成本的降低是影响大国经济优势发挥的重要因素，运用中国数据的实证分析发现，基础设施建设可以促进市场融合，使企业拓宽市场边界，有利于大国效应的发挥，原因在于基础设施建设降低了运输成本，使整体市场规模在没有基础建设的市场更大，从而促进大国经济增长。从公共产品供给的视角看，在人口众多的大国，政府可以获得更多的税收，从而向社会提供更多公共产品；同时，也可以充分利用政府提供的公共产品，拥有公共产品供给的成本优势。通过构建体现大国公共产品供给优势的经济增长模型进行分析发现，大国公共产品供给优势所带来的经济增长是一种内生经济增长，它促进经济持续增长；人口规模扩大能够提高经济增长速度，但征税成本增加和财政支出效率下降也会抑制人口规模对经济增长的促进作用。

第五，发展中大国拥有创新成本优势和技术后发优势，中国利用这两个优势促进了经济和技术进步。经济学家提出了大国具有技术研发优势的假说和发展中国家具有后发优势的假说，通过分析人口规模、市场规模、贸易规模与技术创新的关系，基于40个国家的面板数据进行实证研究，发现市场规模直接促进技术创新水平的提升，贸易规模通过市场规模对技术创新产生间接促进作用，从国家规模各要素的相互作用看，除市场规模有效促进贸易规模扩大外，其他要素的彼此促进作用并不显著，所以在通过交互作用而提升技术创新水平方面仍有很大的挖掘空间。遵循新增长理论，技术是经济收敛的关键，发展中国家可以通过引进发达国家的先进技术，缩小同发达国家的技术差距，从而实现经济追赶。通过建立基于技术能力的赶超方式演变模型，发现后发大国的技术创新要经历从模仿创新到合作创新再到自主创新的过程，应该根据本国的技术能力状况选择技术创新方式。“金砖国家”是典型的新兴大国，通过设计创新能力体系并运用五国的数据进行测度，中国在技术创新投入产出和技术创新效率方面均居首位，但在技术创新扩散方面落后于印度，其他技术创新评价的公共因子排序也存在不均衡发展特征；实证分析表明国家的知识产权保护程度、专利存量、研发补贴水平、信息技术资本等都对国家创新效率的提升有显著的正向促进作用，而过高的对外依存度有可能产生扭曲效应。中国自20世纪80年代初期以来，从世界科技的跟随者成长为并列者，在某些方面还具有领跑的能力，首先是利用大国创新优势，即利用庞大的市场需求形成创新规模优势，有利于降低技术创新的成本和减少风险、提高创新基础设施的效率和增加外溢效应；其次是利用后发大国的模仿创新优势，即通过引进发达国家的先进技术，经过模仿和消化吸收，获得节约时间和成本的后发利益；然而，中国要真正实现经济转型和产业升级，不可能总是依据外国科技成果来提高科技水平，更不能总是跟在别人后面亦步亦趋，而应该从总体上实现由模仿创新到自主创新的转变，掌握重要产业关键核心技术，改变被长期锁定在国际产业分工低端的局面。

第六，经济转型是新兴大国赶超发达大国的必由之路，需加速工业化、城市化进程和优化国际分工结构。农业国要做到经济起飞，就必须实行“工业化”战略，中国和印度两个典型的发展中大国，虽然工业产值已经远远超过农业产值，但农业人口仍占总人口的大多数，并没有实现农业工业化的目标，而中国的农业在很大程度上还停留在传统的生产方式，大部分地区没有实现农业机械化；发展中大国农村人口特别多，地域特别辽阔，如果农业不发达、农民不富裕，整个国家就不可能发达和富裕；中国和印度的农业经营规模过小，不仅远远低于发达大国，而且同俄罗斯、巴西也有很大距离，这是实现农业工业化的“瓶颈”，为此，应该通过发展农业规模经营来推动农业工业化和现代化。在经济结构变迁中，工业化和城市化是一种互动关系，中国长期以来比较重视工业化的发展，而不够重视城市的发展，导致工业化进程中产业结构不优和不高的问题，总体的情况是第三产业发展滞后，工业化没有整体完成，城市化滞后。将中国、印度同美国劳动力在三次产业中的比重进行比较，2013 年中国比重为31.4∶30.1∶38.5，印度的比重为49.7∶21.5∶28.7，2009 年美国的比重为1.5∶17.6∶80.9，中国和印度的农业劳动力比重是美国的20 倍和30 倍，农业人口过多和城市化滞后导致了产业结构不合理，这是中国和印度经济转型中亟须解决的重大问题。随着老龄化进程的加快和人口红利的逐渐丧失，中国面临着怎样继续提升全要素生产率的问题，近年来同其他金砖国家的分工比重在上升，为了促进经济转型，应该利用大国市场范围广阔和区域经济差异的特征，着力于推动国内分工的扩张和深化，同时也通过加强国际分工选择发达国家的价值链中高端环节进行合作，特别是不能忽视利用中国与其他金砖国家的国际分工来提升全要素生产率。当今世界经济呈现全球失衡的格局，在某种程度上是由于人力资本结构差异推动了国际分工新形态的形成，通过 108 个经济体的非平衡面板数据分析，发现各经济体在实体经济和金融部门之间存在比较优势差异，主要原因在于各经济体人力资本状况的差异；人力资本平均水平较高的经济体在发展金融服务业方面有比较优势，通过出口金融资产来换取实际资源，从而出现经常账户的逆差，而人力资本平均水平较低的经济体在发展实体经济方面有比较优势，因此出现经常账户的持续顺差；中国作为顺差国的典型代表，既要通过提高人力资本的平衡水平促进产业结构升级，又要通过提高金融业效率来降低经常账户的顺差。实现经济转型的主要目的是提高国民收入，即跨越“中等收入陷阱”，大国具有生产率较高和收入差距较大的特征，后发大国在跨越“中等收入陷阱”的过程中，应该充分发挥生产率较高的优势促进经济可持续增长，同时有效地抑制收入差距较大的劣势促进分配合理化，通过完善市场经济体制，有效地维持较好的经济发展速度，并从投资驱动型模式转变到消费引领型模式。

第七，中国和印度是典型的发展中大国，可以从它们的发展道路总结具有世界意义的经验。从产业结构和产业规模两个方面构建自主产业体系的综合评价指标，中国的得分从 2000 年的 5 675 分增加到 2013 年的 18 266 分，印度的得分从 2000 年的 23. 37 分增加到 2013 年的 5 878 分，说明两国的自主产业体系在不断完善，相对而言，中国的综合评价值高于印度；在产业结构合理化和高级化的过程中，中国应该保持工业发展的规模优势，加快发展现代服务业。同时，大国具有区域差异的多元结构特征，印度的发达地区分布在沿海的边缘地区和主要铁路干线走廊地带，落后地区分布在内陆腹地和喜玛拉雅山区，中国的发达地区分布在沿海地区和直辖经济区，落后地区分布在西部地区，相比而言，中国采取的区域发展型式更有利于促进区域市场的整合，从而有效地发挥大国规模优势。通过理论模型和经验分析，说明发展中大国的区域经济演变具有三重驱动力，即要素流动机制、制度变迁机制和关系变迁机制。新中国成立后，特别是改革开放以来，经济发展取得了举世瞩目的成就，可以将中国道路总结为三个方面，即独立自主的发展道路、经济分权的改革道路和融入世界的开放道路；中国道路的典型特征表现为人口众多和幅员辽阔的大国特征，推动经济持续发展的发展特征，依靠本国力量发展的内生特征，它为发展中大国的经济发展提供了新的发展理念、发展型式和改革方案，因而在某种程度上具有世界意义。

通过理论分析和实证检验，提出了独特的思路和观点：（1）提出了研究大国经济的分析框架，即从人口众多和土地辽阔两个初始条件出发，分析大国效应在人力资源、自然资源、市场规模等方面的表现，进而总结经济发展各个重要领域的大国型式，形成独特的话语体系；（2）在研究对象的界定和遴选，比较优势、后发优势和大国优势的融合，从动力结构、出口结构、开放次序、基础设施、公共产品方面概括的大国形式，都有独到的见解；（3）全书的框架，从研究对象、发展优势、发展型式到经济转型和创新战略，形成了关于发展中大国经济发展道路的逻辑自洽的理论体系；（4）从国外图书馆收集的研究国家规模和经济增长的文献资料看，有很多是国内学者还没涉及的。

研究成果产生了较好的社会影响。课题组召开的“供需均衡、内外平衡与大国发展”小型学术论坛，哈佛大学经济系原主任德怀特·珀金斯以及国内著名专家出席，《经济学动态》刊登会议综述，在学术界产生了较好的影响；在《光明日报》《经济研究》《财贸经济》等刊物发表论文 18 篇，被《光明日报》论文摘编和《新华文摘》全文转载，特别是在经济学权威期刊发表论文 3 篇，系列论文获得 3 项省级社科成果奖，产生了重要的学术影响；牛津大学访学期间，在中国中心发表题为《中国式创新》的演讲，以及邀请珀金斯教授共同开展研究，均增加了本项目研究的影响。

最终成果经过加工后，进一步凝练思想观点和理论体系，拟申报《国家哲学社会科学成果文库》和中华学术外译项目，发挥理论传播的价值。在这种基础研究的同时，深入研究发展中大国的经济发展战略，提出相应的政策建议，将显示重要的实践价值。